行政判例ノート

［第5版］

Cases on
Administrative Law

橋本博之

Hiroyuki Hashimoto

弘文堂

第 5 版はしがき

　本書は、2011 年 1 月に初版が刊行されて以来、学びやすさを主旨とする行政判例のテキストとして、幸いにして改訂・増刷を重ねることができた。シンプルなスタイルを採用したこともあって、行政法に関心を持たれる多くの方々に、それぞれのニーズに応じて使いやすい判例教材として広く受け容れられたことは、著者として大きな喜びである。

　今回の改訂では、初版の刊行から 10 年以上が経過し、令和時代に入って行政判例にも潮流の変化が見られることを踏まえて、掲載判例について若干の差し替えを行うとともに、新判例を追加し、内容の見直しを図った。基本的なコンセプトは、後掲する「第 4 版はしがき」を維持しているが、改訂により、最新の内容になったものと考えている。

　また、2021 年から、弘文堂スクエアのウェブサイトにおいて、本書の内容とリンクさせたブログ連載（行政法を学ぶ）を始めたところ、こちらについても多くの閲覧者を得ることができた。今後も、本書と併せて、行政法・行政判例の「現在地」についてインターネットの特質を活かした発信を続ける予定である。引き続き、ブログ連載についても、閲覧・参照いただけると幸いである。

　第 5 版についても、弘文堂の清水千香さんに、大きなご助力をいただいた。心から感謝申し上げる。

　　2023 年 1 月

　　　　　　　　　　　　　　　　　　　　　　　　橋本　博之

第 4 版はしがき

『行政判例ノート〔第 3 版〕』の刊行から 7 年が経過した。同書は、幸いにして多く
の読者を得て増刷を重ねることができたが、ここに内容を一新して第 4 版を上梓する。

　行政法の学習において、判例に親しむことは、特に大切である。基本法典がなく、
抽象的な理論体系として組み立てられている行政法は、初学者・一般市民にとって、
何がどのように問題になるのか、具体的にイメージすることが難しい科目である。行
政判例は、具体的な事例とその解決の道筋を把握するために、不可欠な学習の素材と
なる。本書は、行政法を基礎から学ぼうとする方、各種の試験対策として行政法の修
得を目指している方など行政法に関心をもたれる読者が、行政判例の「今」を知り、
その全体像を的確に理解するための読みやすいテキストとなるよう、執筆されている。

　また、本書は、新型コロナウイルス感染症のまん延によりオンライン授業となった
慶應義塾大学での講義用に、筆者が配信した教材をベースとしている。旧著の改訂版
ではあるが、学生諸君から寄せられた意見を取り入れ、学びやすさ・わかりやすさと
いう観点から、レイアウトや内容を全面的に改めた。第 4 版では、行政法をひとりで
学ぶ方々にも十分に役立つよう、以下の特色をもたせるよう試みた。

1　わかりやすいタイトルを付ける

　判例を学ぶ際に、どのような論点に関わり、行政法の体系の中でどこに位置付けら
れるのか容易に確認できるように、各判例に簡潔でわかりやすいタイトルを付した。掲
載された判例については、事実の概要、判決のロジック、示された解釈の射程距離な
どを丁寧に読み解く必要があるが、その際、行政法の体系全体の中で何を学んでいる
のか、読者が道に迷わないことが重要である。タイトルを追うことで、行政法の体
系・構造を理解することができ、また、学習者が記憶を引き出すためのキーワードと
なるよう工夫した。

2　構成にメリハリをつける

　本書は、数頁を使って詳しく紹介する判例と、1 頁程度で簡潔に扱う判例とのメリ
ハリをつけている。行政判例には、裁判所が行政に対して法令解釈のありかた・解釈
枠組みを提示する、あるいは、法令に定められていない「法の一般原則」を明示する、
というタイプのものがある。初学者の場合、このような行政判例について、まずはそ
こで示されている内容を正しく理解することが肝要である。行政法は基本法典を欠く
ため、他の法分野であれば基本法典の条文を学ぶことと同じ意味において、学習者が
その内容を知っておくべき判例がある。他方で、行政法の解釈技術の基礎を身につけ
るため、事実・判旨・関係法令等について、一定の詳しさでしっかりと学習すべき判
例もある。本書は、欲張って多くの行政判例を詳しく説明しようとするのではなく、

学びやすさの観点から、メリハリのある判例集となることを目指した。

3　判決のロジックを可視化する

　行政法では、いわゆる個別行政法や条例の解釈が求められ、行政基準にあたる下位規範を正しく取り扱う必要もある。このため、行政判例を学ぶ場合、裁判所が提示している解釈枠組み・論証の筋道（＝ロジック）をしっかり押さえることが大切である。本書は、判決のロジックがひと目で理解できるよう、判旨を紹介する部分を工夫するとともに、判決文の重要箇所に下線を引いている。これらの工夫により、判決のロジックを可視化してとらえやすくなり、論証において鍵となっているフレーズが直ぐに見つかるようにした。

4　行政法の解釈技術を学べる

　行政法は、民法や刑法などの科目と異なり、基本法典を軸に学ぶことができない。個別法の解釈能力は、行政法解釈の基礎となる「考え方」を身につけ、これを自分で応用できることを意味する。予備試験・司法試験など本格的な記述式問題を解くためには、このような能力をしっかりと身につける必要があるが、そのためには、行政判例を参照して、ベースとなっている「考え方」とその応用を具体的に学ぶことが近道となる。上述した本書の1・2・3の特色は、いずれも、上記のような行政法の解釈技術をマスターする手助けとなることを目指したものである。本書は、各判例を体系的に配列し、それぞれにタイトルをつけて、行政法の理論体系を常にイメージしながら学習を進めることができるよう配慮した（目次に目を通すことも有効であろう）。また、メリハリを効かせた構成や、判決のロジックの可視化の試みは、行政判例から何を学び取ればよいかを示す工夫である。

　本書が、各種講義や基本書による学習の補助教材としてはもちろん、行政判例を素材として行政法それ自体を学ぶ新しいタイプのテキストとして、読者の方々の役に立つことを願っている。なお、筆者は、弘文堂ウェブサイト上の弘文堂スクエアに、本書を起点とする行政法の「学び方」について連載をする予定である。行政判例をどのように学ぶか、問題を解く力をどうやって身につけるか、本書とリンクした学習ツールを提供したいと考えている。併せて参照いただけると幸いである。

　第4版についても、弘文堂の清水千香さんの支援をいただいた。ここに記して感謝申し上げる。

　　2020 年 9 月

橋　本　博　之

凡　例

1　判旨・決定要旨欄で判例集などから直接引用した部分は、「　」で囲んだ。

2　判例、判例集、文献の略称は、下記の略語例によった。

●判例

最(大)判（決）	最高裁判所(大法廷)判決（決定）
高判（決）	高等裁判所判決（決定）
地判（決）	地方裁判所判決（決定）

●判例集等

民集	最高裁判所民事判例集
刑集	最高裁判所刑事判例集
高民集	高等裁判所民事判例集
行集	行政事件裁判例集
裁時	裁判所時報
訟月	訟務月報
判時	判例時報
判タ	判例タイムズ
判自	判例地方自治

百選 I・II	行政判例百選 I・II〔第 8 版〕（別冊ジュリスト 260 号・261 号）

行政判例ノート● CONTENTS

3 条　例

4 行政基準

5 行政行為（行政処分）

6 行政裁量

7 行政契約

19　取消訴訟の審理・判決

20　取消訴訟以外の抗告訴訟

21　抗告訴訟以外の行政事件訴訟

25　損失補償

1 行政法の基本原理

1-1 法律の留保(1)―任意調査と法律の根拠・自動車一斉検問事件

最決昭和 55 年 9 月 22 日 (刑集 34 巻 5 号 272 頁・百選 I 104)

事実 宮崎県警察の巡査 2 名は、飲酒運転などの交通違反を取り締まる目的で道路端に待機し、赤色灯により同所を通過する車両のすべてに停止を求めて交通検問を実施した。同所を運転中であった Y は、巡査による停止の合図に応じて自ら車両を停止した。巡査は、Y に運転席の窓を開けさせ、運転免許証の提示を求めたところ、酒臭がして酒気帯び運転の疑いが生じたので、Y に降車を求め、近くの派出所に同行した。派出所で飲酒検知検査をすると、アルコールが検出されたため、鑑識カードと交通事件原票が作成され、Y はこれらに署名して帰宅した。その後、道路交通法違反により起訴された Y は、自動車一斉検問は法的根拠を欠く違法なものであり、検問が端緒となって収集された証拠には証拠能力がない等と主張。1 審・2 審ともY が敗訴したので、Y が上告。上告棄却。

決定要旨 「警察法 2 条 1 項が『交通の取締』を警察の責務として定めていることに照らすと、交通の安全及び交通秩序の維持などに必要な警察の諸活動は、強制力を伴わない任意手段による限り、一般的に許容されるべきものであるが、それが国民の権利、自由の干渉にわたるおそれのある事項にかかわる場合には、任意手段によるからといって無制限に許されるべきものでないことも同条 2 項及び警察官職務執行法 1 条などの趣旨にかんがみ明らかである。しかしながら、自動車の運転者は、公道において自動車を利用することを許されていることに伴う当然の負担として、合理的に必要な限度で行われる交通の取締に協力すべきものであること、その他現時における交通違反、交通事故の状況などをも考慮すると、警察官が、交通取締の一環として交通違反の多発する地域等の適当な場所において、交通違反の予防、検挙のための自動車検問を実施し、同所を通過する自動車に対して走行の外観上の不審な点の有無にかかわりなく短時分の停止を求めて、運転者などに対し必要な事項についての質問などをすることは、それが相手方の任意の協力を求める形で行われ、自動車の利用者の自由を不当に制約することにならない方法、態様で行われる限り、適法なものと解すべきである。」

POINT 自動車一斉検問 (ある場所を通過する車両について、外観上不審か否かを問わず、無差別に停車させて飲酒等をチェックする検問) は、警察官職務執行法 2 条 1 項の定める職務質問の要件を満たさず、道路交通法にも明確な規定がないため、行政作用法上の根拠を求めることが難しい。本決定は、自動車一斉検問について、行政組織法

（組織規範）である警察法2条1項を援用し、相手方の任意の協力を求めるかたちで、自動車の利用者の自由を不当に制約しない方法・態様で行われる限りで適法とした（運転者が交通取締りに協力すべきこと等にも言及している）。自動車一斉検問の適法性を認める一方、任意調査について比例原則（目的の必要性、目的に対応する方法・手段の合理性）の規律が及ぶことが示されている。

　本決定は、強制力を伴わない任意手段による行政調査（任意調査）について、行政組織法に根拠を求めた。しかし、自動車一斉検問は、これに従わないと直ちに不審者として扱われるのであり、実際上は強制の契機を伴う。学説には、警察法2条1項は警察の責務を定める責務規範であり、通常の組織規範とは異なるとして、一定の方法・態様による任意調査について責務規範が根拠規範になり得ると説明するものがある。

➡最判昭和53年9月7日刑集32巻6号1672頁は、職務質問（警察官職務執行法2条1項）に付随して行われる所持品検査について、「任意手段として許容されるものであるから、所持人の承諾を得てその限度でこれを行うのが原則であるが、職務質問ないし所持品検査の目的、性格及びその作用等にかんがみると、所持人の承諾のない限り所持品検査は一切許容されないと解するのは相当でなく、捜索に至らない程度の行為は、強制にわたらない限り、たとえ所持人の承諾がなくても、所持品検査の必要性、緊急性、これによって侵害される個人の法益と保護されるべき公共の利益との権衡などを考慮し、具体的状況のもとで相当と認められる限度において許容される場合がある」とする。判例1-1と対比すると、同判決は、所持品検査について警察官職務執行法2条1項に行政作用法上の根拠を求めているようにも読めるが、これには学説上の批判がある。なお、同判決は、当該所持品検査について、「具体的な状況のもとにおいては、相当な行為とは認めがたい」とする一方、違法は必ずしも重大でないとして証拠能力を肯定している。

1-2　法律の留保（2）─緊急の措置・浦安ヨット係留施設撤去事件
最判平成3年3月8日（民集45巻3号164頁・百選Ⅰ98）

事実 ヨットクラブの代表者Aは、千葉県浦安町（当時）の一級河川境川に占用許可を受けることなく鉄杭約100本を打ち込み、係留施設として使用していた。これにより、船舶にとって非常に危険な状況となっていたため、町の要請を受けた県の所轄土木事務所長は、Aに対して鉄杭を撤去するよう求めたが、撤去は行われなかった。そこで、浦安町長（Y）は、建設会社Bと撤去工事の請負契約を締結し、町職員およびBの従業員を使って本件鉄杭を撤去した。事件当時、境川は、千葉県知事が管理権を有していた。また、境川の河川水面は浦安漁港に含まれており、旧漁港法上、町が漁港管理者に指定されていた。漁港管理者は漁港管理規程を定めて漁港の維持・管理をすることとされていたが、浦安漁港につき漁港管理規程は制定されていなかった。

　浦安市の住民Xは、本件鉄杭撤去は、何ら法律上の根拠に基づかない違法な行為であるか

ら、①撤去のための請負契約締結・代金の支出、②撤去に従事した浦安町職員に対する時間外勤務命令は、いずれも違法であるとして、地方自治法242条の2第1項4号（当時）に基づき、Yに対し、損害賠償を市に支払うことを請求した。1審は上記①②につきXの請求を認容し、2審は①についてのみXの請求を認めた。Yが上告。Xは上記②について附帯上告。一部破棄自判（請求棄却）・附帯上告棄却。

> **判旨**　「漁港管理者は、漁港法26条の規定に基づき、漁港管理規程に従い、……漁港の区域内の水域の利用を著しく阻害する行為を規制する権限を有する……ところ、……本件鉄杭は、右の設置場所、その規模等に照らし、浦安漁港の区域内の境川水域の利用を著しく阻害するものと認められ、同法39条1項の規定による設置許可の到底あり得ない、したがってその存置の許されないことの明白なものであるから、……漁港管理者の右管理権限に基づき漁港管理規程によって撤去することができる……。しかし、当時、浦安町においては漁港管理規程が制定されていなかったのであるから、Yが浦安漁港の管理者たる同町の町長として本件鉄杭撤去を強行したことは、漁港法の規定に違反しており、これにつき行政代執行法に基づく代執行としての適法性を肯定する余地はない。」
>
> 「浦安町は、浦安漁港の区域内の水域における障害を除去してその利用を確保し、さらに地方公共の秩序を維持し、住民及び滞在者の安全を保持する（地方自治法2条3項1号参照）という任務を負っているところ、同町の町長として右事務を処理すべき責任を有するYは、右のような状況下において、船舶航行の安全を図り、住民の危難を防止するため、その存置の許されないことが明白であって、撤去の強行によってもその財産的価値がほとんど損なわれないものと解される本件鉄杭をその責任において強行的に撤去したものであり、本件鉄杭撤去が強行されなかったとすれば……本件鉄杭による航行船舶の事故及びそれによる住民の危難が生じないとは必ずしも保障し難い状況にあったこと、その事故及び危難が生じた場合の不都合、損失を考慮すれば、むしろYの本件鉄杭撤去の強行はやむを得ない適切な措置であった。」
>
> 「そうすると、Yが浦安町の町長として本件鉄杭撤去を強行したことは、漁港法及び行政代執行法上適法と認めることのできないものであるが、右の緊急の事態に対処するためにとられたやむを得ない措置であり、民法720条の法意に照らしても、浦安町としては、Yが右撤去に直接要した費用を同町の経費として支出したことを容認すべきものであって、本件請負契約に基づく公金支出については、その違法性を肯認することはできず、Yが浦安市に対し損害賠償責任を負うものとすることはできない。」

POINT　本判決は、町長による鉄杭撤去行為を根拠法令（旧漁港法、行政代執行法）との関係で違法とする一方、やむを得ない緊急の措置として、撤去に係る公金支出には違法性が認められないとした。

　本判決について、法律の根拠なしに他者の財物の強制撤去を認めたと理解すると、正面から侵害留保原則（国民の権利・自由を制約する行政活動には法律の根拠が必要とする

原則）の例外を認めたことになる。しかし、判決は、侵害留保原則を破る趣旨ではなく、公金支出に係る損害賠償請求の可否のレベルで適法と判断したものと理解するべきであろう。民法720条についても、正面からこれを適用して侵害留保原則を破るのではなく、その「法意」の援用にとどまっている。

➡️ 本判決は、平成14年改正前の地方自治法(旧)242条の2第1項4号に基づく（旧4号請求）住民訴訟であり、住民が、町が町長に対して行使すべき損害賠償請求権を、町に代位して行使した訴えである。仮に、現在の4号請求によるとすれば、住民監査請求を経た上で、住民が、普通地方公共団体の執行機関等を被告として、損害を与えた個人に損害賠償を求める訴えを提起し（地方自治法242条の2第1項4号）、そこで住民勝訴の判決が確定した場合、60日以内に普通地方公共団体の長による損害賠償金の支払請求（同法242条の3第1項）、さらに普通地方公共団体による損害賠償請求訴訟の提起（同条2項）という流れになる。

1-3　法律の留保(3)―法的根拠のない公表・堺市 O-157 事件
東京高判平成 15 年 5 月 21 日（判時 1835 号 77 頁）

事実　平成8年7月、大阪府堺市の小学校で、病原性大腸菌 O-157 を原因とする学童らの集団食中毒事件が発生した。同年8月、厚生大臣は、厚生省の調査結果をもとに、貝割れ大根が原因食材とは断定できないが、その可能性も否定できないとの中間報告を公表し、さらに、同年9月、原因食材として特定施設から出荷された貝割れ大根が最も可能性が高いとする最終報告を公表した。貝割れ大根の生産者団体Xらは、これらの公表により風評被害等を被ったとして、国（Y）を相手に国家賠償法1条1項に基づく損害賠償を求めた。1審は本件公表の必要性等を認めてXらの請求を棄却したので、Xらが控訴。判決一部変更（Xらの請求を一部認容）。

判旨　「本件各報告の公表は、現行法上、これを許容し、又は命ずる規定が見あたらないものの、関係者に対し、行政上の制裁等、法律上の不利益を課すことを予定したものでなく、これをするについて、明示の法的根拠を必要としない。本件各報告の公表を受けてされた報道の後、貝割れ大根の売上が激減し、これによりXらが不利益を受けた……が、それらの不利益は、本件各報告の公表の法的効果ということはできず、これに法的根拠を要することの裏付けとなるものではない。……しかしながら、本件各報告の公表は、なんらの制限を受けないものでもなく、目的、方法、生じた結果の諸点から、是認できるものであることを要し、これにより生じた不利益につき、注意義務に違反するところがあれば、国家賠償法1条1項に基づく責任が生じることは、避けられない。」
　「本件各報告の公表は、……規模が大きく、国民の関心の高かった本件集団下痢症について、調査の結果得られた情報を公表し、国民の不安感を除去するとともに、一般消費者や食品関係者に対して注意を喚起することによって、食中毒の拡大・再発の防止を図るこ

とを目的としてされた。」「目的の点においては、本件各報告の公表を違法視することはできない。また、……本件各報告の公表は、これをすること自体は、情報不足による不安感の除去のため、隠ぺいされるよりは、国民には遙かに望ましく、適切であったと評すべきで、この点も、違法とすべきものではない。」

「しかしながら、……厚生大臣は、中間報告においては、貝割れ大根を原因食材と断定するに至らないにもかかわらず、記者会見を通じ、……中間報告の曖昧な内容をそのまま公表し、かえって貝割れ大根が原因食材であると疑われているとの誤解を広く生じさせ、これにより、貝割れ大根そのものについて、O-157による汚染の疑いという、食品にとっては致命的な市場における評価の毀損を招き、全国の小売店が貝割れ大根を店頭から撤去し、注文を撤回するに至らせた」。「厚生大臣によるこのような中間報告の公表により、……Xの事業が困難に陥ることは、容易に予測することができたというべき……であり、それにもかかわらず、上記方法によりされた中間報告の公表は、違法であり、Yは、国家賠償法1条1項に基づく責任を免れない。」

POINT 　本判決は、集団食中毒の原因食材に係る調査結果の公表について、その法的根拠は不要とし、公表の目的も適法とした。その一方で、大臣による中間報告の公表の方法が違法であるとして、損害賠償請求を一部認容した。関係者に法律上の不利益を課すことを予定した制裁的な公表でなければ根拠規範は不要とする解釈を前提に、当該公表の目的・必要性、その方法、そこから生じた結果等を総合的に検討した上で、国家賠償法上の違法の有無が判断されている。

➡ 本判決は、法律上の根拠がない公表につき国家賠償責任が争われたケースであるが、法律・条例に根拠がある公表に対し、当該公表により自己の権利利益を侵害されるおそれがあると考える者が、事前の差止めを求めるためにはいかなる司法的救済が可能か、という論点がある。条例に基づく制裁的な公表に処分性を認めた上で、仮の差止め（行訴法37条の5第2項）を認容した決定例として、東京地決平成29年2月3日判例集未登載がある。

1-4　平等原則と法律による行政―スコッチライト事件
大阪高判昭和44年9月30日（判時606号19頁）

事実　Xがスコッチライトと呼ばれる物品を輸入したところ、神戸税関長は、それが合成樹脂製品であるとして30％の関税を賦課徴収した。Xは、別の税関では同じ製品がガラス製品として20％の税率で関税が賦課徴収されていることを知り、神戸税関長に苦情を申し出たところ、20％の税率に下げる対応がされた（その後、大蔵省当局が通牒を発して30％の税率へ統一された）。Xは、30％の税率による賦課徴収が法律の文理解釈上許されるとしても、他の税関が課していた税率を超える部分は憲法84条・14条により無効であるとして、国（Y）に対し、

差額分の不当利得返還請求をした。1審はXの請求を棄却したので、Xが控訴。控訴棄却。

> **判旨**　「全国の税務官庁の大多数が法律の誤解その他の理由によって、事実上、特定の期間特定の課税物件について、法定の課税標準ないし税率より軽減された課税標準ないし税率で課・徴税処分をして、しかも、その後、法定の税率による税金とみぎのように軽減された税率による税金の差額を、実際に追徴したことがなく且つ追徴する見込みもない状況にあるときには、租税法律主義ないし課・徴税平等の原則により、みぎ状態の継続した期間中は、法律の規定に反して多数の税務官庁が採用した軽減された課税標準ないし税率の方が、実定法上正当なものとされ、却って法定の課税標準、税率に従った課・徴税処分は、実定法に反する処分として、みぎ軽減された課税標準ないし税率を超過する部分については違法処分と解する」。

POINT　本判決は、他の多数の税関とは異なる高率で賦課徴収した本件処分を違法としたものの、無効とはいえないとして不当利得を否定した。平等原則と法律による行政の原理の抵触関係が問題となり、平等原則の意義を重くみた裁判例である。

　一般的には、法律による行政の原理の方が原則となり、違法における平等はないと考えられる。そうでなければ、多数の違法な行政処分がある場合、比較少数の適法な行政処分の方が常に誤りという解釈になる。本判決は、多数の課税処分（税率は低い）を違法としてみても、正しい税率との差額分を事後的に追徴する見込みがないという事案の特殊性から、平等原則を重視する判断に至ったものと考えられる。

1−5　配慮義務（事前協議義務）—紀伊長島町水道水源条例事件
最判平成16年12月24日（民集58巻9号2536頁・百選Ⅰ24）

事実　三重県紀伊長島町内に産業廃棄物中間処理施設を設置しようとしたXは、平成5年11月、事業計画書を尾鷲保健所長に提出し、現地調査が実施され、県・町関係各機関との間で事前協議会が開催された。Xの計画を知った同町は、平成6年3月、紀伊長島町水道水源保護条例を制定し、これを公布・施行した。同条例は、町長が水源保護地域を指定し、水源保護地域では、町長が認定する規制対象事業場の設置を禁止する仕組みを定めていた（違反につき刑事罰あり）。なお、同条例には、規制対象事業場の認定について、事業者から町長に協議を申し出た後、同町水道水源保護審議会の意見を聴く手続が置かれていた。

　紀伊長島町長（Y）は、平成6年8月、本件条例に基づき、本件施設の建設予定地を含む町の区域の相当部分を水源保護地域と指定・公示した。同年12月、XはYに対して対象事業協議書を提出し、平成7年1月、Yは、本件条例に基づいて、審議会に協議書に関する意見を求め、審議会は、本件施設を規制対象事業場と認定することが望ましい旨をYに答申した。Yは、本件施設を本件条例の規制対象事業場と認定する旨の処分（以下「本件処分」という）をし、X

に通知した。

　他方、Ｘは、平成 6 年 12 月、三重県知事に対し、廃棄物処理法に基づく産業廃棄物処理施設設置許可申請をし、平成 7 年 5 月、許可を受けた。しかし、Ｘは、条例による本件処分により本件施設が設置できないため、本件処分の取消しを求めて出訴。1 審・2 審ともＸが敗訴したため、Ｘが上告。破棄差戻し。

> **判旨**　「本件条例は、水源保護地域内において対象事業を行おうとする事業者にあらかじめ町長との協議を求めるとともに、当該協議の申出がされた場合には、町長は、規制対象事業場と認定する前に審議会の意見を聴くなどして、慎重に判断することとしているところ、規制対象事業場認定処分が事業者の権利に対して重大な制限を課すものであることを考慮すると、<u>上記協議は、本件条例の中で重要な地位を占める手続である</u>……。そして、……本件条例は、……Ｘが町の区域内に本件施設を設置しようとしていることを知った町が制定したものであり、Ｙは、Ｘが本件条例制定の前に既に産業廃棄物処理施設設置許可の申請に係る手続を進めていたことを了知して」いた。「そうすると、Ｙとしては、Ｘに対して本件処分をするに当たっては、本件条例の定める上記手続において、上記のようなＸの立場を踏まえて、<u>Ｘと十分な協議を尽くし</u>、Ｘに対して……予定取水量を水源保護の目的にかなう適正なものに改めるよう<u>適切な指導をし、Ｘの地位を不当に害することのないよう配慮すべき義務があった</u>ものというべきであって、本件処分がそのような義務に違反してされたものである場合には、本件処分は違法となる」。

POINT　本判決は、町内に廃棄物処理施設の建設計画があることを知った町が、当該施設を「狙い撃ち」にして事後的に厳しい立地規制を課す条例を制定したため、処理施設の設置が困難になったという事例である。最高裁は、条例が適法であることを前提にしながら、条例の定める手続規定（「協議」手続）の解釈として、「狙い撃ち」にされた事業者の地位を不当に害さないよう「配慮すべき義務」を問題とした。条例が廃棄物処理法に違反するかという論点には触れず、条例の定める本件処分が特定の事業者の権利に対して「重大な制限を課す」ことから、本件処分の事前手続として定められた協議手続に着目し、条例制定前から廃棄物処理法に基づく許可申請手続を進めていた事業者に対して一定の配慮義務（事前協議を尽くす義務）があることを導き、この配慮義務違反の有無の検討による問題解決を図ったものと考えられる。

1-6　通達によらない取扱い変更—ストックオプション課税事件
最判平成 18 年 10 月 24 日（民集 60 巻 8 号 3128 頁）

事実　Ｘは、勤務先の日本法人の親会社である米国法人から付与されたストックオプションを平成 8 年〜11 年の各年中に行使して権利行使益を得、これを所得税法上の一時所得とし

て確定申告した。これに対し、所轄の税務署長（Y）は、同権利行使益は同法上の給与所得にあたるとして増額更正処分をし、そのうち平成 11 年分については、併せて過少申告加算税の賦課決定をした。X は、これらの課税処分の取消訴訟を提起。1 審は X の請求を認容したが、2 審は X の請求をいずれも棄却したので、X が上告。一部破棄自判（控訴棄却）・一部上告棄却。

> 判旨 「外国法人である親会社から日本法人である子会社の従業員等に付与されたストックオプションに係る課税上の取扱いに関しては、現在に至るまで法令上特別の定めは置かれていないところ、課税庁においては、上記ストックオプションの権利行使益の所得税法上の所得区分に関して、かつてはこれを一時所得として取り扱い、課税庁の職員が監修等をした公刊物でもその旨の見解が述べられていたが、平成 10 年分の所得税の確定申告の時期以降、その取扱いを変更し、給与所得として統一的に取り扱うようになった……。この所得区分に関する所得税法の解釈問題については、一時所得とする見解にも相応の論拠があり、……これを給与所得とする当審の判断が示されるまでは、下級審の裁判例においてその判断が分かれていたのである。このような問題について、課税庁が従来の取扱いを変更しようとする場合には、法令の改正によることが望ましく、仮に法令の改正によらないとしても、通達を発するなどして変更後の取扱いを納税者に周知させ、これが定着するよう必要な措置を講ずべきものである。ところが……課税庁は、上記のとおり課税上の取扱いを変更したにもかかわらず、その変更をした時点では通達によりこれを明示することなく、平成 14 年 6 月の所得税基本通達の改正によって初めて変更後の取扱いを通達に明記した……。そうであるとすれば、少なくともそれまでの間は、納税者において……ストックオプションの権利行使益が一時所得に当たるものと解し、その見解に従って上記権利行使益を一時所得として申告したとしても、それには無理からぬ面があり、それをもって納税者の主観的な事情に基づく単なる法律解釈の誤りにすぎないものということはできない。」
>
> 「以上のような事情の下においては、X が平成……8 年分ないし同 10 年分の所得税についてストックオプションの権利行使益が給与所得に当たるとして増額更正を受けていたことを考慮しても、上記確定申告において、X が本件権利行使益を一時所得として申告し、本件権利行使益が給与所得に当たるものとしては税額の計算の基礎とされていなかったことについて、真に X の責めに帰することのできない客観的な事情があり、過少申告加算税の趣旨に照らしてもなお X に過少申告加算税を賦課することは不当又は酷になる……から、国税通則法 65 条 4 項にいう『正当な理由』がある」。「そうすると、本件賦課決定は違法である」。

POINT 本判決は、通達により課税上の取扱いの変更を明示することなく、課税庁が従前の取扱いを変更したケースにおいて、過少申告加算税の賦課決定ができない「正当な理由」があるとした。最高裁は、信義則を正面から適用して増額更正処分それ自体を違法とするのではなく、法令改正によることなく課税上の取扱いを変更する

際に、通達を発する等によりそのことを国民・納税者に周知・定着させる必要性があることを指摘した。通達は、法規性をもたず、国民の自由を制約し、国民に義務を課すことはないが（判例 16‐11）、現実の行政過程における機能（国民に対する情報の周知・定着機能）の面で重要な役割を果たすことを示唆した判例である。

➡️ いわゆる通達課税について、通達の内容が合法であれば違憲の問題はないとしたケースとして、判例 4‐7 がある。

2 行政上の法律関係

2-1 民法177条の適用（1）―農地買収処分
最大判昭和28年2月18日（民集7巻2号157頁）

事実 Xは、いわゆる不在地主であるAから農地を取得して同所に居住していたが、移転登記がされておらず、登記簿上の土地所有者はAのままとなっていた。第2次大戦後の農地改革の際、地区農地委員会は、当該土地をAの所有地と判断し、買収計画を樹立した。Xは、異議申立てを経て県農地委員会（Y）に訴願をしたが認容されず、Yの裁決の取消しを求めて出訴。1審・2審ともXが勝訴したため、Yが上告。上告棄却。

判旨 「自作農創設特別措置法（以下自作法と略称する）は、今次大戦の終結に伴い、我国農地制度の急速な民主化を図り、耕作者の地位の安定、農業生産力の発展を期して制定せられたものであって、政府は、この目的達成のため、同法に基いて、公権力を以て同法所定の要件に従い、所謂不在地主や大地主等の所有農地を買収し、これを耕作者に売渡す権限を与えられている」。「同法に基く農地買収処分は、国家が権力的手段を以て農地の強制買上を行うものであって、対等の関係にある私人相互の経済取引を本旨とする民法上の売買とは、その本質を異にするものである。従って、かかる私経済上の取引の安全を保障するために設けられた<u>民法177条の規定は、自作法による農地買収処分には、その適用を見ない</u>」。「政府が同法に従って、農地の買収を行うには、単に登記簿の記載に依拠して、登記簿上の農地の所有者を相手方として買収処分を行うべきものではなく、<u>真実の農地の所有者から、これを買収すべき</u>」である。

「そのことは、自作法1条に明らかにせられた……同法制定の趣旨からしても十分に理解せられるところであるのみならず、同法が農地買収についての基準を……農地の所有者が実際に農地の所在市町村に居住しているかどうか、……地主が農地を自作しているか、小作人をして、小作せしめているか等所有者とその農地との間に存する現実の事実関係にかからしめている等、自作法に定められた各種の規定自体から推しても、同法の買収は、真実の農地所有者について行うべきであって、登記簿その他公簿の記載に農地所有権の所在を求むべきでない」。

POINT 本判決は、農地買収処分につき民法177条は適用されず、真実の農地所有者について行われるべきとした。農地買収処分の根拠法である自作農創設特別措置法が定められた趣旨、同法の目的規定、同法が定める農地買収の基準等を手掛りに、真実の土地所有者から買収処分をすべきとの解釈が示されている。

2-2　民法 177 条の適用（2）―租税滞納処分
最判昭和 31 年 4 月 24 日（民集 10 巻 4 号 417 頁）

事実　Ｘは、Ａから土地を購入し、所轄の税務署長Ｂに対し、当該土地に係る財産税を申告しこれを納めた。しかし、Ａは、当該土地について所有権移転登記をしていなかった。その後、Ａが納税を怠る事態が生じ、Ａは、当該土地につき登記簿上の名義がＡのままであることから、自己の所有する機械器具に代えて当該土地を差し押さえるようＢに陳情した。Ｂはこれを認め、Ｂから事務を引き継いだ富山税務署長（Ｙ₁）は、当該土地を差し押えた上で公売処分を行い、当該土地は、Ｙ₂が競落して所有権移転登記を完了した。Ｘは、Ｙ₁に対して公売処分の無効確認を、Ｙ₂に対して所有権移転登記の抹消登記手続を求めて出訴。1 審はＸの請求を棄却（Ｙ₁は民法 177 条に定める第三者とする）、2 審は逆にＸの請求を認容（Ｙ₁を背信的悪意者とする）したため、Ｙ₁らが上告。破棄差戻し（ＸにおいてＹ₁が本件土地をＸの所有として取り扱うことを強く期待する「特段の事情」があったかにつき審理を求めて差戻し）。

判旨　「国税滞納処分においては、国は、その有する租税債権につき、自ら執行機関として、強制執行の方法により、その満足を得ようとするものであって、滞納者の財産を差し押さえた国の地位は、あたかも、民事訴訟法上の強制執行における差押債権者の地位に類するものであり、租税債権がたまたま公法上のものであることは……国が一般私法上の債権者より不利益の取扱を受ける理由となるものではない。それ故、滞納処分による差押の関係においても、民法 177 条の適用がある」。

POINT　公権力的行為の典型と考えられる租税滞納処分について、民事法上の強制執行との同質性に着目し、民法 177 条の適用を認めた判例である。

2-3　安全配慮義務―自衛隊駐屯地事件
最判昭和 50 年 2 月 25 日（民集 29 巻 2 号 143 頁・百選 I 22）

事実　自衛隊駐屯地内での自動車事故により死亡したＡの両親（Ｘら）は、国家公務員災害補償法に基づく補償金を受け取った後、事故から 4 年が経過した時点で初めて国（Ｙ）に損害賠償請求できることを知り、自動車損害賠償保障法 3 条に基づく損害賠償を求める訴えを提起した。1 審は、3 年の消滅時効期間（同法 4 条、民法 724 条）の経過を理由にＸらの請求を棄却。2 審において、Ｘらは、Ｙの安全配慮義務違反に係る主張を加えたが、敗訴したので、Ｘらが上告。破棄差戻し。

判旨　「国は、公務員に対し、国が公務遂行のために設置すべき場所、施設もしくは器

具等の設置管理又は公務員が国もしくは上司の指示のもとに遂行する公務の管理にあたって、公務員の生命及び健康等を危険から保護するよう配慮すべき義務（以下『安全配慮義務』という。）を負っている」。

「安全配慮義務は、ある法律関係に基づいて特別な社会的接触の関係に入った当事者間において、当該法律関係の付随義務として当事者の一方又は双方が相手方に対して信義則上負う義務として一般的に認められるべきものであって、国と公務員との間においても別異に解すべき論拠はな」い。

POINT 本判決は、国が公務員に対して安全配慮義務を負い、安全配慮義務違反として損害賠償請求が可能なことを示した。なお、本判決は、安全配慮義務違反に係る損害賠償請求権の消滅時効期間にいて、会計法 30 条の定める 5 年ではなく、民法(旧) 167 条 1 項を適用して 10 年とした（この論点は、平成 29 年の民法改正に伴い立法的に解消された）。

2-4　消滅時効の主張と信義則―402 号通達事件
最判平成 19 年 2 月 6 日（民集 61 巻 1 号 122 頁・百選 I 23）

事実　広島で原子爆弾に被爆し、その後ブラジルに移住した X らは、平成 3 年から 7 年にかけて日本に一時帰国していた際、原爆被爆者援護法等に基づく申請により、被爆者健康手帳の交付を受け、5 年の期間を指定した健康管理手当の受給権を得た。その後、X らはブラジルに出国したため、広島県知事は、国外に居住地を移した被爆者につき受給権を失権扱いとする厚生省公衆衛生局長通達（402 号通達。判例 23-8 も参照）に従い、X らに対する健康管理手当の支給を打ち切った。平成 14 年になって、X らは、広島県（Y）を相手に、未支給分の支払い等を求めて出訴した。提訴の翌年、402 号通達が廃止され、Y は X らに健康管理手当を支給することとしたが、X らの上記提訴の時点で支給月の末日から 5 年を経過していた分については、地方自治法 236 条の定める時効により受給権が消滅したとしてその支給をしなかったため、このような消滅時効の主張が許されるか否かが争点となった（地方自治法 236 条 1 項は、普通地方公共団体の金銭債権債務につき 5 年の消滅時効期間を定め、同条 2 項は、そこで時効の援用を要せず、その利益を放棄できないことを定めている）。

1 審は消滅時効の完成を認めて X らの請求を棄却したが、2 審は X らの請求を認容すべきと判断した。Y が上告。上告棄却。

判旨　「X らは、その申請により本件健康管理手当の受給権を具体的な権利として取得したところ、Y は、X らがブラジルに出国したとの一事により、同受給権につき 402 号通達に基づく失権の取扱いをしたものであり、しかも、このような通達や取扱いには何ら法令上の根拠はなかった」。「通達は、行政上の取扱いの統一性を確保するために、上級行

政機関が下級行政機関に対して発する法解釈の基準であって、国民に対し直接の法的効力を有するものではないとはいえ、通達に定められた事項は法令上相応の根拠を有するものであるとの推測を国民に与えるものであるから、……402号通達の明確な定めに基づき健康管理手当の受給権について失権の取扱いをされた者に、なおその行使を期待することは極めて困難であった……。他方、国が具体的な権利として発生したこのような重要な権利について失権の取扱いをする通達を発出する以上、相当程度慎重な検討ないし配慮がされてしかるべきものである。しかも、402号通達の上記失権取扱いに関する定めは、我が国を出国した被爆者に対し、その出国時点から適用されるものであり、失権取扱い後の権利行使が通常困難となる者を対象とするものであった」。

「以上のような事情の下においては、Yが消滅時効を主張して未支給の本件健康管理手当の支給義務を免れようとすることは、……自らも上記通達に従い違法な事務処理をしていた普通地方公共団体ないしその機関自身が、受給権者によるその権利の不行使を理由として支払義務を免れようとするに等しい……。そうすると、Yの消滅時効の主張は、……特段の事情のない限り、信義則に反し許されない」。

地方自治法236条2項が「権利の時効消滅につき当該普通地方公共団体による援用を要しないこととしたのは、上記権利については、その性質上、法令に従い適正かつ画一的にこれを処理することが、当該普通地方公共団体の事務処理上の便宜及び住民の平等的取扱いの理念……に資することから、時効援用の制度（民法145条）を適用する必要がないと判断されたことによる……。このような趣旨にかんがみると、普通地方公共団体に対する債権に関する消滅時効の主張が信義則に反し許されないとされる場合は、極めて限定される」。「本件のように、普通地方公共団体が、……基本的な義務に反して、既に具体的な権利として発生している国民の重要な権利に関し、法令に違反してその行使を積極的に妨げるような一方的かつ統一的な取扱いをし、その行使を著しく困難にさせた結果、これを消滅時効にかからせたという極めて例外的な場合においては、……〔時効消滅につき援用を要しないという〕便宜を与える基礎を欠くといわざるを得ず、また、当該普通地方公共団体による時効の主張を許さないこととしても、国民の平等的取扱いの理念に反するとは解されず、かつ、その事務処理に格段の支障を与えるとも考え難い。」

POINT　普通地方公共団体の金銭債権につき消滅時効の援用を要しないとする地方自治法236条2項について、地方公共団体が違法かつ積極的に国民の権利行使を妨げる行動をとることにより消滅時効にかからせたケースでは、裁判において同項に基づき消滅時効を主張することが信義則に反し、許されないとした判例である。地方自治法の明文規定があるにもかかわらず、権利行使を著しく困難にさせた行政側からの消滅時効の主張につき、信義則による制限を認めている。

2-5 民事法と行政法令の不整合—公営住宅と信頼関係法理

最判昭和59年12月13日（民集38巻12号1411頁・百選Ⅰ7）

事実 東京都（X）の公営住宅に入居していたYは、Xの許可なく住宅の増築等をした。そこで、Xは、公営住宅法に基づき、Yの使用許可を取り消した上で、Yに対して住宅の明渡しを求めて出訴。1審は、本件増築はXとの信頼関係を破壊するものではないとするYの抗弁を容れて、Xの請求を棄却。2審は、公営住宅の使用関係につき信頼関係理論は適用されないとし、Xの請求を認容。Yが上告。上告棄却。

判旨 「公営住宅の使用関係については、公営住宅法及びこれに基づく条例が特別法として民法及び借家法に優先して適用されるが、法及び条例に特別の定めがない限り、原則として一般法である民法及び借家法の適用があり、その契約関係を規律するについては、信頼関係の法理の適用がある」。「右法及び条例の規定によれば、事業主体は、公営住宅の入居者を決定するについては入居者を選択する自由を有しないものと解されるが、事業主体と入居者との間に公営住宅の使用関係が設定されたのちにおいては、両者の間には信頼関係を基礎とする法律関係が存するものというべきであるから、公営住宅の使用者が法の定める公営住宅の明渡請求事由に該当する行為をした場合であっても、賃貸人である事業主体との間の信頼関係を破壊するとは認め難い特段の事情があるときには、事業主体の長は、当該使用者に対し、その住宅の使用関係を取り消し、その明渡を請求することはできない」。

POINT 公営住宅の使用関係について、民事法上の信頼関係の法理の適用があるとした判例である。公営住宅の使用関係全般について民事法の適用が排除されるか否かという解釈方法ではなく、一般法である民事法との関係で、特別法である公営住宅法および同法の委任条例が優先して適用される範囲を画定する解釈方法が採られている。その上で、判決は、Yの増築行為につきXとの間の信頼関係を破壊するとは認め難い特段の事情があるとはいえないとして、Xの明渡請求を認める判断をした。

➡ 最判平成元年9月19日民集43巻8号955頁（百選Ⅰ8）は、防火地域・準防火地域内にあって外壁が耐火構造である建物を隣地境界線に接して建設することを許容する建築基準法65条と、境界線から50cm以上の距離を必要とする民法234条1項の関係について、建築基準法65条は民法234条1項の特則を定めたものと解釈して（特則説）、建築基準法が優先する判断を示した。

2-6　信義則・信頼保護（1）—租税法における信義則・青色申告課税事件

最判昭和62年10月30日（判時 1262 号 91 頁・百選 I 20）

事実　Xは、実兄であり義父であったA（昭和47年に死亡）の営むB商店の営業に従事し、昭和29年からは事実上中心となって業務の運営をしていた。Aは青色申告の承認を受けており、B商店の事業所得について、昭和29年分から45年分までA名義により青色申告がされてきたが、昭和46年分につき、青色申告の承認を受けることなくXが自己名義で青色申告書による確定申告をしたところ、所轄の税務署長（Y）は、Xにつき青色申告の承認があるかどうかの確認を怠って申告書を受理し、さらに昭和47年分から50年分までの所得税について、Xに青色申告用紙を送付し、Xの青色申告書による確定申告を受理するとともにその申告に係る税額を収納してきた。昭和51年3月、Xは、Yから青色申告の承認申請がなかったことを指摘され、申請をして同年分以降について青色申告の承認を受けた。しかし、Yは、Xの昭和48年・49年分の所得税につき白色申告とみなして更正処分を行ったので、Xは、この更正処分は信義則に反するとして取消訴訟を提起。1審・2審ともXが勝訴したため、Yが上告。破棄差戻し。

判旨　「租税法規に適合する課税処分について、法の一般原理である信義則の法理の適用により、右課税処分を違法なものとして取り消すことができる場合があるとしても、法律による行政の原理なかんずく租税法律主義の原則が貫かれるべき租税法律関係においては、右法理の適用については慎重でなければならず、租税法規の適用における納税者間の平等、公平という要請を犠牲にしてもなお当該課税処分に係る課税を免れしめて納税者の信頼を保護しなければ正義に反するといえるような特別の事情が存する場合に、初めて右法理の適用の是非を考えるべきものである。そして、右特別の事情が存するかどうかの判断に当たっては、少なくとも、税務官庁が納税者に対し信頼の対象となる公的見解を表示したことにより、納税者がその表示を信頼しその信頼に基づいて行動したところ、のちに右表示に反する課税処分が行われ、そのために納税者が経済的不利益を受けることになったものであるかどうか、また、納税者が税務官庁の右表示を信頼しその信頼に基づいて行動したことについて納税者の責めに帰すべき事由がないかどうかという点の考慮は不可欠のものである」。

「税務署長が納税者の青色申告書による確定申告につきその承認があるかどうかの確認を怠り、翌年分以降青色申告の用紙を当該納税者に送付したとしても、それをもって当該納税者が税務署長により青色申告書の提出を承認されたものと受け取りうべきものでない……。そうすると、……本件更正処分がYのXに対して与えた公的見解の表示に反する処分であるということはできないものというべく、本件更正処分について信義則の法理の適用を考える余地はない」。

POINT　本判決は、租税法関係において信義則が適用される可能性を一般論として

認める一方、具体的に信義則が適用されうるのは、納税者間の平等・公平という要請を犠牲にしてもなお当該課税処分に係る課税を免れしめて納税者の信頼を保護しなければ正義に反するといえるような特別の事情が存する場合に限定される、とした。上記「特別の事情」の判断にあたり、①税務官庁が「公的見解の表示」を行い、②納税者がその表示を信頼したところ、③その表示に反する課税処分がされて経済的不利益を受け、④その表示を信頼したことに納税者の帰責事由がないこと、がポイントになることが示されている。

2-7　信義則・信頼保護(2)—工場誘致施策の変更・宜野座村工場誘致事件
最判昭和 56 年 1 月 27 日（民集 35 巻 1 号 35 頁・百選 I 21）

事実　X は、沖縄県宜野座村（Y）に工場建設を計画し、昭和 45 年 11 月、Y の当時の村長 A に対し工場の誘致および村有地を工場敷地として X に譲渡することを陳情した。これに対し、A は、工場用地として村有地を X に譲渡する旨の村議会の議決を得、昭和 46 年 3 月、X に対し工場建設に全面的に協力することを言明した。さらに、A は、工場操業に必要な水利権設定申請のための同意書を与え、沖縄振興開発金融公庫に融資促進の依頼文書を送付するなど、X に便宜を図った。X は、工場予定地の耕作者への補償料支払い、工場の機械設備発注、工場敷地の整地工事等を完了した。

ところが、昭和 47 年 12 月に行われた村長選挙において、工場誘致に反対する B が当選し、新村長となった B は、X から B に提出された工場建設に係る建築確認申請書を県の建築主事に送付せず、建築確認申請に不同意である旨を X に通知した。X は、やむなく工場の建設・操業を断念し、Y を相手に損害賠償請求訴訟を提起。1 審・2 審とも X が敗訴し、X が上告。一部破棄差戻し・一部上告却下。

判旨　「住民自治の原則は地方公共団体の組織及び運営に関する基本原則であり、また、地方公共団体のような行政主体が一定内容の将来にわたって継続すべき施策を決定した場合でも、右施策が社会情勢の変動等に伴って変更されることがあることはもとより当然であって、地方公共団体は原則として右決定に拘束されるものではない。しかし、右決定が、……特定の者に対して右施策に適合する特定内容の活動をすることを促す個別的、具体的な勧告ないし勧誘を伴うものであり、かつ、その活動が相当長期にわたる当該施策の継続を前提としてはじめてこれに投入する資金又は労力に相応する効果を生じうる性質のものである場合には、右特定の者は、右施策が右活動の基盤として維持されるものと信頼し、これを前提として右の活動ないしその準備活動に入るのが通常である。このような状況のもとでは、……その者と当該地方公共団体との間に右施策の維持を内容とする契約が締結されたものとは認められない場合であっても、右のように密接な交渉を持つに至った当事者間の関係を規律すべき信義衡平の原則に照らし、その施策の変更にあたってはかかる信頼に対して法的保護が与えられなければならない……。すなわち、右施策が変更されるこ

とにより、前記の勧告等に動機づけられて前記のような活動に入った者がその信頼に反して所期の活動を妨げられ、社会観念上看過することのできない程度の積極的損害を被る場合に、地方公共団体において右損害を補償するなどの代償的措置を講ずることなく施策を変更することは、それがやむをえない客観的事情によるのでない限り、当事者間に形成された信頼関係を不当に破壊するものとして違法性を帯び、地方公共団体の不法行為責任を生ぜしめる」。

POINT 本判決は、地方公共団体の選挙による政策変更により特定の企業に損害が生じたというケースで、信頼関係の不当な破壊という法律構成により、不法行為責任が生じる基準を示した。選挙による政策変更が適法であることを前提に、一定程度の「積極的損害」を被る場合であるにもかかわらず、補償等の「代替的措置」を講ずることなく政策変更をしたという部分に、信義則違反・信頼関係の不当な破壊（不法行為上の違法性）を見出している。

本判決については、行政指導に係る信頼保護の見地から救済が図られた損害賠償請求事例、あるいは、行政計画の変更に係る損害賠償請求事例（いわゆる計画担保責任が認められた事例）、という整理が可能である。

2-8 信義則・信頼保護（3）
―誤った勧誘による保険料納付・国民年金支給拒否事件
東京高判昭和 58 年 10 月 20 日（行集 34 巻 10 号 1777 頁）

事実 在日韓国人である X は、東京都荒川区の国民年金勧奨員の勧誘により、荒川区長に対して国民年金被保険者取得の届出を行い、130 カ月にわたって保険料を納付した。この勧誘の時点で、X は勧奨員に自らが韓国籍であることを告げていたが、当時の国民年金法は被保険者資格を日本国民と定めていた。その後、東京都知事が X の被保険者資格を届出時点に遡って取り消す一方、X が社会保険庁長官（Y）に年金裁定請求をしたところ、Y は老齢年金の裁定却下処分をした。X は、審査請求・再審査請求を経て裁定却下処分の取消訴訟を提起。1 審が X の請求を棄却したため、X が控訴。原判決取消し・裁定却下処分取消し。

判旨 「X は、自己に国民年金被保険者の資格があると信じ、将来 Y が老齢年金等の給付をするものと期待し信頼して、右期待・信頼を前提に保険料の支払を続けたことが明らかであり、また、右経緯からみて X がそのように信じたことをあながち軽率であったということはできない。右のような信頼関係が生じた当事者間において、その信頼関係を覆すことが許されるかどうかは、事柄の公益的性格に対する考慮をも含めた信義衡平の原則によって規律されるべきものであり、特に、拠出制の国民年金制度においては、被保険者の

保険料負担と老齢年金等の給付はある程度対価的関係にあるから、この点からも、Xの右信頼は法的保護を要請される」。

「右信義衡平の原則に従うと、〔本件〕事実関係のもとにおいては、Xと行政当局の間で生じた右のような信頼関係を行政当局が覆すことができるのは、やむを得ない公益上の必要がある場合に限られ、右以外には許されないと解すべきである。Xは国籍要件を欠いているが、国籍要件をあらゆる場合につき維持・貫徹することは、右やむを得ない公益上の必要には当らない。」

POINT 　本判決は、法令上は明らかに適法な処分について、信義衡平の原則・信頼関係の保護を根拠にこれを違法として取り消した判決として注目される。本件事案では、行政側の誤った勧誘を信頼して保険料を拠出した者がそれに対応した権利（受給権）を得られるかが問題とされており、判例 2-6 のように、本来支払うべき税金を信頼保護法理により減額する（法律上課されるべき義務を縮減する）ケースとは問題状況が異なることに留意すべきである。

2-9　信義則・信頼保護(4)─本人の意思によらない在留資格変更
最判平成 8 年 7 月 2 日（判時 1578 号 51 頁）

事実　中国国籍を有する X は、昭和 60 年に日本人 A と婚姻し、昭和 61 年、「日本人の配偶者又は子」の在留資格をもって本邦に上陸を許可された。その後 X は A と不仲になり、A と別居するようになったが、別居後も「日本人の配偶者又は子」の在留資格により在留期間を 1 年とする数次の更新許可を受けて本邦に滞在していた。しかし、平成 2 年 1 月 4 日付で X にされた在留期間更新許可は、出国準備期間として平成元年 10 月 28 日から平成 2 年 1 月 27 日までの 3 カ月間在留期間を更新するものであり、同年 1 月 19 日付でされた更新許可も、出国準備期間として同月 28 日から 4 月 27 日までの 3 カ月間在留期間を更新するものであった。同年 7 月 30 日には、同年 4 月 28 日から 7 月 27 日までの 3 カ月の在留期間更新許可と同時に、X の意に反するかたちで在留資格を「短期滞在」とし、在留期間を 90 日とする在留資格変更許可がされた。

　この間、A は X との間の婚姻無効確認訴訟を提起し、平成 2 年 12 月 26 日に当該婚姻の無効を確認する判決が言い渡されたが、X は控訴して争い、平成 3 年 10 月 22 日、1 審判決を取り消し、A の請求を棄却する控訴審判決があり、同判決は確定した。

　X は、平成 3 年 1 月 10 日と同年 4 月 16 日に、上記訴訟が係属中であることを理由に「短期滞在」の在留資格による在留期間の更新申請を行い、各申請日にその許可を受けて本邦における在留を継続してきたが、4 月 16 日付の許可に係る在留期間が同年 7 月 22 日で満了することになるため、7 月 6 日、在留期間満了後の在留期間の更新申請をしたところ、法務大臣（Y）は、X の申請に対し、平成 4 年 2 月 19 日、これを不許可とする処分を行った。そこで、X は、

本件不許可処分の取消しを求めて出訴。1審・2審とも本件処分を違法として X が勝訴したため、Y が上告。上告棄却。

> **判旨**　「X は、『日本人の配偶者又は子』の在留資格……をもって本邦における在留を継続してきていたが、Y は、……X と A とが長期間にわたり別居していたことなどから、X の本邦における活動は、もはや日本人の配偶者の身分を有する者としての活動に該当しないとの判断の下に、X の意に反して、その在留資格を……『短期滞在』に変更する旨の申請ありとして取り扱い、これを許可する旨の処分をし、これにより、X が『日本人の配偶者等』の在留資格による在留期間の更新を申請する機会を失わせた……。しかも、本件処分時においては、X と A との婚姻関係が有効であることが判決によって確定していた上、X は、その後に A から提起された離婚請求訴訟についても応訴するなどしていたことからもうかがわれるように、X の活動は、日本人の配偶者の身分を有するものとしての活動に該当するとみることができないものではない。そうであれば、……X の在留資格が『短期滞在』に変更されるに至った右経緯にかんがみれば、<u>Y は、信義則上、『短期滞在』の在留資格による X の在留期間の更新を許可した上で、X に対し、『日本人の配偶者等』への在留資格の変更申請をして X が『日本人の配偶者等』の在留資格に属する活動を引き続き行うのを適当と認めるに足りる相当の理由があるかどうかにつき公権的判断を受ける機会を与えることを要した</u>」。
> 　「以上によれば、……本件処分は、右のような経緯を考慮していない点において、Y がその裁量権の範囲を逸脱し、又はこれを濫用したものであるとの評価を免れ」ない。

POINT　本判決では、申請人の意思によらず、行政側が勝手に申請内容を変更して在留許可をしたという事案で、信義則を手掛かりに裁量統制が行われている。行政側による過去の取扱いが信義則に照らして不当であったとの認定を踏まえ、そのような過去の経違を考慮しないでされた在留期間更新不許可処分は裁量権を逸脱濫用したものと判断されている。

2 - 10　民法 108 条・116 条の類推適用—世界デザイン博覧会協会事件
最判平成 16 年 7 月 13 日（民集 58 巻 5 号 1368 頁・百選 I 4）

事実　名古屋市は、市制 100 周年の記念事業として世界デザイン博覧会を開催した。同博覧会の準備および開催運営のため、財団法人世界デザイン博覧会協会（Y₄）が設立されたが、Y₄ の会長は名古屋市長（Y₁）、副会長は同市助役（Y₂）、監事は同市収入役（Y₃）であり、事務局も同市職員を中心に構成された。
　ところが、同博覧会の入場者が予測を下回る事態となり、Y₄ の収支が赤字になることを回避するため、市は、Y₄ が博覧会で使用した施設・物品を買い受けるために 50 件の契約を締結

した。これらの契約が締結された後、市議会は、契約について議論するとともに、契約を前提とする予算を可決した。

　名古屋市の住民Xらが、これらの契約はY_4の赤字を隠すための違法なものであるとして、Y_1・Y_2・Y_3に対する損害賠償の支払い、Y_4に対する損害賠償の支払いまたは不当利得の返還を求める住民訴訟（平成14年地方自治法改正前の4号請求）を提起した。1審は、民法108条の双方代理の規定を類推適用し、本件契約は一部を除いて無効であると判断した。2審は、民法108条の類推適用を認めつつ、民法116条の類推適用により、市議会の議決等により市の追認があったとして本件契約の効果が市に帰属するとした上で、本件契約の締結につきY_1の裁量権行使の逸脱・濫用を認める判断をした。X・Y_1・Y_4が上告。一部破棄差戻し・一部破棄自判・一部上告棄却。

> **判旨**　「普通地方公共団体の長が当該普通地方公共団体を代表して行う契約締結行為であっても、長が相手方を代表又は代理することにより、私人間における双方代理行為等による契約と同様に、当該普通地方公共団体の利益が害されるおそれがある場合がある。そうすると、<u>普通地方公共団体の長が当該普通地方公共団体を代表して行う契約の締結には、民法108条が類推適用される</u>……。そして、<u>普通地方公共団体の長が当該普通地方公共団体を代表するとともに相手方を代理ないし代表して契約を締結した場合であっても同法116条が類推適用され</u>、議会が長による上記双方代理行為を追認したときには、同条の類推適用により、議会の意思に沿って本人である普通地方公共団体に法律効果が帰属する」。

POINT　市がイベント事業を行うために設立した財団（いわゆる第三セクター）について、市長が財団の会長である場合、財団と市の間の売買契約につき双方代理を禁止した民法108条違反となるかという点について、民法108条の類推適用を認めた判例である。地方公共団体が行う私法上の行為について、地方自治法等の個別法令上特別な規定がない場合には、民法の規定が適用ないし類推適用されると考えられるところ、本判決もそのような立場を採った。また、本判決は、民法116条の類推適用を認め、長による民法108条違反の契約であっても、議会の追認により当該契約の効果が地方公共団体に帰属するとした。

　さらに、本判決は、市とY_4との間に、博覧会の準備および開催運営について準委任的な関係があったものと解する余地を認め、本件契約の締結につき裁量権の逸脱・濫用の有無を判断するための考慮要素（博覧会の準備および開催運営に関する市と財団の関係の実質、財団が行った博覧会の準備および開催運営の内容、支出された費用の内訳）を示している。そして、市が記念事業を実施するためにY_4を設立したという実質面に着目し、入場料収入不足等による赤字分を市が補塡する法的義務が存すると解する余地も否定できない、という解釈が採られている。

本判決は、地方公共団体が外郭団体等の法人を設立して事業を行った場合、事業に失敗して赤字を抱えるというケースの法的責任の所在に関わる問題を提起するとともに、行政上の契約につき民法の規定がどのように適用されるのかを明らかにした。

2-11　取締法規違反の法律行為―精肉販売食品衛生法違反事件
最判昭和35年3月18日（民集14巻4号483頁）

事実　Xは、Yに精肉を売り渡したが、Yは内金分しか支払わなかった。そこで、Xは、Yを相手に残金等の支払いを求めて出訴。1審・2審ともXの請求を認容する判断をしたため、Yが上告。Yは、上告理由の中で、精肉販売には食品衛生法に基づく許可が必要であるところ、Y自身が無許可営業であり、これを知りつつなされた本件取引は無効であること等を主張した。上告棄却。

> **判旨**　食品衛生「法は単なる取締法規にすぎないものと解するのが相当であるから、Yが食肉販売業の許可を受けていないとしても、右法律により本件取引の効力が否定される理由はない。」

POINT　取締法規である食品衛生法への違反があっても、直ちに取引が無効にならないとした判例である。なお、食品衛生法違反の取引について、同法に違反する食品を販売したという理由だけでは無効とならないが、それ以外の事実関係等が民法90条に抵触すると解釈されれば取引は無効となるとした判例（最判昭和39年1月23日民集18巻1号37頁）がある。

➡ 最判平成23年12月16日判時2139号3頁（百選Ⅰ10）は、建築基準法等に違反する建築工事請負契約について、事案の悪質性、違法性が軽微でないこと等を総合的に考慮し、問題となった建物の建築は著しく反社会性の強い行為であり、これを目的とする契約は公序良俗に反し無効とした。

➡ 最判平成29年7月24日民集71巻6号969頁は、認定司法書士が、弁護士法72条に違反して、報酬を得る目的で業として一定金額を超える内容の裁判外の和解契約を締結した場合であっても、当該和解契約は、その内容および締結に至る経緯等に照らし、公序良俗違反の性質を帯びるに至るような特段の事情がない限り無効とはならない、とした。

2-12　強行法規違反の法律行為―煮乾いわし事件
最判昭和30年9月30日（民集9巻10号1498頁）

事実　XはYと煮乾いわしの売買契約を結び、XがYに煮乾いわしを引き渡したが、Yは、

本件契約が旧臨時物資需給調整法違反であり無効であるとして代金を支払わなかった。そこで、Xが、Yを相手に、代金等の支払いを求めて出訴。1審はXの請求を一部認容したが、2審はXの請求を棄却する判断をしたため、Xが上告。上告棄却。

> **判旨**　「臨時物資需給調整法はわが国における産業の回復振興に関する基本的政策及び計画の実施を確保するために制定されたものであり、同法に基く加工水産物配給規則……は……煮乾いわし等の物資については……同規則3条以下所定の集荷機関、荷受機関、登録小売店舗等の機構を通ずる取引のみの効力を認め右以外の無資格者による取引の効力を認めない趣旨であって、右法令は此の意味に於ける強行法規である」。

POINT　経済統制法令は強行法規であり、これに反する取引を無効とした判例である。判例2-11と相まって、判例は、行政法令違反の取引の有効・無効について、取締法規・強行法規の区分を基準としている。しかし、この区分も相対的なものであり、結局のところ、当該法令の立法趣旨（規制の趣旨）、違反行為に対する倫理的非難の程度、取引の安全保護の必要性、取引当事者間の公平等を総合的に判断せざるをえないと考えられる。

2-13　受給権の相続と訴訟承継
最判平成29年12月18日（民集71巻10号2364頁・百選I 12）

> **事実**　Aらは、原子爆弾被爆者に対する援護に関する法律（被爆者援護法）に基づき、被爆者健康手帳の交付等の申請をしたところ、長崎市長・長崎県知事から却下処分を受けた。Aらは、これらの申請拒否処分について、本件各処分の取消し・被爆者健康手帳交付の義務付け等を求めて出訴したが、1審係属中に死亡した。1審・2審とも、Aらの当事者としての地位は相続人に承継されないとして訴訟終了による却下判決をしたため、相続人であるXらが上告。一部破棄自判・一部上告棄却。

> **判旨**　「被爆者援護法は、……特殊の戦争被害について戦争遂行主体であった国が自らの責任によりその救済を図るという一面をも有するものであり、……実質的に国家補償的配慮が制度の根底にある」。「そして、同法に基づく健康管理手当……に係る受給権は、所定の各要件を満たすことによって得られる具体的給付を求める権利として規定されている」。
> 　「以上のような同法の性格や健康管理手当の目的及び内容に鑑みると、同条に基づく認定の申請がされた健康管理手当の受給権は、当該申請をした者の一身に専属する権利ということはできず、相続の対象となるものであるから、……申請の各却下処分の取消しを求める訴訟並びに同取消しに加えて被爆者健康手帳の交付の義務付けを求める訴訟について、

訴訟の係属中に申請者が死亡した場合には、当該訴訟は当該申請者の死亡により当然に終了するものではなく、その相続人がこれを承継する」。

POINT 原子爆弾の被爆者に対する救済制度を定める被爆者援護法に基づく手当の受給権について、①同法の性格が国家補償的配慮を制度の根底とすること、②給付制度の目的が被爆者の健康・福祉への寄与等であること、③給付制度の内容が具体的給付請求権として規定されていることから、申請者の一身専属的権利ではなく、相続の対象になるとした判例である。同種の問題について、生活保護受給権の相続対象性を否定した最大判昭和42年5月24日民集21巻5号1043頁（朝日訴訟判決）があるが、本判決は、個別の申請制度ないし受給権の根拠規範の解釈により、当該権利の一身専属性の有無が判断されることを示している。

なお、本判決は、Xらの訴訟承継を肯定したものの、2審が仮定的にした本案の判断を是認し、上告を棄却する判断をしている。

2-14 公物に関する法律関係──公共用財産の取得時効・黙示の公用廃止
最判昭和51年12月24日（民集30巻11号1104頁・百選I 28）

事実 Xは、公図上水路として表示されている国有地（水路としての外観は喪失しており、すでにXの祖父が水田として小作していた）について、国（Y）から旧自作農創設特別措置法に基づいて売渡しを受け、平穏かつ公然と占有していた。Xは、売渡日から10年の経過をもって本件土地を時効取得したとして、所有権の確認を求めて出訴。1審・2審ともXの主張を一部認容する判断をしたため、Yが上告。上告棄却。

判旨 「公共用財産が、長年の間事実上公の目的に供用されることなく放置され、公共用財産としての形態、機能を全く喪失し、その物のうえに他人の平穏かつ公然の占有が継続したが、そのため実際上公の目的が害されるようなこともなく、もはやその物を公共用財産として維持すべき理由がなくなった場合には、右公共用財産については、黙示的に公用が廃止されたものとして、これについて取得時効の成立を妨げない」。

POINT 公物について、黙示の公用廃止があったと認められる場合、その公物につき私人による取得時効が成立するという法理（黙示的公用廃止説）を採った判例である。この点、黙示の公用廃止という擬制的法律構成を批判し、端的に公物につき取得時効を認める学説（完全時効取得説）も見られる。

2-15 公務員の勤務関係—現業公務員

最判昭和 49 年 7 月 19 日（民集 28 巻 5 号 897 頁・百選 I 6）

事実 郵政職員（いわゆる現業の一般職公務員）のXらは、A郵便局に赴いた上で、団体交渉等を要求して局内に立ち入り、チラシを配付する等の行為を行った。これに対して、郵政局長（Y）は、Xらは業務の正常な運用を妨げる行為をしたとして、国家公務員法 82 条に基づく懲戒処分（停職）をした。Xらは、本件停職処分の取消しを求めて出訴。1 審は、人事院に対する審査請求が前置されていないとのYの主張を認めてXらの訴えを却下したが、2 審は、Xらが不当労働行為を本件停職処分の取消事由として主張していることから、審査請求前置は要求されないと解した上で、Xらの請求を認容する判断をしたため、Yが上告。上告棄却。

判旨 「現業公務員は、一般職の国家公務員……として、国の行政機関に勤務するものであり、しかも、その勤務関係の根幹をなす任用、分限、懲戒、服務等については、国公法〔国家公務員法〕及びそれに基づく人事院規則の詳細な規定がほぼ全面的に適用されている……などの点に鑑みると、その勤務関係は、基本的には、公法的規律に服する公法上の関係である……。もっとも、現業公務員は、国が経営するものとはいえ、郵便事業等という経済的活動を行う企業に従事するものであるし、更に、右公務員に適用される公労法〔旧公共企業体等労働関係法〕は、労働条件に関する事項につき団体交渉の対象としたうえそれにつき労働協約の締結を認め……、また、国公法の適用を一部除外する半面、労働基準法、労働組合法、労働関係調整法等の適用があるとしているのであって……その勤務関係は、国公法が全面的に適用されるいわゆる非現業の国家公務員のそれとは異なり、ある程度当事者の自治に委ねられている面がある……。しかし、右の面も、結局は国公法及び人事院規則による強い制約のもとにあるから、これをもって、現業公務員の勤務関係が基本的に公法上の関係であることを否定することはできない。」

POINT 現業公務員の勤務関係について、国家公務員法・人事院規則等の個別法令によって規律されることを重視し、「基本的に公法上の関係」であるとした判例である。公務員の勤務関係について、古典的な特別権力関係説を採ることなく、勤務関係を具体的に規律している個別法令の趣旨目的の合理的解釈という観点からアプローチすべきことを示したものと考えられる。

3 条例

3-1 条例と国の法令の抵触関係―徳島市公安条例事件
最大判昭和 50 年 9 月 10 日（刑集 29 巻 8 号 489 頁・百選 I 40）

事実 デモ行進に参加した Y は、自ら「だ行進」をしたことにつき道路交通法違反、他の集団行進者を「だ行進」するよう煽動したことにつき A 市「集団行進及び集団示威運動に関する条例」違反により起訴された。1 審・2 審とも、本件条例は罪刑法定主義の原則を定めた憲法 31 条に違反し無効であり、条例違反につき Y を無罪としたため、検察官が上告。破棄自判（本件条例の適用により有罪）。

判旨 「地方自治法 14 条 1 項は、普通地方公共団体は法令に違反しない限りにおいて同法 2 条 2 項〔当時〕の事務に関し条例を制定することができる、と規定しているから、普通地方公共団体の制定する条例が国の法令に違反する場合には効力を有しないことは明らかであるが、条例が国の法令に違反するかどうかは、両者の対象事項と規定文言を対比するのみでなく、それぞれの趣旨、目的、内容及び効果を比較し、両者の間に矛盾牴触があるかどうかによってこれを決しなければならない。例えば、ある事項について国の法令中にこれを規律する明文の規定がない場合でも、当該法令全体からみて、右規定の欠如が特に当該事項についていかなる規制をも施すことなく放置すべきものとする趣旨であると解されるときは、これについて規律を設ける条例の規定は国の法令に違反することとなりうるし、逆に、特定事項についてこれを規律する国の法令と条例とが併存する場合でも、後者が前者とは別の目的に基づく規律を意図するものであり、その適用によって前者の規定の意図する目的と効果をなんら阻害することがないときや、両者が同一の目的に出たものであっても、国の法令が必ずしもその規定によって全国的に一律に同一内容の規制を施す趣旨ではなく、それぞれの普通地方公共団体において、その地方の実情に応じて、別段の規制を施すことを容認する趣旨であると解されるときは、国の法令と条例との間にはなんらの矛盾牴触はなく、条例が国の法令に違反する問題は生じえない」。

POINT 条例と国の法令の抵触関係について、一般的な判断基準を提示した判例である。ある事項を規律する法令が存在すれば、同一事項につき条例制定は許されないという「法令の先占」論ではなく、法令・条例それぞれの趣旨・目的・内容・効果の比較により抵触関係を総合的に判断することが示されている。また、同一事項を規律する条例と法令が併存・競合する場合であっても、①両者の目的が異なる場合において、条例が法令の意図する目的・効果を何ら阻害しないとき、②両者の目的が同一の

場合において、法令が全国的に一律に同一内容の規制をするのではなく、地方の実情に応じた別段の規制を容認する趣旨であるとき、両者の矛盾抵触は生じないとされている。

3-2 横出し条例の許容性──高知市普通河川管理条例事件
最判昭和53年12月21日（民集32巻9号1723頁）

事実 Xは、自宅に隣接する普通河川（河川法の適用・準用のない河川であり、市町村が管理条例を定める例が見られる）に沿った土地に人が立ち入らないよう、その両端部分に塀を設置した。この普通河川を管理するA市長（Y）は、本件塀の設置がA市普通河川管理条例に違反するとして、同条例に基づき、Xに対して塀の除却を命じた。Xは、本件除却命令の無効確認を求めて出訴。1審・2審ともX が敗訴したため、Xが上告。破棄差戻し。

判旨 「河川の管理について一般的な定めをした法律として河川法が存在すること、しかも、同法の適用も準用もない普通河川であっても、同法の定めるところと同程度の河川管理を行う必要が生じたときは、いつでも適用河川又は準用河川として指定することにより同法の適用又は準用の対象とする途が開かれていることにかんがみると、河川法は、普通河川については、適用河川又は準用河川に対する管理以上に強力な河川管理は施さない趣旨であると解されるから、普通地方公共団体が条例をもって普通河川の管理に関する定めをするについても……、河川法が適用河川等について定めるところ以上に強力な河川管理の定めをすることは、同法に違反し、許されない」。

「河川法3条は、……『河川管理施設』は、それが河川管理者以外の者の設置したものであるときは、当該施設を『河川管理施設』とすることについて、河川管理者が権原に基づき当該施設を管理する者の同意を得たものに限るとしている。これは、河川管理者以外の者が設置した施設をそれが『河川管理施設』としての実体を備えているということだけで直ちに一方的に河川管理権に服せしめ、右施設を権原に基づき管理している者の権利を制限することは、財産権を保障した憲法29条との関係で問題があることを考慮したことによる……。このような河川法の規定及び趣旨に照らして考えれば、普通地方公共団体が、条例により、普通河川につき河川管理者以外のものが設置した……施設をその設置者等権原に基づき当該施設を管理する者の同意の有無にかかわらず河川管理権に服せしめることは、同法に違反し、許されない」。

POINT 河川法上、普通河川に係る規律はなく、市が普通河川を管理するための条例を制定すること自体は、法令が規制対象としていない事項を規律する「横出し条例」として許容されると考えられる。しかし、本判決は、河川法の解釈（法律上、明文の定めは置かれていない）を踏まえ、普通河川管理条例により河川法の適用・準用される河

川よりも強力な河川管理の定めをすることは違法（河川法違反）になると判断した。

3－3　上乗せ条例と比例原則─飯盛町モーテル規制条例事件
福岡高判昭和58年3月7日（行集34巻3号394頁）

事実　A町は、「旅館建築の規制に関する条例」を制定し、旅館業を目的とする建物の建築主は、旅館業法による知事等への旅館業経営許可申請に先立って町長の同意を得なければならず、教育文化施設の付近等については原則として同意しない旨を定めていた。Xは、A町に旅館を建設することを計画し、A町長（Y）に本件条例に基づく同意を求めたが、予定地付近に教育文化施設がある等理由に不同意とされた。Xは、Yの不同意処分の取消しを求めて出訴。1審は、旅館業法と同一の目的の下に法律より強い規制をする本件条例の条項は無効とし、それに基づく不同意処分を取り消したため、Yが控訴。控訴棄却。

判旨　「地方公共団体が当該地方の行政需要に応じてその善良な風俗を保持し、あるいは地域的生活環境を保護しようとすることは、本来的な地方自治事務に属すると考えられるので、このような地域特性に対する配慮を重視すれば、旅館業法が旅館業を規制するうえで公衆衛生の見地及び善良の風俗の保持のため定めている規定は、全国一律に施されるべき最高限度の規制を定めたもので、各地方公共団体が条例により旅館業より強度の規制をすることを排斥する趣旨までを含んでいると直ちに解することは困難である。もっとも、旅館業法が旅館業に対する規制を前記の程度に止めたのは、職業選択の自由、職業活動の自由を保障した憲法22条の規定を考慮したものと解されるから、条例により旅館業法よりも強度の規制を行うには、それに相応する合理性、すなわち、これを行う必要性が存在し、かつ、規制手段が右必要性に比例した相当なものであることがいずれも肯定されなければならず、もし、これが肯定されない場合には、当該条例の規制は、比例の原則に反し、旅館業法の趣旨に背馳するものとして違法、無効になる」。

「A町において旅館業を目的とする建築物を建築しようとする者は、あらかじめ町長の同意を得るように要求している点、町長が同意しない場所として、旅館業法が定めた以外の場所を規定している点、同法が定めている場所についてもおおむね100メートルの区域内という基準を附近という言葉に置き替えている点において、本件条例は、いわゆるモーテル類似旅館であれ、その他の旅館であれ、その設置場所が善良な風俗を害し、生活環境保全上支障があると町長が判断すれば、……その裁量如何により、町内全域に旅館業を目的とする建築物を建築することが不可能となる結果を招来するのであって、その規制の対象が旅館営業であることは明らかであり、またその内容は、旅館業法に比し極めて強度のものを含んでいる」。「規制の対象となるモーテル類似旅館営業とは、どのような構造等を有する旅館の営業であるかも明確でなく、本件条例の各条文につき合理的な制限解釈をすることもできない……、また、一般に旅館業を目的とする建築物の建築につき町長の同意を要件とすることは、職業の自由に対する強力な制限であるから、これと比較してより

ゆるやかな制限である職業活動の内容及び態様に対する規制によっては、前記の規制の目的を十分に達成することができない場合でなければならないが、そのようなよりゆるやかな規制手段についても、その有無、適否が検討された形跡は窺えない。」

「Yが本件不同意処分をするにあたって、その根拠とした本件条例3条の各号は、その規制が比例原則に反し、旅館業法の趣旨に背馳するものとして同法に違反する」。

POINT 本判決は、本件条例が旅館業法の「上乗せ条例」（法令の規制対象に法令よりも強い規制をするもの）として許容されるという判断を前提に、本件条例による規制が比例原則違反であり、旅館業法の趣旨に反するとした（これに対し、1審では、そもそも「上乗せ条例」として許容されないとしていた）。本件については、モーテル類似旅館を町が規制する「上乗せ条例」の許容性について、判例3-1が提示した判断基準をあてはめること（法律と条例の趣旨が同一か否かを判定すること）が実際上難しく、旅館営業に係る規制の強度に着目し、比例原則（旅館営業に係る規制の強度）によって司法統制がされたとみることができる。

4 行政基準

4-1　告示の法的性質─学習指導要領の法規性・伝習館高校事件
最判平成2年1月18日（判時1337号3頁）

事実　福岡県立高校の社会科教諭であったXは、福岡県教育委員会（Y）から、学習指導要領の内容を逸脱した指導・教科書の不使用・考査不実施・一律評価等の行為を理由として懲戒免職処分を受けた。Xは、その取消しを求めて出訴。1審・2審ともXの請求を棄却する判断がなされ、Xが上告。上告棄却。

> **判旨**　「高等学校学習指導要領（昭和35年文部省告示第94号）は法規としての性質を有するとした原審の判断は、正当として是認することができ、右学習指導要領の性質をそのように解することが憲法23条、26条に違反するものでないことは、最高裁昭和……51年5月21日大法廷判決（刑集30巻5号615頁）の趣旨とするところである。」

POINT　学習指導要領（学校教育法施行規則に基づく文部省告示）について「法規」であることを肯定した判例である。判旨が引用する昭和51年判決（旭川学力テスト事件）は、学習指導要領を国による「大綱的基準」としたが、その法規性（国民の権利義務に関わる規範であること）については明確にしていなかった。

　なお、同日言い渡された最判平成2年1月18日民集44巻1号1頁（百選I49）は、学習指導要領違反を法令違反ととらえ（地方公務員法32条）、このことを懲戒事由とする免職処分を適法とした。

➡　告示の形式によるが、法律の委任を受けた法規命令と解される例として、生活保護法における保護基準（厚生労働大臣により厚生労働省告示として定められている）がある。厚生労働大臣による保護基準改定について、違法性判断の思考枠組みを示した最高裁判決として、判例6-2[A]を参照。

➡　告示を行政処分と解したものとして、判例16-8、判例19-5を参照。

4-2　委任法律の合憲性―白紙委任の禁止・人事院規則
最判昭和33年5月1日（刑集12巻7号1272頁）

事実　国家公務員であったYらは、参議院議員選挙の際に候補者の選挙用トラックに同乗して選挙活動をしたところ、これが国家公務員法102条1項・人事院規則14-7に該当するとして起訴された。1審・2審ともYらを有罪と判断したため、Yらが上告。上告棄却。

> **判旨**　「人事院規則14-7は、国家公務員法102条1項の委任に基き制定せられたものであり、国家公務員法102条が憲法14条又は28条に違反するものでないことは当裁判所の判例とするものである」。

POINT　国家公務員の政治的行為の禁止について、その具体的内容を人事院規則に委任した国家公務員法102条1項を合憲とした判例である。

➡️最判平成24年12月7日刑集66巻12号1722頁は、国家公務員法102条1項について、「同項にいう『政治的行為』とは、公務員の職務の遂行の政治的中立性を損なうおそれが、観念的なものにとどまらず、現実的に起こり得るものとして実質的に認められるものを指し、同項はそのような行為の類型の具体的な定めを人事院規則に委任したもの」とした上で、「同項が懲戒処分の対象と刑罰の対象とで殊更に区別することなく規制の対象となる政治的行為の定めを人事院規則に委任しているからといって、憲法上禁止される白紙委任に当たらないことは明らか」と判示した。人事院の独立性等を根拠に広範な裁量を認める委任方法が許されるとする見解もあるが、法律による行政の原理に照らすならば、法律による委任には十分な明確さが求められるのであり、立法のあり方として問題があろう。

➡️最判平成5年3月16日民集47巻5号3483頁（百選I76①）は、教科書検定の根拠規範を学校教育法21条1項に求めた上で、検定の審査内容・基準、検定手続が文部省令（検定規則）・文部省告示（検定基準）で定められていることにつき「法律の委任を欠くとまではいえない」と判断している。

4-3　委任命令の適法性(1)―専門技術的裁量の肯定・銃砲刀剣類登録規則
最判平成2年2月1日（民集44巻2号369頁）

事実　Xは、海外で購入した外国製刀剣（サーベル）について、銃砲刀剣類所持等取締法14条1項にいう「美術品として価値のある刀剣類等」にあたるとして、同条2項に基づき、東京都教育委員会（Y）に登録申請をした。これに対し、Yは、登録対象は日本刀に限られる（銃砲刀剣類登録規則4条2項）ことを理由に登録拒否処分をした。Xが、その取消しを求めて出訴。1審・2審ともXの請求を棄却する判断がなされ、Xが上告。上告棄却。

判旨 「銃砲刀剣類所持等取締法（以下『法』という。）14条1項による登録を受けた刀剣類が、……所持禁止の除外対象とされているのは、刀剣類には美術品として文化財的価値を有するものがあるから、このような刀剣類について登録の途を開くことによって所持を許し、文化財として保存活用を図ることは、文化財保護の観点からみて有益であり、また、このような美術品として文化財的価値を有する刀剣類に限って所持を許しても危害の予防上重大な支障が生ずるものではないとの趣旨による」。

「このような刀剣類の登録の手続に関しては、法14条3項が『第1項の登録は、登録審査委員の鑑定に基いてしなければならない。』と定めるほか、同条5項が『第1項の登録の方法、第3項の登録審査委員の任命及び職務、同項の鑑定の基準及び手続その他登録に関し必要な細目は、文部省令で定める。』としており、これらの規定を受けて銃砲刀剣類登録規則（……右規則は……文部省令としての効力を有する……。以下『規則』という。）が制定されている。その趣旨は、どのような刀剣類を我が国において文化財的価値を有するものとして登録の対象とするのが相当であるかの判断には、専門技術的な検討を必要とすることから、登録に際しては、専門的知識経験を有する登録審査委員の鑑定に基づくことを要するものとするとともに、その鑑定の基準を設定すること自体も専門技術的な領域に属するものとしてこれを規則に委任したものというべきであり、したがって、規則においていかなる鑑定の基準を定めるかについては、法の委任の趣旨を逸脱しない範囲内において、所管行政庁に専門技術的な観点からの一定の裁量権が認められている」。

「法14条1項の文言上は外国刀剣を除外してはいないものの、右鑑定の基準としては、日本刀であって、美術品として文化財的価値を有するものに限る旨の要件が定められている」。「〔鑑定基準の〕右の要件が法の委任の趣旨を逸脱したものであるか否かをみるに、刀剣類の文化財的価値に着目してその登録の途を開いている前記法の趣旨を勘案すると、いかなる刀剣類が美術品として価値があり、その登録を認めるべきかを決する場合にも、その刀剣類が我が国において有する文化財的価値に対する考慮を欠かすことはできない」。

「規則が文化財的価値のある刀剣類の鑑定基準として、前記のとおり美術品として文化財的価値を有する日本刀に限る旨を定め、この基準に合致するもののみを我が国において前記の価値を有するものとして登録の対象にすべきものとしたことは、法14条1項の趣旨に沿う合理性を有する鑑定基準を定めたものというべきであるから、これをもって法の委任の趣旨を逸脱する無効のものということはできない。」

POINT 法規命令（文部省令）の制定について、法規命令（本件では鑑定の基準）を定める行政機関の専門技術的裁量を肯定し、法の委任の範囲内とした判例である。本判決に付された反対意見は、行政裁量を正面から問題とすることなく、所持規制に係る法の文理解釈を重視し、本件規則（文部省令）につき委任の限度を超えた違法なものとしている。本判決（法廷意見）は、鑑定基準の設定に係る専門技術的裁量を重視した上で、日本刀のみを所持禁止の除外対象とすることは法律の規定の趣旨に照らして合理性を有するものであり、裁量の範囲内ととらえて本件鑑定基準を適法と解したと考

えられる。

4-4　委任命令の適法性(2)—基本的人権の制約・旧監獄法施行規則

最判平成 3 年 7 月 9 日（民集 45 巻 6 号 1049 頁・百選 I 45）

事実　死刑判決を受け未決勾留中であった X は、東京拘置所長に対し、14 歳未満であった A（X の養父の孫）との面会許可を申請したが、旧監獄法施行規則 120 条により不許可とされたため、国（Y）に対し、国家賠償を求めて提訴。1 審・2 審とも X の請求を一部認容したため、Y が上告。破棄自判（X の請求棄却）。

> **判旨**　「被勾留者には一般市民としての自由が保障されるので、〔旧監獄〕法 45 条は、被勾留者と外部の者との接見は原則としてこれを許すものとし、例外的に、これを許すと支障を来す場合があることを考慮して、㋐逃亡又は罪証隠滅のおそれが生ずる場合にはこれを防止するために必要かつ合理的な範囲において右の接見に制限を加えることができ、また、㋑これを許すと監獄内の規律又は秩序の維持上放置することのできない程度の障害が生ずる相当の蓋然性が認められる場合には、右の障害発生の防止のために必要な限度で右の接見に合理的な制限を加えることができる、としているにすぎないと解される。」
>
> 「これを受けて、法 50 条は、『接見ノ立会……其他接見……ニ関スル制限ハ命令ヲ以テ之ヲ定ム』と規定し、命令（法務省令）をもって、面会の立会……等、面会の態様についてのみ必要な制限をすることができる旨を定めているが、もとより命令によって右の許可基準そのものを変更することは許されない」。
>
> 「ところが、……規則 120 条が原則として被勾留者と幼年者との接見を許さないこととする一方で、規則 124 条がその例外として限られた場合に監獄の長の裁量によりこれを許すこととしている……。しかし、これらの規定は、たとえ事物を弁別する能力の未発達な幼年者の心情を害することがないようにという配慮の下に設けられたものであるとしても、それ自体、法律によらないで、被勾留者の接見の自由を著しく制限するものであって、法 50 条の委任の範囲を超える」。
>
> 「被勾留者も当該拘禁関係に伴う一定の制約の範囲外においては原則として一般市民としての自由を保障されるのであり、幼年者の心情の保護は元来その監護に当たる親権者等が配慮すべき事柄であることからすれば、法が一律に幼年者と被勾留者との接見を禁止することを予定し、容認しているものと解することは、困難である。そうすると、規則 120 条（及び 124 条）は、原審のような限定的な解釈を施したとしても、なお法の容認する接見の自由を制限するものとして、法 50 条の委任の範囲を超えた無効のものというほかはない。」

POINT　未決勾留者の幼年者接見禁止に係る旧監獄法施行規則を法の委任の範囲を超えた違法・無効なものと判断し、接見拒否処分を違法とした判例である（ただし、拘

置所長の過失を否定してXの国家賠償請求を斥けている）。法は接見を一律に禁止することを委任しているのではなく、接見の時間・手続等の制限を委任するのみであるとの解釈が採られている。判例 **4-3**（危険物の所持規制）と対比すると、本判決では、被勾留者に一般市民としての自由が保障されることが考慮され、人権としての接見の自由の意義を重視し、委任元の法律の厳格な解釈がなされたものと考えられる。

▌ 4-5 委任命令の適法性(3)─法の趣旨目的の考慮・児童扶養手当法施行令
最判平成 14 年 1 月 31 日（民集 56 巻 1 号 246 頁）

事実 Xは、婚姻によらずに懐胎・出産し、児童扶養手当法施行令1条の2第3号による児童を監護する母として児童扶養手当の支給を受けていたが、子が父に認知されたため（同号括弧書には、「父から認知された児童を除く」と定められていた）、A県知事（Y）により児童扶養手当受給資格喪失処分をされた。Xは、受給資格喪失処分の取消しを求めて出訴。1審はXの請求を認容したが、2審はXの請求を棄却したため、Xが上告。破棄自判（Yの控訴棄却）。

> **判旨** 児童扶養手当「法は、父と生計を同じくしていない児童が育成される家庭の生活の安定と自立の促進に寄与するため、当該児童について児童扶養手当を支給し、もって児童の福祉の増進を図ることを目的としている（法1条）が、父と生計を同じくしていない児童すべてを児童扶養手当の支給対象児童とする旨を規定することなく、その4条1項1号ないし4号において一定の類型の児童を掲げて支給対象児童とし、同項5号で『その他前各号に準ずる状態にある児童で政令で定めるもの』を支給対象児童としている。同号による委任の範囲については、その文言はもとより、法の趣旨や目的、さらには、同項が一定の類型の児童を支給対象児童として掲げた趣旨や支給対象児童とされた者との均衡等をも考慮して解釈すべきである。」
>
> 「法は、いわゆる死別母子世帯を対象として国民年金法による母子福祉年金が支給されていたこととの均衡上、いわゆる生別母子世帯に対しても同様の施策を講ずべきであるとの議論を契機として制定されたものであるが、法が4条1項各号で規定する類型の児童は、生別母子世帯の児童に限定されておらず、1条の目的規定等に照らして、世帯の生計維持者としての父による現実の扶養を期待することができないと考えられる児童、すなわち、児童の母と婚姻関係にあるような父が存在しない状態、あるいは児童の扶養の観点からこれと同視することができる状態にある児童を支給対象児童として類型化している……。母が婚姻によらずに懐胎、出産した婚姻外懐胎児童は、世帯の生計維持者としての父がいない児童であり、父による現実の扶養を期待することができない類型の児童に当たり、施行令1条の2第3号が本件括弧書を除いた本文において婚姻外懐胎児童を法4条1項1号ないし4号に準ずる児童としていることは、法の委任の趣旨に合致するところである。一方で、施行令1条の2第3号は、本件括弧書を設けて、父から認知された婚姻外懐胎児童を支給対象児童から除外することとしている。確かに、婚姻外懐胎児童が父から認知

されることによって、法律上の父が存在する状態になるのであるが、法4条1項1号ないし4号が法律上の父の存否のみによって支給対象児童の類型化をする趣旨でないことは明らかであるし、認知によって当然に母との婚姻関係が形成されるなどして世帯の生計維持者としての父が存在する状態になるわけでもない。また、父から認知されれば通常父による現実の扶養を期待することができるともいえない。したがって、婚姻外懐胎児童が認知により法律上の父がいる状態になったとしても、<u>依然として法4条1項1号ないし4号に準ずる状態が続いているものというべきである</u>。そうすると、施行令1条の2第3号が……本件括弧書により父から認知された婚姻外懐胎児童を除外することは、<u>法の趣旨、目的に照らし両者の間の均衡を欠き、法の委任の趣旨に反する</u>」。

POINT　法律の趣旨・目的の解釈を踏まえ、法規命令につき法の委任の範囲を逸脱する違法・無効なものと解釈した判例である。最高裁は、父から認知された婚姻外懐胎児童を児童扶養手当支給の対象から除外するという法規命令について、認知されない場合との対比を念頭に「両者の間の均衡を欠く」としており、平等原則による規律が及ぶことを前提に、<u>委任元の法律を厳格に解釈したものと考えられる</u>。

4−6　委任命令の適法性(4)
―ふるさと納税に係る総務省告示・泉佐野市指定外し事件
最判令和2年6月30日（民集74巻4号800頁・百選I 48）

事実　平成31年法律2号による地方税法の改正により、いわゆる「ふるさと納税」として個人住民税に係る特例控除の対象となる寄附金について、総務大臣が定める所定の基準（募集適正基準）に適合するとして同大臣が指定した都道府県・市町村・特別区に対するものに限る制度（本件指定制度）が導入された。これを受けて、総務大臣は、募集適正基準を定める告示（平成31年総務省告示179号）を発したが、その2条3号は、本号に該当しない場合（本件改正法の施行前において、ふるさと納税制度の趣旨に反する態様で返礼品の提供をした場合）に、指定の対象から外されることがある旨を定めていた。

　泉佐野市は、総務大臣に対し、本件指定制度につき指定の申出をしたところ、総務大臣は、同市が本件告示2条3号に該当しないことを理由のひとつとして、当該指定をしない旨の決定（本件不指定）をした。そこで、泉佐野市長（X）は、国地方係争委員会による審査の手続を経て、本件不指定が違法な国の関与にあたるとして、地方自治法251条の5第1項に基づき、国（Y）を相手に、本件不指定の取消しを求めて大阪高裁に出訴。高裁は、本件不指定は適法として請求を棄却したため、Xが上告。破棄自判。

判旨　「本件改正規定の施行前においては、返礼品の提供について特に定める法令上の規制は存在せず、総務大臣により地方自治法245条の4第1項の技術的な助言である

……通知が発せられていたにとどまる。同法 247 条 3 項は、国の職員は普通地方公共団体が国の行政機関が行った助言等に従わなかったことを理由として不利益な取扱いをしてはならないと規定するところ、その趣旨は、普通地方公共団体は助言等に従って事務を処理すべき法律上の義務を負わず、これに従わなくても不利益な取扱いを受ける法律上の根拠がないため、その不利益な取扱いを禁止することにあると解される。しかるに、本件告示 2 条 3 号は、……地方団体が本件改正規定の施行前における返礼品の提供の態様を理由に指定の対象外とされる場合があることを定めるものであるから、実質的には、同大臣による技術的な助言に従わなかったことを理由とする不利益な取扱いを定める側面があることは否定し難い。そのような取扱いであっても、それが法律上の根拠に基づくものである場合、すなわち、同号が地方税法の委任の範囲内で定められたものである場合には、直ちに地方自治法 247 条 3 項に違反するとまではいえないものの、同項の趣旨も考慮すると、本件告示 2 条 3 号が地方税法 37 条の 2 第 2 項の委任の範囲を逸脱したものではないというためには、前記……のような趣旨の基準の策定を委任する授権の趣旨が、同法の規定等から明確に読み取れることを要する」。

　「そこで、このような観点から、本件告示 2 条 3 号の効力について検討する。」

　「まず、法文の文理をみると、……募集適正基準とは、文理上、指定対象期間における寄附金の募集の態様に係る基準であって、指定対象期間において寄附金の募集を適正に実施する地方団体か否かを判定するためのものであると解するのが自然である。」「他方、……募集適正基準について、……文理上、他の地方団体との公平性を確保しその納得を得るという観点から、本件改正規定の施行前における募集実績自体をもって指定を受ける適格性を欠くものとすることを予定していると解するのは困難であ」る。

　「次に、委任の趣旨についてみると、地方税法 37 条の 2 第 2 項が総務大臣に対して指定の基準のうち募集適正基準等の内容を定めることを委ねたのは、寄附金の募集の態様や提供される返礼品等の内容を規律する具体的な基準の策定については、地方行政・地方財政・地方税制や地方団体の実情等に通じた同大臣の専門技術的な裁量に委ねるのが適当であることに加え、そのような具体的な基準は状況の変化に対応した柔軟性を確保する必要があり、法律で全て詳細に定めるのは適当ではないことによる」。「他方、本件指定制度の導入に当たり、その導入前にふるさと納税制度の趣旨に反する方法により著しく多額の寄附金を受領していた地方団体について、他の地方団体との公平性を確保しその納得を得るという観点から、特例控除の対象としないものとする基準を設けるか否かは、立法者において主として政治的、政策的観点から判断すべき性質の事柄である。」「また、……基準は、……指定を受けようとする地方団体の地位に継続的に重大な不利益を生じさせるものである。そのような基準は、総務大臣の専門技術的な裁量に委ねるのが適当な事柄とはいい難いし、状況の変化に対応した柔軟性の確保が問題となる事柄でもない」。

　「さらに、本件法律案の作成の経緯……をみると、……過去に制度の趣旨をゆがめるような返礼品の提供を行った地方団体を新制度の下で特例控除の対象外とするという方針を採るものとして作られ、国会に提出されたことはうかがわれない。」「国会における本件法律案の審議の過程……をみても、総務大臣等の答弁において、……指定に当たり地方団体

の過去の募集実績を考慮するか否かが明確にされたとはいい難」い。「そうすると、本件法律案につき、国会において、募集適正基準が上記観点から本件改正規定の施行前における募集実績自体をもって指定を受ける適格性を欠くものとする趣旨を含むことが明確にされた上で審議され、その前提において可決されたものということはできない。」

「以上によれば、地方税法 37 条の 2 第 2 項につき、関係規定の文理や総務大臣に対する委任の趣旨等のほか、立法過程における議論をしんしゃくしても、前記……のような趣旨の基準の策定を委任する授権の趣旨が明確に読み取れるということはできない。そうすると、本件告示 2 条 3 号の規定のうち、本件改正規定の施行前における寄附金の募集及び受領について定める部分は、地方税法 37 条の 2 第 2 項及び 314 条の 7 第 2 項の委任の範囲を逸脱した違法なものとして無効というべきである。」

POINT　ふるさと納税制度に係る平成 31 年総務省告示 179 号 2 条 3 号の規定のうち、同年の改正地方税法施行前における寄附金の募集・受領について定める部分が、同法の委任の範囲を逸脱した違法なものとして無効であるとした判例である。同年の地方税法改正は、総務大臣が定める募集適正基準等に基づき、ふるさと納税制度の対象となる地方団体を指定する制度を創設したが、最高裁は、制度導入前（法改正前）の状況によって指定対象から外すという総務省側の対応について、募集適正基準を定める本件告示 2 条 3 号は地方税法の委任の範囲を逸脱して違法・無効である等とした上で、泉佐野市をふるさと納税制度の指定対象から外した本件不指定処分を取り消す判断をした。

最高裁は、本件告示について、普通地方公共団体に対する国の関与の基準であることから、関与法定主義（地方自治法 245 条の 2）により法律の根拠が必要とする。ゆえに、本件告示（募集適正基準）が適法・有効であるためには、地方税法の委任の範囲内であることが必要となるところ、最高裁は、本件告示には実質的に総務大臣による技術的な助言に従わなかったことを理由とする不利益な取扱いを定める側面があり、委任の範囲を逸脱したものではないというためには、上記の趣旨（助言への不服従を理由に不利益な取扱いをする趣旨）の基準の策定を委任する授権の趣旨が、<u>地方税法の規定等から明確に読み取れることを要する</u>、とした。その上で、①法文の文理、②委任の趣旨、③立法過程の議論、を具体的に検討し、本件告示を違法・無効と結論付けている。

4−6 [A]　委任命令の適法性（5）─医薬品のネット販売を禁止する省令の適法性
最判平成 25 年 1 月 11 日（民集 67 巻 1 号 1 頁・百選Ⅰ 46）

事実　平成 18 年、薬事法が改正され（新薬事法）、一般用医薬品を健康被害のリスクに応じて第一類・第二類・第三類に分けた上で、これらの販売・授与の方法等のルールが設けられた。

新薬事法の施行に伴い、厚生労働省令である同法施行規則も改正されることとなり、平成21年、新施行規則が公布された。新施行規則には、第一類医薬品について薬剤師による対面販売・情報提供、第二類医薬品について薬剤師・登録販売者による対面販売・情報提供を義務付けた上で、第一類・第二類医薬品について郵便等販売を禁止する規定が新設された。これにより、インターネット等での販売が可能な一般用医薬品は、第三類のみに限定されることとなった。

　医薬品のインターネット販売を行う事業者Xらは、新施行規則は、法の委任の範囲を超え違法である等として、国（Y）を相手に、①新施行規則の規定にかかわらず郵便等販売をすることができる権利ないし地位を有することの確認、②新施行規則の無効確認、③新施行規則の取消し、等を求めて出訴（①は公法上の当事者訴訟、②③は抗告訴訟）。1審は、①の請求に係る確認訴訟を適法とした上で、Xらの請求を棄却（②③の訴えについては省令制定行為の処分性を否定して却下）。2審は、①の請求に係る確認訴訟を適法とした上で、新施行規則のうち本件規制を定める部分は法による委任の範囲を超えており違法・無効であるとして、Xらの請求を認容。Yが上告。上告棄却。

判旨　「新薬事法成立の前後を通じてインターネットを通じた郵便等販売に対する需要は現実に相当程度存在していた上、郵便等販売を広範に制限することに反対する意見は一般の消費者のみならず専門家・有識者等の間にも少なからず見られ、また、政府部内においてすら、……一般用医薬品の販売又は授与の方法を店舗における対面によるものに限定すべき理由には乏しいとの趣旨の見解が根強く存在していた……。しかも、憲法22条1項による保障は、狭義における職業選択の自由のみならず職業活動の自由の保障をも包含しているものと解されるところ……、旧薬事法の下では違法とされていなかった郵便等販売に対する新たな規制は、郵便等販売をその事業の柱としてきた者の職業活動の自由を相当程度制約する……。これらの事情の下で、厚生労働大臣が制定した郵便等販売を規制する新施行規則の規定が、これを定める根拠となる新薬事法の趣旨に適合するもの（行政手続法38条1項）であり、その委任の範囲を逸脱したものではないというためには、<u>立法過程における議論をもしんしゃくした上で、新薬事法36条の5及び36条の6を始めとする新薬事法中の諸規定を見て、そこから、郵便等販売を規制する内容の省令の制定を委任する授権の趣旨が、上記規制の範囲や程度等に応じて明確に読み取れることを要する</u>」。

　「新施行規則による規制は、……一般用医薬品の過半を占める第一類医薬品及び第二類医薬品に係る郵便等販売を一律に禁止する内容のものである。これに対し、新薬事法36条の5及び36条の6は、いずれもその文理上は郵便等販売の規制並びに店舗における販売、授与及び情報提供を対面で行うことを義務付けていないことはもとより、その必要性等について明示的に触れているわけでもなく、医薬品に係る販売又は授与の方法等の制限について定める新薬事法37条1項も、郵便等販売が違法とされていなかったことの明らかな旧薬事法当時から実質的に改正されていない。また、新薬事法の他の規定中にも、店舗販売業者による一般用医薬品の販売又は授与やその際の情報提供の方法を原則として

店舗における対面によるものに限るべきであるとか、郵便等販売を規制すべきであるとの趣旨を明確に示すものは存在しない。なお、〔政府の〕検討部会における議論及びその成果である検討部会報告書並びにこれらを踏まえた新薬事法に係る法案の国会審議等において、郵便等販売の安全性に懐疑的な意見が多く出されたのは上記事実関係等のとおりであるが、それにもかかわらず郵便等販売に対する新薬事法の立場は上記のように不分明であり、その理由が立法過程での議論を含む上記事実関係等からも全くうかがわれないことからすれば、そもそも国会が新薬事法を可決するに際して第一類医薬品及び第二類医薬品に係る郵便等販売を禁止すべきであるとの意思を有していたとはいい難い。そうすると、新薬事法の授権の趣旨が、第一類医薬品及び第二類医薬品に係る郵便等販売を一律に禁止する旨の省令の制定までをも委任するものとして、上記規制の範囲や程度等に応じて明確であると解するのは困難である」。

「したがって、新施行規則のうち、店舗販売業者に対し、一般用医薬品のうち第一類医薬品及び第二類医薬品について、①当該店舗において対面で販売させ又は授与させなければならない……ものとし、②当該店舗内の情報提供を行う場所において情報の提供を対面により行わせなければならない……ものとし、③郵便等販売をしてはならない……ものとした各規定は、いずれも上記各医薬品に係る郵便等販売を一律に禁止することとなる限度において、新薬事法の趣旨に適合するものではなく、新薬事法の委任の範囲を逸脱した違法なものとして無効」である。

POINT　一部医薬品について有資格者による対面販売・情報提供等を義務付け、一般用医薬品の過半を占めるそれらの医薬品につきインターネット販売（郵便等販売）を一律禁止とした省令について、法律の委任の範囲を逸脱した違法・無効なものとした判例である。

本件は、従前インターネットによる医薬品販売を行っていた事業者が、販売禁止を定めた改正省令（新施行規則）は違法・無効であるとして、第一類・第二類医薬品について郵便等販売をすることができる権利ないし地位の確認を求める公法上の法律関係に関する確認の訴え（公法上の当事者訴訟）として提起された。1審・2審とも確認の利益を肯定して訴えを適法とし、最高裁もこの点を問題としなかった（公法上の当事者訴訟の許容性については、判例 21 - 1 [B]を参照）。

本判決は、委任命令を違法とする最高裁判決に一例を付け加えたが、委任命令による規制が、憲法 22 条 1 項が保障する職業活動の自由を、新たに、かつ相当程度制約するケースにおいて、当該委任命令が法律による委任の範囲を逸脱したものでないというためには、当該法律の諸規定等からそのような規制内容の委任命令を委任する授権の趣旨が、「規制の範囲や程度等に応じて明確に読み取れることを要する」という厳格な判断基準を提示している。委任命令により国民の権利を制限する場合、授権の趣旨が「明確に読み取れない」以上、法律の委任の範囲を逸脱するのであるから、委任命

令を定立する行政機関の裁量は狭められ、司法統制の密度は高められる。このような本判決の解釈枠組みは、一般用医薬品の過半につき一律かつ新規に販売禁止とするという、本件販売規制の態様を踏まえたものと考えられる。また、法による授権の趣旨の検討にあたり、立法過程における議論を踏まえるべきことが判示されている点も注目される。

4-7　通達─通達変更による課税・パチンコ球遊器事件
最判昭和33年3月28日（民集12巻4号624頁・百選I 51）

事実　旧物品税法は課税対象として「遊戯具」を掲げていたが、パチンコ球遊器についてそれまでほとんど課税されていなかったところ、昭和26年に東京国税局長等からパチンコ球遊器は「遊戯具」にあたるので物品税を賦課する旨の通達が発せられ、課税が行われるようになった。パチンコ球遊器の製造業者であるXらは、所轄税務署長から物品税の課税処分を受けて納付したが、国（Y）を相手に、課税処分の無効確認・納付金の不当利得返還を求めて出訴。1審・2審ともXらが敗訴し、Xらが上告。上告棄却。

> **判旨**　「社会観念上普通に遊戯具とされているパチンコ球遊器が物品税法上の『遊戯具』のうちに含まれないと解することは困難であり、原判決も……現行法の解釈として『遊戯具』中にパチンコ球遊器が含まれるとしたものであって、右判断は、正当である。」
> 　「本件の課税がたまたま所論通達を機縁として行われたものであっても、通達の内容が法の正しい解釈に合致するものである以上、本件課税処分は法の根拠に基く処分と解するに妨げがな」い。

POINT　従前、課税対象とされてこなかった物品に対し、通達により新たに課税することが争点となった判例である。本判決は、通達の内容が法律の解釈上正しいとして問題を処理したが、非課税の状態が継続したこと（行政上の慣行があったこと）を重視し、信義則・信頼保護原則を介在させると、別の結論に至るとも考えられる。なお、通達にもよらずに課税庁が従前の取扱い（行政慣行）を変更したケースについて、判例1-6を参照。さらに、通達に関する判例として、2-4、6-12、16-11、23-8、23-17等がある。

➡ 通達の処分性を否定した判例として、判例16-11、判例20-5を参照。

5 行政行為（行政処分）

5-1　行政行為（行政庁の処分）の定義─東京都ごみ焼却場設置事件
最判昭和 39 年 10 月 29 日（民集 18 巻 8 号 1809 頁・百選 II 143）

事実　東京都（Y）は、都議会の議決を経て、Y が所有する土地にごみ焼却場を設置する計画を決定した。その後、Y は、建設会社と建築請負契約を締結し、建築工事に着手しようとしたところ、本件土地の近隣住民 X らが、ごみ焼却場設置行為の無効確認を求めて出訴。1 審・2 審とも処分性を否定して訴えを却下したため、X らが上告。上告棄却。

判旨　「行政事件訴訟特例法 1 条にいう行政庁の処分とは、……行政庁の法令に基づく行為のすべてを意味するものではなく、公権力の主体たる国または公共団体が行う行為のうち、その行為によって、直接国民の権利義務を形成しまたはその範囲を確定することが法律上認められているものをいう」。「そして、かかる行政庁の行為は、……仮りに違法なものであっても、それが正当な権限を有する機関により取り消されるまでは、一応適法性の推定を受け有効として取り扱われるものであ……〔り〕、これによって権利、利益を侵害された者の救済については、通常の民事訴訟の方法によることなく、特別の規定による」。

POINT　旧行政事件訴訟特例法の規定する「行政庁の処分」について、その定義と性質を説示した判例である。現在の行政事件訴訟法（行訴法）下の裁判実務においても、処分性概念を敷衍した判例とされる。同時に、本判決は、講学上の行政行為概念を踏まえ、伝統的学説による「行政行為の公定力」につき言及したと思われる部分を含んでいる（判例 5-4）。また、上記判旨の末尾にある「特別の規定」とは、現在では、行政事件訴訟法の定める抗告訴訟によることを意味すると解される。

　本判決は、行政主体による公共施設（嫌忌施設）の設置について、反対する周辺住民が裁判によって阻止することを求める場合の訴訟類型選択に関わる。最高裁は、東京都によるごみ焼却場の設置行為について、①用地の買収、②設置計画の策定と計画案の都議会への提出、③建築請負契約の締結、に分解してそれぞれの法的性質を検討し、①③は私法上の契約、②は行政組織の内部行為であり、行政処分に該当するものはないとした。この解釈を前提とするなら、公共施設の設置・稼働の差止め等につき周辺住民が争うためには、行政処分を争う抗告訴訟ではなく、民事訴訟（人格権侵害のおそれを根拠とする民事差止請求等）によることになる。しかし、最高裁は、後の大阪空港訴訟判決において、国営空港の夜間飛行差止めを求める訴えについて公権力性を拡大

して認めることにより民事訴訟を否定し（判例 15 - 4）、議論の混乱を招いた。

5 - 2　行政行為の種類（1）—年金支給決定と受給権
最判平成 7 年 11 月 7 日（民集 49 巻 9 号 2829 頁・百選 I 64）

事実　障害福祉年金を受給していた X₁ は、国民年金法に基づく老齢年金の受給権を得るに至ったが、併給調整規定（同法 20 条）により支給停止措置を受け、その旨を通知された。そこで、X₁ は、国（Y）を相手に老齢年金の未支給分の支払いを求めて出訴したが、1 審係属中に X₁ が死亡し、その養女 X₂ が、相続または同法 19 条 1 項により老齢年金請求権を取得して原告たる地位を当然に承継したと主張した。1 審は X₁ の死亡による訴訟終了を宣言し、2 審も 1 審の判断を支持して X₂ の参加承継申立てを却下。X₂ が上告。上告棄却。

判旨　国民年金法 19 条「1 項所定の遺族は、死亡した受給権者が有していた請求権を同項の規定に基づき承継的に取得する……ことができるが、……自己が所定の遺族に当たるとしてその権利を行使するためには、社会保険庁長官に対する請求をし、同長官の支給の決定を受けることが必要である」。
　「同法 19 条 1 項所定の遺族は、社会保険庁長官による未支給年金の支給決定を受けるまでは、死亡した受給権者が有していた未支給年金に係る請求権を確定的に取得したということはできず、同長官に対する支給請求とこれに対する処分を経ないで訴訟上未支給年金を請求することはできない」。「X₂ は、本件訴訟とは別に社会保険庁長官に対する支給請求をした上で、必要があればこれに対する処分を争うべきものであって、X₂ において X₁ の本件訴訟上の地位を承継することを認めることはできない。」

POINT　給付行政の領域において、法令上、受給資格等が相当程度明確に規定されている場合でも、具体的な支給について行政処分を介在させる法的仕組みがあるなら、具体的な受給請求権は行政処分（支給決定）によりはじめて発生すると解釈した判例である。

5 - 3　行政行為の種類（2）
—法定外の事由による登録拒否・ストロングライフ事件
最判昭和 56 年 2 月 26 日（民集 35 巻 1 号 117 頁・百選 I 57）

事実　輸入業者 X は、海外から護身用噴霧器（商品名「ストロングライフ」）を輸入・販売していた。この商品は、催涙剤ブロムアセトンを小型カートリッジに充填し霧状にして噴出させるものであったが、毒物及び劇物指定令（政令である）の改正によりブロムアセトンが劇物に

指定されたため、同商品の輸入につき厚生大臣（Y）による輸入業の登録を受ける必要が生じた（毒物及び劇物取締法3条2項・4条1項）。そこで、Xは、同法4条2項により輸入業の登録申請をしたが、Yは、ストロングライフの人体等への危険性を理由に拒否処分をした。Xは、Yを相手に、本件拒否処分の取消し等を求めて出訴。1審はXの請求を棄却したが、2審は本件拒否処分を違法としたので、Yが上告。上告棄却。

> **判旨** 「本件拒否処分は、ストロングライフは、専ら、劇物であるブロムアセトンの有する催涙作用が人体に開眼不能等の機能障害を生じさせることをその用途とするものであり、保健衛生上の危険性が顕著であるからという理由により、毒物及び劇物取締法の解釈上設備に関する法定の登録拒否事由がなくてもその輸入業の登録を拒否することができるとの見解の下にされた……。しかしながら、同法は、毒物及び劇物の製造業、輸入業、販売業の登録については、登録を受けようとする者が前に登録を取り消されたことを一定の要件のもとに欠格事由としているほかは、登録を拒否しうる場合をその者の設備が毒物及び劇物取締法施行規則4条の4で定める基準に適合しないと認めるときだけに限定しており（5条）、毒物及び劇物の具体的な用途については、……特段の規制をしていないことが明らかであり、他方、人の身体に有害あるいは危険な作用を及ぼす物質が用いられた製品に対する危害防止の見地からの規制については、他の法律においてこれを定めたいくつかの例が存する……。これらの点をあわせ考えると、毒物及び劇物取締法それ自体は、毒物及び劇物の輸入業等の営業に対する規制は、専ら設備の面から登録を制限することをもって足りるものとし、毒物及び劇物がどのような目的でどのような用途の製品に使われるかについては、……直接規制の対象とせず、他の個々の法律がそれぞれの目的に応じて個別的に取り上げて規制するのに委ねている……。そうすると、本件ストロングライフがその用途に従って使用されることにより人体に対する危害が生ずるおそれがあることをもってその輸入業の登録の拒否事由とすることは、毒物及び劇物の輸入業等の登録の許否を専ら設備に関する基準に適合するか否かにかからしめている同法の趣旨に反し、許されない」。

POINT 法定された事由以外の処分理由による申請拒否処分を違法とした判例である。法の趣旨・目的のみに照らして法定外の理由により登録拒否処分をすることはできず、法の定める処分要件に従って行政決定がなされるべきと判断されている。本件登録が裁量の余地のない「公証」か否かという、行政行為の分類論（伝統的分類論）へのあてはめではなく、本件登録に係る根拠法令の法的仕組み（法による規制の趣旨と、法が仕組んでいる行政処分の要件）に着目した解釈方法が採られている。

5−3 [A]　行政行為の成立（1）―許可書原本の不交付
最判昭和 57 年 7 月 15 日（民集 36 巻 6 号 1146 頁・百選 I 54）

事実　給油業者 X は、高砂市長（Y）に対し、給油取扱所変更許可申請（消防法 11 条 1 項）をした。Y は、変更許可申請に際して隣接住民の同意書の提出を求めていたが、X は、その提出を拒否していた。他方、X の元売会社 A らは、同意書を後日提出するので X に許可をするよう、Y に働きかけていた。これを受けて、Y は、許可書の原本とその写しを作成し、A の念書と引換えに許可書の写しを A らに交付した（この写しは、A らから大阪経済産業局長に提出された）。他方、Y は、X に許可書の原本を交付せず、同意書の提出を求め続けた。そこで、X が、変更許可処分の存在・その効力の確認等を求めて出訴。1 審・2 審とも、X の請求を認容する判断をしたため、Y が上告。一部破棄自判・一部破棄差戻し。

判旨　「行政処分が行政処分として有効に成立したといえるためには、行政庁の内部において単なる意思決定の事実があるかあるいは右意思決定の内容を記載した書面が作成・用意されているのみでは足りず、右意思決定が何らかの形式で外部に表示されることが必要であり、名宛人である相手方の受領を要する行政処分の場合は、さらに右処分が相手方に告知され又は相手方に到達することすなわち相手方の了知しうべき状態におかれることによってはじめてその相手方に対する効力を生ずる」。

「本件許可書の写しの A らに対する交付は、……給油取扱所の変更の枠を確保することを目的としてあたかも許可処分があったかのような状況を作出するためにされたものにすぎず、……右交付をもって X に対する許可処分の外部的意思表示がされたものとみることはできない。したがって、……本件許可処分は行政処分として未だ成立していない」。

POINT　相手方の受領を要する行政処分の効力は、相手方の了知しうべき状態におかれた時点で発生するという一般論を示した上で、処分書の原本が相手方に交付されていないことから、行政処分として有効に成立しないと判断した判例である。

➡ 最判平成 11 年 10 月 22 日民集 53 巻 7 号 1270 頁は、旧薬事法に基づく承認について、申請者に対する行政処分としての性質を有するとした上で、「承認の効力は、特別の定めがない限り、当該承認が申請者に到達した時、すなわち申請者が現実にこれを了知又は了知し得べき状態におかれた時に発生する」とした。

5−3 [B]　行政行為の成立（2）―税理士懲戒処分の効力発生時期
最判昭和 50 年 6 月 27 日（民集 29 巻 6 号 867 頁）

事実　税理士 X は、国税庁長官（Y）から 1 年間の業務停止という懲戒処分を受けたため、

異議申立てを経由した上で同処分の取消しを求めて出訴。処分の告知から 1 年を経過した時点でX の取消しの利益が失われるかが争点となり、1 審・2 審ともX の訴えの利益を否定して訴えを却下する判断をしたため、X が上告。破棄自判（1 審に差戻し）。

> **判旨** 「行政処分は、原則として、それが相手方に告知された時にその効力を発生するものと解すべきであるが、法律が効力の発生につき特別の定めをしている場合には、その定めに従うべきものであり、……法律が特別の定めをしている場合とは、法律が直接明文の規定をしている場合……にかぎらず、当該法律全体の趣旨から特別の定めをしていると解せられる場合を含む」。「税理士法は……懲戒処分の効力（執行力）の発生時期について、直接明文の規定を設けてはいない。しかしながら、……税理士法が懲戒処分の効力の発生に伴う処置やこれを前提とする不利益な効果の付与を懲戒処分の確定にかからせていることから考えると、同法は、税理士に対する懲戒処分の効力の発生時期をその処分の確定した時としている」。

POINT 行政処分は原則として相手方に告知された時に効力が発生するとしつつ、処分の根拠法令の仕組み全体を解釈し、本件では懲戒処分が確定した時点でその効力が発生するとした判例である。

5-3 [C] 行政行為の成立（3）－内容の特定
最判平成 28 年 3 月 10 日 （判時 2306 号 44 頁・百選 I 56）

事実 X は、弁護士 A を代理人として、京都府個人情報保護条例に基づき、実施機関に対して自己の個人情報の開示請求をしたところ、平成 24 年 10 月 12 日付けで一部開示決定（本件処分）を受けた。同月 15 日、A 弁護士の下に、本件処分に係る通知書が到達した。この通知書には、不開示とされた部分を特定してその理由が記載されていたが、開示文書は添付されておらず、開示の日時・場所については郵送によると記載されていた。その後、同月 22 日になって、A 弁護士の下に、開示文書が到達した。X は、平成 25 年 4 月 19 日に、本件処分の取消し、不開示部分に係る開示決定の義務付けを求めて出訴。1 審は出訴期間を徒過しているとして訴えを却下したが、2 審は、通知書と開示文書が一体となって本件処分の通知内容を構成し、X が本件処分の存在を現実に知ったのは通知書が到達した日であるとして、出訴期間の遵守において訴えは適法と判断したため、Y が上告。破棄自判。

> **判旨** 「本件条例……に基づく開示の実施は、……開示決定等の後の手続として位置付けられているものであるから、同条例に基づく開示決定等は、……公文書の写しの交付等による開示が実施されていないとしても、当該開示決定等に係る通知書が開示請求者に到達した時点で効力を生ずるものと解され、本件処分は、……本件通知書が X を代理する A

弁護士の下に到達した時点で効力が生じていたものであり、上記時点で『処分があった』というべきである。」

「処分がその名宛人に個別に通知される場合には、行政事件訴訟法14条1項本文にいう『処分があったことを知った日』とは、その者が処分のあったことを現実に知った日のことをいい……、当該処分の内容の詳細や不利益性等の認識までを要するものではない」。

「本件通知書には本件開示請求に対する応答として一部を開示する旨明示されていることが明らかである上に、……不開示とされた部分を特定してその理由が示されている」。「そうすると、Xは、本件通知書が同人を代理するA弁護士の下に到達した……日をもって本件処分のあったことを現実に知ったものということができ、……本件取消しの訴えは、本件処分のあったことを知った日から6か月の出訴期間を経過した後に提起された」。

POINT　個人情報保護条例に基づく一部開示決定の取消しを求める訴えにつき、決定の通知書が到達してから6カ月を過ぎて提起されたケースで、行政事件訴訟法14条1項本文の定める主観的出訴期間を経過したとする判例である。通知書には開示文書が添付されておらず、7日後に開示文書が到達しており、本件訴えは開示文書の到達日（開示の実施日）からは6カ月以内に提起されている。しかし、最高裁は、出訴期間の起算点（処分があったことを現実に知った日）を通知書の到達日とした上で、①通知書に出訴期間の教示がされていること、②通知書の記載は不開示部分を特定して理由を付していること、③A弁護士が開示請求から本件訴えの提起まで一貫してXの代理をしていること等の事情の下で、出訴期間の徒過に係る「正当な理由」（同項但書）は認められないとした。

2審は、本件処分の通知書のみでは不開示の内容が不明であり、決定通知書と開示の実施（開示文書の到達）が一体となって通知された処分の内容を形成すると判断しており、行政処分の内容を実質的にとらえる姿勢を示していた。これに対し、最高裁は、決定の通知をもって行政処分の効力発生を認めるとともに、本件に係る事実関係は出訴期間の延長を認める「正当な理由」に該当しないと判断している。

なお、本件訴えは、行訴法3条6項2号に定める申請型義務付け訴訟であるが、義務的に併合提起されている取消訴訟が不適法であるため、義務付け訴訟も却下されている。

⇒最判平成26年10月23日判時2245号10頁は、生活保護法27条1項に基づく指導・指示の不履行による生活保護の廃止の決定（同法62条3項）について、行政庁が被保護者に書面で行った指示がされていた場合に、当該書面に「指示の内容」として記載されていない事項まで指導・指示の内容に含まれると解することはできない、とした。判決は、指導・指示を書面でした場合に限ってそれに従わない被保護者に対する保護の廃止等をすることができることを定めた同法施行規則19条の趣旨について、行政側の判断が慎重かつ合理的に行われることを担

保してその恣意を抑制すること、被保護者が指導・指示の内容を十分に認識しないまま不利益処分を受けることを防止して被保護者の権利保護を図りつつ指導・指示の実効性を確保することにあるとした上で、「指示の内容」欄以外の記載事項、口頭での指導等の不履行を処分理由とすることを否定している。行政処分の内容について、処分書の記載を厳格にとらえるべきであり、安易に拡大解釈できないという姿勢が示されている。

5-4　行政行為の効力（1）―公定力の意義
最判昭和 30 年 12 月 26 日 （民集 9 巻 14 号 2070 頁・百選 I 65）

事実　X は、Y 所有の農地につき賃貸借契約により賃借権を得たと主張していたが、これを否定する Y との間で紛争が生じ、水戸地方裁判所の調停により X の賃借権の消滅が認定された。その後、X は村農地委員会に賃借権回復の裁定を求め、同委員会は、X に賃借権を設定する旨の裁定をした。Y は、この裁定を不服として県農地委員会に訴願をしたところ、いったんは棄却裁決がされたが、同委員会は Y の申出により再審議を行い、Y の訴願を認容し、村農地委員会による賃借権設定裁決を取り消した。そこで、X は、Y を相手に、当該農地に係る耕作権の確認等を求めて出訴。1 審・2 審とも X の請求を棄却する判断をしたため、X が上告。上告棄却。

> **判旨**　「訴願裁決庁が一旦なした訴願裁決を自ら取り消すことは、原則として許されない……から……県農地委員会が Y の申出により……先になした裁決を取り消してさらに訴願の趣旨を認容する裁決をしたことは違法である……。しかしながら、行政処分は、たとえ違法であっても、その違法が重大かつ明白で当該処分を当然無効ならしめるものと認むべき場合を除いては、適法に取り消されない限り完全にその効力を有する」。

POINT　行政行為の公定力を論じた古典的判例である。行政行為の不可変更力に抵触する違法な裁決について、それが無効であるか、適法に取り消されない限り、有効と解釈している。

5-5　行政行為の効力（2）―公定力と刑事裁判
最決昭和 63 年 10 月 28 日 （刑集 42 巻 8 号 1239 頁）

事実　Y は、安全運転義務違反により交通事故を起こしたとして、その累積点数に基づき免許停止処分を受けるとともに、業務上過失傷害を理由に公訴を提起された（A 事件という）。Y は、被害者らに傷害が発生しておらず、交通事故を起こしていないから、免許停止処分は違法であるとして、岡山県公安委員会に審査請求をしたが、請求棄却の裁決を受け、出訴期間内に取消訴訟を提起しなかった。その後、Y は、別のスピード違反行為により検挙された。この違

反行為は反則行為にあたるものであったが、Yには、過去1年以内に免許停止処分の前歴があるため、反則者にあたらないとして公訴が提起され、1審はYを有罪とした。ところが、本件2審判決より前の時点で、A事件において傷害の事実の証明がないとして、業務上過失傷害の訴因についてYは無罪とされ、この判決が確定した。また、Yが本件につき控訴を申し立てた後、岡山県警察本部に対するYの申出により、警察庁情報処理センターに保管されている被処分者の運転ファイルから上記免許停止処分の記事が抹消された。2審もYを有罪としたため、Yが上告。上告棄却。

> **決定要旨** 「免許停止処分の記事抹消は、その理由、手続、効果等からみて、右処分の職権取消とは認められない。また、……免許停止処分の当時、処分行政庁は、相当な根拠のある関係資料に基づき、被害者らが傷害を負ったと認めたのであるから、その後……刑事裁判において傷害の事実の証明がないとして、Yが無罪とされたからといって、右処分が無効となるものではない。そうすると、本件免許停止処分は、無効ではなく、かつ、権限のある行政庁又は裁判所により取り消されてもいないから、Yを反則者に当たらないと認めてなされた本件公訴の提起は、適法である。」

POINT　本決定は、免許停止処分の理由となった交通事故に係る刑事裁判で無罪となったからといって当該処分が無効となるものではなく、その処分歴に基づいてされた公訴提起を適法とした。最高裁は、行政処分に関する取消訴訟の排他的管轄が刑事訴訟でも問題になる局面があることを示した。

　本決定とは異なり、一般的には、刑事訴訟に行政行為の公定力は及ばない、すなわち、行政処分による命令違反等を理由に刑事責任を問われて起訴された者は、刑事訴訟における構成要件該当性の問題として当該行政処分の違法・無効を争うことができると考えられている（判例 **6-5** を参照）。

5-6　行政行為の効力（3）─租税事件と損害賠償請求・冷凍倉庫固定資産税事件
最判平成22年6月3日（民集64巻4号1010頁・百選II 227）

事実　倉庫業を営むXは、所有する倉庫について、一般用の倉庫に該当することを前提に評価されて価格を決定された上で、昭和62年度以降、名古屋市港区長から本件倉庫に関する固定資産税等の賦課決定を受け、これを納付してきた。ところが、平成18年5月、同区長は、Xに対し、本件倉庫は冷凍倉庫に該当するとして、平成14年度から18年度までの登録価格を修正した旨を通知するとともに、これら5年度分の本件倉庫に係る固定資産税等の減額更正処分をした。Xは、名古屋市（Y）に対し、還付されていない昭和62年度から平成13年度までの固定資産税等の過納金相当額等について損害賠償を求めて提訴。なお、Xは、本件倉庫の登録価格について、固定資産評価審査委員会に対する審査の申出をしたことはなかった。したが

って、本件では、違法な（評価を誤った）固定資産評価について、地方税法が規定する不服申立手続（審査の申出）等を経由することなく、その評価を前提にされた賦課決定により生じた誤納金等の損害について、直ちに国家賠償請求をすることが許されるかが争点となった。1審・2審ともXの請求を棄却する判断をしたため、Xが上告。破棄差戻し。

> **判旨** 「行政処分が違法であることを理由として国家賠償請求をするについては、あらかじめ当該行政処分について取消し又は無効確認の判決を得なければならないものではない……。このことは、当該行政処分が金銭を納付させることを直接の目的としており、その違法を理由とする国家賠償請求を認容したとすれば、結果的に当該行政処分を取り消した場合と同様の経済的効果が得られるという場合であっても異ならない」。
>
> 「固定資産の価格の決定及びこれに基づく固定資産税等の賦課決定に無効事由が認められない場合であっても、公務員が納税者に対する職務上の法的義務に違背して当該固定資産の価格ないし固定資産税等の税額を過大に決定したときは、これによって損害を被った当該納税者は、地方税法……に基づく審査の申出及び……取消訴訟等の手続を経るまでもなく、国家賠償請求を行い得る」。

POINT 行政処分が違法であることを理由として国家賠償請求をする際、あらかじめ係争処分の取消判決ないし無効確認判決を得る必要はないという法理（国家賠償訴訟との関係での公定力の限界）は、最判昭和36年4月21日民集15巻4号850頁により確立している。その結果、行政処分が出訴期間の経過等により不可争的になった場合でも、当該行政処分の違法を理由とする国家賠償請求が不可能になるわけではない。課税処分のように金銭納付を直接の目的とする行政処分の場合には上記の法理が妥当しないという学説もみられたところ、本判決はこれを否定したと考えられる。

本判決は、固定資産の登録価格について、法定された不服申立手続等の手続を経由することなく、その過大評価を理由とする国家賠償請求を認めた。本判決の事案自体は、課税処分の取消訴訟を経ずに国家賠償訴訟を提起したというものではないが、最高裁は、行政処分の公定力という現象が国家賠償請求に及ばないという解釈を確立したと評される。

5-7　行政行為の効力(4)──違法性の承継・たぬきの森マンション事件
最判平成21年12月17日（民集63巻10号2631頁・百選I 81）

事実 東京都新宿区内でマンション建設を企図したAは、新宿区長から安全認定処分（東京都建築安全条例4条3項）を受けた上で、同区建築主事から建築確認を受けた（同条例4条1項は、延べ面積1000㎡を超える建築物の敷地に係る接道義務を定めるが、同条3項の安全認定を受けると、同条1項の接道義務規定が適用除外となる）。建設予定地の周辺住民Xらは、審査請求を経由

した上で、新宿区（Y）を相手に、安全認定、建築確認等の取消しを求めて出訴。1審は、安全認定の取消請求につき出訴期間を徒過していると判断する一方、建築確認の取消請求につきXらの一部の原告適格を認めたが、建築確認は適法と判断した。2審は、訴訟要件につき1審の判断を踏襲する一方、安全認定の違法は建築確認の取消事由になると解釈した上で、新宿区長による安全認定は裁量権の行使を逸脱・濫用した違法なものであると判断し、建築確認も違法として取り消した。Yが上告。最高裁は、安全認定の違法性に関する論旨を排除して事件を受理し、違法性の承継の論旨についてのみ判断した。一部破棄自判・一部上告棄却。

判旨　「本件条例4条1項は、大規模な建築物の敷地が道路に接する部分の長さを一定以上確保することにより、避難又は通行の安全を確保することを目的とするものであり、これに適合しない建築物の計画について建築主は建築確認を受けることができない。同条3項に基づく安全認定は、同条1項所定の接道要件を満たしていない建築物の計画について、同項を適用しないこととし、建築主に対し、建築確認申請手続において同項所定の接道義務の違反がないものとして扱われるという地位を与える」。

「平成11年……改正前の本件条例4条3項の下では、同条1項所定の接道要件を満たしていなくても安全上支障がないかどうかの判断は、建築確認をする際に建築主事が行うものとされていたが、この改正により、建築確認とは別に知事が安全認定を行うこととされた。これは……建築基準法が改正され、建築確認及び検査の業務を民間機関である指定確認検査機関も行うことができるようになったこと……に伴う措置であり、……判断機関が分離されたのは、接道要件充足の有無は客観的に判断することが可能な事柄であり、建築主事又は指定確認検査機関が判断するのに適しているが、安全上の支障の有無は、専門的な知見に基づく裁量により判断すべき事柄であり、知事が一元的に判断するのが適切であるとの見地による」。

「建築確認における接道要件充足の有無の判断と、安全認定における安全上の支障の有無の判断は、異なる機関がそれぞれの権限に基づき行うこととされているが、もともとは一体的に行われていたものであり、避難又は通行の安全の確保という同一の目的を達成するために行われる……。そして、……安全認定は、建築主に対し建築確認申請手続における一定の地位を与えるものであり、建築確認と結合して初めてその効果を発揮する」。

「他方、安全認定があっても、これを申請者以外の者に通知することは予定されておらず、建築確認があるまでは工事が行われることもないから、周辺住民等これを争おうとする者がその存在を速やかに知ることができるとは限らない（これに対し、建築確認については、工事の施行者は、〔建築基準〕法89条1項に従い建築確認があった旨の表示を工事現場にしなければならない。）。そうすると、安全認定について、その適否を争うための手続的保障がこれを争おうとする者に十分に与えられているというのは困難である。仮に周辺住民等が安全認定の存在を知ったとしても、その者において、安全認定において直ちに不利益を受けることはなく、建築確認があった段階で初めて不利益が現実化すると考えて、その段階までは争訟の提起という手段は執らないという判断をすることがあながち不合理であるともいえない。」

「以上の事情を考慮すると、安全認定が行われた上で建築確認がされている場合、安全認定が取り消されていなくても、建築確認の取消訴訟において、安全認定が違法であるために……接道義務の違反があると主張することは許される」。

POINT　本判決は、安全認定 ⇒ 建築確認という２つの行政処分が連続して行われる局面で、後行処分（建築確認）の取消訴訟における違法事由（取消事由）として、先行処分（安全認定。取消訴訟の出訴期間は徒過している）の違法を主張することを認め、行政処分における「違法性の承継」を肯定した。最高裁は、違法性の承継を認めるにあたり、実体的観点（安全認定と建築確認とは、沿革上は一体的に行われており、同一の目的を達成するために行われ、両者が結合して初めてその効果を発揮すること）と、手続的観点（安全認定の適否を争おうとする場合に周辺住民等がその存在を速やかに知ることができないこと、建築確認の段階までまって争訟を提起しようと判断することが不合理でないこと）の両面から、検討を行っている。

　違法性の承継は、先行処分 ⇒ 後行処分の関係があるとき、後行処分の取消訴訟において、本来は公定力により主張できない先行処分の違法を、例外的に後行処分の取消事由として主張できるとする解釈技術である。本判決は、①先行処分と後行処分が同一目的・同一効果を有するといえるか（同一目的・同一効果基準）、②先行処分の適否を争うための手続的保障が十分に与えられているか（手続的保障の程度）、③原告が後行処分まで待って争う判断をすることが不合理でないか（先行処分を争う切迫性）という３つの規範（①が実体的観点、②③が手続的観点による）を示した上で、違法性の承継を肯定する判断をしている。

　処分性を柔軟に認めた場合、行政過程における行政処分が増えることとなり、違法性の承継が問題となる局面も増える。本件も、先行する安全認定に処分性が認められた結果、後行する建築確認の違法性の承継が争点となった。実体法的な同一目的・同一効果基準は、従前の通説的解釈論であったが、実際の適用には困難が伴うことが指摘されていた。本判決は、同一目的・同一効果基準のみでなく、手続的観点を併せて用いることにより、先行処分の法的効果を早期に確定するという要素と、後行処分の段階で先行処分の違法を争うことが原告の権利利益救済に資するという要素のバランスを図った処理を容易にしたものと評される。

5-8　行政行為の効力(5)―不可変更力・農地委員会裁決事件
最判昭和 29 年 1 月 21 日（民集 8 巻 1 号 102 頁・百選 I 67）

事実　X 所有の農地について、村農地委員会が、不耕地であるとして買収計画を樹立した。

Xは、同農地委員会に異議申立てをしたが却下されたため、県農地委員会（Y）に訴願したところ、Xの主張を認容する裁決がされた。ところが、Yは、村農地委員会からの再審議の陳情を受け、上記裁決を取り消す旨の裁決をしたので、Xが2度目の裁決につき取消しを求めて出訴。1審・2審とも裁決を取り消す判断をしたため、Yが上告。上告棄却。

> **判旨**　「裁決が行政処分であることは言うまでもないが、実質的に見ればその本質は法律上の争訟を裁判するものである。……本件裁決のごときは、行政機関であるYが実質的には裁判を行っているのであるが、行政機関がするのであるから行政処分に属する……。かかる性質を有する裁決は、他の一般行政処分とは異り、特別の規定がない限り……裁決庁自らにおいて取消すことはできない」。

POINT　争訟を裁断する行政行為について、不可変更力（行政行為をした行政機関が自らそれを変更できないこと）を認めた判例である。

5-9　行政行為の効力(6)—実質的確定力・宅地買収計画取消事件
最判昭和42年9月26日（民集21巻7号1887頁・百選I 68）

> **事実**　大阪府下の地区農地委員会（Y）は、Xらが所有する宅地について、訴外Aらの買収申請に基づき、宅地買収計画を樹立した。Xらが異議申立てをしたところ、Yはこれを認容して買収計画を取り消す決定をし、この取消決定は確定した。その後、Yは、大阪府農地委員会の指示により、再度同一の買収計画を定めたので、Xらが異議申立て等を経て出訴。1審・2審とも買収計画を取り消す判断をしたため、Yが上告。上告審は破棄差戻しとし、差戻し後の原審は2度目の買収計画を適法と判断したため、Xが上告。破棄自判（控訴棄却）。

> **判旨**　「異議の決定、訴願の裁決等は、一定の争訟手続に従い……当事者を手続に関与せしめて、紛争の終局的解決を図ることを目的とするものであるから、それが確定すると、当事者がこれを争うことができなくなるのはもとより、行政庁も、特別の規定がない限り、それを取り消し又は変更し得ない拘束を受ける……。したがって、……当初の宅地買収計画がXらの異議申立に基づいて取り消され、その決定が確定したことにより、爾後、当該農地委員会がそれに拘束される結果、……買収の申請は、却下等別段の意思表示をまつまでもなく、当然その効力を失う」。「再度樹立された買収計画は、その前提要件としての申請を欠く違法のもの」である。

POINT　紛争を裁断する行政行為について、実質的確定力（処分庁のみでなく上級行政庁・裁判所等も取消し・変更できないこと）を認めたとされる判例である。異議申立てにより一度取り消されたものと同一内容の買収計画を再度樹立することは、異議決定

の実質的確定力により遮断されると解釈されている。

5-10　行政行為の無効事由（1）—重大明白な瑕疵・外形上一見明白説
最判昭和36年3月7日（民集15巻3号381頁）

事実　Aは、所有する山林の所有権を養子Bに贈与する一方、Bから示談金を受け取ることとし、Bは同地の立木を売却して示談金とした。しかし、示談書では、Aが所有する立木を売却した上で土地をBに譲与すると記載され、伐採された木材の売買契約書でもAが売主とされていた。所轄税務署長（Y）は、Aの相続人であるXが木材の売買によって所得を得たとして課税処分等を行った。これに対し、Xは、立木の売却による所得はBに帰属し、Yによる課税処分等には重大かつ明白な瑕疵があるとして無効確認訴訟を提起。1審・2審ともXが敗訴したため、Xが上告。上告棄却。

> **判旨**　「行政処分が当然無効であるというためには、処分に重大かつ明白な瑕疵がなければならず、ここに重大かつ明白な瑕疵というのは、『処分の要件の存在を肯定する処分庁の認定に重大・明白な瑕疵がある場合』を指すものと解すべきことは、当裁判所の判例である……。……瑕疵が明白であるというのは、処分成立の当初から、誤認であることが外形上、客観的に明白である場合を指す」。「また、瑕疵が明白であるかどうかは、処分の外形上、客観的に、誤認が一見看取し得るものであるかどうかにより決すべきものであって、行政庁が怠慢により調査すべき資料を見落したかどうかは、処分に外形上客観的に明白な瑕疵があるかどうかの判定に直接関係を有するものではな」い。

POINT　行政行為の無効原因につき、重大かつ明白な瑕疵が必要とした上で、瑕疵の明白性につき「外形上、客観的に明白」という基準を示した判例である。また、瑕疵の明白性の判断において、処分庁の調査義務の懈怠を問題にしないという立場が示されている。明白性要件については、誰を基準に瑕疵が「明白」と判定するのか（誰にとって「明白」か）、という解釈問題がある。最高裁は、一般人を基準に判定する立場（外形上一見明白説）を採り、処分庁（あるいは事務担当者）レベルでの調査義務違反の有無の問題ではないことを示している。

5-11　行政行為の無効事由（2）—課税処分と無効事由・明白性補充要件説
最判昭和48年4月26日（民集27巻3号629頁・百選Ⅰ80）

事実　Aは、第三者名義で所有していた自己の土地建物を、Xらに無断でXら名義に移転登記等をした。その後、債務返済に窮したAは、Xら名義の売買契約書・登記申請書・委任状

等を偽造し、本件土地建物につき B・C に売り渡し、X らから B・C への移転登記等をした。所轄の税務署長（Y）は、主として登記簿の記載に依拠しつつ B・C への反面調査をも踏まえて、X らに対し、本件土地建物の譲渡所得に係る課税処分をした。異議申立期間の経過後、X らは、課税処分の無効確認を求めて出訴。1 審・2 審とも、本件課税処分の瑕疵の重大性を認めつつ、瑕疵の明白性の要件が満たされていないとして X らが敗訴したため、X らが上告。破棄差戻し。

> **判旨**　「課税処分につき当然無効の場合を認めるとしても、このような処分については……出訴期間の制限を受けることなく、何時までででも争うことができることとなるわけであるから、更正についての期間の制限等を考慮すれば、かかる例外の場合を肯定するについて慎重でなければならないことは当然であるが、一般に、課税処分が課税庁と被課税者との間にのみ存するもので、<u>処分の存在を信頼する第三者の保護を考慮する必要のないこと</u>等を勘案すれば、当該処分における内容上の過誤が課税要件の根幹についてのそれであって、徴税行政の安定とその円滑な運営の要請を斟酌してもなお、不服申立期間の徒過による不可争的効果の発生を理由として被課税者に右処分による不利益を甘受させることが、<u>著しく不当と認められるような例外的な事情のある場合には、前記の過誤による瑕疵は、当該処分を当然無効ならしめる</u>」。
>
> 「本件課税処分は、譲渡所得の全くないところにこれがあるものとしてなされた点において、<u>課税要件の根幹についての重大な過誤をおかした瑕疵を帯有する</u>」。「そして、……X らは A に名義を冒用されたのみで、本件課税処分の基礎資料となった登記簿の記載の現出等につき、いかなる原因を与えたものでもない」。「X らとしては、いわば全く不知の間に第三者がほしいままにした登記操作によって、突如として譲渡所得による課税処分を受けたことになるわけであり、かかる X らに前記の瑕疵ある課税処分の不可争的効果による不利益を甘受させることは、たとえば、X らが上記のような各登記の経由過程について完全に無関係とはいえず、事後において明示または黙示的にこれを容認していたとか、または右の表見的権利関係に基づいてなんらかの特別の利益を享受していた等の、特段の事情がないかぎり、X らに対して著しく酷である」。「しかも、本件のごときは比較的稀な事例に属し、かつ、事情の判明次第、真実の譲渡所得の帰属者に対して課税する余地もありうる……ことからすれば、かかる場合に当該処分の表見上の効力を覆滅することによって徴税行政上格別の支障・障害をもたらすともいい難い」。

POINT　行政処分の存在を信頼する第三者保護の必要性の低い事案について、行政処分の瑕疵の重大性のみを認定した上で、明白性要件につき特に触れることなく無効と解釈した判例である。行政行為の無効事由に関する「明白性補充要件説」を示唆した判例とされることもある。ただし、本判決は、明白性要件が不要と明確に述べたわけではなく、法的安定性（第三者の法的地位）の保護という要素を含めて、個別事案に即した総合的利益衡量がされた、とも考えられる。

⇒最判平成 16 年 7 月 13 日判時 1874 号 58 頁は、法人税の更正処分の無効が争点となった事案について、課税庁の認定に誤りがあるとしても「誤認であることが本件各更正の成立の当初から外形上、客観的に明白であるということはできない」とし、仮に更正処分に課税要件の根幹についての過誤があるとしても「例外的な事情がある場合」に該当せず、当然無効とはいえないと判断している。ここでは、まず明白性要件該当性をテストし、明白性要件を満たさなくても「例外的な事情」があれば無効になりうる、というロジックが採られている。

5-12 瑕疵の治癒—法人税増額更正事件
最判昭和 47 年 12 月 5 日（民集 26 巻 10 号 1795 頁・百選 I 82）

事実 清算手続中の法人 X は、法人税につき確定申告をしたところ、所轄税務署長（Y）から増額更正処分を受けた。そこで、X は、所轄国税局長（A）に審査請求をしたところ、A は、本件更正処分の一部を取り消す裁決をした。裁決書には、本件更正処分を維持すべき部分について、更正通知書に記載された更正理由より詳細な理由が記載されていた。X は、この裁決にも不服であり、本件更正処分の取消しを求めて出訴。1 審・2 審とも、本件更正処分の理由付記には不備があり、その瑕疵は裁決段階での理由付記により治癒されないとして、X の請求を認容する判断がされたため、Y が上告。上告棄却。

判旨 「本件更正の附記理由をみるのに、その更正通知書の理由欄……の記載をもってしては、更正にかかる金額がいかにして算出されたのか、それがなにゆえに被上告会社の課税所得とされるのか等の具体的根拠を知るに由ない」。「処分庁の判断の慎重、合理性を担保してその恣意を抑制するとともに、処分の理由を相手方に知らせて不服申立の便宜を与えることを目的として更正に附記理由の記載を命じた……法人税法の規定の趣旨にかんがみ、本件更正の附記理由には不備の違法がある」。

「更正に理由附記を命じた規定の趣旨が前示のとおりであることに徴して考えるならば、処分庁と異なる機関の行為により附記理由不備の瑕疵が治癒されるとすることは、処分そのものの慎重、合理性を確保する目的にそわないばかりでなく、処分の相手方としても、審査裁決によってはじめて具体的な処分根拠を知らされたのでは、それ以前の審査手続において十分な不服理由を主張することができないという不利益を免れない。そして、更正が附記理由不備のゆえに訴訟で取り消されるときは、更正期間の制限によりあらたな更正をする余地のないことがあるなど処分の相手方の利害に影響を及ぼすのであるから、審査裁決に理由が附記されたからといって、更正を取り消すことが……無意味かつ不必要なこととなるものではない。」「それゆえ、更正における附記理由不備の瑕疵は、後日これに対する審査裁決において処分の具体的根拠が明らかにされたとしても、それにより治癒されるものではない」。

POINT 本判決は、法定された理由付記に不備のある処分について、審査請求の段

階で理由が追完されたケースで、瑕疵の治癒を否定した。最高裁は、理由付記の制度趣旨（処分庁の判断の慎重合理性担保・恣意抑制機能および処分の相手方の争訟便宜機能）を強調すると同時に（判例 12−5、12−5 [A]を参照）、理由付記の不備を理由に処分を取り消した場合に原告側が得る実益に言及している。

5−13　違法行為の転換─補助金適正化法に基づく財産の処分の承認
最判令和 3 年 3 月 2 日（民集 75 巻 3 号 317 頁・百選 I 83）

事実　X 県内の A 市は、株式会社 B を事業主体とするごみの再資源化の計画を立てた。X は国（Y）から補助金の交付決定を受け、X は A に、A は B に、それぞれ同額の補助金交付決定をした。B は、交付された補助金を主要な財源として堆肥化施設を整備した。本件において、補助金等に係る予算の執行の適正化に関する法律（補助金適正化法）上、X は補助事業者等に、A・B は間接補助事業者に該当する。Y（処分庁は関東農政局長）の本件交付決定には、補助金適正化法 7 条 3 項により、X が間接補助事業者等の財産処分を承認する際、あらかじめ関東農政局長の承認を受ける旨の条件が付されていた。

　B は施設を稼働させたが、数年後、補助金の交付目的に即した事業が遂行できなくなり、稼働停止に至った。B の施設には適法に担保権が設定されており、担保不動産競売が開始された。そこで、B は A 市長に、A は X 県知事に、X は関東農政局長に対し、それぞれ財産処分に係る承認の申請をした。X の申請書には、本件申請が補助金適正化法 22 条に基づくものである旨の記載があり、関東農政局長はこれを承認した（本件承認）。なお、本件承認には、国庫補助金相当額の返納が条件として付されていた（本件附款）。この結果、当該施設は担保不動産競売手続により売却された。X は、関東農政局長から、本件国庫補助金相当額の返納を求められ、X はこれを返納した。

　X は、補助金適正化法 22 条は補助事業者等による財産処分に係る規定であり、間接補助事業者等である B による財産処分には適用されず、本件承認は法令上の根拠を欠き、本件附款も法的効力が認められないとして、Y を相手に不当利得返還請求訴訟を提起。1 審・2 審ともに X が勝訴したため、Y が上告。原判決破棄・一審判決取消し・請求棄却。

> **判旨**　「本件承認は、処分区分を『目的外使用（補助事業を中止する場合）』とする本件申請に対してされたものであって、本件施設の目的外使用を対象としてされたものと解される。したがって、本件承認は、法 7 条 3 項による本件交付決定条件を根拠としてされたものとすることができるのであれば、法的根拠を欠くものということはできない。」
>
> 　「法 22 条に基づく承認と法 7 条 3 項による本件交付決定条件に基づく承認は、その目的を共通にする」。
>
> 　「また、法 22 条に基づく各省各庁の長の承認を得た上での補助事業者等による財産の処分であれば……補助金等の交付の決定が取り消されることはないのと同様に、法 7 条 3 項による本件交付決定条件に基づく関東農政局長の承認を得た上での間接交付事業者によ

る財産の処分についても、これにより本件交付決定が取り消されることはない。そして、法 22 条に基づく承認に際しては、補助事業者等において補助金等の全部又は一部に相当する金額を納付する旨の条件を附することができると解されるのと同様に、法 7 条 3 項による本件交付決定条件に基づく承認に際しても、……X において交付された補助金の範囲内の金額を納付する旨の条件を附することができると解される。そうすると、法 22 条に基づいてされた本件承認を法 7 条 3 項による本件交付決定条件に基づいてされたものとすることは、X にとって不利益になるものでもない。

　さらに、X 及び関東農政局長において、仮に法 22 条に基づいて本件承認をすることができないという認識であった場合に、これと目的を共通にする法 7 条 3 項による本件交付決定条件に基づく承認の申請及び承認をしなかったであろうことをうかがわせる事情は見当たらない。」

　「以上に検討したところによれば、本件承認は、法 7 条 3 項による本件交付決定条件に基づいてされたものとして適法である」。

　「そして、……本件附款も無効であるとはいえない。」「本件返納は、本件附款に基づく納付義務の履行としてされたものであるから、法律上の原因を欠くものということはできない。」

POINT　ある行政処分について、当初の根拠条文に照らすと違法であるが、別の根拠条文に基づくものとして適法と扱う解釈技術を、違法行為の転換という。本判決は、補助金適正化法 22 条に基づく承認について、法 7 条 3 項による補助金交付決定に付された条件に基づく承認と読み替えて、違法行為の転換を認めた。

　判決は、本件について違法行為の転換を認めるにあたり、①法 22 条に基づく承認と、法 7 条 3 項による交付決定条件に基づく承認は、その目的を共通にすること、②法 22 条に基づく承認を、法 7 条 3 項による交付決定条件に基づいてされたものとすることは、承認の相手方にとって不利益にならないこと、③処分庁において、仮に法 22 条に基づく承認ができないという認識であった場合に、法 7 条 3 項による交付決定条件に基づき承認をしなかったであろうことをうかがわせる事情が見当たらないこと、の 3 要件を満たすことを指摘している。

　違法行為の転換は、処分庁が根拠条文を誤っていたケースであっても、裁判所が客観的に見て別の根拠条文を適用して行政処分を適法と判断する解釈技術である（本判決以外に、最大判昭和 29 年 7 月 19 日民集 8 巻 7 号 1387 頁が知られる）。根拠条文の読み替えによって行政処分を維持するものであり、安易な拡大は許されない。宇賀克也裁判官の補足意見は、違法行為の転換について、法律による行政の原理を空洞化させないため、厳格に限定する必要があるとし、本件において、①転換前の行政行為と転換後の行政行為はその目的を共通にすること、②転換後の行政行為の法効果が転換前の行政行為の法効果と比べ関係人に不利益に働かないこと、③転換前の行政行為の瑕疵を

知った場合にその代わりとして転換後の行政行為をしなかったであろうと考えられる場合でないこと、という3要件をすべて充足していることを改めて指摘する。宇賀補足意見は、従前の判例は上記3要件のいずれかを満たさない場合に違法行為の転換を否定しており、本判決が違法行為の転換が認められる場合を拡大するものではない、とする。さらに、宇賀補足意見は、上記3要件は違法行為の転換を認めるための必要条件であり（必要十分条件では必ずしもない）、行政審判の場合、二重効果的行政処分の場合など、違法行為の転換を認めるにはさらに慎重な検討が必要なケースがあることを指摘する。

5−13 [A]　行政行為の職権取消し(1)―辺野古訴訟・公有水面埋立承認の取消し

最判平成28年12月20日（民集70巻9号2281頁・百選 I 84）

事実　沖縄防衛局は、米軍基地建設のため沖縄県名護市辺野古沿岸域の公有水面の埋立てにつき、当時の沖縄県知事Aから公有水面埋立法42条1項に基づく承認（本件埋立承認）を受けた。その後、新たに知事に就任したYが本件埋立承認は違法であるとしてこれを取り消したため、国土交通大臣（X）は、沖縄県に対し、本件埋立承認取消しは違法であるとして、地方自治法245条の7第1項に基づき、本件埋立承認取消しの取消しを求める是正の指示（本件指示）をしたが、Yは本件埋立承認取消しを取り消さなかった。そこで、Xは、Yが本件指示に従って本件埋立承認を取り消さないことの違法確認を求めて出訴した（同251条の7第1項）。原審はXの請求を認容したため、Yが上告。上告棄却。争点は多岐にわたるが、以下、行政処分の職権取消しの適法性に関する判旨を紹介する。

判旨　「本件においては、Yが本件指示に係る措置として本件埋立承認取消しを取り消さないことが違法であることの確認が求められているところ、本件埋立承認取消しは、前知事がした本件埋立承認に瑕疵があるとしてYが職権でこれを取り消したというものである。

　一般に、その取消しにより名宛人の権利又は法律上の利益が害される行政庁の処分につき、当該処分がされた時点において瑕疵があることを理由に当該行政庁が職権でこれを取り消した場合において、当該処分を職権で取り消すに足りる瑕疵があるか否かが争われたときは、この点に関する裁判所の審理判断は、当該処分がされた時点における事情に照らし、当該処分に違法又は不当（以下「違法等」という。）があると認められるか否かとの観点から行われるべきものであり、そのような違法等があると認められないときには、行政庁が当該処分に違法等があることを理由としてこれを職権により取り消すことは許されず、その取消しは違法となる」。

　「本件埋立承認取消しの適否を判断するに当たっては、本件埋立承認取消しに係るYの判断に裁量権の範囲の逸脱又はその濫用が認められるか否かではなく、本件埋立承認がさ

れた時点における事情に照らし、前知事がした本件埋立承認に違法等が認められるか否かを審理判断すべきであり、本件埋立承認に違法等が認められない場合には、Y による本件埋立承認取消しは違法となる。」

POINT　一連の辺野古訴訟のうち、前知事のした埋立承認につき新知事が職権取消しをしたことの適法性が争われた事案である（地方自治法 251 条の 7 第 1 項の規定する国等による違法確認訴訟である）。本判決では、行政処分において原始的に違法または不当の瑕疵があれば職権取消しの事由となり得ることが判示される一方、職権取消しの適否について、職権取消しを行った行政庁の判断に裁量権の逸脱・濫用が認められるか否かによらないと明言されている。独立した行政処分である職権取消しそれ自体の違法でなく、職権取消しの対象となった行政処分が違法・不当でないことのみが司法審査の対象になることの理論的な根拠は示されていない。

　同じ埋立承認について、事後に判明した事情等による撤回が争われた事案として、**14 - 3 [A]** を参照。

➡ 最判昭和 43 年 11 月 7 日民集 22 巻 12 号 2421 頁は、行政処分に違法・不当の瑕疵がある場合の職権取消しの可否について、①取消しによって生ずる不利益と、取消しをしないで処分の効力を維持することによる不利益とを比較考量すること、②取消しをしないことが公共の福祉の要請に照らし著しく不当であると認められること、により判断するとしている。

5 - 13 [B]　行政行為の職権取消し(2)―被災者生活再建支援金給付決定
最判令和 3 年 6 月 4 日（民集 75 巻 7 号 2963 頁・百選 I 85）

事実　東日本大震災で被災したマンションの居住者 X らは、仙台市 A 区から、本件マンションについて大規模半壊の認定を受け、A 区長から大規模半壊に該当する旨の罹災証明書を交付された。X らは、被災者生活再建支援法に基づき、同法により宮城県から事務を委託された公益財団法人 Y（指定法人）に対し、本件罹災証明書を添付して支援金の支給を申請した。Y は、X らの各世帯が大規模半壊世帯に該当するとして、本件各支援金の支給決定（本件支給決定）をした。その後、A 区は、職権により本件マンションの被災状況を再び調査した結果、改めて一部損壊に該当すると認定し、A 区長は、本件マンションの住民を対象とする説明会を開催した上で、被害の程度は一部損壊である旨の罹災証明書を交付した。Y は、X らの各世帯が大規模半壊世帯に該当するとの認定に誤りがあるとして、本件支給決定を取り消す旨の決定（本件取消決定）をした。X らは、本件取消決定の取消しを求めて出訴（Y からの反訴については説明を省略）。1 審は X らの請求を棄却したが、2 審は本件取消決定を取り消す判断をしたため、Y が上告。破棄自判。

判旨　「支援法は、自然災害によりその生活基盤に著しい被害を受けた者に対して支援金を支給するための措置を定めることにより、その生活の再建を支援し、もって住民の生活の安定と被災地の速やかな復興に資することを目的とする……（1条）。そして、支援金の支給要件は、支援法2条2号の定義する『被災世帯』に該当すること……のみであって……、当該世帯が経済的に困窮しているか否かを問わない……。また、支援金の額も……法定されており、……実際の損失額や今後……必要となる額に応じて支援金の額が決定されるものではない。」

　「上記のような支援法の目的、内容等に照らすと、支援法は、その目的を達成するための手段として、自然災害による被害のうち住宅に生じたものに特に着目し、その被害が大きく、所定の程度以上に達している世帯のみを対象として、その被害を慰謝する見舞金の趣旨で支援金を支給するという立法政策を採用したものと解される。そして、支援法は、その目的を達成するため、支給要件である被災世帯に該当するか否かについての認定を迅速に行うことを求めつつ、公平性を担保するため、その認定を的確に行うことも求めている」。

　「東日本大震災による本件マンションの被害の程度は客観的には一部損壊にとどまり、本件各世帯は、……支援法の規定する『被災世帯』には該当しなかったのであるから、本件各支給決定は、本件各世帯の被災世帯該当性についての認定に誤りがあるという瑕疵を有する……。そして、この瑕疵は、……支援法の規定する支援金の支給要件の根幹に関わる」。

　「上記瑕疵が生じた原因は、……申請に係る世帯が被災世帯に該当するか否かの認定を市町村が交付する罹災証明書に依拠して行う取扱いがされていた状況の下で……A区長が交付した本件証明書の認定に誤りがあったことにある。この誤りについては、……YとXらのいずれか一方の責めに帰すべき事由によって生じたものであるということはできない。罹災証明書を用いて支援金の支給に関する事務を迅速かつ効率的に処理する利益という点に着目しても、この利益をYのみが享受しているとはいえないし、……本件証明書の内容が変更されるリスクをYが負担すべきということはできない。」

　「本件各支給決定の効果を維持することによって生ずる不利益を更に検討すると、その効果を維持した場合には、支援金の支給に関し、東日本大震災により被害を受けた極めて多数の世帯の間において、公平性が確保されないこととなる。このような結果を許容することは、支援金に係る制度の適正な運用ひいては当該制度それ自体に対する国民の信頼を害する」。

　「また、支援金は、都道府県の拠出金及び国の補助金が財源となっており……、その全てが究極的には国民から徴収された税金その他の貴重な財源で賄われているところ、本件各支給決定の効果を維持した場合には、その財源を害する」。

　「さらに、支援金の支給には迅速性が求められるところ、本件のような誤った支給決定の効果を維持するとした場合には、今後、市町村において……過度に慎重かつ詳細な調査、認定を行うことを促すことにもなりかねず、かえって支援金の支給の迅速性が害されるおそれがある。」

「上記のような事態は、いずれも支援金に係る制度の安定的かつ円滑な運用を害しかねないものであるから、本件各支給決定の効果を維持することによる不利益は、……支援法の目的の実現を困難にする性質のものである」。

「その一方で、本件各支給決定を取り消すことによって生ずる不利益を検討すると、その取消しがされた場合には、Xらにとっては、その有効性を信頼し、あるいは既に全額を費消していたにもかかわらず、本件各支援金相当額を返還させられる結果となる。このことによる負担感は、本件世帯主らが既に東日本大震災による被害を受けていることも勘案すると、小さくないといわざるを得ない。」

「しかしながら、……Xらは、支援法上、本件各支援金に係る利益を享受することのできる法的地位をおよそ有しない……。また、……金員の返還を求められているにとどまり、新たな金員の拠出等を求められているわけではない。これらを踏まえると、上記のような結果となることは誠にやむを得ないものといわざるを得ない。」

「本件各支給決定を取り消すことにより、支援金の受給者一般においてこれをちゅうちょなく使用できるという利益が一定の制約を受けるという点についても、そのようなおそれが全くないわけではないが、そのことにより、上記判断が左右されるものではない。」

「以上に加え、本件各支給決定を取り消すまでの期間が不当に長期に及んでいるともいい難いことをも併せ考慮すると、前記瑕疵を有する本件各支給決定については、その効果を維持することによって生ずる不利益がこれを取り消すことによって生ずる不利益と比較して重大であり、その取消しを正当化するに足りる公益上の必要がある」。

「したがって、Yは、本件各世帯が大規模半壊世帯に該当するとの認定に誤りがあることを理由として、本件各支給決定を取り消すことができる」。

POINT 被災者生活再建支援法に基づき被災者生活再建支援金の支給決定をした法人が、自治体が発行した罹災証明書による支給要件の認定に誤りがあることを理由として、職権取消しをすることができるとした判例である。

最高裁は、支給決定の根拠法の目的・内容を明らかにした上で、被災世帯該当性に係る認定の誤りが支給要件の根幹に関わる瑕疵であることを前提に、支給決定の効果を維持することにより生じる不利益が、職権取消しをすることによって生じる不利益より重大であり、職権取消しを正当化するに足りる公益上の必要を認めている。行政処分の職権取消しの可否について、根拠規範の仕組みを踏まえた具体的な利益衡量により判断すべきことが示されている。

5-14　行政行為の撤回(1)―授益的行為の撤回の可否・菊田医師事件
最判昭和63年6月17日（判時1289号39頁・百選Ⅰ86）

事実 産婦人科医Xは、宮城県医師会（Y）から、人工妊娠中絶等を行う優生保護医の指定

（旧優生保護法 14 条 1 項）を受けていたが、人工妊娠中絶の時期を逸した女性に出産を勧め、新生児を第三者の実子としてあっせんする違法行為を繰り返していた。Ｘが医師法違反、公正証書原本不実記載・行使の罪で罰金刑に処されるに至り、Ｙは、Ｘが優生保護医として相応しくないとして指定を取り消した。なお、この指定の取消し（講学上の撤回）について、法令上の根拠規定はなかった。Ｘは、指定取消処分の取消し等を求めて出訴。1 審・2 審ともＸが敗訴したため、Ｘが上告。上告棄却。

> **判旨**　「実子あっせん行為は、医師の作成する出生証明書の信用を損ない、戸籍制度の秩序を乱し、不実の親子関係の形成により、子の法的地位を不安定にし、未成年の子を養子とするには家庭裁判所の許可を得なければならない旨定めた民法 798 条の規定の趣旨を潜脱するばかりでなく、近親婚のおそれ等の弊害をもたらすものであり、また、将来子にとって親子関係の真否が問題となる場合についての考慮がされておらず、子の福祉に対する配慮を欠く……。したがって、実子あっせん行為を行うことは、中絶施術を求める女性にそれを断念させる目的でなされるものであっても、法律上許されないのみならず、医師の職業倫理にも反するものというべきであり、本件取消処分の直接の理由となった当該実子あっせん行為についても、それが緊急避難ないしこれに準ずる行為に当たるとすべき事情は窺うことはできない。しかも、Ｘは、右のような実子あっせん行為に伴う犯罪性、それによる弊害、その社会的影響を不当に軽視し、これを反復継続したものであって、その動機、目的が嬰児等の生命を守ろうとするにあったこと等を考慮しても、Ｘの行った実子あっせん行為に対する少なからぬ非難は免れない」。
>
> 　「そうすると、Ｙが……指定医師の指定をしたのちに、Ｘが法秩序遵守等の面において指定医師としての適格性を欠くことが明らかとなり、Ｘに対する指定を存続させることが公益に適合しない状態が生じたというべきところ、実子あっせん行為のもつ右のような法的問題点、指定医師の指定の性質等に照らすと、指定医師の指定の撤回によってＸの被る不利益を考慮しても、なおそれを撤回すべき公益上の必要性が高いと認められるから、法令上その撤回について直接明文の規定がなくとも、指定医師の指定の権限を付与されているＹは、その権限においてＸに対する右指定を撤回することができる」。

POINT　授益的処分の撤回について、法律の根拠がなくても可能とした判例である。授益的処分を撤回すると、その相手方から見ると法的利益を侵害されるため、侵害留保原則に照らして法律の根拠が必要とも考えられるところ、本判決は、「指定の性質」に言及して根拠規範の仕組みを考慮することを示唆しつつ、撤回すべき公益上の必要性と撤回される相手方の不利益の比較考量を踏まえて、撤回を可としている。

　撤回は、私人の申請に基づく授益的行政処分によって形成された法律関係を消滅させる問題局面であることに着目し、撤回に係る法律の根拠を、免許・許可等の法的仕組み自体に求めるという学説がある。本件において、Ｘは、優生保護医に指定される要件を事後的に欠く状態になったとみることが可能で、このような状態で指定を撤回

することについて、法の定める指定制度自体がそれを許容していると解釈することが可能と考えられる。

5−15　行政行為の撤回(2)—撤回と損失補償・築地市場事件
最判昭和49年2月5日（民集28巻1号1頁・百選I 87）

事実　Xは、東京都（Y）が所有し、東京都築地の中央卸売市場内に所在する行政財産たる本件土地を、昭和21年から使用期間の定めなしに、食堂等を営むために建物を建築所有することを目的として使用許可を受けた。Xは、昭和22年に木造平屋建て店舗を建築し、翌年から喫茶店等の営業を始めたが、残りの土地については、Xの事業計画がYの方針に沿わず承認を受けるに至らなかった等の事情から未利用のまま経過していた。その後、本件土地を市場として使用する必要が生じ、また、Xによる土地使用が不必要・不適切と認められたので、昭和32年、Yは、東京都中央卸売市場業務規程（都条例である）により本件土地1044坪のうち960坪につき使用許可を取り消す旨をXに通告し、当該建物を残る84坪の土地へ移転するよう命じた上で、行政代執行法により960坪の土地を回収した。Xは、Yに対し、損害賠償ないし損失補償を求めて出訴。1審はXの請求を棄却したが、2審は更地価格の60%相当の損失補償を認めたので、Yが上告。破棄差戻し。

判旨　「本件のような都有行政財産たる土地につき使用許可によって与えられた使用権は、それが期間の定めのない場合であれば、当該行政財産本来の用途または目的上の必要を生じたときはその時点において原則として消滅すべきものであり、また、権利自体に右のような制約が内在しているものとして付与されているものとみるのが相当である。すなわち、当該行政財産に右の必要を生じたときに右使用権が消滅することを余儀なくされるのは、……使用権自体に内在する前記のような制約に由来するものということができるから、右使用権者は、行政財産に右の必要を生じたときは、原則として、地方公共団体に対しもはや当該使用権を保有する実質的理由を失うに至るのであって、その例外は、使用権者が使用許可を受けるに当たりその対価の支払いをしているが当該行政財産の使用収益により右対価を償却するに足りないと認められる期間内に当該行政財産に右の必要を生じたとか、使用許可に際し別段の定めがされている等により、行政財産についての右の必要にかかわらず使用権者がなお当該使用権を保有する実質的理由を有すると認めるに足りる特別の事情が存する場合に限られる」。

POINT　行政財産に係る期限の定めのない使用許可の撤回について、損失補償の必要性に係る基準を提示した判例である。本件のごとき使用許可について、公益上の必要性が生じれば撤回されるという制約が内在しているとして、許可による使用権の対価（財産的価値）に対する補償は原則として不要とされた。その上で、使用権を保護す

べき実質的理由があるという「特別の事情」がある場合に限って、例外的に補償が認められるという考え方が提示されている。

6 行政裁量

6-1 要件裁量（政治的・政策的裁量）—在留期間更新・マクリーン事件

最大判昭和53年10月4日（民集32巻7号1223頁・百選 I 73）

事実 アメリカ合衆国の国籍を有する外国人Xは、出入国管理令等に基づき、在留期間を1年とする許可を得て本邦に入国した。その後、Xは、法務大臣（Y）に対し、1年間の在留期間更新を申請したところ、Yは、出国準備期間として120日間の更新許可処分をした。さらに、Xは、同期間満了日の翌日から1年間の在留期間更新を申請したが、Yは、Xの無届転職と政治活動を理由に、更新不許可処分をした。Xは、不許可処分の取消しを求めて出訴。1審はYの裁量権逸脱を認めて本件処分を取り消したが、2審は、Xの請求を棄却する判断をした。Xが上告。上告棄却。

判旨 「憲法上、外国人は、わが国に入国する自由を保障されているものでないことはもちろん、……在留の権利ないし引き続き在留することを要求しうる権利を保障されているものでもない」。

出入国管理令において「在留期間の更新事由が概括的に規定されその判断基準が特に定められていないのは、更新事由の有無の判断をYの裁量に任せ、その裁量権の範囲を広汎なものとする趣旨からである……。すなわち、Yは、在留期間の更新の許否を決めるにあたっては、外国人に対する出入国の管理及び在留の規制の目的である国内の治安と善良の風俗の維持、保健・衛生の確保、労働市場の安定などの国益の保持の見地に立って、申請者の申請事由の当否のみならず、当該外国人の在留中の一切の行状、国内の政治・経済・社会等の諸事情、国際情勢、外交関係、国際礼譲など諸般の事情をしんしゃくし、時宜に応じた的確な判断をしなければならないのであるが、このような判断は、事柄の性質上、出入国管理行政の責任を負うYの裁量に任せるのでなければとうてい適切な結果を期待することができない……。このような点にかんがみると、出入国管理令21条3項所定の『在留期間の更新を適当と認めるに足りる相当の理由』があるかどうかの判断におけるYの裁量権の範囲が広汎なものとされているのは当然のことである」。

「行政庁がその裁量に任された事項について裁量権行使の準則を定めることがあっても、このような準則は、本来、行政庁の処分の妥当性を確保するためのものなのであるから、処分が右準則に違背して行われたとしても、原則として当不当の問題を生ずるにとどまり、当然に違法となるものではない。」「法が処分を行政庁の裁量に任せる趣旨、目的、範囲は各種の処分によって一様ではなく、これに応じて裁量権の範囲をこえ又はその濫用があったものとして違法とされる場合もそれぞれ異なるものであり、各種の処分ごとにこれを検討しなければならないが、これを出入国管理令21条3項に基づくYの『在留期間の更

新を適当と認めるに足りる相当の理由』があるかどうかの判断の場合についてみれば、右判断に関する前述のYの裁量権の性質にかんがみ、その判断が全く事実の基礎を欠き又は社会通念上著しく妥当性を欠くことが明らかである場合に限り、裁量権の範囲をこえ又はその濫用があったものとして違法となる……。したがって、裁判所は、Yの右判断についてそれが違法となるかどうかを審理、判断するにあたっては、右判断がYの裁量権の行使としてされたものであることを前提として、その判断の基礎とされた重要な事実に誤認があること等により右判断が全く事実の基礎を欠くかどうか、又は事実に対する評価が明白に合理性を欠くこと等により右判断が社会通念に照らし著しく妥当性を欠くことが明らかであるかどうかについて審理し、それが認められる場合に限り、右判断が裁量権の範囲をこえ又はその濫用があったものとして違法であるとすることができる」。

POINT 法務大臣の政治的・政策的な総合的判断の要素を根拠として要件裁量を肯定し、その司法統制基準（裁量権逸脱・濫用の判断基準）を提示した判例である。最高裁は、①外国人の在留につき権利性が否定されること、②在留期間更新の許否を判断する処分要件が概括的な規定にとどまること、③処分要件該当性の判定（法文上は「在留期間の更新を適当と認めるに足りる相当の理由」の該当性）にあたり多面的な「諸般の事情」の総合考慮が必要なこと、を根拠として処分庁による事実の評価（法の定める処分要件へのあてはめ）につき行政裁量を認めている。また、裁量権逸脱・濫用に係る司法審査において、その処分の根拠法令を個別に検討する必要性が強調されている。

最高裁は、外国人の在留期間更新処分に係る要件裁量を「広汎な」ものとするが、これは、外国人の在留する権利を否定したことにより、行政裁量（対司法裁量）を広く解したものと考えられる。その結果、本判決が示した裁量統制の基準は、法務大臣の「判断が全く事実の基礎を欠き又は社会通念上著しく妥当性を欠くことが明らか」というもので、判例6－3、6－8等と比較して審査密度が一層低下している。

➡ 最判昭和33年7月1日民集12巻11号1612頁は、温泉法に基づく県知事による温泉掘さく許可につき近隣の既存業者が取消しを求めた事案において、「○○の外は、許可を与えなければならない。」という書き振りの条文につき、行政庁の専門技術的判断の要素に着目して要件裁量を肯定する解釈を示した。

6－2 科学技術的事項の司法審査——原子炉設置許可・伊方原発訴訟
最判平成4年10月29日（民集46巻7号1174頁・百選I 74）

事実 愛媛県伊方町に原子力発電所の建設を計画した四国電力株式会社は、内閣総理大臣（Y）に対し、核原料物質、核燃料物質及び原子炉の規制に関する法律（規制法）23条に基づく原子炉設置許可申請を行い、Yは許可処分をした。原子炉の付近住民であるXらは、この設

置許可処分について、異議申立てを経由した上で、取消訴訟を提起した。1審・2審ともXらの請求を棄却。Xらが上告。上告棄却。

判旨　「原子炉を設置しようとする者は、内閣総理大臣の許可を受けなければならないものとされており（規制法23条1項）、内閣総理大臣は、原子炉設置の許可申請が、同法24条1項各号に適合していると認めるときでなければ許可してはならず（同条1項）、右許可をする場合においては、右各号に規定する基準の適用については、あらかじめ……原子力委員会の意見を聴き、これを尊重してしなければならないものとされており（同条2項……）、原子力委員会には、学識経験者及び関係行政機関の職員で組織される原子炉安全専門審査会が置かれ、原子炉の安全性に関する事項の調査審議に当たる」。「また、規制法24条1項3号は、原子炉を設置しようとする者が……技術的能力を有するか否かにつき、同項4号は、当該申請に係る原子炉施設の位置、構造及び設備が……災害の防止上支障がないものであるか否かにつき、審査を行うべきものと定めている。原子炉設置許可の基準として、右のように定められた趣旨は、……原子炉を設置しようとする者が……所定の技術的能力を欠くとき、又は原子炉施設の安全性が確保されないときは、当該原子炉施設の従業員やその周辺住民等の生命、身体に重大な危害を及ぼし、……深刻な災害を引き起こすおそれがあることにかんがみ、……原子炉設置許可の段階で、……科学的、専門技術的見地から、十分な審査を行わせることにある」。

「原子炉施設の安全性に関する審査……においては、原子力工学はもとより、多方面にわたる極めて高度な最新の科学的、専門技術的知見に基づく総合的判断が必要とされる……。そして、規制法24条2項が、内閣総理大臣は、原子炉設置の許可をする場合においては、同条1項3号……及び4号所定の基準の適用について、あらかじめ原子力委員会の意見を聴き、これを尊重してしなければならないと定めているのは、……原子炉施設の安全性に関する審査の特質を考慮し、右各号所定の基準の適合性については、各専門分野の学識経験者等を擁する原子力委員会の科学的、専門技術的知見に基づく意見を尊重して行う内閣総理大臣の合理的な判断にゆだねる趣旨と解する」。

「原子炉施設の安全性に関する判断の適否が争われる原子炉設置許可処分の取消訴訟における裁判所の審理、判断は、原子力委員会若しくは原子炉安全専門審査会の専門技術的な調査審議及び判断を基にしてされた被告行政庁の判断に不合理な点があるか否かという観点から行われるべきであって、現在の科学技術水準に照らし、右調査審議において用いられた具体的審査基準に不合理な点があり、あるいは当該原子炉施設が右の具体的審査基準に適合するとした原子力委員会若しくは原子炉安全専門審査会の調査審議及び判断の過程に看過し難い過誤、欠落があり、被告行政庁の判断がこれに依拠してされたと認められる場合には、被告行政庁の右判断に不合理な点があるものとして、右判断に基づく原子炉設置許可処分は違法と解すべきである。」

「原子炉設置許可処分についての右取消訴訟においては、右処分が前記のような性質を有することにかんがみると、被告行政庁がした右判断に不合理な点があることの主張、立証責任は、本来、原告が負うべきものと解されるが、当該原子炉施設の安全審査に関する

資料をすべて被告行政庁の側が保持していることなどの点を考慮すると、被告行政庁の側において、まず、その依拠した前記の具体的審査基準並びに調査審議及び判断の過程等、被告行政庁の判断に不合理な点のないことを相当の根拠、資料に基づき主張、立証する必要があり、被告行政庁が右主張、立証を尽くさない場合には、被告行政庁がした右判断に不合理な点があることが事実上推認される」。

POINT 原子炉設置許可という科学技術的判断が必要とされる行政処分について、許可要件に係る判断の裁量性を肯定した上で（判決文では、裁量という表現は用いられていない）、原子力委員会等の第三者的機関の関与という法的仕組みに着目した裁量審査の基準を提示した判例である。さらに、①「現在の科学技術水準に照らし」た合理性審査が必要としたこと、②主張・立証責任の問題に言及したことも注目される。上記①は、取消訴訟における違法判断の基準時につき処分時説が実務上採られていることとの関係で、行政裁量に係る司法的統制の基準が時間の経過により変化しうるかという論点に関わる。上記②は、裁量問題に係る主張・立証責任について、行政側に証拠資料が偏在していることを考慮し、1審原告側の負担を一定程度軽減するものである。

　本判決で、最高裁は、裁量基準（本件では第三者的機関での具体的審査基準）の合理性をまず審査し、次に、裁量基準を適用してなされる行政判断の過程に（看過し難い）過誤、欠落があるかを審査するという、2段階の裁量統制手法を用いた。これは、行政裁量について、一定程度の審査密度を確保する必要があり、かつ、裁量基準が存在するケースにおいて、①裁量基準の合理性の審査、②行政決定過程における過誤、欠落の有無の審査、という2段階のチェックを行うものであり、判断過程審査手法におけるひとつのパターンを示す。この手法は、行政手続法の施行による審査基準・処分基準の定着など、裁量基準の重要性が増したこともあり、第三者的機関の関与という法的仕組みを超え、裁量統制の手法としての広がりを見せつつある。

➡ 専門技術的判断が必要な裁量処分の司法審査基準として、当該行政決定に関与する第三者的機関の判断過程の「看過し難い過誤」を掲げた判例として、教科書検定につき国家賠償法上の違法が争われた事例（最判平成5年3月16日民集47巻5号3483頁〔百選Ⅰ76①〕、最判平成9年8月29日民集51巻7号2921頁〔百選Ⅰ76②〕）がある。

6-2 [A] 委任命令改正の司法審査─生活保護基準改定・老齢加算廃止訴訟
最判平成24年2月28日（民集66巻3号1240頁・百選Ⅰ47①）

事実 東京都在住のXらは、生活保護法に基づく生活扶助の支給を受けており、70歳以上であったため老齢加算を付加されていたところ、厚生労働大臣は、平成18年3月の保護基準

の改定により、原則として70歳以上の者を対象とする老齢加算を廃止した（平成16年以降、老齢加算は段階的に減額されていた）。これにより、Xらは、それぞれの住所地を所管する各福祉事務所長から、保護費を減額する旨の保護変更決定を受けた。Xらは、各福祉事務所を設置する区市（Yら）を相手に、本件決定の取消しを求めて出訴。1審・2審ともXらの請求を斥けたため、Xらが上告。上告棄却。以下、厚生労働大臣による保護基準改定に係る裁量統制につき説示した部分を紹介する。

判旨 生活保護法3条、8条2項にいう「最低限度の生活は、抽象的かつ相対的な概念であって、その具体的な内容は、その時々における経済的・社会的条件、一般的な国民生活の状況等との相関関係において判断決定されるべきものであり、これを保護基準において具体化するに当たっては、高度の専門技術的な考察とそれに基づいた政策的判断を必要とする……。したがって、保護基準中の老齢加算に係る部分を改定するに際し、最低限度の生活を維持する上で老齢であることに起因する特別な需要が存在するといえるか否か及び高齢者に係る改定後の生活扶助基準の内容が健康で文化的な生活水準を維持することができるものであるか否かを判断するに当たっては、厚生労働大臣に上記のような専門技術的かつ政策的な見地からの裁量権が認められる」。

「老齢加算の全部についてその支給の根拠となる上記の特別な需要が認められない場合であっても、老齢加算の廃止は、これが支給されることを前提として現に生活設計を立てていた被保護者に関しては、保護基準によって具体化されていたその期待的利益の喪失を来す側面がある」。「厚生労働大臣は、老齢加算の支給を受けていない者との公平や国の財政事情といった見地に基づく加算の廃止の必要性を踏まえつつ、被保護者のこのような期待的利益についても可及的に配慮するため、その廃止の具体的な方法等について、激変緩和措置の要否なども含め、上記のような専門技術的かつ政策的な見地からの裁量権を有している」。

「老齢加算の廃止を内容とする保護基準の改定は、①当該改定の時点において70歳以上の高齢者には老齢加算に見合う特別な需要が認められず、高齢者に係る当該改定後の生活扶助基準の内容が高齢者の健康で文化的な生活水準を維持するに足りるものであるとした厚生労働大臣の判断に、最低限度の生活の具体化に係る判断の過程及び手続における過誤、欠落の有無等の観点からみて裁量権の範囲の逸脱又はその濫用があると認められる場合、あるいは、②老齢加算の廃止に際し激変緩和等の措置を採るか否かについての方針及びこれを採る場合において現に選択した措置が相当であるとした同大臣の判断に、被保護者の期待的利益や生活への影響等の観点からみて裁量権の範囲の逸脱又はその濫用があると認められる場合に、生活保護法3条、8条2項の規定に違反し、違法となる」。

〔社会保障審議会専門委員会の意見は〕「統計等の客観的な数値等との合理的関連性や専門的知見との整合性に欠けるところはない。」「そして、70歳以上の高齢者に老齢加算に見合う特別な需要が認められず、高齢者に係る本件改定後の生活扶助基準の内容が健康で文化的な生活水準を維持するに足りない程度にまで低下するものではないとした厚生労働大臣の判断は、専門委員会のこのような検討等を経た……意見に沿って行われたものであり、

その判断の過程及び手続に過誤、欠落があると解すべき事情は」ない。

「本件改定に基づく生活扶助額の減額が被保護者世帯の期待的利益の喪失を通じてその生活に看過し難い影響を及ぼしたものとまで評価することはできない」。

「以上によれば、本件改定については、……裁量権の範囲の逸脱又はその濫用があるということはできない。」

POINT 生活保護法8条1項は、生活保護について、「厚生労働大臣の定める基準」によることを定めており、この保護基準は告示（厚生労働省告示）の形式により定められている。保護基準は、告示ではあるが、法律の委任に基づく法規命令（委任命令）としての性質を有するものと解されている。

本件では、平成16年から3年をかけて生活扶助における老齢加算を減額・廃止するという政策を実施するために厚生労働大臣が行った保護基準改定について、憲法25条違反、生活保護法3条、8条、56条等の違反が争われた。本判決は、保護基準改定に係る厚生労働大臣の判断について専門技術的かつ政策的な見地から広い裁量を認める一方、判旨①の点につき、同大臣の「判断の過程及び手続における過誤、欠落の有無等の観点」からの司法審査を行っている（判例6-2の審査方法との類似性が指摘される）。すなわち、厚生労働大臣の諮問機関である社会保障審議会に設けられた専門委員会が提示した意見について、統計等の客観的な数値等との合理的関連性や専門的知見との整合性に欠けるところはないとした上で、専門委員会の検討等を経た意見に沿って行われた厚生労働大臣の判断の過程・手続に過誤・欠落はないとしている。

最高裁は、個別法の解釈上、行政裁量が広く認められる場合についても、行政における意思決定過程（論証過程）を再検証するという観点からの判断過程統制手法を採用した。また、給付行政の領域で、受給者に不利益をもたらす委任命令の策定について、違法との判断をもたらしうる考慮要素を相当程度明確に適示した判決としても注目される。

6-3　効果裁量—国家公務員の懲戒免職処分・神戸税関事件
最判昭和52年12月20日（民集31巻7号1101頁・百選Ⅰ77）

事実　神戸税関長（Y）は、労働組合の役員であったXらに対し、組合員の懲戒処分への抗議活動、勤務時間中の職場集会の続行、職員増員要求・超過勤務命令撤回運動等の行為を理由に懲戒免職処分を行った。そこで、Xらは、同処分の取消しを求めて出訴した。1審・2審とも、裁量権の濫用を認めてXらの請求を認容。Yが上告。破棄自判（請求棄却）。

> **判旨** 国家公務員法は「同法所定の懲戒事由がある場合に、懲戒権者が、懲戒処分をすべきかどうか、また、懲戒処分をするときにいかなる処分を選択すべきかを決するについては、公正であるべきこと（74条1項）を定め、平等取扱いの原則（27条）及び不利益取扱いの禁止（98条3項）に違反してはならないことを定めている以外に、具体的な基準を設けていない。したがって、懲戒権者は、懲戒事由に該当すると認められる行為の原因、動機、性質、態様、結果、影響等のほか、当該公務員の右行為の前後における態度、懲戒処分等の処分歴、選択する処分が他の公務員及び社会に与える影響等、諸般の事情を考慮して、懲戒処分をすべきかどうか、また、懲戒処分をする場合にいかなる処分を選択すべきか、を決定することができる……が、その判断は、右のような広範な事情を総合的に考慮してされるものである以上、平素から庁内の事情に通暁し、部下職員の指揮監督の衝にあたる者の裁量に任せるのでなければ、とうてい適切な結果を期待することができない……。それ故、公務員につき……法に定められた懲戒事由がある場合に、懲戒処分を行うかどうか、懲戒処分を行うときにいかなる処分を選ぶかは、懲戒権者の裁量に任されている」。「裁判所が右の処分の適否を審査するにあたっては、懲戒権者と同一の立場に立って懲戒処分をすべきであったかどうか又はいかなる処分を選択すべきであったかについて判断し、その結果と懲戒処分とを比較してその軽重を論ずべきものではなく、懲戒権者の裁量権の行使に基づく処分が社会観念上著しく妥当を欠き、裁量権を濫用したと認められる場合に限り違法であると判断すべきものである。」

POINT 公務員に対する懲戒免職処分について、処分権者の効果裁量を認め、その司法審査基準を提示した判例である。裁量権行使について、判断代置的審査手法を否定し、「社会観念上著しく妥当を欠き、裁量権を濫用したと認められる場合に限り」違法となることが示されている。

　本件では、国家公務員法が定める懲戒事由があること（処分要件は充足すること）が前提とされており、争点は、懲戒処分の量定が重すぎるという効果裁量の適法性である。効果裁量に係る司法審査では比例原則違反が問題となると考えられるところ、最高裁は、単に社会観念上妥当を欠くという基準ではなく、「著しく」というかたちで比例性の基準のかさ上げがされており、その分、司法審査密度を低下させている。このような司法統制のあり方（社会観念審査）について、学説は、「最小限審査」あるいは「著しさの統制」等と呼んでいる。

6-3 [A]　地方公務員の懲戒処分と裁量統制—東京都教職員国旗国歌訴訟
最判平成24年1月16日（判時2147号127頁）

> **事実** 東京都立学校の教職員Xらは、各所属校の式典において国歌斉唱の際に国旗に向か

って起立して斉唱すること、または、国歌のピアノ伴奏を行うことを命じた各校長の職務命令に従わなかったことを理由として、懲戒処分として、減給処分または戒告処分を受けた。Xらは、東京都（Y）を相手に、上記各懲戒処分の取消し・国家賠償を求めて出訴。1審はXらの請求をいずれも棄却したが、2審は、本件各処分には裁量権の逸脱・濫用があるとして取消請求を認容（国家賠償請求は棄却）。そこで、Xら・Yの双方から上告。一部上告棄却・一部破棄自判。

判旨 （Ⓐ〜Ⓕの記号は筆者）

Ⓐ 「公務員に対する懲戒処分について、懲戒権者は、懲戒事由に該当すると認められる行為の原因、動機、性質、態様、結果、影響等のほか、当該公務員の上記行為の前後における態度、懲戒処分等の処分歴、選択する処分が他の公務員及び社会に与える影響等、諸般の事情を考慮して、懲戒処分をすべきかどうか、また、懲戒処分をする場合にいかなる処分を選択すべきかを決定する裁量権を有しており、その判断は、それが社会観念上著しく妥当を欠いて裁量権の範囲を逸脱し、又はこれを濫用したと認められる場合に、違法となる」。

Ⓑ 「本件において、上記Ⓐの諸事情についてみるに、不起立行為等の性質、態様は、全校の生徒等の出席する重要な学校行事である卒業式等の式典において行われた教職員による職務命令違反であり、当該行為は、その結果、影響として、学校の儀式的行事としての式典の秩序や雰囲気を一定程度損なう作用をもたらすものであって、それにより式典に参列する生徒への影響も伴うことは否定し難い。」

Ⓒ 「他方、不起立行為等の動機、原因は、……個人の歴史観ないし世界観等に起因するものである。また、不起立行為等の性質、態様は、……積極的な妨害等の作為ではなく、物理的に式次第の遂行を妨げるものではない。そして、不起立行為等の結果、影響も、……当該式典の進行に具体的にどの程度の支障や混乱をもたらしたかは客観的な評価の困難な事柄である」。

Ⓓ 「本件職務命令は、……憲法19条に違反するものではなく、……その遵守を確保する必要性がある……。このことに加え、前記Ⓑにおいてみた事情によれば、本件職務命令の違反に対し……戒告処分をすることは、学校の規律や秩序の保持等の見地からその相当性が基礎付けられるものであって、法律上、処分それ自体によって教職員の法的地位に直接の職務上ないし給与上の不利益を及ぼすものではないことも併せ考慮すると、……基本的に懲戒権者の裁量権の範囲内に属する」。

Ⓔ 「他方、……前記Ⓒにおいてみた事情によれば、不起立行為等に対する懲戒において戒告を超えてより重い減給以上の処分を選択することについては、本件事案の性質等を踏まえた慎重な考慮が必要となる……。そして、減給処分は、処分それ自体によって教職員の法的地位に……直接の給与上の不利益が及び、将来の昇給等にも相応の影響が及ぶ上、本件通達を踏まえて毎年度2回以上……懲戒処分が累積して加重されると短期間で反復継続的に不利益が拡大していくこと等を勘案すると、……減給の処分を選択することが許容されるのは、……学校の規律や秩序の保持等の必要性と処分による不利益の内容との権衡

の観点から当該処分を選択することの相当性を基礎付ける具体的な事情が認められる場合であることを要する」。

Ｆ 「これを本件についてみるに、……学校の規律や秩序の保持等の必要性と処分による不利益の内容との権衡の観点から、なお減給処分を選択することの相当性を基礎付ける具体的な事情があったとまでは認め難い……。そうすると、……過去に……戒告１回の処分歴があることのみを理由に……懲戒処分として減給処分を選択した都教委の判断は、……処分の選択が重きに失するものとして社会観念上著しく妥当を欠き、……懲戒権者としての裁量権の範囲を超えるものとして違法の評価を免れない」。

POINT 地方公務員に対する懲戒処分について、懲戒権者の効果裁量の司法統制に関する従来の裁判例（判例 6 - 3 を参照）による判断枠組みを踏襲しつつも、思想・良心の自由を間接的に制約する内容の職務命令への違反を理由とする懲戒処分について、より具体的な考慮要素・判断指針を提示するかたちで比例原則を適用し、裁量統制を行った判例である。

本判決では、公立学校の式典で職務命令に反して不起立行為等をしたことを理由とする懲戒処分について、懲戒処分の必要性を基礎付ける事情（判旨Ｂ）と、懲戒処分をする、あるいは処分内容を加重するために慎重な考慮の必要性を基礎付ける事情（判旨Ｃ）とを具体的に掲げている。その上で、本判決は、戒告処分につき判旨Ｂの事情を踏まえて裁量権の範囲内とする一方、減給処分については、判旨Ｃの事情を前提に、「本件事案の性質等を踏まえた慎重な考慮が必要」とし、「学校の規律や秩序の保持等の必要性と処分による不利益の内容との権衡の観点から当該処分を選択することの相当性を基礎付ける具体的な事情」の有無を、効果裁量に係る司法審査の基準として用いている。

本判決は、比例原則の適用において、プラスの要素（処分の必要性を基礎付ける事情）・マイナスの要素（慎重な考慮の必要性を基礎付ける事情）を具体的に摘示し、一定の重さの懲戒処分をする際に、マイナスの要素よりプラスの要素が優越することの根拠付け（相当性を基礎付ける具体的な事情）の有無を判断の決め手としており、効果裁量に関する司法審査の密度を高めようとするものとして注目される。

▌6 - 4　時の裁量─特殊車両通行認定の留保・中野区マンション建設事件
最判昭和 57 年 4 月 23 日（民集 36 巻 4 号 727 頁・百選Ｉ 120）

事実 不動産会社 X は、東京都中野区内でマンション建設を計画し、建築確認を得て建設業者 A に請け負わせて工事を始めたが、付近住民による建設反対運動が起きた。住民らは中野区（Y）に X との話合いの斡旋を求めたため、Y は X と周辺住民の話合いを斡旋し、X も工

事を中断してこれに応じたが、話合いは不調に終わった。そこで、反対派住民らは、工事が再開されるなら、実力で工事を妨害する態勢を示した（事件当時、中野区内では、同種の建築紛争において、建築主と反対派住民が実力で衝突した事例もあった）。

　Xは、業者B・Cに建設予定地への資材搬入を依頼したが、搬入に使用する車両は区道に係る車両幅の制限を超えるため、B・Cは、昭和48年5月11日、道路管理者である中野区長に対し、特殊車両通行認定（車両制限令12条）を申請した。申請は即日受理されたが、区長による認定がされない状態が続いた。9月10日に至り、B・Cは、申請に係る区長の不作為につき異議申立てをしたが、9月29日、区長は、付近住民との話合いがつくまで認定を留保する旨を通知した。さらに10月3日、B・Cが再度の異議申立てをし、10月19日、区長は通行認定をした。Xは、区長が5カ月以上も認定を留保したのは違法な不作為であるとして、Yに対して、工事遅延等に係る損害賠償請求訴訟を提起した。1審・2審ともXの請求を棄却する判断がされたため、Xが上告。上告棄却。

判旨　「道路法47条4項の規定に基づく車両制限令12条所定の道路管理者の認定は、同令……に規定する車両についての制限に関する基準に適合しないことが、車両の構造又は車両に積載する貨物が特殊であるためやむを得ないものであるかどうかの認定にすぎず、車両の通行の禁止又は制限を解除する性格を有する許可（同法47条1項から3項まで、47条の2第1項）とは法的性格を異にし、基本的には裁量の余地のない確認的行為の性格を有するものであることは、右法条の改正の経緯、規定の体裁及び罰則の有無等に照らし明らかであるが、他方右認定については条件を附することができること（同令12条但し書）、右認定の制度の具体的効用が許可の制度のそれと比較してほとんど変るところがないことなどを勘案すると、右認定に当たって、具体的事案に応じ道路行政上比較衡量的判断を含む合理的な行政裁量を行使することが全く許容されないものと解するのは相当でない。」

　「道路管理者としての権限を行う中野区長が本件認定申請に対して約5か月間認定を留保した理由は、右認定をすることによって本件建物の建築に反対する附近住民とX側との間で実力による衝突が起こる危険を招来するとの判断のもとにこの危険を回避するため……であり、……結局、中野区長は当初予想された実力による衝突の危険は回避されたと判断して本件認定に及んだ……。右事実関係によれば、中野区長の本件認定留保は、その理由及び留保期間から見て前記行政裁量の行使として許容される範囲内にとどまるものというべく、国家賠償法1条1項の定める違法性はない」。

POINT　特殊車両通行認定申請に対する応答を道路管理者が5カ月以上留保し、その間、2度にわたって異議申立てがされたケースで、認定留保（申請に対する不作為）に係る行政裁量（時の裁量）を認め、国家賠償法1条1項の違法を否定した判例である。本判決は、認定の性質について、「基本的には裁量の余地のない確認的行為」としつつ、「行政裁量を行使することが全く許容されないものと解するのは相当でない」とした。

最高裁は、道路法 47 条の 2 による通行許可（法が基準を定めて通行を禁止・制限した上で、例外的に許可する仕組み）と、車両制限令 12 条による認定（認定された車両を道路法上の基準を満たすものとみなす仕組み）を対比しつつも、法令上附款をつけられること等を手掛かりに、「認定」に一定限度での時の裁量を肯定した。

本判決は、処分権者が住民と業者の実力による衝突回避を考慮した点をとらえて違法性を否定するが、認定行為の根拠規範と直接関係のない事柄を考慮した裁量を許すことについては、法律による行政の原理との抵触が問題となる。また、本判決では、不作為につき申請者が 2 度にわたって不服申立てをしたにもかかわらず認定留保が適法と評価されており、不服申立て時点以降の建築確認留保を違法とした判例 **8 - 2** と、裁判所が認定した事実の相違を注意深く検討する必要がある。

6 - 4 [A]　行政裁量の司法審査基準
―学生の処分と裁量統制・京都府立医大事件
最判昭和 29 年 7 月 30 日（民集 8 巻 7 号 1501 頁）

事実　公立大学の学長（Y）が同大学の A 教授に対して辞職勧告をしたところ、これに憤慨した学生 X らが教授会の開催される会議室に乱入した。教授会は X らに退場要求をしたが X らはこれを受け入れず、教授会は流会となった。Y は、X らに対し、教授会の議事進行の妨害行為・教授会の流会を招いた行為が学生の本分にもとるとして、放学処分とした。X らは、同処分の取消しを求めて出訴。1 審は同処分を取り消したが、2 審は X らの請求を棄却する判断をしたため、X らが上告。上告棄却。

判旨　「大学の学生に対する懲戒処分は、教育施設としての大学の内部規律を維持し教育目的を達成するために認められる自律的作用にほかならない。そして、懲戒権者たる学長が学生の行為に対し懲戒処分を発動するに当り、その行為が懲戒に値するものであるかどうか、懲戒処分のうちいずれの処分を選ぶべきかを決するについては、当該行為の軽重のほか、本人の性格および平素の行状、右行為の他の学生に与える影響、懲戒処分の本人および他の学生におよぼす訓戒的効果等の諸般の要素を考量する必要があり、これらの点の判断は、学内の事情に通ぎょうし直接教育の衝に当るものの裁量に任すのでなければ、適切な結果を期することができない……。それ故、学生の行為に対し、懲戒処分を発動するかどうか、懲戒処分のうちいずれの処分を選ぶかを決定することは、その決定が全く事実上の根拠に基かないと認められる場合であるか、もしくは社会観念上著しく妥当を欠き懲戒権者に任された裁量権の範囲を超えるものと認められる場合を除き、懲戒権者の裁量に任されている」。

POINT　公立学校の学生に対する退学処分（放学処分）について、懲戒権者の裁量権

を認めた上で、①全く事実上の根拠に基づかない、または、②社会観念上著しく妥当を欠く場合に、司法統制が及ぶことを示した判例である。特別権力関係理論を採用せず、行政裁量（効果裁量）の問題とした上で、現在につながる裁量統制基準（「全く事実上の根拠に基づかない」かまたは「社会観念上著しく妥当を欠」く場合）が提示されている。

6-5 目的違反・動機違反—行政権の濫用・個室付浴場事件

最判昭和53年6月16日（刑集32巻4号605頁・百選I 66）

事実 Aは、山形県余目町で個室付浴場の営業を企図し、土地を購入の上、建築確認を得て建設に着手した。これに対し、周辺住民等による反対運動が起こり、県議会でも営業反対の議論がされ、町および県は開業を阻止する方針を立てた。すなわち、風営法が児童福祉法に定める児童福祉施設の周辺200mの範囲内で個室付浴場の営業を禁止していることに着目し、開業予定地から約134.5mの距離にある町有地を児童遊園施設として認可することにより、Aによる個室付浴場の営業を阻止することとした。昭和43年6月4日、町は県知事に対して児童遊園施設の設置認可の申請を行い、6月10日、知事はこれを認可した。一方、Aは、6月6日にY会社を設立するのに伴い、すでにA名義で行っていた公衆浴場経営許可申請を改めてY名義で行い、7月31日に同許可を得た。Yは、8月8日に開業するに至ったが、この時点で児童遊園施設は既設状態であり、県公安委員会は、Yに対し、風営法違反を理由として60日間の営業停止処分をし、さらにYは違反行為につき起訴された。1審・2審ともYは有罪とされ、Yが上告。破棄自判（Yは無罪）。

判旨 「本件の争点は、山形県知事の若竹児童遊園設置認可処分（以下『本件認可処分』という。）の適法性、有効性にある。すなわち、風俗営業等取締法は、学校、児童福祉施設などの特定施設と個室付浴場業（いわゆるトルコぶろ営業）の一定区域内における併存を例外なく全面的に禁止しているわけではない……ので、Yのトルコぶろ営業に先立つ本件認可処分が行政権の濫用に相当する違法性を帯びているときには、若竹児童遊園の存在をYのトルコぶろ営業を規制する根拠にすることは許されないことになるからである。」

「原判決は、余目町が……Yのトルコぶろ営業の規制をさしあたっての主たる動機、目的として本件認可の申請をしたこと及び山形県知事もその経緯を知りつつ本件認可処分をしたことを認定しながら、若竹児童遊園を認可施設にする必要性、緊急性の有無については具体的な判断を示すことなく、公共の福祉による営業の自由の制限に依拠して本件認可処分の適法性、有効性を肯定している。また、記録を精査しても、本件当時余目町において、Yのトルコぶろ営業の規制以外に、若竹児童遊園を無認可施設から認可施設に整備する必要性、緊急性があったことをうかがわせる事情は認められない。」「本来、児童遊園は、児童に健全な遊びを与えてその健康を増進し、情操をゆたかにすることを目的とする施設（児童福祉法40条参照）なのであるから、児童遊園設置の認可申請、同認可処分もその趣

旨に沿ってなされるべきものであって、……Yのトルコぶろ営業の規制を主たる動機、目的とする余目町の若竹児童遊園設置の認可申請を容れた本件許可処分は、行政権の濫用に相当する違法性があり、Yのトルコぶろ営業に対しこれを規制しうる効力を有しない」。

POINT 特定の者による風俗営業の規制を主たる動機・目的とする行政処分について、目的違反・動機違反により行政権の濫用とした判例である。刑事訴訟において、犯罪構成要件の前提となる処分の効力が直接判断されているという部分では、行政処分の公定力の限界が示された判例ということもできる。なお、同一事案に係る民事訴訟（損害賠償請求事件）でも、本件許可処分は違法とされている（最判昭和53年5月26日民集32巻3号689頁。百選Ⅰ25）。

6−6 実体的判断過程統制―土地収用の事業認定・日光太郎杉事件
東京高判昭和48年7月13日（行集24巻6＝7号533頁）

事実 建設大臣（Y₁）は、起業者である栃木県知事（Y₂）からの申請により、国道を拡幅するため、宗教法人東照宮（X）の境内地である本件土地について、土地収用法16条に基づく事業認定をした。続いて、Y₂は、土地収用法（旧）33条に基づき、収用しようとする土地細目の公告を行った。ところが、この拡幅工事を実施すると、太郎杉をはじめとする巨杉群が伐採されてしまうため、Xは、Y₁・Y₂を相手に、本件事業認定・土地細目公告の取消しを求めて提訴した。同訴訟の係属中に、栃木県収用委員会（Y₃）が本件土地に関する収用裁決を行ったため、Xは、その取消しを求める訴えも提起し、これらは併合審理されることとなった。1審はXの請求を認容したので、Y₁、Y₂、Y₃が控訴。控訴棄却。

判旨 土地収用法の「目的に照らして考えると、同法20条3号所定の『事業計画が土地の適正且つ合理的な利用に寄与するものであること』という要件は、その土地がその事業の用に供されることによって得らるべき公共の利益と、その土地がその事業の用に供されることによって失なわれる利益……とを比較衡量した結果前者が後者に優越すると認められる場合に存在する……。そうして、Y₁のこの要件の存否についての判断は、具体的には本件事業認定にかかる事業計画の内容、右事業計画が達成されることによってもたらされるべき公共の利益、右事業計画策定及び本件事業認定に至るまでの経緯、右事業計画において収用の対象とされている本件土地の状況、その有する私的ないし公共的価値等の諸要素、諸価値の比較考量に基づく総合判断として行なわれるべきものと考えられる」。
「Y₁が、この点の判断をするについて、或る範囲において裁量判断の余地が認められる……。しかし、この点の判断が前認定のような諸要素、諸価値の比較考量に基づき行なわるべきものである以上、Y₁がこの点の判断をするにあたり、本来最も重視すべき諸要素、諸価値を不当、安易に軽視し、その結果当然尽すべき考慮を尽さず、または本来考慮に容

れるべきでない事項を考慮に容れもしくは本来過大に評価すべきでない事項を過重に評価し、これらのことにより Y₁ のこの点に関する判断が左右されたものと認められる場合には、Y₁ の右判断は……裁量判断の方法ないしその過程に誤りがあるものとして、違法となる」。

「本件土地付近……の風致・景観は、国民にとって貴重な文化的財産として、……最も厳正に現状の保護・保全が図らるべきことは当然である。しかも、本件土地付近は、……景観・風致上の価値に加えて、……宗教的・歴史的・学術的価値をも同時に併有しており、……かけがいのない高度の文化価値を有している……。そうして、このような文化的価値は、長い自然的、時間的推移を経て初めて作り出されるものであり、一たび人為的な作為が加えられれば、……二度と元に復することは事実上不可能であることにかんがみれば、……その景観的・風致的・宗教的・歴史的諸価値は、国民が等しく共有すべき文化的財産として、将来にわたり、長くその維持、保存が図られるべきものと解する」。「Y₁ において、本件事業計画が土地の適正且つ合理的な利用に寄与するという土地収用法 20 条 3 号所定の要件をみたすものと判断するためには、単に本件計画が……本件国道……の交通量増加に対処することを目的とする点において公共性を有するというだけでは足りず、それに加えて、本件計画がどうしてもそれによらざるを得ないと判断し得るだけの必要性、換言すれば、本件土地付近の有する前記のような景観、風致、文化的諸価値を犠牲にしてもなお本件計画を実施しなければならない必要性、ないしは環境の荒廃、破壊をかえりみず右計画を強行しなければならない必要性があることが肯定されなければならない」。

「本件事業計画をもって、土地の適正かつ合理的な利用に寄与するものと認めらるべきであるとする Y₁ の判断は、この判断にあたって、本件土地付近のもつかけがいのない文化的諸価値ないしは環境の保全という本来最も重視すべきことがらを不当、安易に軽視し、その結果右保全の要請と自動車道路の整備拡充の必要性とをいかにして調和させるべきかの手段、方法の探究において、当然尽すべき考慮を尽さず……、また、この点の判断につき、オリンピックの開催に伴なう自動車交通量増加の予想という、本来考慮に容れるべきでない事項を考慮に容れ……、かつ、暴風による倒木（これによる交通障害）の可能性および樹勢の衰えの可能性という、本来過大に評価すべきでないことがらを過重に評価した……点で、その裁量判断の方法ないし過程に過誤があり、これらの過誤がなく、これらの諸点につき正しい判断がなされたとすれば、Y₁ の判断は異なった結論に到達する可能性があったものと認められる。してみれば、……Y₁ の判断は、その裁量判断の方法ないし過程に過誤があるものとして、違法なものと認めざるをえない。」

POINT 土地収用法 20 条 3 号が事業認定の要件として規定する「土地の適正且つ合理的な利用に寄与する」の認定について、事業により得られる公益と失われる利益の総合的な考量が必要との解釈を踏まえて要件裁量を肯定しつつ、そこでの具体的な考慮要素を手掛かりに行政庁の判断過程の適切さを審理し、裁量に係る審査密度を高めた裁判例である。行政裁量について、判断過程審査の方法を積極的に用いることによ

り、司法統制を行った裁判例としてよく知られている。

　本判決は、考慮要素に「重み付け」をすることにより（たとえば、かけがいのない文化的諸価値・環境の保全を、「本来最も重視すべきことがら」としている）、実体的判断代置に近い踏み込んだ司法審査（「実質的考慮要素審査」などと呼ばれる）がなされているが、これに対して、裁判所による恣意的判断に陥るおそれも指摘される。さらに、本判決は、行政庁による判断の結論の適否ではなく、判断プロセスの合理性のみに着目したロジック（判断過程の過誤を正せば、同一内容の再処分をすることが許されるように読み取れる）になっていることにも留意する必要がある。

➡️土地収用法に係る収用裁決について、事業認定の違法性を承継するという前提に立ちつつ、本判決と同様に、事業認定の際の考慮要素に着目して踏み込んだ裁量統制を行った裁判例として、札幌地判平成9年3月27日判時1598号33頁、東京地判平成16年4月22日判時1856号32頁がある。

6-7　考慮要素の抽出（1）―分限降任処分
最判昭和48年9月14日（民集27巻8号925頁）

事実　公立小学校の校長であったXは、県教育委員会（Y）から、地方公務員法28条1項3号に基づく分限降任処分を受け、小学校教諭に降任された。Xは、分限降任処分の取消しを求めて出訴。1審・2審ともXの請求を認容する判断がされたため、Yが上告。破棄差戻し。

> **判旨**　「地方公務員法28条所定の分限制度は、公務の能率の維持およびその適正な運営の確保の目的から……処分権限を任命権者に認めるとともに、他方、公務員の身分保障の見地からその処分権限を発動しうる場合を限定したものである。分限制度の右のような趣旨・目的に照らし、かつ、同条に掲げる処分事由が被処分者の行動、態度、性格、状態等に関する一定の評価を内容として定められていることを考慮するときは、同条に基づく分限処分については、任命権者にある程度の裁量権は認められるけれども、もとよりその純然たる自由裁量に委ねられているものではなく、分限制度の上記目的と関係のない目的や動機に基づいて分限処分をすることが許されないのはもちろん、処分事由の有無の判断についても恣意にわたることを許されず、考慮すべき事項を考慮せず、考慮すべきでない事項を考慮して判断するとか、また、その判断が合理性をもつ判断として許容される限度を超えた不当なものであるときは、裁量権の行使を誤った違法のものである」。

POINT　地方公務員に対する分限処分について、任命権者の裁量権（要件裁量・効果裁量の双方を認めたものと解される）を肯定した上で、裁量統制基準を提示した判例である。処分事由の有無の判断について、①考慮すべき事項の不考慮（考慮遺脱）、②考

慮すべきでない事項の考慮（他事考慮）、③判断の合理性の欠如、が裁量統制の基準になることが提示されている。

6-8　考慮要素の抽出（2）―「エホバの証人」剣道実技拒否事件
最判平成8年3月8日（民集50巻3号469頁・百選Ⅰ78）

事実　市立神戸工業高等専門学校では、保健体育科目が必修科目とされ、第1学年の授業種目として剣道が採用されていた。同校に入学したXは、自らの宗教的信条に基づき、剣道実技に参加できないこと、レポート等の代替措置による成績評価をしてほしい旨、校長（Y）および体育担当教員に依頼した。しかし、代替措置は採られず、Xは、剣道の授業のうち実技には参加せず、レポートの受領も拒否された。その結果、Xは、2度にわたって原級留置処分を受け、さらに退学処分を受けることとなった。Xは、原級留置処分・退学処分の取消しを求める訴えを提起した。1審はXの請求を棄却したが、2審はXの請求を認容。Yが上告。上告棄却。

判旨　「高等専門学校の校長が学生に対し原級留置処分又は退学処分を行うかどうかの判断は、校長の合理的な教育的裁量にゆだねられるべきものであり、裁判所がその処分の適否を審査するに当たっては、……校長の裁量権の行使としての処分が、全く事実の基礎を欠くか又は社会観念上著しく妥当を欠き、裁量権の範囲を超え又は裁量権を濫用してされたと認められる場合に限り、違法であると判断すべきものである……。しかし、退学処分は学生の身分をはく奪する重大な措置であり、学校教育法施行規則13条3項も4個の退学事由を限定的に定めていることからすると、当該学生を学外に排除することが教育上やむを得ないと認められる場合に限って退学処分を選択すべきであり、その要件の認定につき他の処分の選択に比較して特に慎重な配慮を要する……。また、……その学生に与える不利益の大きさに照らして、原級留置処分の決定に当たっても、同様に慎重な配慮が要求される」。

「高等専門学校においては、剣道実技の履修が必須のものとまではいい難く、体育科目による教育目的の達成は、他の体育種目の履修などの代替的方法によってこれを行うことも性質上可能……である。」「他方、……Xが剣道実技への参加を拒否する理由は、Xの信仰の核心部分と密接に関連する真しなものであった。……Xは、信仰上の理由による剣道実技の履修拒否の結果として、他の科目では成績優秀であったにもかかわらず、原級留置、退学という事態に追い込まれたものというべきであり、その不利益が極めて大きい……。また、本件各処分は、……Xの信教の自由を直接的に制約するものとはいえないが、しかし、Xがそれらによる重大な不利益を避けるためには剣道実技の履修という自己の信仰上の教義に反する行動を採ることを余儀なくさせられるという性質を有する」。

「Yの採った措置が、信仰の自由や宗教的行為に対する制約を特に目的とするものではなく、教育内容の設定及びその履修に関する評価方法についての一般的な定めに従ったも

のであるとしても、本件各処分が右のとおりの性質を有するものであった以上、Ｙは、前記裁量権の行使に当たり、当然そのことに相応の考慮を払う必要があった……。また、Ｘが、自らの自由意思により、必修である体育科目の種目として剣道の授業を採用している学校を選択したことを理由に、……著しい不利益をＸに与えることが当然に許容されることになるものでもない。」

「本件各処分の前示の性質にかんがみれば、本件各処分に至るまでに何らかの代替措置を採ることの是非、その方法、態様等について十分に考慮するべきであったということができるが、本件においてそれがされていたとは到底いうことができない。」また「代替措置を採ることが実際上不可能であったということはできない。」

「以上によれば、信仰上の理由による剣道実技の履修拒否を、正当な理由のない履修拒否と区別することなく、代替措置が不可能というわけでもないのに、代替措置について何ら検討することもなく、……原級留置処分をし、さらに、不認定の主たる理由及び全体成績について勘案することなく、２年続けて原級留置となったため……退学処分をしたというＹの措置は、考慮すべき事項を考慮しておらず、又は考慮された事実に対する評価が明白に合理性を欠き、その結果、社会観念上著しく妥当を欠く処分をしたものと評するほかはなく、本件各処分は、裁量権の範囲を超える違法なものといわざるを得ない。」

POINT 校長による退学処分・原級留置処分について教育的裁量（専門技術的裁量の一種と考えられる）を肯定しつつ、これらの処分が「重大な措置」であることから「慎重な配慮」が必要なことを述べた上で、信教の自由との関連も踏まえて司法審査の審査密度を高めた判例である。最高裁は、判断過程審査手法を用いた上で、考慮すべき事項の不考慮、事実評価の明白な合理性欠如を認定し、「社会観念上著しく妥当を欠く」もので裁量権の範囲を超える違法な処分と結論付けている。判例 **6 - 9** の先駆となった重要判例である。

6 - 9　考慮要素の抽出（3）―呉市公立学校施設使用不許可事件
最判平成 18 年 2 月 7 日（民集 60 巻 2 号 401 頁・百選 I 70）

事実　広島県教職員組合（Ｘ）は、呉市立Ａ中学校において教育研究集会を開催することを計画し、同校の校長も使用に差し支えない旨口頭で回答した。しかし、呉市教育委員会が同校長と協議し、校長も方針を改め、校長からＸに対し使用を認めない旨の連絡がされた。その後、Ｘからの使用許可申請に対して、教育委員会は不許可処分をした。同処分には、不許可理由として、Ａ中学校およびその周辺の学校や地域に混乱を招き、児童生徒に教育上悪影響を与え、学校教育に支障をきたすことが予想されることが記されていた。そこで、Ｘは、呉市（Ｙ）を相手に、国家賠償請求訴訟を提起。1 審・2 審とも、会場変更により生じた費用等について、Ｘの請求を一部認容。Ｙが上告。上告棄却。

判旨　「地方自治法 238 条の 4 第 4 項、学校教育法 85 条の……文言に加えて、学校施設は、一般公衆の共同使用に供することを主たる目的とする道路や公民館等の施設とは異なり、本来学校教育の目的に使用すべきものとして設置され、それ以外の目的に使用することを基本的に制限されている……ことからすれば、学校施設の目的外使用を許可するか否かは、原則として、管理者の裁量にゆだねられている」。「学校教育上支障があれば使用を許可することができないことは明らかであるが、そのような支障がないからといって当然に許可しなくてはならないものではなく、行政財産である学校施設の目的及び用途と目的外使用の目的、態様等との関係に配慮した合理的な裁量判断により使用許可をしないこともできる」。管理者の「裁量権の行使が逸脱濫用に当たるか否かの司法審査においては、その判断が裁量権の行使としてされたことを前提とした上で、その判断要素の選択や判断過程に合理性を欠くところがないかを検討し、その判断が、重要な事実の基礎を欠くか、又は社会通念に照らし著しく妥当性を欠くものと認められる場合に限って、裁量権の逸脱又は濫用として違法となる」。

　「教職員の職員団体は、……学校における教育活動を直接目的とするものではないから、職員団体にとって使用の必要性が大きいからといって、管理者において職員団体の活動のためにする学校施設の使用を受忍し、許容しなければならない義務を負うものではないし、使用を許さないことが学校施設につき管理者が有する裁量権の逸脱又は濫用であると認められるような場合を除いては、その使用不許可が違法となるものでもない。また、従前、同一目的での使用許可申請を物理的支障のない限り許可してきたという運用があったとしても、そのことから直ちに、従前と異なる取扱いをすることが裁量権の濫用となるものではない。もっとも、従前の許可の運用は、使用目的の相当性やこれと異なる取扱いの動機の不当性を推認させることがあったり、比例原則ないし平等原則の観点から、裁量権濫用に当たるか否かの判断において考慮すべき要素となったりすることは否定できない。」

　「以上の見地に立って本件を検討するに、……以下の点を指摘することができる。

　ア　教育研究集会は、X の労働運動としての側面も強く有するものの、……教員らによる自主的研修としての側面をも有しているところ、その側面に関する限りは、自主的で自律的な研修を奨励する教育公務員特例法……の趣旨にかなう……。X が……1 回を除いてすべて学校施設を会場として使用してきており、広島県においては本件集会を除いて学校施設の使用が許可されなかったことがなかったのも、教育研究集会の上記のような側面に着目した結果とみることができる。……X の教育研究集会のための学校施設使用許可に関する上記経緯が……大きな考慮要素となることは否定できない。

　イ　過去、教育研究集会の会場とされた学校に右翼団体の街宣車が来て街宣活動を行ったことがあったというのであるから、抽象的には街宣活動のおそれはあったといわざるを得ず、学校施設の使用を許可した場合、その学校施設周辺で騒じょう状態が生じたり、学校教育施設としてふさわしくない混乱が生じたりする具体的なおそれが認められるときには、それを考慮して不許可とすることも学校施設管理者の裁量判断としてあり得る……。しかしながら、本件不許可処分の時点で、本件集会について具体的な妨害の動きがあったことは認められず……、本件集会の予定された日は、休校日である土曜日と日曜日であり、

生徒の登校は予定されていなかったことからすると、仮に妨害行動がされても、生徒に対する影響は間接的なものにとどまる可能性が高かった……。

　ウ　……本件集会をもって人事院規則14-7所定の政治的行為に当たるものということはできず、また、……本件集会を学校施設で開催することにより教育上の悪影響が生ずるとする評価を合理的なものということはできない。

　エ　教育研究集会の中でも学校教科項目の研究討議を行う分科会の場として、……多くの教科に関する教育用具及び備品が備わっている学校施設を利用することの必要性が高いことは明らかであり、学校施設を利用する場合と他の公共施設を利用する場合とで、本件集会の分科会活動にとっての利便性に大きな差違があることは否定できない。

　オ　本件不許可処分は、校長が……いったんは口頭で使用を許可する意思を表示した後に、……右翼団体による妨害行動のおそれが具体的なものではなかったにもかかわらず、市教委が、過去の右翼団体の妨害行動を例に挙げて使用させない方向に指導し、自らも不許可処分をするに至ったというものであり、しかも、その処分は、県教委等の教育委員会とＸとの緊張関係と対立の激化を背景として行われた」。

　「上記の諸点その他の前記事実関係等を考慮すると、本件中学校及びその周辺の学校や地域に混乱を招き、児童生徒に教育上悪影響を与え、学校教育に支障を来すことが予想されるとの理由で行われた本件不許可処分は、<u>重視すべきでない考慮要素を重視する</u>など、<u>考慮した事項に対する評価が明らかに合理性を欠いており</u>、他方、<u>当然考慮すべき事項を十分考慮しておらず</u>、その結果、<u>社会通念に照らし著しく妥当性を欠いた</u>ものということができる。」

POINT　学校施設の目的外使用不許可処分について、施設管理者の行政裁量を肯定しつつ、判断要素・考慮要素に着目した判断過程審査手法が用いられた判例である。最高裁は、上記ア～オの５つの要素を指摘した上で、他事考慮を理由とする考慮事項評価の明らかな合理性欠如、考慮不尽（当然考慮すべき事項を十分考慮していないこと）を認定し、「社会通念に照らし著しく妥当性を欠いた」処分であるとして、審査密度を高めた裁量統制を行っている。

　本判決で、最高裁は、「社会通念に照らし著しく妥当性を欠」く、という裁量審査の基準をあてはめる際に、行政決定における考慮要素・考慮事項に着目し、他事考慮・評価の合理性欠如・考慮不尽を下位規範として用いることにより、司法審査密度を確保している。これは、いわゆる<u>社会観念審査の手法</u>を、<u>考慮事項に着目した判断過程審査の手法</u>と「併用」したものと評されている。本判決は、行政裁量に係る判断過程について、判断要素・考慮事項を合理的に選択したか、それらの要素を合理的に検討したかという観点からチェックして、司法審査密度を確保している。行政裁量は、行政機関がさまざまな事柄・事情を総合判断して決定を下すことを法が認めている（授権している）場面で生じるのが通常であり、考慮事項、さらにはそれらが適正な「重

み」で衡量されたかという「重み付け」に着眼することは、行政の判断過程の合理性をチェックする手法として有効と考えられる。

6-10 考慮要素の抽出(4)―都市計画決定・林試の森事件
最判平成 18 年 9 月 4 日（判時 1948 号 26 頁）

事実　平成 8 年 12 月、建設大臣（Y）は、東京都の申請を受け、旧農林省林業試験場跡地を林試の森公園として整備する都市計画事業を認可した。この事業は、昭和 32 年の Y による都市計画決定、昭和 62 年の東京都知事による都市計画変更決定に基づくものであり、公園南門と区道との接合部分を整備する事業地として民有地を含むものであった。この計画対象区域内に土地等を所有する X らは、南門を設置するには、隣接の国有地（公務員宿舎）を利用すべきであり、都市計画決定につき裁量権の逸脱・濫用があるとして、Y の事務承継者を相手どり、事業認可の取消訴訟を提起した。1 審は X の請求を認容したが、2 審は X の請求を棄却する判断をしたため、X が上告受理申立て。破棄差戻し。

判旨　「旧都市計画法は、都市施設に関する都市計画を決定するに当たり都市施設の区域をどのように定めるべきであるかについて規定しておらず、都市施設の用地として民有地を利用することができるのは公有地を利用することによって行政目的を達成することができない場合に限られると解さなければならない理由はない。しかし、都市施設は、その性質上、土地利用、交通等の現状及び将来の見通しを勘案して、適切な規模で必要な位置に配置することにより、円滑な都市活動を確保し、良好な都市環境を保持するように定めなければならないものであるから、都市施設の区域は、当該都市施設が適切な規模で必要な位置に配置されたものとなるような合理性をもって定められるべきものである。この場合において、民有地に代えて公有地を利用することができるときには、そのことも上記の合理性を判断する 1 つの考慮要素となり得る……。」

「原審は、Y が林業試験場には貴重な樹木が多いことからその保全のため南門の位置は現状のとおりとすることになるという前提の下に本件民有地を本件公園の区域と定めたことは合理性に欠けるものではないとし……た。しかし、原審は、……樹木の保全のためには南門の位置は現状のとおりとするのが望ましいという Y の判断が合理性を欠くものであるかどうかを判断するに足りる具体的な事実を確定していないのであって、原審の確定した事実のみから、南門の位置を現状のとおりとする必要があることを肯定し、Y がそのような前提の下に本件国有地ではなく本件民有地を本件公園の区域と定めたことについて合理性に欠けるものではないとすることはできない」。

「本件国有地ではなく本件民有地を本件公園の区域と定めた Y の判断が合理性を欠くものであるということができるときには、その Y の判断は、他に特段の事情のない限り、社会通念に照らし著しく妥当性を欠くものとなるのであって、本件都市計画決定は、裁量権の範囲を超え又はその濫用があったものとして違法となる」。

> 「以上によれば、南門の位置を変更することにより林業試験場の樹木に悪影響が生ずるか等について十分に審理することなく、本件都市計画決定について裁量権の範囲を逸脱し又はこれを濫用してしたものであるということはできないとした原審の判断には、判決に影響を及ぼすことが明らかな法令の違反がある。」

POINT 　本判決は、都市計画決定に係る計画裁量について、民有地に代えて公有地を利用可能なことが考慮要素になることを認め、当該考慮要素に係るYの判断の合理性を判断するための具体的事実の確定が必要として原審に差し戻した。判例 **9-1** とともに、計画裁量について考慮要素に着目した判断過程審査を行うことを示した判例であるが、本判決は、考慮要素を具体的に指摘した上で審査密度を高める判断として注目される。

6-11　考慮要素の抽出(5)
──一般公共海岸区域の占用不許可・獅子島桟橋建設事件
最判平成 19 年 12 月 7 日（民集 61 巻 9 号 3290 頁）

事実　採石業等を目的とする株式会社 (X) は、鹿児島県獅子島での岩石採取を計画し、同県知事に対し、岩石の採取計画の認可を申請したが、知事は不認可処分をした。Xは、これを不服として公害等調整委員会に裁定の申請をし、同委員会の裁定委員会がこの不認可処分を取り消す裁定をしたことを受けて、知事は、Xの岩石採取計画を認可した。

Xは、採石場付近の海岸に岩石搬出用の桟橋を設けるため、所轄土木事務所長 (Y) に対し、行政財産の使用または収益の許可（国有財産法 18 条 3 項）を申請しようとしたが、Yは、Xが申請書に添付済みであった漁業協同組合の同意書を新たに取り直して再提出を求めるとともに、採石場から約 600m 離れた漁港の港湾区域内に搬出用桟橋を設けるよう繰り返し勧告した。Xはこれに従わず、Yは、Xに許可をしない旨を通知した。

その後、平成 11 年の改正海岸法の施行により、本件海岸は、国有財産法上の一般海浜地から、海岸法上の一般公共海岸区域となった。Xは、海岸法 37 条の4に基づき、本件海岸の管理者である知事に対し、一般公共海岸区域の占用許可を申請したところ、知事から権限を委任されたYは、不許可処分をした（この時点で、一般公共海岸区域の占用の許否要件に係る基準を定めた法令上の規定がなく、Yは、国有財産法および鹿児島県一般海浜地等管理規則の定める基準を用いて、占用許可の許否を判断した）。そこで、Xは、不許可処分の取消しを求めて出訴。1審・2審ともXの請求を認容したため、Yが上告。上告棄却。

判旨　海岸「法には、一般公共海岸区域の占用の許否の要件に関する明文の規定が存在しないが、一般公共海岸区域が行政財産としての性格を失うものではない以上、同法 37 条の4により一般公共海岸区域の占用の許可をするためには、行政財産の使用又は収益の

許可の要件が満たされている必要があるというべきであって、一般公共海岸区域は、その用途又は目的を妨げない限度において、その占用の許可をすることができる」。

「前記の場合において、申請に係る占用が当該一般公共海岸区域の用途又は目的を妨げないときであっても、海岸管理者は、必ず占用の許可をしなければならないものではなく、海岸法の目的等を勘案した裁量判断として占用の許可をしないことが相当であれば、占用の許可をしないことができる……。なぜなら、同法37条の4の……立法趣旨からすれば、一般公共海岸区域の占用の許否の判断に当たっては、当該地域の自然的又は社会的な条件、海岸環境、海岸利用の状況等の諸般の事情を十分に勘案し、行政財産の管理としての側面からだけではなく、同法の目的の下で地域の実情に即してその許否の判断をしなければならないのであって、このような判断は、その性質上、海岸管理者の裁量にゆだねるのでなければ適切な結果を期待することができないからである。」

「Yは、……〔管理規則〕に規定する事由の1つが存在し、かつ、本件海岸の占用によってその用途又は目的を妨げることとならない場合であっても、海岸法の目的等を勘案した裁量判断として占用の許可をしないことが相当であるときには、占用の許可をしないことができる」。「もっとも、一般公共海岸区域の占用の許可をしないものとした海岸管理者の判断につき、裁量権の範囲の逸脱又は濫用があった場合には、占用の許可をしない旨の処分は違法として取り消される」。

「本件においては、以下の事情がある……。①知事は、Xのした岩石の採取計画の認可の申請に対し、……認可をしない旨の処分をしたが、公害等調整委員会が本件採石場における岩石の採取により水産資源の生息環境に悪影響が生ずると認めるに足りる証拠はなく上記処分は地元の……反対意見等を重視する余り不認可事由が存在しないのにされた違法な処分であるとして上記処分を取り消す旨の裁定をしたため、同裁定に従って、Xに対し、岩石の採取計画の認可をした。②ところが、……Yは、Xが本件海岸について行政財産の使用又は収益の許可の申請書を提出しようとしたのに対し、Xが地元の漁業協同組合の同意書を上記申請書に添付していたにもかかわらず、新たな同意書を提出するよう求めた上、関係市町村長の同意がないことをその理由の1つとして、使用又は収益の許可をしない旨の通知をし、Xのした一般公共海岸区域の占用の許可の申請に対しても、地元の漁業協同組合の占用期間に係る同意がなく新たな同意書の提出もないことをその理由の1つとして、本件不許可処分をした。③……Xは、本件海岸に本件桟橋を設けることができなければ本件採石場における採石業の採算性は見込めないこと、本件海岸に本件桟橋を設けることができれば環境や交通に与える影響がほとんどないことなどを指摘し、本件海岸に本件桟橋を設けることは本件採石場において採石業を行うために不可欠であり、本件海岸の占用の許可がされなければ知事が認可した採石業を行うことができなくなるとしていたのであって、本件海岸の占用の許可がされなければ本件採石場において採石業を行うことが相当に困難になる……。④ところが、Yは、環境や交通に格別の影響を与えることをうかがわせるような事情はみられないにもかかわらず、Xに対し、本件採石場から約600mの位置にある漁港の港湾区域内に岩石の搬出用の桟橋を設けるという実現の困難な手段によるよう繰り返し勧告して、本件海岸に本件桟橋を設けさせようとしなかった。これらの事情を考慮すると、本件海岸の占用の許可をしないものとしたYの判断は、考慮すべきでない事

項を考慮し、他方、当然考慮すべき事項を十分考慮しておらず、その結果、社会通念に照らし著しく妥当性を欠いたものということができ、本件不許可処分は、裁量権の範囲を超え又はその濫用があったものとして違法となる」。

POINT 　行政財産としての一般公共海岸区域の占用許可について、当該海岸区域の用途または目的を妨げない場合であっても、許可する・しないに係る効果裁量を肯定した上で、その裁量について考慮事項に着目した裁量統制を行った判例である。判例 **6-9** と類似した判断過程審査手法が用いられ、考慮すべきでない事項の考慮（他事考慮）、当然考慮すべき事項を十分考慮していないこと（考慮不尽）により、「社会通念に照らし著しく妥当性を欠いた」処分と判断されている。最高裁は、考慮事項として本件処分に至る具体的な「事情」として判決文中の①〜④を摘示した上で、①②の事情である地元の同意がないことへの考慮を他事考慮と扱い、③④の事情であるXの事業への影響の大きさ、交通・環境への影響の小ささにつき考慮不尽と評価して、司法審査を行ったものと考えられる。

6-12　裁量基準（審査基準）と裁量統制（1）
―審査基準の合理性・酒類販売免許事件
最判平成 10 年 7 月 16 日（判時 1652 号 52 頁）

事実　Xは、酒税法 9 条 1 項に基づき、酒類販売業免許の申請をしたが、所轄税務署長（Y）は、同法 10 条 11 号（需給均衡維持の必要上免許を与えることが適当でないと認められる場合）に該当するとして、申請拒否処分をした。同号の適用にあたり、行政当局は、国税庁長官の通達（「酒類販売業免許等取扱要領」および「一般酒類小売業免許の年度内一般免許枠の確定の基準について」）に定められた認定基準を用いていた。
　Xは、同法 9 条 1 項・10 条 11 号が違憲無効であること、上記通達による認定基準が違法であること等を主張し、本件申請拒否処分の取消しを求めて出訴。1 審・2 審ともXの請求を棄却する判断をしたため、Xが上告。上告棄却。

判旨　「取扱要領における酒税法 10 条 11 号該当性の認定基準は、当該申請に係る参入によって当該小売販売地域における酒類の供給が過剰となる事態を生じさせるか否かを客観的かつ公正に認定するものであって、合理性を有しているということができるので、これに適合した処分は原則として適法というべきである。もっとも、酒税法 10 条 11 号の規定は、……立法目的を達成するための手段として合理性を認め得るとはいえ、申請者の人的、物的、資金的要素に欠陥があって経営の基礎が薄弱と認められる場合にその参入を排除しようとする同条 10 号の規定と比べれば、手段として間接的なものであることは

否定し難いところであるから、酒類販売業の免許制が職業選択の自由に対する重大な制約であることにかんがみると、同条 11 号の規定を拡大的に運用することは許されるべきではない。したがって、……取扱要領についても、その原則的規定を機械的に適用さえすれば足りるものではなく、事案に応じて、各種例外的取扱いの採用をも積極的に考慮し、弾力的にこれを運用するよう努めるべきである。」

POINT 本判決では、裁量基準（本件では通達として定められている）が合理性を有していれば、当該裁量基準に適合した処分は原則として適法とされている。裁量基準について法源性を否定した判例 6 - 1 とは異なり、行政裁量の司法審査において裁量基準が一定の役割を果たすことが示唆されている（行政の自己拘束による行政規則の外部化現象）。他方で、最高裁は、裁量基準について（本件では、基準人口比率を基にした免許枠によりつつ、例外的取扱いが可能なことを定めていた）、事案に応じた弾力的運用に努めるべきことを判示している。裁量基準それ自体は一応合理的であっても、行政機関には、個別事案に応じた適正な適用・運用が求められると考えられる。

6 - 13 　裁量基準（審査基準）と裁量統制(2)
―個別審査義務・三菱タクシー事件
最判平成 11 年 7 月 19 日（判時 1688 号 123 頁・百選 I 71）

事実 大阪市とその周辺でタクシー事業（一般旅客自動車運送事業）を営む X らは、平成元年の消費税導入に伴う運賃値上げをせず、それ以降も運賃変更の認可申請をしなかった。この間、X らと同一地域でタクシー事業を営む同業他社らは、消費税導入と同時に 3 パーセントの運賃値上げを実施し、さらに、運転手の待遇改善等のため平均 11.1 パーセントの運賃値上げを行った。その後、X らは、消費税分の転嫁が必要との経営上の判断により、平成 3 年 3 月、近畿運輸局長 A に対して、運賃を 3 パーセント値上げする認可を求める申請をした。当時、タクシーの運賃について、運輸大臣の通達に基づく同一地域同一運賃制が採られており、運賃の認可要件として法定されている「能率的な経営の下における適正な原価を償い、かつ、適正な利潤を含むもの」を具体的に判断する基準として、同一地域内の「平均原価方式」によるものとされていた。

A は、2 度にわたって X らの意見を聴取し、X らが提出した原価計算書の算定根拠等について説明を求めたが、X らは消費税分の転嫁である旨を述べるのみであったため、認可要件に適合しているか判断するに足りる資料の提出がないとして、平成 3 年 9 月に本件申請を却下する処分を行った。X らは、国（Y）を相手に、運賃収入の増額相当分の損害賠償等を求めて出訴。1 審・2 審とも X らの請求を一部認容したため、Y が上告。破棄自判（請求棄却）。

判旨 道路運送法は、「タクシー事業を含む一般旅客自動車運送事業につき、……その事業の経営についての免許制を規定するとともに、9条1項において、一般旅客自動車運送事業者は、運賃を定め、又はこれを変更しようとするときは、運輸大臣の認可を受けなければならないとし、同条2項において、その認可基準を定めている……。そして、法9条2項1号は、運賃の設定及び変更の認可基準の一として前記基準を定めているが、その趣旨は、一般旅客自動車運送事業の有する公共性ないし公益性にかんがみ、安定した事業経営の確立を図るとともに、利用者に対するサービスの低下を防止することを目的としたものと解するのが相当である。」

「右のような同号の趣旨にかんがみると、運賃の値上げを内容とする運賃変更の認可申請がされた場合において、変更に係る運賃の額が能率的な経営の下における適正な原価を償うことができないときは、たとい右値上げにより一定の利潤を得ることができるとしても、同号の基準に適合しないものと解すべきである。そして、同号の基準は抽象的、概括的なものであり、右基準に適合するか否かは、行政庁の専門技術的な知識経験と公益上の判断を必要とし、ある程度の裁量的要素があることを否定することはできない。」

「ところで、本件申請がされた当時、タクシー事業の運賃変更の認可について、『一般乗用旅客自動車運送事業の運賃改定要否の検討基準及び運賃原価算定基準について』（……自動車局長から各陸運局長あて依命通達。以下『本件通達』という。）が定められており、各地方運輸局においては、本件通達に定められた方式に従った事務処理が行われていた。その概要は、地方運輸局長は、同一運賃を適用する事業区域を定め、当該区域の事業者の中から……原価計算対象事業者を選定し、右事業者について本件通達別紙(2)の『一般乗用旅客自動車運送事業の運賃原価算定基準』（以下『運賃原価算定基準』という。）に従って……算定した上、その平均値を基に運賃の値上げ率を算定する（この算定方式を『平均原価方式』という。）、というものである。」

「本件通達の定める運賃原価算定基準に示された原価計算の方法は、法9条2項1号の基準に適合するか否かの具体的判断基準として合理性を有するといえる。」「平均原価方式に従って算定された額をもって当該同一地域内のタクシー事業者に対する運賃の設定又は変更の認可の基準とし、右の額を変更後の運賃の額とする運賃変更の認可申請については、特段の事情のない限り同号の基準に適合しているものと判断することも、地方運輸局長の前記裁量権の行使として是認し得るところである。もっとも、タクシー事業者が平均原価方式により算定された額と異なる運賃額を内容とする運賃の設定又は変更の認可申請をし、右運賃額が同号の基準に適合することを明らかにするため道路運送法施行規則……所定の原価計算書その他運賃の額の算出の基礎を記載した書類を提出した場合には、地方運輸局長は、当該申請について法9条2項1号の基準に適合しているか否かを右提出書類に基づいて個別に審査判断すべきであることはいうまでもない。」

POINT タクシー事業（一般旅客自動車運送事業）の事業者による運賃値上げ認可申請において、裁量基準で定められていた原価計算方式と異なることの説明が不十分と

して申請拒否処分がされたケースについて、申請者が法令で定められた内容の書類を提出している以上、その書類に基づいて処分要件の充足を個別に審査する義務（個別審査義務、個別事情考慮義務などと呼ばれる）を認めた判例である。最高裁は、運賃値上げ認可につき法律が定める要件該当性の判断に裁量の余地を認め、同一地域同一運賃制度を支える平均原価方式を定めた裁量基準も「合理性を有する」とする一方、裁量基準とは異なる計算方式による申請が法令に則するかたちでなされた場合に、当該申請につき法律の定める要件に適合するか「個別に審査判断すべき」としている。

7 行政契約

7-1 調達行政と随意契約―福江市ごみ処理施設建設工事事件
最判昭和 62 年 3 月 20 日（民集 41 巻 2 号 189 頁）

事実 福江市民 X らは、福江市がごみ処理施設の建設工事請負契約を随意契約の方法により締結したことは違法であるとして、福江市長の職務代理者であった Y を相手に、市に代位して損害賠償請求をする住民訴訟（地方自治法(旧)242 条の 2 第 1 項 4 号）を提起した。1 審は X らの請求を棄却したが、2 審は X らの請求を認容する判断をした。Y が上告。破棄差戻し。

判旨 「地方自治法（以下『法』という。）234 条 1 項は『売買、賃借、請負その他の契約は、一般競争入札、指名競争入札、随意契約……の方法により締結するものとする。』とし、同条 2 項は『前項の指名競争入札、随意契約……は、政令で定める場合に該当するときに限り、これによることができる。』としているが、これは、法が、普通地方公共団体の締結する契約については、機会均等の理念に最も適合して公正であり、かつ、価格の有利性を確保し得るという観点から、一般競争入札の方法によるべきことを原則とし、それ以外の方法を例外的なものとして位置づけているものと解することができる。そして、そのような例外的な方法の 1 つである随意契約によるときは、手続が簡略で経費の負担が少なくてすみ、しかも、契約の目的、内容に照らしそれに相応する資力、信用、技術、経験等を有する相手方を選定できるという長所がある反面、契約の相手方が固定し、契約の締結が情実に左右されるなど公正を妨げる事態を生じるおそれがあるという短所も指摘され得ることから、〔地方自治法施行〕令 167 条の 2 第 1 項は前記法の趣旨を受けて同項に掲げる一定の場合に限定して随意契約の方法による契約の締結を許容することとした」。

「同項 1 号に掲げる『その性質又は目的が競争入札に適しないものをするとき』とは……当該契約の性質又は目的に照らして競争入札の方法による契約の締結が不可能又は著しく困難というべき場合がこれに該当することは疑いがないが、必ずしもこのような場合に限定されるものではなく、競争入札の方法によること自体が不可能又は著しく困難とはいえないが、不特定多数の者の参加を求め競争原理に基づいて契約の相手方を決定することが必ずしも適当ではなく、当該契約自体では多少とも価格の有利性を犠牲にする結果になるとしても、普通地方公共団体において当該契約の目的、内容に照らしそれに相応する資力、信用、技術、経験等を有する相手方を選定しその者との間で契約の締結をするという方法をとるのが当該契約の性質に照らし又はその目的を究極的に達成する上でより妥当であり、ひいては当該普通地方公共団体の利益の増進につながると合理的に判断される場合も同項 1 項に掲げる場合に該当する……。そして、右のような場合に該当するか否かは、契約の公正及び価格の有利性を図ることを目的として普通地方公共団体の契約締結の方法に制限

を加えている前記法及び令の趣旨を勘案し、個々具体的な契約ごとに、当該契約の種類、内容、性質、目的等諸般の事情を考慮して当該普通地方公共団体の契約担当者の合理的な裁量判断により決定されるべき」である。

POINT 地方公共団体による調達契約は、公正性および経済性の観点から、一般競争入札の方法によることが原則とされている。本判決では、本件事案が地方自治法・同法施行令により随意契約の方法が許される場合に該当すると解釈されるかが争点となり、随意契約の方法によることが許容されるか否かは「契約担当者の合理的な裁量判断により決定されるべき」とした上で、本件につき随意契約の方法によったことに違法はないとした。

➡ 最判昭和 62 年 5 月 19 日民集 41 巻 4 号 687 頁は、地方公共団体が、地方自治法 234 条 2 項・地方自治法施行令 167 条の 2 第 1 項による随意契約制限に違反して随意契約により締結した契約について、違法な契約であることは明らかであるが、私法上当然に無効になるものではなく、「当該契約の効力を無効としなければ随意契約の締結に制限を加える〔上記〕法及び令の規定の趣旨を没却する結果となる特段の事情が認められる場合に限り、私法上無効になる」とした。行政契約について、法的安定性確保等の見地から、違法であっても有効と扱う余地を認めた判例である。

7-2 指名競争入札と裁量統制—村外事業者の指名回避
最判平成 18 年 10 月 26 日（判時 1953 号 122 頁・百選 I 91）

事実 建設業者 X は、昭和 60 年ごろから平成 10 年度まで、旧 A 村の発注する公共工事の指名競争入札に継続的に参加していたが、平成 11 年度から 16 年度まで、村長から A 村の発注する公共工事への入札参加者として指名されなかった。X は、村長から違法に指名を回避されて逸失利益等の損害を被ったとして、A 村、のちに A 村等が合併した美馬市（Y）に対し、損害賠償請求訴訟を提起。1 審は X の請求を一部認容したが、2 審は X の請求を棄却したため、X が上告。一部破棄差戻し・一部上告棄却。

判旨 「地方自治法等の法令は、普通地方公共団体が締結する公共工事等の契約に関する入札につき、機会均等、公正性、透明性、経済性（価格の有利性）を確保することを図ろうとしている」。

「X につき、……法令の趣旨に反する運用基準の下で、主たる営業所が村内にないなどの事情から形式的に村外業者に当たると判断し、そのことのみを理由として、他の条件いかんにかかわらず、およそ一切の工事につき平成 12 年度以降全く X を指名せず指名競争入札に参加させない措置を採ったとすれば、それは、考慮すべき事項を十分考慮することなく、一つの考慮要素にとどまる村外業者であることのみを重視している点において、極

めて不合理であり、社会通念上著しく妥当性を欠くものといわざるを得ず、そのような措置に裁量権の逸脱又は濫用があったとまではいえないと判断することはできない。」

POINT 本判決は、村内業者では対応できない工事のみ村外業者を指名し、それ以外は村内業者のみを指名するという指名競争入札の運用について、「常に合理性があり裁量権の範囲内であるということはできない」とした上で、村が指名回避措置をした事情等につき審理を尽くさせるため原審に差し戻した（差戻審では、違法ないし過失が否定され、請求棄却となっている）。指名競争入札について、地元業者を優先して指名を行うことの合理性は認めつつ、そこには一定の限界があり、指名回避行為につき裁量統制（考慮要素に着目した判断過程統制）が行われうることが示されている。なお、指名回避行為の処分性は認められないため、本件も損害賠償請求として争われている。

7 - 3　供給計画で対応できない場合の給水拒否—志免町給水拒否事件
最判平成 11 年 1 月 21 日（民集 53 巻 1 号 13 頁）

事実　福岡市に隣接する志免町（Y）は、慢性的な水不足に悩まされ、志免町水道事業給水規則により、新たに給水の申込みをする者に対して「開発行為又は建築で 20 戸（20 世帯）を超えるもの」または「共同住宅等で 20 戸（20 世帯）を超えて建築する場合は全戸」に給水しないことを規定していた。X は、Y の水道事業の給水区域内にマンションの建設を計画し、Y に 420 戸分の給水申込みをしたが、上記規則を根拠に給水契約の締結を拒否された。X は、Y を相手に、給水申込みの承諾等を求めて出訴。1 審は X の請求を認容したが、2 審は X の請求を棄却する判断をしたため、X が上告。上告棄却。

判旨　「水道が国民にとって欠くことのできないものであることからすると、市町村は、水道事業を経営するに当たり、当該地域の自然的社会的諸条件に応じて、可能な限り水道水の需要を賄うことができるように、中長期的視点に立って適正かつ合理的な水の供給に関する計画を立て、これを実施しなければならず、当該供給計画によって対応することができる限り、給水契約の申込みに対して応ずべき義務があり、みだりにこれを拒否することは許されない……。しかしながら、他方、水が限られた資源であることを考慮すれば、市町村が正常な企業努力を尽くしてもなお水の供給に一定の限界があり得ることも否定することはできないのであって、給水義務は絶対的なものということはできず、給水契約の申込みが右のような適正かつ合理的な供給計画によっては対応することができないものである場合には、法 15 条 1 項にいう『正当の理由』があるものとして、これを拒むことが許される」。

POINT　水道事業者である町が、給水事業の運営上、大規模なマンション開発業者からの給水契約申込みを拒否することが、水道法 15 条 1 項の「正当の理由」に該当して許されるとした判例である。指導要綱による給水拒否を違法とした判例 **8 - 3** は、水道法とは直接関係のない街づくりという政策目的での行政指導に従わないことを理由とする給水拒否（留保）に係る事例であり、別の政策目的のため水道法の規定を違法に用いたものと評される。それとは異なり、本判決は、水道法の枠内での「正当の理由」の問題として、給水拒否の違法性につき解釈論的処理がされている。

7 - 4　水道事業での差別的取扱い─高根町別荘地事件
最判平成 18 年 7 月 14 日（民集 60 巻 6 号 2369 頁・百選 II 150）

事実　山梨県高根町（Y）は、同町簡易水道事業条例を制定した当初から、同町の住民基本台帳に記録されていない給水契約者（別荘の住民）の基本料金を割高に設定していたが、平成 10 年 4 月 1 日、同条例の一部改正により同条例別表に定める水道料金を改定した際に、別荘の給水契約者の基本料金を大幅に引き上げた。同町内に別荘を所有し給水契約を締結していた X らは、Y を相手に、料金を定める同条例別表の無効確認、料金改定前後の差額分の債務不存在確認・不当利得返還等を求めて出訴。1 審は X らの請求をすべて斥けたが、2 審は本件条例制定行為の処分性を認めた上で X らの請求をほぼ認容したため、Y が上告（上告後、町村合併により北杜市が Y の訴訟上の地位を承継した）。一部破棄自判・一部上告棄却。

判旨　「普通地方公共団体が経営する簡易水道事業の施設は地方自治法 244 条 1 項所定の公の施設に該当するところ、同条 3 項は、普通地方公共団体は住民が公の施設を利用することについて不当な差別的取扱いをしてはならない旨規定している。ところで、普通地方公共団体が設置する公の施設を利用する者の中には、当該普通地方公共団体の住民ではないが、その区域内に事務所、事業所、家屋敷、寮等を有し、その普通地方公共団体に対し地方税を納付する義務を負う者など住民に準ずる地位にある者が存在する……。そして、同項が憲法 14 条 1 項が保障する法の下の平等の原則を公の施設の利用関係につき具体的に規定したものであることを考えれば、上記のような住民に準ずる地位にある者による公の施設の利用関係に地方自治法 244 条 3 項の規律が及ばないと解するのは相当でなく、これらの者が公の施設を利用することについて、当該公の施設の性質やこれらの者と当該普通地方公共団体との結び付きの程度等に照らし合理的な理由なく差別的取扱いをすることは、同項に違反する」。

「別荘給水契約者は、……〔高根〕町の住民に準ずる地位にある者ということができるから、本件改正条例による別荘給水契約者の基本料金の改定が地方自治法 244 条 3 項にいう不当な差別的取扱いに当たるかどうかについて、以下検討する。」

「給水契約者の水道使用水量に大きな格差があるにもかかわらず、……本件改正条例による水道料金の改定においては、ホテル等の大規模施設に係る給水契約者を含む別荘以外の

給水契約者の 1 件当たりの年間水道料金の平均額と別荘給水契約者の 1 件当たりの年間水道料金の負担額がほぼ同一水準になるようにするとの考え方に基づいて別荘給水契約者の基本料金が定められた……。……本件改正条例における水道料金の設定方法は、本件別表における別荘給水契約者と別荘以外の給水契約者との間の基本料金の大きな格差を正当化するに足りる合理性を有するものではない。また、同町において簡易水道事業のため一般会計から毎年多額の繰入れをしていたことなど論旨が指摘する諸事情は、上記の基本料金の大きな格差を正当化するに足りるものではない。」

「そうすると、本件改正条例による別荘給水契約者の基本料金の改定は、地方自治法 244 条 3 項にいう不当な差別的取扱いに当たる」。

「以上によれば、本件改正条例のうち別荘給水契約者の基本料金を改定した部分は、地方自治法 244 条 3 項に違反するものとして無効というべきである。そうすると、……X らは別荘給水契約者に係る本件別表所定の基本料金と本件改正条例による改定前の基本料金との差額分について支払義務を負うものではない」。

POINT 簡易水道事業の施設は地方自治法上の「公の施設」に該当し、別荘給水契約者は「住民に準ずる地位」にあるとした上で、別荘居住者につき大幅に水道料金を高くする条例の一部が、これらの者を合理的な理由なく差別的取扱いをするものであり、地方自治法 244 条 3 項に違反し無効とした判例である。最高裁は、行政契約について、平等原則が規制規範として働くことを示したものと考えられる。

なお、本判決は、本件条例制定行為の処分性について、本件条例は「簡易水道事業の水道料金を一般的に改定するものであって、そもそも限られた特定の者に対してのみ適用されるものではな」いとし、本件条例制定行為を「行政庁が法の執行として行う処分とは実質的に同視することはできない」と述べて、否定している（判例 16 - 9 を参照）。最高裁は、本件事案について、行政処分を争う抗告訴訟ではなく、本件条例の違法・無効を前提とする法律関係を争う民事訴訟を受け皿に用いて処理を図っている。

7 - 5 公害防止協定―契約説の採用・福間町公害防止協定事件
最判平成 21 年 7 月 10 日（判時 2058 号 53 頁・百選 I 90）

事実 福岡県は、「福岡県産業廃棄物処理施設の設置に係る紛争の予防及び調整に関する条例」により、産業廃棄物処理施設の設置者と関係する住民・市町村長との間で、生活環境の保全のために必要な事項を内容とする協定を締結する仕組を定めていた。産業廃棄物処理業者である Y は、県下の福間町に産業廃棄物の最終処分場を設置していたが、平成 7 年 7 月、知事の指導により、福間町との間で公害防止協定（旧協定）を締結した。旧協定は、本件処分場の使用期限を平成 15 年 12 月 31 日までとし、この期限を超えて産業廃棄物の処分を行っては

ならない旨を定めていた。その後、平成 7 年 10 月、Y は、知事から、廃棄物処理法に基づき、本件処分場の施設を拡張する変更許可を受けた。

　平成 10 年 3 月、Y は、本件処分場を再度拡大するための変更許可を知事から受け、同年 9 月、福間町との間で改めて公害防止協定を締結した。同協定では、本件処分場の使用期限について、旧協定と同内容の定めが置かれていた。しかし、Y は協定の定める使用期限が経過した後も本件処分場の使用をやめなかった。そこで、福間町（市町村合併により福津市（X）がその地位を承継）が、本件協定に基づく義務の履行として、Y に対し、本件土地を処分場として使用することの差止めを求めて出訴。1 審は X の請求を認容したが、2 審は、条例が予定する協定は生活環境の保全のために締結されるものである一方、処分場の許可に期限等を付すことは知事の判断事項として知事の専権にゆだねられている等とし、協定による期限条項の法的拘束力を否定して X の請求を棄却したため、X が上告。破棄差戻し。

判旨　廃棄物処理法の「規定は、知事が、処分業者としての適格性や処理施設の要件適合性を判断し、産業廃棄物の処分事業が廃棄物処理法の目的に沿うものとなるように適切に規制できるようにするために設けられたものであり、……知事の許可が、処分業者に対し、許可が効力を有する限り事業や処理施設の使用を継続すべき義務を課すものではない……。そして、同法には、処分業者にそのような義務を課す条文は存せず、かえって、処分業者による事業の全部又は一部の廃止、処理施設の廃止については、知事に対する届出で足りる旨規定されているのであるから……、処分業者が、公害防止協定において、協定の相手方に対し、その事業や処理施設を将来廃止する旨を約束することは、処分業者自身の自由な判断で行えることであり、その結果、許可が効力を有する期間内に事業や処理施設が廃止されることがあったとしても、同法に何ら抵触するものではない。従って、〔旧協定の〕旧期限条項が同法の趣旨に反するということはできないし、同法の上記のような趣旨、内容は、その後の改正によっても、変更されていないので、本件期限条項が本件協定が締結された当時の廃棄物処理法の趣旨に反するということもできない。」

　「そして、旧期限条項及び本件期限条項が知事の許可の本質的な部分にかかわるものでないことは、以上の説示により明らかであるから、旧期限条項及び本件期限条項は、本件条例 15 条が予定する協定の基本的な性格及び目的から逸脱するものでもない。」

　「以上によれば、福間町の地位を承継した X と Y との間において、原審の判示するような理由によって本件期限条項の法的拘束力を否定することはできない」。

POINT　本判決は、公害防止協定の法的性質が契約であることを前提に、本件協定による産業廃棄物処理施設の使用期限の定めが、廃棄物処理法の趣旨に反しないことを示した。公害防止協定については、その法的拘束力を否定する考え方（紳士協定説）もみられたが、本判決は、契約としての法的拘束力を肯定した。また、最高裁は、町と処理業者が協定により処分場の使用期限を定めることは、処分場につき知事の許可制を定める廃棄物処理法に抵触しないと判断し、法令を超える内容の規制を定めた協

定を有効とする解釈を示している。なお、本判決は、本件協定について、公序良俗違反の有無等を審理させるため原審に差し戻している。公害防止協定を契約と性質決定すると、契約としての有効性が問題になる（差戻審では、公序良俗違反等のYの主張は斥けられている）。

　本判決は、地方公共団体が公害防止協定に基づく義務の履行を求める訴訟について、法律上の争訟であることを前提としている。地方公共団体と事業者が対等の立場で締結した協定（すなわち契約）上の義務履行を求める訴えである以上、判例 **11 - 2** の射程は及ばず、本件が法律上の争訟性を有すことは当然と考えられる。

8 行政指導

8-1 行政指導と根拠規範・規制規範―石油カルテル事件
最判昭和 59 年 2 月 24 日（刑集 38 巻 4 号 1287 頁・百選 I 93）

事実 いわゆるオイルショックの時期、石油元売業者 12 社およびその役員 14 名（Y ら）は、石油製品の価格を一斉に値上げした行為が独禁法の「不当な取引制限」にあたるとして刑事訴追された。Y らは、一斉値上げは通産省による行政指導に従い協力したものである等を主張したが、1 審は Y ら全員を有罪とした。Y らが上告。一部破棄自判・一部上告棄却。

判旨 「通産省設置法 3 条 2 号は、鉱産物及び工業品の生産、流通及び消費の増進、改善及び調整等に関する国の行政事務を一体的に遂行することを通産省の任務としており、これを受けて石油業法は……標準価格制度（同法 15 条）という直接的な方法のほか、石油精製業及び設備の新設等に関する許可制（同法 4 条、7 条）さらには通産大臣をして石油供給計画を定めさせること（同法 3 条）などの間接的な方法によって、行政が石油製品価格の形成に介入することを認めている。そして、流動する事態に対する円滑・柔軟な行政の対応の必要性にかんがみると、石油業法に直接の根拠を持たない価格に関する行政指導であっても、これを必要とする事情がある場合に、これに対処するため社会通念上相当と認められる方法によって行われ、『一般消費者の利益を確保するとともに、国民経済の民主的で健全な発達を促進する』という独禁法の究極の目的に実質的に抵触しないものである限り、これを違法とすべき理由はない。そして、価格に関する事業者間の合意が形式的に独禁法に違反するようにみえる場合であっても、それが適法な行政指導に従い、これに協力して行われたものであるときは、その違法性が阻却される」。

POINT 行政指導について、組織法上の根拠がある場合、作用法上の根拠がなくても、それをする必要性があり、社会通念上相当と認められる方法により、実定法の目的に実質的に抵触しない限り適法と述べた判例である。なお、本判決は、適法な行政指導に従った行為について、「形式的」に違法に見えても適法であると判示しており、正面から違法行為が行政指導の介在によって適法になるとしたものではないことに留意すべきである。

8-2　建築確認の留保—品川マンション事件

最判昭和 60 年 7 月 16 日（民集 39 巻 5 号 989 頁・百選 I 121）

事実　東京都品川区内でマンション建設を計画した X は、昭和 47 年 10 月 28 日、東京都（Y）の建築主事に建築確認申請をしたところ、Y の職員から建設に反対する付近住民との話合いにより紛争を解決するよう行政指導をされた。X はこの指導に積極的に協力し、付近住民と話合いを重ね、Y による適切な仲介を期待したが、紛争解決には至らなかった。他方、Y は、昭和 48 年 2 月 15 日、同年 4 月から実施予定の新高度地区案を発表し、申請済みの建築主にも新高度地区案に沿った設計変更を求める旨および建築主と付近住民との紛争が解決しなければ確認処分を行わない旨を同案に定めた。Y は、2 月 23 日、X に対して、本件マンションの設計変更を依頼するとともに、付近住民との話合いをさらに進めるように求めた。X は、このままでは新高度地区制度による設計変更を余儀なくされると考え、3 月 1 日、東京都建築審査会に建築確認申請に対する不作為を争う審査請求をした。X は、3 月 30 日に金銭補償によって付近住民との紛争を収束させ、4 月 2 日に建築確認処分がされると、審査請求を取り下げた。

　その後、X は、Y に対し、建築確認処分の違法な遅延による損害賠償を求める訴訟を提起。1 審は X の請求を棄却したが、2 審は X の請求を一部認容。Y が上告。上告棄却。

判旨　「建築基準法（以下『法』という。）……によれば、建築主事は、……建築確認の申請書を受理した場合においては、その受理した日から 21 日……以内に、申請に係る建築物の計画が……法令の規定に適合するかどうかを審査し、適合すると認めたときは確認の通知を、適合しないと認めたときはその旨の通知（以下あわせて『確認処分』という。）を当該申請者に対して行わなければならないものと定められている。……そして、建築主事が当該確認申請について行う確認処分自体は基本的に裁量の余地のない確認的行為の性格を有する……から、審査の結果……処分要件を具備するに至った場合には、建築主事としては速やかに確認処分を行う義務がある……。しかしながら、建築主事の右義務は、いかなる場合にも例外を許さない絶対的な義務であるとまでは解することができないというべきであって、建築主が確認処分の留保につき任意に同意をしているものと認められる場合のほか、必ずしも右の同意のあることが明確であるとはいえない場合であっても、諸般の事情から直ちに確認処分をしないで応答を留保することが法の趣旨目的に照らし社会通念上合理的と認められるときは、その間確認申請に対する応答を留保することをもって、確認処分を違法に遅滞するものということはできない」。

　「建築確認申請に係る建築物の建築計画をめぐり建築主と付近住民との間に紛争が生じ、関係地方公共団体により建築主に対し、付近住民と話合いを行って円満に紛争を解決するようにとの内容の行政指導が行われ、建築主において任意に右行政指導に応じて付近住民と協議をしている場合においても、そのことから常に当然に建築主が建築主事に対し確認処分を留保することについてまで任意に同意をしているものとみるのは相当でない。しかしながら、普通地方公共団体は、地方公共の秩序を維持し、住民の安全、健康及び福祉を

保持すること並びに公害の防止その他の環境の整備保全に関する事項を処理することをその責務のひとつとしているのであり……、また法は、国民の生命、健康及び財産の保護を図り、もって公共の福祉の増進に資することを目的として、建築物の敷地、構造、設備及び用途に関する最低の基準を定める（1条）、としているところであるから、これらの規定の趣旨目的に照らせば、関係地方公共団体において、……当該地域の生活環境の維持、向上を図るために、建築主に対し、当該建築物の建築計画につき一定の譲歩・協力を求める行政指導を行い、建築主が任意にこれに応じているものと認められる場合においては、社会通念上合理的と認められる期間建築主事が申請に係る建築計画に対する確認処分を留保し、行政指導の結果に期待することがあったとしても、これをもって直ちに違法な措置であるとまではいえない」。

「もっとも、右のような確認処分の留保は、建築主の任意の協力・服従のもとに行政指導が行われていることに基づく事実上の措置にとどまるものであるから、建築主において自己の申請に対する確認処分を留保されたままでの行政指導には応じられないとの意思を明確に表明している場合には、かかる建築主の明示の意思に反してその受忍を強いることは許されない……といわなければならず、建築主が右のような行政指導に不協力・不服従の意思を表明している場合には、当該建築主が受ける不利益と右行政指導の目的とする公益上の必要性とを比較衡量して、右行政指導に対する建築主の不協力が社会通念上正義の観念に反するものといえるような特段の事情が存在しない限り、行政指導が行われているとの理由だけで確認処分を留保することは、違法である」。「したがって、いったん行政指導に応じて建築主と付近住民との間に話合いによる紛争解決をめざして協議が始められた場合でも、右協議の進行状況及び四囲の客観的状況により、建築主において建築主事に対し、確認処分を留保されたままでの行政指導にはもはや協力できないとの意思を真摯かつ明確に表明し、当該確認申請に対し直ちに応答すべきことを求めているものと認められるときには、他に前記特段の事情が存在するものと認められない限り……それ以後の右行政指導を理由とする確認処分の留保は、違法となる」。

「審査請求が提起された昭和48年3月1日以降の行政指導を理由とする確認処分の留保は違法というべきであ」る。

POINT　本件は、建築確認申請に対して応答を留保した上で行政指導をしたケースにおいて、申請に対する不作為につき国家賠償請求でその違法が争われたものである。Xが建築確認留保の状態で行政指導に応じていた間、Yが建築規制を強化しようとしたという事情も加わる。

本判決は、建築確認につき基本的に裁量の余地のない確認的行為の性格を有するとしつつ、①行政指導に伴う確認留保が一定の場合には許容されること、および、②それが許容される限度（違法と判断される基準）を示した。①について、建築主による任意の同意がある場合に加え、任意の同意があることが明確でなくても、法の趣旨目的に照らして社会通念上合理的な期間の留保は直ちに違法とはいえない、②について、

建築主が行政指導に不協力・不服従の意思を表明している場合には、建築主が受ける不利益と行政指導の目的とする公益上の必要性とを比較衡量し、建築主の不協力が社会通念上正義の観念に反するといえる特段の事情が存在しない限り、行政指導による留保は違法になる、とした。その上で、いったん行政指導に応じた場合であっても、「行政指導にはもはや協力できないとの意思を真摯かつ明確に表明し」たと認められれば（＝主観的要素）、「特段の事情」がない限り（＝客観的要素）、以降の「行政指導を理由とする確認処分の留保」は違法とした。

　本判決をめぐって、①2度にわたって不服申立てを提起したにもかかわらず申請に対する応答の留保を適法とした判例6−4との事案の相違、②行政指導に従い自らの意思で負担金を支払ったことを事後的に違法と判断した判例8−4との主観的要素の扱いに関する整合性、③本判決を基礎としてその後制定された行政手続法33条（行政指導への不協力の意思表示について、「真摯かつ明確」という要素を加重していない）との関係、等の論点がある。①について、判例6−4は本判決にいう「特段の事情」が認められた事例としてとらえる、という考え方がある。②について、本判決は申請に対する不作為の法的評価が争点であるのに対して、判例8−4では行政指導それ自体が法の禁止する寄付を強要するものとして違法とされたという相違が重要である。③についても、行政手続法33条は、申請に関連する行政指導それ自体の法的規律を定めるのに対して、本判決は、行政指導それ自体の違法性ではなく、行政指導がなされる中での申請に対する不作為について国家賠償法1条1項における違法が問題となっていることに留意すべきであろう。

8−3　指導要綱による給水拒否─武蔵野マンション（水道法違反）事件
最決平成元年11月8日（判時1328号16頁・百選I 89）

事実　武蔵野市では、マンション急増により日照障害・学校施設不足等の問題が生じたため、一定規模以上の宅地開発または中高層建築物建設事業を行おうとする事業主に対し、市と協議するとともに付近住民の同意を得ること、教育施設整備のための負担金を拠出すること等を求める「武蔵野市宅地開発等に関する指導要綱」が定められた。そこには、事業者が指導要綱に従わない場合、上下水道等につき必要な協力を行わないことがある旨が定められていた。

　マンション業者Aは、指導要綱に従わずにマンション建設を計画し、市から給水を受けられないため近隣のビルから水を引いて建設工事を行った。工事完了の直前、Aは再度市に給水を申し込み、マンション購入者からも給水申込みがされたが、武蔵野市長（Y）はこれらの給水申込みを受理しないよう市職員に指示し、給水拒否が続いた。このようなYの行為が、給水の申込みを「正当の理由」なく拒んではならないとする水道法15条1項に違反し、同法53条3号の罪にあたるとして公訴提起されたのが本件である。1審・2審ともYを有罪としたた

め、Yが上告。上告棄却。

> **決定要旨** 「Yらが……給水契約の申込書を受領することを拒絶した時期には、既に、A
> は、武蔵野市の宅地開発に関する指導要綱に基づく行政指導には従わない意思を明確に表
> 明し、マンションの購入者も、入居に当たり給水を現実に必要としていた……。……この
> ような時期に至ったときは、水道法上給水契約の締結を義務づけられている水道事業者と
> しては、たとえ右の指導要綱を事業主に順守させるため行政指導を継続する必要があった
> としても、これを理由として事業主らとの給水契約の締結を留保することは許されない」。
> 　「Yらは、右の指導要綱を順守させるための圧力手段として、水道事業者が有している
> 給水の権限を用い、指導要綱に従わないAらとの給水契約の締結を拒んだものであり、そ
> の給水契約を締結して給水することが公序良俗違反を助長することとなるような事情もな
> かった」。「このような場合には、水道事業者としては、たとえ指導要綱に従わない事業主
> らからの給水契約の申込であっても、その締結を拒むことは許されないというべきである
> から、Yらには本件給水契約の締結を拒む正当の理由がなかった」。

POINT　水道法 15 条 1 項は、水道事業者が給水契約の申込みを受けた場合に「正当
の理由」がなければこれを拒んではならないと定めているが、本決定は、申込者が行
政指導に従わないことが、上記「正当の理由」にあたらず、給水拒否（給水契約締結の
留保）が違法となることを示した。市が指導要綱を作って行政指導をする際、行政指
導に従わないことへの制裁として、水道事業者でもある市が、本来給水義務を課され
ているにもかかわらず給水契約を拒むことを否定的に評価している。

　水道法 15 条 1 項は、あくまでも水道法の枠内で解釈されるべきであって、同法と直
接結び付かない行政指導の不服従をそこに含めて解釈運用することは許されないと考
えられる。この点、水道水の需要抑制を理由とする給水拒否を適法とした判例 **7-3**
と対照を成している。

8-4　行政指導と寄付の強要──武蔵野マンション（教育施設負担金）事件
最判平成 5 年 2 月 18 日（民集 47 巻 2 号 574 頁・百選 I 95）

> **事実**　X₁ は、武蔵野市内で賃貸マンションの建築を計画したが、「武蔵野市宅地開発等に関
> する指導要綱」（判例 **8-3** を参照）により、公共施設用地の無償貸与等に加え、教育施設負担
> 金を武蔵野市（Y）に寄付しなければならないことに強い不満をもち、Y の担当者に教育施設
> 負担金の減免等を求めたが聞き入れられず、やむなく負担金を納付した。その後、指導要綱か
> ら教育施設負担金に係る定めが削除されたこともあり、X₁ は、本件寄付の意思表示は強迫に
> よるとして、Y に対して負担金の返還を求めて出訴した。1 審は X₁ の請求を棄却。2 審で訴訟
> を承継した X₂ らは、負担金の徴収が違法な公権力の行使であるとして国家賠償請求を予備的

請求として追加したが、いずれも請求は棄却された。X₂らが上告。一部破棄差戻し・一部上告棄却。

> **判旨** 「行政指導として教育施設の充実に充てるために事業主に対して寄付金の納付を求めること自体は、強制にわたるなど事業主の任意性を損うことがない限り、違法ということはできない。」「しかし、指導要綱は、法令の根拠に基づくものではなく、Yにおいて、事業主に対する行政指導を行うための内部基準であるにもかかわらず、水道の給水契約の締結の拒否等の制裁措置を背景として、事業主に一定の義務を課するようなものとなっており、また、これを遵守させるため、一定の手続が設けられている。……教育施設負担金についても、その金額は選択の余地のないほど具体的に定められており、事業主の義務の一部として寄付金を割り当て、その納付を命ずるような文言となっているから、右負担金が事業主の任意の寄付金の趣旨で規定されていると認めるのは困難である。しかも……給水契約の締結の拒否という制裁措置は、水道法上許されないものであり……、右措置が採られた場合には、マンションを建築してもそれを住居として使用することが事実上不可能となり、建築の目的を達成することができなくなる……。また、YがX₁に対し教育施設負担金の納付を求めた当時においては、指導要綱に基づく行政指導に従うことができない事業主は事実上開発等を断念せざるを得なくなっており、これに従わずに開発等を行った事業主はA〔判例8-3を参照〕以外になく、そのAの建築したマンションに関しては、現に水道の給水契約の締結及び下水道の使用が拒否され、その事実が新聞等によって報道されていた……。さらに、X₁がYの担当者に対して本件教育施設負担金の減免等を懇請した際には、右担当者は、前例がないとして拒絶しているが、右担当者のこのような対応からは、本件教育施設負担金の納付が事業主の任意の寄付であることを認識した上で行政指導をするという姿勢は、到底うかがうことができない。」
> 「右のような指導要綱の文言及び運用の実態からすると、本件当時、Yは、事業主に対し、法が認めておらずしかもそれが実施された場合にはマンション建築の目的の達成が事実上不可能となる水道の給水契約の締結の拒否等の制裁措置を背景として、指導要綱を遵守させようとしていたというべきである。YがX₁に対し指導要綱に基づいて教育施設負担金の納付を求めた行為も、Yの担当者が教育施設負担金の減免等の懇請に対し前例がないとして拒絶した態度とあいまって、X₁に対し、指導要綱所定の教育施設負担金を納付しなければ、水道の給水契約の締結及び下水道の使用を拒絶されると考えさせるに十分なものであって、マンションを建築しようとする以上右行政指導に従うことを余儀なくさせるものであり、X₁に教育施設負担金の納付を事実上強制しようとしたものということができる。」「右行為は、本来任意に寄付金の納付を求めるべき行政指導の限界を超えるものであり、違法な公権力の行使である」。

POINT 本判決では、原告がいったん自らの意思で行政指導に服従するかたちで所定の負担金を納付したあと、国家賠償請求について、本件負担金の強要が行政指導の限界を超えた違法なものとした。行政指導に従わないという意思の表明を問題にする

ことなく、負担金を求める行政指導について、任意か強制かという観点からその違法が判断されている。判例 8 - 2 が申請に対する不作為に係る国家賠償法上の違法の問題であったのに対し、本判決では、相手方の任意性を脅かす行政指導それ自体の国家賠償請求上の違法が争点であるという相違に留意する必要がある。

8 - 5　申請書の返戻（不受理）と不作為の違法―白石市産廃処理場事件
仙台地判平成 10 年 1 月 27 日（判時 1676 号 43 頁）

事実　宮城県では「産業廃棄物処理施設の設置及び維持管理に関する指導要綱」を制定し、産廃事業者等が産廃施設の設置等をする場合には、関係市町村に対する計画の説明、地域住民等に対する説明会の開催、法に基づく許可申請に先立って知事に事前協議書を提出すること等を求めていた。

　株式会社 X は、宮城県白石市において、跡地をゴルフ場として造成するために産業廃棄物処理施設の設置を計画し、上記指導要綱に従い、宮城県知事（Y）との事前協議に入るべく交渉を重ねたが、白石市・付近住民の理解が得られず、不調に終わった。X は、指導要綱に従うことなく、Y に対して産業廃棄物処理業の許可申請および産業廃棄物処理施設の許可申請を数度にわたってしたが、いずれも申請書を返戻された。そこで、X は、主位的に本件返戻行為は各申請に係る受理を拒否した行政処分であるとしてその取消しを、予備的に本件各申請に対する不作為の違法確認を求めて出訴。主位的請求につき訴え却下、予備的請求につき認容。

判旨　「Y は、……条例 31 条 1 項は、申請者が当該行政指導に従う意思がない旨を明確に表明しない限り、当該行政指導を継続できる旨を定め、同条 2 項は、申請者が行政指導に従わないことにより公益を著しく害するおそれがある場合には、申請者の意思いかんにかかわらず、行政指導を継続できる旨を定めているところ、これらは、60 年最判〔判例 8 - 2〕を明文化したものであり、それと同趣旨に解すべきであること……を主張する。」
「しかし、本件は、不作為の違法確認の訴えにおける違法性が問題となっているのに対し、60 年最判は、国家賠償請求において、行政指導を理由とする処分の留保の違法性が問題となった事案であるところ、国家賠償請求における不作為の違法と、不作為の違法確認訴訟における不作為の違法とでは質的に相違がある……。ことに、不作為の違法確認訴訟は、違法な不作為状態を解消し、最終的な救済に向けて中間的な解決を図るための訴訟であり、その性質上迅速な解決が要求されるのであるから、その争点は、法令に基づく申請の有無と、相当期間の経過の点に絞られるというべきであ」る。「不作為の違法確認訴訟において、相当期間経過の正当性の判断に当たり、60 年最判の判示するような、『申請者が受ける不利益と行政指導の目的とする公益上の必要性とを比較衡量して、行政指導に対する申請者の不協力が社会通念上正義の観念に反するものといえるような特段の事情』の存否についてまで立ち入って審理することが予定されているとは解し難く、右判示が必ずしも本件の判断基準となるとはいえない」。

POINT 行政手続法の施行後、申請に対する返戻行為につき不作為の違法が認められたケースである。判例 **8-2** の趣旨を踏まえた宮城県行政手続条例が存在することもあって、行政指導を契機とする返戻行為・申請に対する不作為の違法性を判断する際、客観的要素たる「特段の事情」を読み込む必要があるかが争点になり、不作為の違法確認訴訟では判例 **8-2** のいう「特段の事情」を正面から判断基準として用いるべきではない、とされている。判例 **8-2** は、建築確認の申請者が、一度は行政指導に従って申請に対する応答の留保を受け入れたあと、国家賠償請求というかたちで申請に対する不作為の違法が争点となった事案であり、本件のように、申請時点での返戻（不受理）が抗告訴訟で争われる事案とは異なることに留意する必要がある。

9　行政計画

9-1　計画裁量—小田急高架訴訟

最判平成 18 年 11 月 2 日（民集 60 巻 9 号 3249 頁・百選 I 72）

事実　昭和 39 年、建設大臣は、東京都市計画高速鉄道 9 号線に係る都市計画決定をし、その後、東京都知事（A）による 2 度の都市計画変更決定を経て、平成 5 年、A は、小田急線の一部区間を連続立体交差化する都市計画変更決定（平成 5 年決定）をした。また、同年、世田谷区は、事業区間北側を付属街路とする都市計画変更決定を行った。これらを受けて、平成 6 年、建設大臣は、東京都に対し、上記区間の連続立体交差化を内容とする都市計画事業認可、および、付属街路の設置を内容とする都市計画事業認可をした。これに対し、付属街路事業の事業地内の不動産に所有権・賃借権を有する X_1 ら、それ以外の近隣住民 X_2 らが、関東地方整備局長（Y_2。建設大臣の事務承継人）を被告として、高架式ではなく地下式によるべきこと等を主張し、各事業認可の取消訴訟を提起した。判例 **17-11** の経過を経て、本案判断をしたのが本判決である。上告棄却。

判旨　「都市計画法……は、都市計画事業認可の基準の 1 つとして、事業の内容が都市計画に適合することを掲げているから（61 条）、都市計画事業認可が適法であるためには、その前提となる都市計画が適法であることが必要である。」

　「都市計画法は、都市計画について、健康で文化的な都市生活及び機能的な都市活動を確保すべきこと等の基本理念の下で（2 条）、都市施設の整備に関する事項で当該都市の健全な発展と秩序ある整備を図るため必要なものを一体的かつ総合的に定めなければならず、当該都市について公害防止計画が定められているときは当該公害防止計画に適合したものでなければならないとし（13 条 1 項柱書き）、都市施設について、土地利用、交通等の現状及び将来の見通しを勘案して、適切な規模で必要な位置に配置することにより、円滑な都市活動を確保し、良好な都市環境を保持するように定めるとしているところ（同項 5 号）、このような基準に従って都市施設の規模、配置等に関する事項を定めるに当たっては、当該都市施設に関する諸般の事情を総合的に考慮した上で、政策的、技術的な見地から判断することが不可欠である……。そうすると、このような判断は、これを決定する行政庁の広範な裁量にゆだねられているというべきであって、裁判所が都市施設に関する都市計画の決定又は変更の内容の適否を審査するに当たっては、当該決定又は変更が裁量権の行使としてされたことを前提として、その基礎とされた重要な事実に誤認があること等により重要な事実の基礎を欠くこととなる場合、又は、事実に対する評価が明らかに合理性を欠くこと、判断の過程において考慮すべき事情を考慮しないこと等によりその内容が社会通念に照らし著しく妥当性を欠くものと認められる場合に限り、裁量権の範囲を逸脱し又は

これを濫用したものとして違法となる」。

　「A は、本件調査〔建設省の定めた連続立体交差事業調査要綱に基づく調査〕の結果を踏まえ、計画的条件、地形的条件及び事業的条件を設定し、本件区間の構造について 3 つの方式〔①高架式、②高架式と地下式の併用、③地下式〕を比較検討した結果、本件高架式がいずれの条件においても優れていると評価し、本件条例に基づく環境影響評価の結果等を踏まえ、周辺地域の環境に与える影響の点でも特段問題がないとして、本件高架式を内容とする平成 5 年決定をした」。

　「上記の〔A の〕判断における環境への影響に対する考慮について検討する。」「平成 5 年決定は、本件区間の連続立体交差化事業に伴う騒音等によって事業地の周辺地域に居住する住民に健康又は生活環境に係る著しい被害が発生することの防止を図るという観点から、本件〔環境影響〕評価書の内容にも十分配慮し、環境の保全について適切な配慮をしたものであり、公害防止計画にも適合するものであって、都市計画法等の要請に反するものではなく、鉄道騒音に対して十分な考慮を欠くものであったということもできない。したがって、この点について、平成 5 年決定が考慮すべき事情を考慮せずにされたものということはできず、また、その判断内容に明らかに合理性を欠く点があるということもできない。」

　「次に、計画的条件、地形的条件及び事業的条件に係る考慮について検討する。」「A は、本件区間の構造について 3 つの方式の比較検討をした際、既に取得した用地の取得費や鉄道事業者の受益分を考慮せずに事業費を算定しているところ、このような算定方法は、……合理性を有するというべきである。また、平成 5 年当時、本件区間の一部……をシールド工法により施工することができなかったことに照らせば、A が本件区間全体をシールド工法により施工した場合における……地下式の事業費について検討しなかったことが不相当であるとはいえない。」「さらに、A は、下北沢区間が地表式とされることを前提に、本件区間の構造につき本件高架式が優れていると判断したものと認められるところ、下北沢区間の構造については、……平成 10 年以降、……地下式とする方針が表明されたが、……上記の前提を基に本件区間の構造につき本件高架式が優れていると判断したことのみをもって、合理性を欠くものであるということはできない。」

　「以上のとおり、平成 5 年決定が本件高架式を採用した点において裁量権の範囲を逸脱し又はこれを濫用したものとして違法となるということはできないから、これを基礎としてされた本件鉄道事業認可が違法となるということもできない。」

POINT　都市計画事業認可の取消訴訟において、事業認可の前提となる都市計画変更決定（処分性は否定される）の違法が争われた事例において、計画裁量とその司法審査基準を明らかにした判例である。計画裁量について、諸般の事情の総合的考慮に加え、「政策的、技術的な見地」からの判断の必要性を指摘する一方、司法統制基準については、考慮要素（①環境への影響に対する考慮、②計画的条件・地形的条件・事業的条件に係る考慮）に着目した判断過程審査手法が採用されている。本判決は、都市施設に係

る都市計画決定・変更につき「広範な」裁量を認めており、形式的に判断過程審査手法を用いているものの、実際には審査密度が高められていないとの指摘がある。

9-2 計画の変更—大竹市都市計画変更決定事件
広島高判平成8年8月9日（行集47巻7=8号673頁）

事実 昭和32年、建設大臣は、広島県大竹市の道路につき都市計画決定（原決定）をし、昭和47年までに、当該道路の県施行区間の工事が完了した。しかし、県施行による道路は、原決定による位置とは異なっていた。市はこのことを認識したが、軽微な変更であり都市計画変更手続は不要と考え、完成した道路に接続する市施行区間の道路について、県知事（Y₁）による都市計画事業の認可を受け（原決定とは位置が異なっている）、工事に着手した。この段階で、Xらは、原決定では都市計画道路は所有地を通らないはずであるのに、認可された市施行の事業地にXらの所有地が含まれることを知り、当局に抗議した。事態を認識したY₁は、昭和51年、事業認可された位置と計画が合致するよう都市計画変更決定をし、昭和59年、新計画に沿って改めて市に都市計画事業認可をした。Xらは、土地の明渡しを拒み、昭和61年、県収用委員会（Y₂）により収用裁決を受けた。そこで、Xらが、Y₁による都市計画変更決定は違法であるとして、これを前提とするY₁の事業認可・Y₂の収用裁決の取消し等を求めて出訴した。1審は、都市計画変更決定につき都市計画地方審議会における審理手続の違法を認め、その違法性が事業認可・収用裁決にも承継するとしたが、事情判決によりXらの請求を棄却。Xら、Y₁・Y₂の双方が控訴。判決変更（Xらの請求を棄却）。本判決は、審議会の審理手続の違法性および都市計画変更決定に係る裁量権逸脱・濫用をともに否定したが、以下、都市計画変更決定に係る計画裁量の司法統制を論じた部分を紹介する。

判旨 都市計画「法21条1項により道路に関する都市計画を変更するか否かの判断は、土地利用、交通等の現状及び将来の見通し等を勘案して、健康で文化的な都市生活及び円滑で機能的な都市活動を確保し、良好な都市環境を保持するという見地から、元の都市計画による道路の規模や位置と、想定される変更案による道路の規模や位置とを比較し、いずれがより適当かという観点でなされるべきものである。」「ただ、右の判断は、事柄の性質上極めて政策的、専門技術的なものであること、法文上も、法13条1項4号、2項、21条1項は概括的な表現をするに止まっていることからすると、都市計画を変更するか否かの判断は、第一次的には都道府県知事又は市町村の裁量に委ねられている……。したがって、本件変更決定の適否の審査においても、前記考慮要素についてされたY₁の判断に社会通念上著しく不相当な点があり、その裁量権の逸脱あるいは濫用があったと認められる場合にのみ、本件変更決定は違法となる」。

POINT 本判決では、本来の計画とは異なる位置に道路を築造してしまったケースで、そのような都市計画事業の実施は違法であるとしながら、それに一致させようと

する都市計画変更決定が直ちに違法となるものではなく、変更決定につき計画裁量の逸脱・濫用がなければ適法である、という判断が示されている。都市計画の変更につき広い計画裁量を認めた裁判例であるが、行政側が自ら違法状態を創出した場合、それを既成事実とする計画変更を計画裁量の範囲内として安易に適法とすることは問題であろう。

9-3　計画間調整—都市計画と公害防止計画・環状6号線訴訟
最判平成11年11月25日（判時1698号66頁・百選 I 53）

事実　平成3年、建設大臣（Y）は、環状6号線の地下に高速道路を新設するため、都市計画事業として、東京都知事に対して環状6号線道路拡幅事業の認可、首都高速道路公団に対して中央環状新宿線新設事業の承認を行った。これに対し、事業地内の土地所有者Xらが、上記の認可・承認の取消しを求めて出訴。1審・2審とも、Xらの一部につき原告適格を認めた上で請求を棄却する判断をしたため、Xらが上告。上告棄却。

本件では、原告適格の有無が争点となり、最高裁は、事業地内の不動産につき権利を有する者の原告適格を肯定したが、事業地の周辺住民や、事業地への通勤・通学者等について原告適格を否定した。この部分は、判例 **17-11** によって判例変更された。

また、本件では、都市計画事業認可・承認に先行する都市施設に関する都市計画決定が違法であるかが争点となり、①旧都市計画法に基づいて昭和25年に決定された環状6号線整備計画について、都市計画法13条1項が要求する公害防止計画との適合が必要か、②首都高速中央環状新宿線建設計画に係る都市計画決定が東京都知事により公害対策基本法に基づいて策定された東京地域公害防止計画と適合するか、等が問題となった。以下、本件判決のうち、上記①②の論点に係る判示部分を紹介する。

判旨　「都市計画法施行法2条によれば、旧都市計画法……の下で適法、有効に決定された都市計画は、改めて〔都市計画〕法の規定する手続、基準に従って決定し直さないでも、そのまま法に基づいて適法、有効に決定された都市計画と認められ、法の都市計画に関する規定が適用される……。そうすると、旧法の下においては都市計画の基準として公害防止計画に適合することを要するとはされていなかったのであるから、旧法の下において決定された環状6号線整備計画は、その後に定められた公害防止計画に適合するか否かにかかわらず、現行法下においてもそのまま適法、有効な都市計画とみなされる」。

都市計画「法13条1項柱書き後段は、……都市計画が公害防止計画の妨げとならないようにすることを規定したものと解される。そして、公害防止計画とは、『当該地域において実施されるべき公害の防止に関する施策に係る計画』のことをいうのである……から、そこで執ることとされている施策を妨げるものであれば、都市計画は当該公害防止計画に適合しないことになるが、法13条1項柱書き後段が右施策と無関係に公害を増大させないことを都市計画の基準として定めていると解することはできない。」「中央環状新宿線建

設計画が本件公害防止計画の執ることとしている施策の妨げとなるものでないことは明らかであるから、右建設計画は、本件公害防止計画に適合する」。

POINT 都市計画事業認可・承認の取消訴訟において、これに先行する都市施設に関する都市計画決定の違法が主張できることを肯定した上で、都市計画と公害防止計画の適合関係につき解釈論が展開された裁判例である。最高裁は、上位計画と下位計画の「適合」関係について、下位計画が、上位計画が前提とする施策を妨げるのであれば不適合、妨げとなるものでなければ適合という判定基準を示している。

10 行政調査

10 – 1 税務調査と令状主義・不利益供述拒否権―川崎民商事件
最大判昭和 47 年 11 月 22 日（刑集 26 巻 9 号 554 頁・百選 I 100）

事実 川崎民主商工会の会員 Y は、所轄税務署から所得税確定申告につき過少申告の疑いをもたれた。同署の係員 3 名が Y の自宅店舗を訪れ、帳簿書類等の検査をしようとしたところ、Y がこれを拒否したため、所得税法の定める検査拒否の罪により起訴された。1 審・2 審ともY を有罪としたため、Y が上告。上告棄却。

判旨 「所論のうち、憲法 35 条違反をいう点は、旧所得税法……の規定が裁判所の令状なくして強制的に検査することを認めているのは違憲である旨の主張である。たしかに、旧所得税法……の規定する検査拒否に対する罰則は、……収税官吏による当該帳簿等の検査の受忍をその相手方に対して強制する作用を伴なうものであるが、同法……所定の収税官吏の検査は、もっぱら、所得税の公平確実な賦課徴収のために必要な資料を収集することを目的とする手続であって、その性質上、刑事責任の追及を目的とする手続ではない。」
「また、右検査の結果過少申告の事実が明らかとなり、ひいて所得税逋脱の事実の発覚にもつながるという可能性が考えられないわけではないが、そうであるからといって、右検査が、実質上、刑事責任追及のための資料の取得収集に直接結びつく作用を一般的に有するものと認めるべきことにはならない。」「さらに、この場合の強制の態様は、収税官吏の検査を正当な理由がなく拒む者に対し、同法……所定の刑罰を加えることによって、間接的心理的に右検査の受忍を強制しようとするものであり、かつ、右の刑罰が行政上の義務違反に対する制裁として必ずしも軽微なものとはいえないにしても、その作用する強制の度合いは、それが検査の相手方の自由な意思をいちじるしく拘束して、実質上、直接的物理的な強制と同視すべき程度にまで達しているものとは、いまだ認めがたい」。「所得税の公平確実な賦課徴収を図るという公益上の目的を実現するために収税官吏による実効性のある検査制度が欠くべからざるものであることは、何人も否定しがたいものであるところ、その目的、必要性にかんがみれば、右の程度の強制は、実効性確保の手段として、あながち不均衡、不合理なものとはいえない」。

「憲法 35 条 1 項の規定は、本来、主として刑事責任追及の手続における強制について、それが司法権による事前の抑制の下におかれるべきことを保障した趣旨であるが、当該手続が刑事責任追及を目的とするものでないとの理由のみで、その手続における一切の強制が当然に右規定による保障の枠外にあると判断することは相当ではない。しかしながら、前に述べた諸点を総合して判断すれば、旧所得税法……に規定する検査は、あらかじめ裁判官の発する令状によることをその一般的要件としないからといって、これを憲法 35 条

の法意に反するものとすることはでき」ない。

「所論のうち、憲法 38 条違反をいう点は、旧所得税法……の規定に基づく検査、質問の結果、所得税逋脱……の事実が明らかになれば、税務職員は右の事実を告発できるのであり、右検査、質問は、刑事訴追をうけるおそれのある事項につき供述を強要するもので違憲である旨の主張である。」「しかし、同法……に規定する検査が、もっぱら所得税の公平確実な賦課徴収を目的とする手続であって、刑事責任の追及を目的とする手続ではなく、また、そのための資料の取得収集に直接結びつく作用を一般的に有するものでもないこと、および、このような検査制度に公益上の必要性と合理性の存することは、前示のとおりであり、これらの点については、同法……に規定する質問も同様である……。そして、憲法38 条 1 項の法意が、何人も自己の刑事上の責任を問われるおそれのある事項について供述を強要されないことを保障したものであると解すべきことは、当裁判所大法廷の判例……とするところであるが、右規定による保障は、純然たる刑事手続においてばかりではなく、それ以外の手続においても、実質上、刑事責任追及のための資料の取得収集に直接結びつく作用を一般的に有する手続には、ひとしく及ぶ……。しかし、旧所得税法……の検査、質問の性質が上述のようなものである以上、右各規定そのものが憲法 38 条 1 項にいう『自己に不利益な供述』を強要するものとすることはでき」ない。

POINT 所得税法(旧)63 条の定める収税官吏の検査（検査拒否につき罰則が法定されている）について、その目的・必要性・強制の態様に照らし、令状主義を採っていなくても憲法 35 条の法意に反せず、憲法 38 条違反にもあたらないとした判例である。もっとも、本判決は、行政調査にも憲法 35 条の保障が及びうることを肯定しており、行政調査による強制の度合いが「直接的物理的な強制と同視すべき程度」に至るなら、憲法 35 条による令状主義の適用があると解されよう。

➡最大判平成 4 年 7 月 1 日民集 46 巻 5 号 437 頁（判例 **12 − 1**）は、行政手続において令状主義が妥当する場合の判断基準について、次のように述べる。「憲法 35 条の規定は、本来、主として刑事手続における強制につき、それが司法権による事前の抑制の下に置かれるべきことを保障した趣旨のものであるが、当該手続が刑事責任追及を目的とするものではないとの理由のみで、その手続における一切の強制が当然に右規定による保障の枠外にあると判断することは相当ではない……。しかしながら、行政手続は、刑事手続とその性質においておのずから差異があり、また、行政目的に応じて多種多様であるから、行政手続における強制の一種である立入りにすべて裁判官の令状を要すると解するのは相当ではなく、当該立入りが、公共の福祉の維持という行政目的を達成するため欠くべからざるものであるかどうか、刑事責任追及のための資料収集に直接結び付くものであるかどうか、また、強制の程度、態様が直接的なものであるかどうかなどを総合判断して、裁判官の令状の要否を決めるべきである。」

10 - 2　税務調査の手続—質問検査の実施細目・荒川民商事件

最決昭和 48 年 7 月 10 日（刑集 27 巻 7 号 1205 頁・百選 I 101）

事実　荒川民主商工会の会員である Y は、所轄税務署から所得税確定申告に係る過少申告の疑いをもたれ、税務署の係官の訪問を受けたが、長男 A とともに係官による質問・帳簿書類の検査を拒否した。Y は、この不答弁と検査拒否が所得税法 242 条 8 号の罪に該当するとして起訴された。1 審は、質問等について合理的な必要性が認められ、かつ、不答弁等を処罰の対象とすることが不合理といえない特段の事情が認められる場合にのみ同号の罪は成立すると解釈し、本件には特段の事情は認められないとして、Y を無罪とした。しかし、2 審は Y を有罪としたので、Y が上告。上告棄却。

決定要旨　「所得税法 234 条 1 項の規定は、国税庁、国税局または税務署の調査権限を有する職員において、当該調査の目的、調査すべき事項、申請、申告の体裁内容、帳簿等の記入保存状況、相手方の事業の形態等諸般の具体的事情にかんがみ、客観的な必要性があると判断される場合には、前記職権調査の一方法として、同条 1 項各号規定の者に対し質問し、またはその事業に関する帳簿、書類その他当該調査事項に関連性を有する物件の検査を行なう権限を認めた趣旨であって、この場合の質問検査の範囲、程度、時期、場所等実定法上特段の定めのない実施の細目については、右にいう質問検査の必要があり、かつ、これと相手方の私的利益との衡量において社会通念上相当な限度にとどまるかぎり、権限ある税務職員の合理的な選択に委ねられているものと解すべく、また、暦年終了前または確定申告期間経過前といえども質問検査が法律上許されないものではなく、実施の日時場所の事前通知、調査の理由および必要性の個別的、具体的な告知のごときも、質問検査を行なううえの法律上一律の要件とされているものではない。」

POINT　所得税法の質問検査に関して、①質問検査は「具体的事情にかんがみ、客観的な必要性があると判断される」場合に発動できること、②質問検査に係る実施の細目は原則として「権限ある税務職員の合理的な選択に委ねられている」こと、③質問検査における事前通知、調査理由および必要性の個別的・具体的な告知は一律に必要ではないこと、を示した判例である。質問検査の具体的実施について、税務職員の裁量を認めたものであるが、上記②について、質問検査に係る客観的必要性の存在と相手方の私的利益との衡量が必要とされたことは、比例原則による規律の重要性を示唆している。

10−3　税務調査と国税犯則調査─税務調査資料の流用・今治税務署事件

最決平成 16 年 1 月 20 日（刑集 58 巻 1 号 26 頁・百選 I 102）

事実　砂利の採取・販売等を目的とする株式会社 Y₁ および Y₂ の代表取締役または実質的経営者である Y₃ は、Y₁・Y₂ の所得を秘匿し、法人税を免れたとして、Y₁・Y₂ とともに起訴された。この間の経緯は次のようなものであった。Y₁・Y₂ に対して所轄国税局調査査察部による内偵調査がされている段階で、Y₃ は、所轄税務署に修正申告を申し出た。そこで、同税務署職員が税務調査を実施し、その結果を踏まえ、統括国税調査官は、調査査察部に対し、Y₁・Y₂ が過少申告している事実と、Y₃ から提出を受けた資料の一部をファックスで送信した。その後、調査査察部は、臨検・捜索・差押えの許可状を請求し、その発付を得て帳簿等を差し押さえた上で、検察官に告発し、公訴提起に至った。

　Y₁ らは、税務調査が犯則調査の手段として行使され、証拠が違法収集証拠に該当すること等を主張したが、1 審・2 審とも Y₁ らを有罪としたため、Y₁ らが上告。上告棄却。

決定要旨　「法人税法（平成 13 年……改正前のもの）156 条によると、同法 153 条ないし 155 条に規定する質問又は検査の権限は、犯罪の証拠資料を取得収集し、保全するためなど、犯則事件の調査あるいは捜査のための手段として行使することは許されないと解するのが相当である。しかしながら、上記質問又は検査の権限の行使に当たって、取得収集される証拠資料が後に犯則事件の証拠として利用されることが想定できたとしても、そのことによって直ちに、上記質問又は検査の権限が犯則事件の調査あるいは捜査のための手段として行使されたことにはならないというべきである。」

POINT　税務調査権限は、犯則事件の調査・捜査の手段として行使することが許されないと解釈しつつ、税務調査によって取得収集される証拠資料が犯則事件で利用されることが、その調査の時点で抽象的に「想定」されただけでは、「手段」として行使されたとはいえないとした判例である。この判例によるなら、税務調査権限について犯則調査の「手段として行使」したか否かの解釈が問題となるが、行政調査と犯罪捜査の峻別という建前のみでは実際の意味に乏しいことが示唆される。

➡ 最判昭和 63 年 3 月 31 日（判時 1276 号 39 頁。麹町税務署事件）は、「収税官吏が犯則嫌疑者に対し国税犯則取締法に基づく調査を行った場合に、課税庁が右調査により収集された資料を右の者に対する課税処分及び青色申告承認の取消処分を行うために利用することは許される」とする。判例 10−3 とは逆のパターン、すなわち、国税犯則調査で発見・収集された資料を課税処分等のために用いることは許されるという法理が示されている。

11 行政上の義務履行確保

11-1　民事執行と行政執行(1)—バイパス理論・農業共済組合強制執行事件

最大判昭和41年2月23日（民集20巻2号320頁・百選I 105）

事実　茨城県を区域とする農業共済組合連合会Xは、同県下妻市を区域とする農業共済組合A（Xの構成員である）がその組合員Yに対して有する共済掛金等の債権を、Aに代位して行使することとし、Yを相手に民事訴訟を提起してこれを請求した。AがYに対して有する債権のうち、Aによる行政上の強制徴収が法律上認められる債権について、裁判の方法により履行を請求できるのか、争点となった。1審は、行政上の強制徴収が可能な債権について、民事訴訟による強制執行は認められないとして訴えを却下し（それ以外の債権についてのみXの請求を認容）、2審もこの判断を維持したため、Xが上告。上告棄却。

> **判旨**　「農業共済組合が組合員に対して有する……債権について、〔農業災害補償〕法が一般私法上の債権にみられない特別の取扱いを認めているのは、農業災害に関する共済事業の公共性に鑑み、その事業遂行上必要な財源を確保するためには、農業共済組合が強制加入制のもとにこれに加入する多数の組合員から収納するこれらの金円につき、租税に準ずる簡易迅速な行政上の強制徴収の手段によらしめることが、もっとも適切かつ妥当であるとしたからにほかならない。」
>
> 「論旨は、農業災害補償法87条の2がこれら債権に行政上の強制徴収の手段を認めていることは、これら債権について、一般私法上の債権とひとしく、民訴法上の強制執行の手段をとることを排除する趣旨でないと主張する。」「しかし、農業共済組合が、法律上特にかような独自の強制徴収の手段を与えられながら、この手段によることなく、一般私法上の債権と同様、訴えを提起し、民訴法上の強制執行の手段によってこれら債権の実現を図ることは、前示立法の趣旨に反し、公共性の強い農業共済組合の権能行使の適正を欠くものとして、許されない」。

POINT　行政上の強制徴収の手段が法定されている場合、当該規定の趣旨の解釈から、裁判所による民事執行を求めることができないとした判例である。行政上の強制徴収というバイパスがある以上そこを通るべきであるとする、「バイパス理論」と呼ばれる法理を示したとされる。

11-2　民事執行と行政執行(2)―法律上の争訟・宝塚市パチンコ条例事件

最判平成 14 年 7 月 9 日（民集 56 巻 6 号 1134 頁・百選 I 106）

事実　宝塚市（X）は、「宝塚市パチンコ店等、ゲームセンター及びラブホテルの建築等の規制に関する条例」を制定し、パチンコ店等の建築等をしようとする者は市長の同意を要し（3 条）、市長は、商業地域以外の用途地域や市街化調整区域においては、上記の同意をせず（4 条）、市長は、同意を得ずに建築等をしようとする者に、建築等の中止、原状回復等の措置を命ずることができる（8 条）等を定めていた。同市内でパチンコ店を経営しようとした Y は、条例 3 条に基づき、宝塚市長（A）に対して建築の同意を申請したが、A は、建築予定地が準工業地域に属することから不同意とした。Y は、同市の建築主事に建築確認を申請しようとしたが、建築主事は同意書の添付がないことを理由に受理を拒否したため、同市建築審査会に審査請求を行い、審査請求を認容する裁決を得て、建築確認を受けた。Y が建築工事に着手したところ、A が条例 8 条に基づく建築工事中止命令を発したが、Y は工事を続行したので、X は、Y を相手に、工事の続行禁止を求める仮処分を申し立て、申立てを認容する決定を得た上で、工事の続行禁止を求める訴え（行訴法 4 条後段の定める実質的当事者訴訟と解される）を提起した。

1 審・2 審とも、本件条例は風営法およびその委任による県条例、都市計画法、建築基準法が許容しない規制を定めているため無効であるとして、X の請求を棄却する判断をした。X が上告。破棄自判（訴え却下）。

判旨　「行政事件を含む民事事件において裁判所がその固有の権限に基づいて審判することのできる対象は、裁判所法 3 条 1 項にいう『法律上の争訟』、すなわち当事者間の具体的な権利義務ないし法律関係の存否に関する紛争であって、かつ、それが法令の適用により終局的に解決することができるものに限られる……。国又は地方公共団体が提起した訴訟であって、財産権の主体として自己の財産上の権利利益の保護救済を求めるような場合には、法律上の争訟に当たるというべきであるが、国又は地方公共団体が専ら行政権の主体として国民に対して行政上の義務の履行を求める訴訟は、法規の適用の適正ないし一般公益の保護を目的とするものであって、自己の権利利益の保護救済を目的とするものということはできないから、法律上の争訟として当然に裁判所の審判の対象となるものではなく、法律に特別の規定がある場合に限り、提起することが許されるものと解される。そして、行政代執行法は、行政上の義務の履行確保に関しては、別に法律で定めるものを除いては、同法の定めるところによるものと規定して（1 条）、同法が行政上の義務の履行に関する一般法であることを明らかにした上で、その具体的な方法としては、同法 2 条の規定による代執行のみを認めている。また、行政事件訴訟法その他の法律にも、一般に国又は地方公共団体が国民に対して行政上の義務の履行を求める訴訟を提起することを認める特別の規定は存在しない。したがって、国又は地方公共団体が専ら行政権の主体として国民に対して行政上の義務の履行を求める訴訟は、裁判所法 3 条 1 項にいう法律上の争訟に当たらず、これを認める特別の規定もないから、不適法というべきである。」

「本件訴えは、地方公共団体であるＸが本件条例８条に基づく行政上の義務の履行を求めて提起したものであり、……当該義務がＸの財産的権利に由来するものであるという事情も認められないから、法律上の争訟に当たらず、不適法」である。

POINT　本判決は、①行政主体を「財産権の主体」と「行政権の主体」に峻別する、②その上で、「行政権の主体」が国民に「行政上の義務」の履行を求める訴訟は法律上の争訟でない、③本件の場合に、「行政上の義務」の履行確保を求める訴訟を可能にする実定法上の仕組みはないとして、本件訴えを不適法とした。

これに対し、①「財産権の主体」と「行政権の主体」という二元的峻別はそもそも不可能ではないか、②国民から「行政権の主体」を相手に訴えを提起する場合は法律上の争訟と解釈されるのに、逆向きの法律関係のみ法律上の争訟でないとするのは矛盾していないか、という批判が可能である。さらに、③行政上の義務について、行政的執行の仕組みが法定されていない場合には、第三者性が高く、手続保障も整備された司法的執行によることがむしろ期待されるのではないか、という批判もある。本判決は、条例の適法性・有効性の解釈論で結着が図られるべきとも考えられるところ、法律上の争訟性の否定という大上段の議論により、裁判所自らが司法的執行の途を閉ざしてしまった。

なお、Ｘは、１審段階で公法・私法峻別論の放棄等を主張しており、本件訴えが民事訴訟であることを前提にしていたと考えられる。他方、本判決の論旨等から、裁判所は、本件訴えを、行訴法４条後段の定める実質的当事者訴訟として扱っている。条例に基づく処分により生じた義務（行政上の義務）の履行を求める訴えである以上、本件の訴訟物は公法上の法律関係であり、本件訴えは、実質的当事者訴訟と解されよう。

11-3　行政代執行法の要件—代替的作為義務・茨木市庁舎明渡請求事件
大阪高決昭和40年10月5日（行集16巻10号1756頁）

事実　茨木市長（Ｙ）は、市役所職員組合（Ｘ）に市庁舎の一部を組合事務所として利用する使用許可をしていたが、これを取り消す旨の処分を行い、さらに、Ｘに対し、組合事務所内の存置物件搬出を内容とする行政代執行法上の戒告をした。そこで、Ｘは、Ｙを相手に、使用許可の取消処分と戒告の各取消しを求めて出訴するとともに、行政代執行手続の続行停止等を申し立てた。１審がＸの申立てを認容したため、Ｙが抗告。原決定変更（戒告に続く代執行手続の続行を停止）。

決定要旨　「本件庁舎の管理権者たるＹが、Ｘに対する庁舎の使用許可を取消すときは、庁舎の使用関係はこれによって終了し、Ｙが管理権に基いて相手方に対し庁舎の明渡ない

し立退きを求めることができ、Xはこれに応ずべき義務あることはいうまでもないが、右義務は行政代執行によってその履行の確保が許される行政上の義務ではない。けだし、行政代執行による強制実現が許される義務は、行政代執行法第2条によって明らかな如く、法律が直接行為を命じた結果による義務であるかまたは行政庁が法律に基き行為を命じた結果に基く義務に限定されているのである。ところで、本件の如き庁舎使用許可取消処分については、処分があれば、庁舎の明渡ないしは立退きをなすべき旨を直接命じた法律の規定はない。また右使用許可取消処分は単に庁舎の使用関係を終了せしめるだけで、庁舎の明渡ないしは立退きを命じたものではないし、またこれを命じうる権限を与えた法律の規定もない」。

「YがXに対してなした行政代執行の前提たる戒告は、……組合事務所の存置物件の搬出についてであって、組合事務所の明渡しないしは立退きについてではないが、組合事務所存置物件の搬出は組合事務所の明渡しないしは立退き義務の履行に伴う必然的な行為であり、それ自体独立した義務内容をなすものではなく、……法律が直接命じた義務あるいは法律に基〔ママ〕く行政処分により命じた義務でないこと勿論である。従って、組合事務所の明渡しないしは立退きについて前記の如く代執行が許されないからといって、組合事務所存置物件の搬出のみを取り上げ、これが物件の搬出という面では代替的な作為義務に属することの故に、代執行の対象とするが如きことが許されないのは、いうまでもない。」

「そうであるから、前記庁舎使用許可取消処分に基ず〔ママ〕く行政代執行は、その執行の範囲を相手方組合事務所内の存置物件搬出に限定すると否とを問はず、行政代執行法2条の要件を欠き違法である」。「右の如き庁舎の明渡しないしは立退き請求については、庁舎の権利主体たる茨木市より相手方に対し、公法上の法律関係に関する訴えたる、当事者訴訟を提起し、その確定判決に基く強制執行によるか、あるいは仮処分によるなど、民訴法上の強制的実現の方法に出ずべきものである。」

「庁舎使用許可取消の行政処分は、……庁舎の使用関係を終了せしめる効果を生ぜしめるに過ぎないのである。かような観念的な法律状態の形成を目的とする行政処分には執行はありえないのであって、従って執行停止もありえない」。「行政処分の執行そのものが違法であるときは、むしろ当該執行の違法を理由にその取消を求める抗告訴訟を提起し（行政代執行が行政事件訴訟法3条の公権力の行使にあたる事実行為であり、これに対する抗告訴訟が許されることは同条の規定ならびに旧行政代執行法7条の規定との沿革的な関係に照して明らかなところである。）、執行手続の続行を停止する意味での執行停止を求めるべきである。」

POINT　本判決は、代執行をすることができる義務は代替的作為義務であるところ、庁舎の明渡し・立退きがこれに含まれないことを示す。また、庁舎の明渡し・立退き等を裁判で争うためには、庁舎使用許可取消処分の取消訴訟を提起した上で手続の続行に係る執行停止を求めるのではなく、行政代執行法に基づく行為に処分性を認めた上で、その行為の取消訴訟を提起して執行停止を求めるべき、と判示されている。

12　行政手続

12-1　行政手続と憲法解釈─成田新法事件

最大判平成 4 年 7 月 1 日（民集 46 巻 5 号 437 頁・百選 I 113）

事実　運輸大臣（Y_1）は、新東京国際空港の安全確保に関する緊急措置法（以下、「本法」という）3 条 1 項に基づき、X に対し、新東京国際空港の周辺に X が所有する建物について、「多数の暴力主義的破壊活動者の集合の用」等の態様に使用することを禁止する命令を行った。この命令は、1 年を期間として、毎年繰り返されている。X は、Y_1 に対して本件命令の取消し、国（Y_2）に対して国家賠償を求めて出訴。1 審・2 審とも X が敗訴し、X が上告。一部破棄自判・一部上告棄却。以下では、本法 3 条 1 項が処分に関して事前手続を定めていないことが憲法 31 条違反でないことを述べた部分を紹介する。

判旨　「憲法 31 条の定める法定手続の保障は、直接には刑事手続に関するものであるが、行政手続については、それが刑事手続ではないとの理由のみで、そのすべてが当然に同条による保障の枠外にあると判断することは相当ではない。」

「しかしながら、同条による保障が及ぶと解すべき場合であっても、一般に、行政手続は、刑事手続とその性質においておのずから差異があり、また、行政目的に応じて多種多様であるから、行政処分の相手方に事前の告知、弁解、防御の機会を与えるかどうかは、行政処分により制限を受ける権利利益の内容、性質、制限の程度、行政処分により達成しようとする公益の内容、程度、緊急性等を総合較量して決定されるべきものであって、常に必ずそのような機会を与えることを必要とするものではない」。

「本法 3 条 1 項に基づく工作物使用禁止命令により制限される権利利益の内容、性質は、……工作物の 3 態様における使用であり、右命令により達成しようとする公益の内容、程度、緊急性等は、……新空港の設置、管理等の安全という国家的、社会経済的、公益的、人道的見地からその確保が極めて強く要請されているものであって、高度かつ緊急の必要性を有するものであることなどを総合較量すれば、右命令をするに当たり、その相手方に対し事前に告知、弁解、防御の機会を与える旨の規定がなくても、本法 3 条 1 項が憲法 31 条の法意に反するものということはできない。」

POINT　本判決では、工作物使用禁止命令につき事前手続を定めていない条項が憲法 31 条に反するかが争点となり、憲法 31 条の保障は行政手続に及ぶとする一般論が示された上で、本件につき憲法 31 条の法意に反するものでないとの判断がされた。不利益処分について、告知・弁解・防御の機会等の事前手続の必要性が問題とされた事

案に係る判例である。

　なお、本件命令は 1 年を期限として毎年繰り返されており、少なくとも 2 年目以降の命令につき事前手続を経ない「緊急の必要性」を認めるのは疑問との指摘がある。

12−2　個別法の定める手続（1）―具体的審査基準の設定・個人タクシー事件
最判昭和 46 年 10 月 28 日（民集 25 巻 7 号 1037 頁・百選 I 114）

事実　洋品店を営む X は、東京陸運局長（Y）が個人タクシーを増車することとしたのを受けて、Y に対して一般乗用旅客自動車運送事業（個人タクシー事業）の免許申請をした（当時の道路運送法 3 条 2 項 3 号）。申請は受理され、同法 122 条の 2 に基づく聴聞が実施されたが、X の申請は却下された。なお、ここでの聴聞とは、現在の行政手続法における用語法とは異なり、担当官による申請者への面談・聴取を実態とするものであった。聴聞に際して、Y 側では、免許要件を定めた同法 6 条 1 項の趣旨を具体化した審査基準として 17 項目を設定し、これに基づく聴聞概要書調査書を作成して、聴聞担当官が各申請人に対して項目ごとに聴聞を行って結果を記入した。X については、審査基準のうち、転業が困難なものでない・運転歴 7 年以上に該当しないとして、申請を却下した。また、X について、個人タクシーに専念する意思の有無・軍隊での運転経験の有無等に関する聴聞は行われなかった。

　X は、本件申請却下処分の取消しを求めて出訴。1 審・2 審とも、X の請求を容認する判断をしたため、Y が上告。上告棄却。

判旨　「道路運送法においては、個人タクシー事業の免許申請の許否を決する手続について、同法 122 条の 2 の聴聞の規定のほか、とくに、審査、判定の手続、方法等に関する明文規定は存しない。しかし、同法による個人タクシー事業の免許の許否は個人の職業選択の自由にかかわりを有するものであり、このことと同法 6 条および前記 122 条の 2 の規定等とを併せ考えれば、本件におけるように、<u>多数の者のうちから少数特定の者を、具体的個別的事実関係に基づき選択して免許の許否を決しようとする行政庁としては、事実の認定につき行政庁の独断を疑うことが客観的にもっとも認められるような不公正な手続をとってはならない</u>ものと解せられる。すなわち、右 6 条は抽象的な免許基準を定めているにすぎないのであるから、内部的にせよ、さらに、その趣旨を具体化した審査基準を設定し、これを公正かつ合理的に適用すべく、とくに、右基準の内容が微妙、高度の認定を要するようなものである等の場合には、右基準を適用するうえで必要とされる事項について、申請人に対し、その主張と証拠の提出の機会を与えなければならない……。免許の申請人はこのような公正な手続によって免許の許否につき判定を受くべき法的利益を有するものと解すべく、これに反する審査手続によって免許の申請の却下処分がされたときは、右利益を侵害するものとして、右処分の違法事由となる」。

　「X の免許申請の却下事由となった他業関係および運転歴に関する<u>具体的審査基準</u>は、免許の許否を決するにつき重要であるか、または微妙な認定を要するものであるのみなら

ず、申請人である X 自身について存する事情、その財産等に直接関係のあるものであるから、とくに申請の却下処分をする場合には、右基準の適用上必要とされる事項については、聴聞その他適切な方法によって、申請人に対しその主張と証拠の提出の機会を与えなければならないものと認むべきところ、X に対する聴聞担当官は、X の転業の意思その他転業を困難ならしめるような事情および運転歴中に含まるべき軍隊における運転経歴に関しては X に聴聞しなかったというのであり、これらの点に関する事実を聴聞し、X にこれに対する主張と証拠の提出の機会を与えその結果をしんしゃくしたとすれば、Y がさきにした判断と異なる判断に到達する可能性がなかったとはいえないであろうから、右のような審査手続は、……かしあるものというべく、……この手続によってされた本件却下処分は違法」である。

POINT　行政手続法が整備される以前、個別法（本件では旧道路運送法）が定めていた聴聞の制度趣旨を憲法論も踏まえて解釈し、具体的な審査基準の設定とそれを前提にした申請人による意見陳述の機会の付与が必要であるとした判例である。本判決の当時、個人タクシー免許は、私人への特権の付与という講学上の特許としての色彩が濃く、行政裁量が比較的広く認められるところ、法定された事前手続に着目して司法審査の密度を高めた判例としても重要な意味をもつ。

　なお、本判決で問題となった「聴聞」は、申請者に担当官が面談するというものであり、現在の行政手続法が定める不利益処分に係る聴聞とは大きく異なる（そもそも、行政手続法は、申請に対する処分につき意見陳述手続を規定していない）。また、本判決は、意見陳述の機会を確保することにより決定の内容が異なる可能性がなかったとはいえないことを認定した上で、本件申請却下処分を違法と判断している。この点についても、現在の行政手続法において行政庁の行為義務として法定された手続に瑕疵があれば、それが処分結果に影響を及ぼすか否かに関わりなく、原則として処分の違法事由になると解されるべきであろう。

12-3　個別法の定める手続(2)—諮問手続の瑕疵・群馬中央バス事件
最判昭和 50 年 5 月 29 日（民集 29 巻 5 号 662 頁・百選 I 115）

事実　群馬中央バス株式会社（X）は、バス路線の延長を計画し、運輸大臣（Y）に対し、一般乗合旅客自動車運送事業の免許を申請した（道路運送法(旧)4 条）。Y は、東京陸運局長に指示して同法(旧)122 条の 2 に定める聴聞を実施し、さらに運輸審議会に諮問した。同審議会は、運輸省設置法 16 条に基づく公聴会を開催して X、利害関係人、一般公述人等の意見を聴取した上で、X の申請を却下すべき旨を Y に答申した。Y は、同答申に基づいて申請却下処分をしたので、X がその取消しを求めて出訴。1 審は X の請求を認容したが、2 審は X の請求を

棄却したため、Xが上告。上告棄却。

判旨 「一般に、行政庁が行政処分をするにあたって、諮問機関に諮問し、その決定を尊重して処分をしなければならない旨を法が定めているのは、処分行政庁が、諮問機関の決定（答申）を慎重に検討し、これに十分な考慮を払い、特段の合理的な理由のないかぎりこれに反する処分をしないように要求することにより、当該行政処分の客観的な適正妥当と公正を担保することを法が所期しているためであると考えられるから、かかる場合における諮問機関に対する諮問の経由は、極めて重大な意義を有するものというべく、したがって、行政処分が諮問を経ないでなされた場合はもちろん、これを経た場合においても、当該諮問機関の審理、決定（答申）の過程に重大な法規違反があることなどにより、その決定（答申）自体に法が右諮問機関に対する諮問を経ることを要求した趣旨に反すると認められるような瑕疵があるときは、これを経てなされた処分も違法として取消をまぬがれない」。

「公聴会の審理を要求する趣旨が、……免許の許否に関する運輸審議会の客観性のある適正かつ公正な決定（答申）を保障するにあることにかんがみると、……公聴会審理の方法及び内容自体が、実質的に前記のような要請を満たすようなものでなければならず、かつ、決定（答申）が、このような審理の結果に基づいてなされなければならない」。「免許の許否が、ひとり免許申請者のみならず、これと競争関係に立つ他の輸送業者や、一般利用者、地域住民等の第三者にも重大な影響を及ぼすものであることにかんがみると、許否の決定過程における申請者やその他の利害関係人の関与が決定の適正と公正の担保のうえにおいて有する意義は格別のものがあるというべく、この要請にこたえて法が定めた運輸審議会の公聴会における審議手続もまた、右の趣旨に沿い、その内容において、これらの関係者に対し、決定の基礎となる諸事項に関する諸般の証拠その他の資料と意見を十分に提出してこれを審議会の決定（答申）に反映させることを実質的に可能ならしめるようなものでなければならない」。

公聴会において「問題をより具体化し、Xの事業計画並びにその根拠資料における……問題点ないしは難点を具体的に明らかにし、Xをして進んでこれらの点についての補充資料や釈明ないしは反駁を提出させるための特段の措置はとられておらず、この点において、本件公聴会審理がXに主張立証の機会を与えるにつき必ずしも十分でないところがあったことは、これを否定することができない。しかしながら、……仮に運輸審議会が、公聴会審理においてより具体的にXの申請計画の問題点を指摘し、この点に関する意見及び資料の提出を促したとしても、Xにおいて、運輸審議会の認定判断を左右するに足る意見及び資料を追加提出しうる可能性があったとは認め難いのである。してみると、右のような事情のもとにおいて、本件免許申請についての運輸審議会の審理手続における上記のごとき不備は、結局において、前記公聴会審理を要求する法の趣旨に違背する重大な違法とするには足りず、右審理の結果に基づく運輸審議会の決定（答申）自体に瑕疵があるということはできないから、右諮問を経てなされたYの本件処分を違法として取り消す理由とはならない」。

POINT 本判決は、個別法が申請手続に審議会への諮問手続を法定している場合に、諮問手続の重要性を強調し、法が諮問手続を要求する趣旨に反する手続的瑕疵がある場合に、処分自体の取消事由になるとした。また、本判決は、審議会による公聴会審理についても、その行政手続上の意義を述べる一方、公聴会手続に不備があったとしても、仮に手続的不備を正して手続を尽くしたとしても審議会の決定が変わらないと判断される場合には、処分自体の取消事由にならないとしている。

12-4　個別法の定める手続(3)─告知を欠いた聴聞・ニコニコタクシー事件
大阪地判昭和 55 年 3 月 19 日（行集 31 巻 3 号 483 頁）

事実　大阪陸運局長（Y）は、一般乗用旅客自動車運送業者 X に対し、道路運送法および道路運送法施行規則等の違反を理由として、一般乗用旅客自動車運送事業の停止または免許の取消しを行う調査を開始する事案の公示を、大阪陸運局等の掲示板に掲示した。そこに公示された文書には、X が違反したとする法条が記載されていたが、具体的な違反事実の内容、各法条のうちの項・号の記載はなかった。X の従業員らは、3 度にわたり違反事実の開示を求めたが、大阪陸運局の職員は、処分事由となるべき違反事実の開示を一貫して拒否した。その後、X 側は、当時の道路運送法に基づく聴聞申請書を Y に提出し、Y は、X 側に聴聞を実施する旨を通知し、聴聞を実施した。聴聞において、Y 側の聴聞官は、一部の例外を除き、処分原因となるべき違反事実について、年月日・違反者・車両・態様等を特定して X に告知した上で弁解・立証を求めることをせず、法条ごとに一般的・概括的に X における取扱い等を尋ねるのみであった。このため、X 側は、聴聞において、具体的事実のほとんどについて個々的な主張や立証をすることができなかった。

　上記の聴聞を経て、Y は、X に対し、免許取消処分をした。そこで、X が、Y を相手に、本件処分の取消しを求めて出訴。請求認容。

判旨　道路運送「法 43 条は、免許取消等の事由を定め、その手続として、法 122 条の 2 第 2 項は、利害関係人の申請があったときには聴聞を義務づけている。そうして、同条 3 項は、『聴聞に際しては、利害関係人に対し、意見を述べ、及び証拠を提出する機会が与えられなければならない。』と規定している。しかし、法やその下位法規には、処分原因となるべき事実を利害関係人に告知しなければならないとする明文の規定は見当らない。」

　「利害関係人が十分意見を述べ、証拠を提出するためには、『何について』意見を述べ、証拠を提出すべきかが、利害関係人に明らかでなければならない」。

　「免許取消等の要件を定める法 43 条 1 号の規定は抽象的であって、これだけでは具体的な事実を知ることが不可能であるし、本件公示のように違反したとする法条だけが示されていても、これだけで処分原因となるべき具体的違反事実を当然に知ることができるとすることは無理である。」

「そうすると、利害関係人は、取消等の処分原因となるべき違反事実が告知されなければ、聴聞で適切な意見を十分述べ、証拠を提出することができない……。したがって、この告知が不必要であるとしてしまうと意見の陳述と証拠提出を保証している法122条の2第3項は、空文に帰すわけであるから、同項は、その前提として少なくとも被処分予定者に対しては、聴聞前に、処分原因となるべき具体的事実を告知することを予定している」。

　「免許取消しが事業者に与える影響が重大であるということは、……免許取消しの処分過程での事業者の関与の程度に強い配慮をすることが要請される」。

　「このようにみてくると、Yは、聴聞の目的とそれを必要とする趣旨に従い、被処分予定者の意見と証拠とを十分に提出することが可能になるように聴聞前に、取消等の処分原因となるべき具体的違反事実を告知する必要がある」。

　「Yが、本件聴聞に際し、被処分予定者に対し、取消原因となるべき具体的事実を告知しなかった本件聴聞の瑕疵は、聴聞制度の目的に反する重大な瑕疵であるから、この瑕疵は、本件処分に実体的根拠があるかどうかに拘らず、本件処分を取り消すべき事由になる」。

　「Xが、聴聞前に、処分原因となるべき具体的事実の告知を受けていたとすれば、Yの認定判断を動かすに足りる意見と資料を提出しうる可能性があったか否かは、本件処分を前記理由により取り消すべきかどうかの判断に影響を与えない」。

POINT　本判決は、個別法の定める聴聞（判例12−2と同じく、現在の行政手続法の聴聞とは異なることに注意）の手続的意義を重視し、手続の瑕疵（告知の欠如）が独立して処分の取消事由になるとした。本判決は、手続の瑕疵が行政決定の結果に影響を及ぼす場合にのみ処分本体の違法をもたらすとした判例12−3の射程が及ばないとしたことも注目に値する。

12−5　理由提示の意義（1）―旅券発給拒否
最判昭和60年1月22日（民集39巻1号1頁・百選I 118）

事実　Xは、外務大臣（Y）に対して渡航先をサウジアラビアとする一般旅券の発給を申請したが、YはXに対し、「旅券法13条1項5号に該当する」との理由を付した書面により旅券発給拒否処分をした。XがYに異議申立てをしたところ、Yは、Xが過激派集団と連繋関係を有する等として、棄却決定をした。Xは、本件処分の取消しと国家賠償を求めて出訴。1審は取消訴訟につきXの請求を認容したが（国家賠償につき請求棄却）、2審は取消訴訟につきXの請求を棄却したため、Xが上告。破棄自判（Yの控訴棄却）。

判旨　「一般に、法律が行政処分に理由を付記すべきものとしている場合に、どの程度

の記載をなすべきかは、処分の性質と理由付記を命じた各法律の規定の趣旨・目的に照らしてこれを決定すべきである……。旅券法が……一般旅券発給拒否通知書に拒否の理由を付記すべきものとしているのは、一般旅券の発給を拒否すれば、憲法 22 条 2 項で国民に保障された基本的人権である外国旅行の自由を制限することになるため、拒否事由の有無についての外務大臣の判断の慎重と公正妥当を担保してその恣意を抑制するとともに、拒否の理由を申請者に知らせることによって、その不服申立てに便宜を与える趣旨に出たものというべきであり、このような理由付記制度の趣旨にかんがみれば、一般旅券発給拒否通知書に付記すべき理由としては、いかなる事実関係に基づきいかなる法規を適用して一般旅券の発給が拒否されたかを、申請者においてその記載自体から了知しうるものでなければならず、単に発給拒否の根拠規定を示すだけでは、それによって当該規定の適用の基礎となった事実関係をも当然知りうるような場合を別として、旅券法の要求する理由付記として十分でないといわなければならない。この見地に立って旅券法 13 条 1 項 5 号をみるに、同号は『前各号に掲げる者を除く外、外務大臣において、著しく且つ直接に日本国の利益又は公安を害する行為を行う虞があると認めるに足りる相当の理由がある者』という概括的、抽象的な規定であるため、一般旅券発給拒否通知書に同号に該当する旨付記されただけでは、申請者において発給拒否の基因となった事実関係をその記載自体から知ることはできない……。したがって、外務大臣において旅券法 13 条 1 項 5 号の規定を根拠に一般旅券の発給を拒否する場合には、申請者に対する通知書に同号に該当すると付記するのみでは足りず、いかなる事実関係を認定して申請者が同号に該当すると判断したかを具体的に記載することを要する……。そうであるとすれば、単に『旅券法 13 条 1 項 5 号に該当する。』と付記されているにすぎない本件一般旅券発給拒否処分の通知書は、同法 14 条の定める理由付記の要件を欠くものというほかなく、本件一般旅券発給拒否処分に右違法があることを理由としてその取消しを求める X の本訴請求は、正当」である。

POINT　本判決は、個別法の定める申請拒否処分の理由付記について、その制度趣旨が、①処分庁の判断の慎重・公正妥当の担保と恣意抑制機能、②処分の相手方の争訟便宜機能であるとした上で、理由付記の程度として当該処分に係る根拠条文の提示では足りず、「いかなる事実関係に基づきいかなる法規を適用して一般旅券の発給が拒否されたかを、申請者においてその記載自体から了知しうるものでなければなら」ないとする。さらに、本判決では、理由付記に瑕疵がある場合、直ちに処分自体の取消事由となることも示されている。

　判例は、個別法が理由付記を法定する場合に、その手続的機能に照らし、理由付記に瑕疵があればその行政処分の取消事由になると解してきた（判例 5 - 12 を参照）。本判決は、理由付記が法定される場合に付記される理由の内容・程度を示したリーディングケースである。なお、現在は、一般法として行政手続法が存在し、「理由の提示」が制度化されているが、これらの判例法理は、「理由の提示」の解釈にも基本的に妥当

すると考えられる。

12-5 [A]　理由提示の意義(2)—処分基準との関係・一級建築士耐震偽装事件
最判平成23年6月7日（民集65巻4号2081頁・百選I 117）

事実　一級建築士であったX₁は、建築物の設計にあたり、①建築基準法令に定める構造基準に適合しない設計を行い、耐震性等の不足する構造上危険な建築物を現出させた、②構造計算書に偽装が見られる不適切な設計を行ったとして、国土交通大臣から、一級建築士免許を取り消す処分を受けた。同処分の通知書には、処分の理由として、上記①②に係る事実関係と、それが（当時の）建築士法10条1項2号・3号に該当し、一級建築士に対し社会が期待している品位および信用を著しく傷つけるものである旨、記載されていた。なお、本件処分は、X₁に対する聴聞手続を実施した上で、中央建築士審査会の同意を得て行われた。さらに、北海道知事は、上記の免許取消処分を受けて、X₁が管理建築士を務めていた建築士事務所の開設者であったX₂に対し、建築士事務所登録取消処分を行った。

　X₁・X₂は、国（Y₁）・北海道（Y₂）を相手に、上記各処分の取消しを求めて出訴。本件免許取消処分において、公にされている処分基準の適用関係が理由として示されておらず、行政手続法14条1項の定める理由提示の要件を欠いた違法があること等が争点となったが、1審・2審ともX₁・X₂の請求を斥けたため、X₁・X₂が上告。破棄自判（免許取消処分・登録取消処分を取消し）。

判旨　「行政手続法14条1項本文が、不利益処分をする場合に同時にその理由を名宛人に示さなければならないとしているのは、名宛人に直接に義務を課し又はその権利を制限するという不利益処分の性質に鑑み、行政庁の判断の慎重と合理性を担保してその恣意を抑制するとともに、処分の理由を名宛人に知らせて不服の申立てに便宜を与える趣旨に出たものと解される。そして、同項本文に基づいてどの程度の理由を提示すべきかは、上記のような同項本文の趣旨に照らし、当該処分の根拠法令の規定内容、当該処分に係る処分基準の存否及び内容並びに公表の有無、当該処分の性質及び内容、当該処分の原因となる事実関係の内容等を総合考慮してこれを決定すべきである。」

建築士法10条1項「2号及び3号の定める処分要件はいずれも抽象的である上、これらに該当する場合に同項所定の戒告、1年以内の業務停止又は免許取消しのいずれの処分を選択するかも処分行政庁の裁量に委ねられている。そして、建築士に対する上記懲戒処分については、処分内容の決定に関し、本件処分基準が定められているところ、本件処分基準は、意見公募の手続を経るなど適正を担保すべき手厚い手続を経た上で定められて公にされており、しかも、その内容は、……多様な事例に対応すべくかなり複雑なものとなっている。そうすると、建築士に対する上記懲戒処分に際して同時に示されるべき理由としては、処分の原因となる事実及び処分の根拠法条に加えて、本件処分基準の適用関係が示されなければ、処分の名宛人において、……いかなる理由に基づいてどのような処分

基準の適用によって当該処分が選択されたのかを知ることは困難である」。

「本件免許取消処分は X₁ の一級建築士としての資格を直接にはく奪する重大な不利益処分であるところ、その処分の理由として、……処分の原因となる事実と、建築士法 10 条 1 項 2 号及び 3 号という処分の根拠法条とが示されているのみで、本件処分基準の適用関係が全く示されておらず、その複雑な基準の下では、X₁ において、上記事実及び根拠法条の提示によって処分要件の該当性に係る理由は相応に知り得るとしても、いかなる理由に基づいてどのような処分基準の適用によって免許取消処分が選択されたのかを知ることはできない……。このような本件の事情の下においては、行政手続法 14 条 1 項本文の趣旨に照らし、同項本文の要求する理由提示としては十分でないといわなければならず、本件免許取消処分は、同項本文の定める理由提示の要件を欠いた違法な処分であるというべきであって、取消しを免れない」。

POINT 法の定める処分要件が抽象的・概括的である一方、複雑・詳細な処分基準が公にされていたという事情の下でなされた不利益処分について、行政手続法 14 条 1 項の定める理由の提示の意義を処分基準との関係性を含めてとらえ、処分の名あて人において「いかなる理由に基づいてどのような処分基準の適用によって当該取消処分が選択されたのかを知ること」ができる程度の内容の理由提示が必要と解釈した判決である。不利益処分に係る理由の提示について、処分基準の設定・公開（同法 12 条）と相まって、処分庁の判断に係る恣意抑制・合理性担保、処分の相手方の争訟便宜という制度趣旨によることが重視されている。その上で、本判決は、行政手続法 14 条 1 項により「どの程度の理由を提示すべきか」について、①当該処分の根拠法令の規定内容、②当該処分に係る処分基準の存否および内容ならびに公表の有無、③当該処分の性質および内容、④当該処分の原因となる事実関係の内容、等の総合考慮によるとしている。

12-6　手続の瑕疵と行政処分の効力—中国人医師国家試験受験事件
東京高判平成 13 年 6 月 14 日（判時 1757 号 51 頁）

事実 中国国籍を有し、中国で医学教育を受けた X は、わが国で医師として働くため、厚生大臣（Y₁）に対し、医師国家試験本試験の受験資格の認定申請を行った。これに対し、Y₁は、医師国家試験予備試験の受験資格が相当であるとして、X の申請を却下した。X は、Y₁ を相手に本件却下処分の取消し、国（Y₂）を相手に損害賠償を求めて出訴。1 審は X の請求をいずれも棄却し、X が控訴。取消請求について請求認容（国家賠償請求は棄却）。

判旨 「Y₁ が本件却下処分を行うに当たって用いた本件認定基準は、その内容にかんが

みれば、〔医師〕法11条及び12条に基づきY₁が行うこととされている認定の許否を判断するための審査基準に当たるものということができるから、Y₁としては、行政上特別の支障があるときを除き、これを公にしておかなければならない……（行政手続法5条1項、3項）。そして、……Y₁が本件認定申請の提出先とされている機関の事務所における備付けその他の適当な方法により、本件認定基準を公にしていたということができないことは明らかである。そして、本件において、本件認定基準を公にすることに行政上特別の支障があるとの事情は主張も立証もされていないから、結局、Y₁の本件却下処分は、行政手続法5条3項に違反する状況でされた」。

「一般に、法規が行政処分に理由を付すべきものとしている場合において、その趣旨とするところは、行政庁の判断の慎重・合理性を担保してその恣意を抑制するとともに、処分の理由を相手方に知らせて不服の申立てに便宜を与えることにあるものと解されるが……、申請により求められた許認可等を拒否する処分をする場合に、申請者に対し当該処分の理由を示すべき旨を規定する行政手続法8条1項も、これと同一の趣旨に出たものと解するのが相当である。このような理由提示制度の趣旨にかんがみれば、許認可等の申請を拒否する処分に付すべき理由としては、いかなる事実関係についていかなる法規を適用して当該処分を行ったかを、申請者においてその記載自体から了知しうるものでなければならない……。そして、当該処分が行政手続法5条の審査基準を適用した結果であって、その審査基準を公にすることに特別の行政上の支障がない場合には、当該処分に付すべき理由は、いかなる事実関係についていかなる審査基準を適用して当該処分を行ったかを、申請者においてその記載自体から了知しうる程度に記載することを要する」。

「本件却下処分の理由としては、『貴殿の医学に関する経歴等からみて』との理由が示されているにとどまるのであって、この理由からは、Xの経歴等のうちのどの点が審査基準のどの項目を満たさないために本件却下処分がされたものであるかを知ることは、Xにとって不可能である……。そうであるとすれば、本件却下処分は、……行政手続法8条1項に違反する」。

「本件却下処分には、その処分に際して審査基準である本件認定基準が公にされず、また、適法な理由が示されなかったという違法があるものというべきであるところ、行政手続法には、これらの規定に違反する行政処分の効力についての規定が置かれていない。」

「行政手続法は、……その適用を受ける処分について、申請者等に対し、同法の規定する適正な手続によって行政処分を受ける権利を保障したものと解するのが相当である。本件においては、……Y₁は、本件認定申請を行ったXに対し、審査基準を公表せず、また法律上提示すべきものとされている理由を提示することなく本件却下処分を行っているところ、このように行政手続法の規定する重要な手続を履践しないで行われた処分は、当該申請が不適法なものであることが一見して明白であるなどの特段の事情のある場合を除き、行政手続法に違反した違法な処分として取消しを免れない」。

POINT 本判決は、申請に対する処分について、審査基準の非公開（行政手続法5条3項違反）、理由の提示の瑕疵（行政手続法8条1項違反）が争われた。行政手続法が施

行された後の裁判例であり、同法の具体的な解釈を示したものとして意義がある。

理由付記（行政手続法では理由の提示）の瑕疵について、それが処分自体の取消事由になることは、行政手続法制定前にすでに判例法理として確立していた（判例 12 - 5 を参照）。他方、本判決では、「行政手続法の規定する重要な手続を履践しないで行われた処分」は、原則として取り消されるとする。本判決について、審査基準に係る行政手続法 5 条の瑕疵が単独で認められる場合であっても、「行政手続法の規定する重要な手続」が履践されないと認定することが可能であれば処分自体の取消事由になる、と解することができるならば、行政手続法が定める手続上の義務の違背が処分自体の取消事由となる局面が拡大すると考えられる。

➡ 東京高判平成 19 年 5 月 31 日（判時 1982 号 48 頁）は、遺族年金決定請求用紙の交付を求めたにもかかわらず、決定請求用紙を約 2 か月間交付しなかった行為について、行政手続法 7 条に定められた義務の趣旨に違反する行為であるとした上で、国家賠償法 1 条 1 項による損害賠償請求を認容した。判決は、行政手続法に定める義務に違反する行為が直ちに国家賠償法上違法になるものではない、としつつ、①義務違反の態様、②違反した義務の手続における重要性、③申請の結果に及ぼした影響、④そのことにより申請者等の受けた財産的損失の有無・程度、精神的苦痛の有無・程度、を考慮要素として違法な損害に該当するか否かを判断すべきとしている。

➡ 那覇地判平成 20 年 3 月 11 日（判時 2056 号 56 頁）は、地方公共団体の一部事務組合がした行政財産（港湾施設）の目的外使用許可申請を不許可とした処分について、審査基準の設定・公表を欠いていたことが、行政手続法 5 条に反するとして、これを取り消した。判決では、行政手続法 5 条の趣旨について、「行政庁に対し、できる限り具体的な審査基準の設定とその公表を義務づけ、行政庁に上記審査基準に従った判断を行わせることにより、行政庁の判断の慎重・合理性を担保してその恣意を抑制するとともに、申請者の予測可能性を保障し、また不服の申立てに便宜を与えることにより、不公正な取扱いがされることを防止する趣旨のものである」とし、行政財産の目的外使用許可等は、「特定の者に不当な利益を与えたり、又は特定の者が不当な不利益を受けたりすることがないようにするため、行政庁の恣意を排し、不公正な取扱いがされることを防止する必要が高く、審査基準の設定とその公表の必要性は高い」とする。さらに、判決は、理由の提示との関係で、「その前提となる審査基準の設定とその公表を欠いてされた処分も」、理由の提示に係る処分庁の恣意抑制機能・相手方の不服申立便宜機能と同様の趣旨により、処分自体の取消しを免れない、としている。

13 情報公開・個人情報保護

13-1 部分公開と独立一体的情報—大阪府知事交際費事件
最判平成 13 年 3 月 27 日（民集 55 巻 2 号 530 頁）

事実 大阪府の住民 X らが、大阪府公文書公開等条例に基づき、大阪府知事（Y）に知事交際費についての公文書の公開請求を行ったところ、Y が一部の文書を非公開とする決定をしたので、その取消しを求めて提訴したのが本件である。1 審・2 審とも X が勝訴したため、Y が上告し、上告審（最判平成 6 年 1 月 27 日民集 48 巻 1 号 53 頁。百選 I 31）は、条例 8 条 4 号（企画調整等事務情報）、5 号（交渉等事務情報）、9 条 1 号（性質上公開に親しまない個人情報）の該当性につき審理を尽くさせるため、原審に差し戻した。原判決を変更した差戻審判決につき X ら・Y 双方が上告。一部破棄自判・一部上告棄却。

判旨 「本件条例 10 条は、一個の公文書について本件条例 8 条各号又は 9 条各号のいずれかの事由（以下、『非公開事由』という。）に該当する情報が記録されている部分をその余の部分から容易に、かつ、公文書の公開の請求の趣旨を損なわない程度に分離できるときは、非公開事由に該当する情報が記録されている部分を除いたその余の部分を公開することを実施機関に義務付けるものであって、同条所定の要件に該当する限り、実施機関は同条所定の公文書の部分公開をしなければならず、……〔住民等〕は、実施機関に対して、本件条例 10 条所定の部分公開を請求することができるのである。しかしながら、同条は、その文理に照らすと、一個の公文書に複数の情報が記録されている場合において、それらの情報のうちに非公開事由に該当するものがあるときは、当該部分を除いたその余の部分についてのみ、これを公開することを実施機関に義務付けているにすぎない。すなわち、同条は、非公開事由に該当する独立した一体的な情報を更に細分化し、その一部を非公開とし、その余の部分にはもはや非公開事由に該当する情報は記録されていないものとみなして、これを公開することまでをも実施機関に義務付けているものと解することはできないのである。したがって、実施機関においてこれを細分化することなく一体として非公開決定をしたときに、住民等は、実施機関に対し、同条を根拠として、公開することに問題のある箇所のみを除外してその余の部分を公開するよう請求する権利はなく、裁判所もまた、当該非公開決定の取消訴訟において、実施機関がこのような態様の部分公開をすべきであることを理由として当該非公開決定の一部を取り消すことはできない。」

「もっとも、住民等の公文書の公開請求に対し、実施機関において、……その裁量判断により、本件条例 9 条 1 号に該当する情報が記録されている公文書のうち氏名、生年月日その他の特定の個人を識別することができることとなる記述等の部分（個人識別部分）のみを非公開とし、その余の部分を公開するなど、非公開事由に該当する独立した一体的な

情報を更に細分化してその一部が記録されている公文書の部分のみを非公開とし、その余の部分を公開するといった態様の部分公開を任意に行うことは、本件条例の許容するところと解される。そして、実施機関がこのような態様の部分公開を任意に行った場合には、これに不服のある住民等は、非公開とされた部分をも公開すべきであると主張して、訴訟手続により当該部分に係る非公開決定の全部取消しを求めることができ、裁判所は、当該非公開決定が違法であると判断したときは、これを取り消すことができる」。

「本件のような知事の交際事務に関する情報であって交際の相手方が識別され得るものが記録されている公文書についていえば、当該情報が本件条例8条4号、5号又は9条1号に該当する場合においては、実施機関は、当該情報のうち交際の相手方の氏名等交際の相手方を識別することができることとなる記述等の部分……を除いた部分を公開しなければならない義務を負うものではなく、実施機関がその裁量判断により相手方識別部分を除いてその余の部分を公開するものとした場合はともかく、そのような部分公開が相当でないと判断して相手方識別部分をも含めて非公開決定をした場合には、裁判所は当該決定を取り消すべき理由はない」。

POINT　本判決では、知事交際費について交際の相手方の氏名等は原則として非公開事由に該当するとした上で、部分公開のあり方について、実施機関には非公開事由に該当する独立した一体的な情報をさらに細分化して公開する義務はないとした（独立一体説、情報単位論などと呼ばれる）。この「独立一体的情報」論によれば、行政文書の一部に個人識別情報が記録されている場合、個人識別情報を除いて（その部分を黒塗りして）残りの部分を開示する必要はないことになる。

この問題について、情報公開法6条2項は、個人識別情報を除外すれば部分開示が可能になるよう立法的対応をしている。もっとも、情報公開法の解釈においても、同項が規律していない部分で「独立一体的情報」論により部分開示が否定されるか、問題になりうる。

➡最判平成19年4月17日判時1971号109頁（百選I 34）は、行政文書中に「非公開情報に該当しない公務員の懇談会出席に関する情報とこれに該当する公務員以外の者の懇談会出席に関する情報とに共通する記載部分がある場合、それ自体非公開情報に該当すると認められる記載部分を除く記載部分は、公開すべき公務員……に関する情報としてこれを公開すべき」とする。したがって、同判決は、公開情報と非公開情報が混在する場合に、公開情報を分割した上で、可能な限り公開すべきという解釈を採ったことになる。さらに、同判決に付された藤田宙靖裁判官の補足意見は、「独立一体的情報」論を厳しく批判する。最判平成30年1月19日判時2377号4頁（百選I 30）に付された山本庸幸裁判官の意見は、「独立一体的情報」論の問題点を改めて指摘し、それに替わる分析的な法解釈を示唆する。

13-2 市の開示決定に対する国の取消請求—那覇市自衛隊基地事件

最判平成 13 年 7 月 13 日（判自 223 号 22 頁・百選 II 138）

事実 那覇市の住民 A らは、那覇市情報公開条例に基づき、那覇市長（Y）に対して、自衛隊那覇基地内に建設予定の対潜水艦戦作戦センターに関する建物の設計図等の公開を請求した。請求対象の文書は、那覇防衛施設局長が、建築工事を行うにつき建築基準法に基づいて同市建築主事に提出した文書である。Y が公開決定を行ったため、国（X）が、公開により国の秘密保護に係る法的利益等が侵害されるとして、本件処分の一部取消しを求めて出訴した。1 審・2 審とも、本件訴えが法律上の争訟であることを否定して訴えを却下する判断をしたため、X が上告。上告棄却。

判旨 「原審は、本件においては、Y の本件条例に基づく行政権限の行使と X の防衛行政権限の行使との間に抵触が生じ、これをめぐって両当事者間に権限の行使に関する紛争が発生しているのであるから、本件訴えは裁判所法 3 条にいう『法律上の争訟』に当たらないと判断し、本件訴えを却下すべきものとした。」

「しかし、……本件文書は、建築基準法 18 条 2 項に基づき那覇市建築主事に提出された建築工事計画通知書及びこれに添付された本件建物の設計図面等であり、X は、本件文書の公開によって国有財産である本件建物の内部構造等が明らかになると、警備上の支障が生じるほか、外部からの攻撃に対応する機能の減殺により本件建物の安全性が低減するなど、本件建物の所有者として有する固有の利益が侵害されることをも理由として、本件各処分の取消しを求めていると理解することができる。そうすると、本件訴えは、法律上の争訟に当たるというべきであ」る。

「本件条例 6 条 1 項は、同項各号所定の情報が記録されている公文書は非公開とすることができる旨を定めているが、その趣旨、文言等に照らし、同項が X の主張に係る利益を個別的利益として保護する趣旨を含むものと解することはできず、他に、X の主張に係る利益を個別的利益として保護する趣旨を含むことをうかがわせる規定も見当たらない。そうすると、X が本件各処分の取消しを求める原告適格を有するということはできないから、本件訴えは、結局、不適法」である。

POINT 本判決は、国が、市条例に基づいて市が行った公開決定の取消しを求めた事案について、国有財産に係る国の所有権に関する紛争であることから法律上の争訟性を肯定した上で、国の原告適格を否定した。財産権に由来する紛争として法律上の争訟性を認めるロジックは、本判決が判例 **11-2** と表裏の関係にあることを想起させる。

13-3　法人情報の不開示事由と行政裁量
―工場エネルギー使用量の情報公開

最判平成 23 年 10 月 14 日（判時 2159 号 53 頁②事件・百選 I 32）

事実　環境政策の提言を主旨とする NPO 法人（X）は、製鉄所等の大規模工場による地球温暖化防止対策をチェックする試みとして、情報公開法に基づき、経済産業大臣から権限の委任を受けた近畿経済産業局長に対し、エネルギーの使用の合理化に関する法律（省エネ法）により各事業者が工場における燃料等・電気の使用の状況等を記載して同局長に提供した平成 15年度の定期報告書について、開示請求をした。これに対し、同局長は、定期報告書に記載された事業所ごとのエネルギー使用量の情報（本件数値情報）が、情報公開法 5 条 2 号イ所定の不開示情報にあたるとして、当該部分を不開示とする部分開示決定（本件決定）をした。そこで、X は、国（Y）を相手に、本件決定の不開示部分の取消し・当該部分の開示決定の義務付けを求めて出訴。1 審では X が勝訴したが、2 審は、情報公開法 5 条 2 号イの定める不開示情報該当性の判断について、裁量権行使の逸脱・濫用が認められない限り司法審査が及ばないとした上で、本件数値情報を不開示とした処分庁の判断は合理的な理由があり、社会通念上妥当を欠き裁量権を逸脱・濫用した違法なものとは認められないとして、X 敗訴の判断をしたため、X が上告。上告棄却（理由が差し替えられている）。

判旨　「本件数値情報が情報公開法 5 条 2 号イ所定の不開示情報に当たるか否かは同号イの定める要件に該当する事情の有無によって客観的に判断されるべきものであって、処分行政庁の裁量判断に委ねられるべきものではない」。

　「本件数値情報は、……本件各事業者の内部において管理される情報としての性質を有するものであって、製造業者としての事業活動に係る技術上又は営業上の事項等と密接に関係する」。

　（平成 17 年に改正された「地球温暖化対策の推進に関する法律」に定められた）「温室効果ガス算定排出量の公表及び開示に係る制度においては、……本件数値情報に相当する情報よりも抽象度の高い事業所単位のエネルギー起源二酸化炭素の温室効果ガス算定排出量についてさえ、事業者の権利利益に配慮して開示の範囲を制限することが特に定められているのであって、このことからも、本件数値情報が事業者の権利利益と密接に関係する情報であることがうかがわれる」。

　「省エネルギー法において所定の数値に関する情報を記載した定期報告書の提出が義務付けられた趣旨は、各事業者において自らエネルギーの使用の状況等を詳細に把握して整理分析することを促すとともに、国が適切な指示等……を行うために各事業者におけるエネルギーの使用の状況等について各年度ごとに具体的な数値を含めて詳細に把握するということにある……。このような省エネルギー法の報告制度の趣旨に鑑みると、情報公開法による定期報告書の開示の範囲を検討するに当たっては、上記のような当該情報の性質や当該制度との整合性を考慮した判断が求められる」。

（本件数値情報を）「総合的に分析することによって、本件各工場におけるエネルギーコスト、製造原価及び省エネルギーの技術水準並びにこれらの経年的推移等についてより精度の高い推計を行うことが可能となる」。

　「これらによれば、競業者にとっては、本件数値情報が開示された場合、上記のような総合的な分析に自らの同種の数値に関する情報等との比較検討を加味することによって……更に精度の高い推計を行うことができる……。」「また、需要者にとっても、本件数値情報が開示された場合、……本件各事業者との製品の価格交渉等において……客観的な裏付けのある情報としてこれを交渉の材料等に用いることが可能となる……。」「供給者にとっても、……本件各事業者との燃料等の価格交渉等において……客観的な裏付けのある情報としてこれを交渉の材料等に用いることが可能となる……。」「他方、……本件各事業者は、製造業を事業目的とする一般の私企業である……ところ、本件数値情報は、その内容が法令で事項及び細目を定められているため、本件各事業者としては、定期報告書を提出する際にこれが将来開示され得る可能性を考慮して表現に配慮するなどの余地がなく、報告についても罰則をもって強制されていることから、仮に本件数値情報が開示されるとすれば上記……のような不利な状況に置かれることを回避することは極めて困難である」。

　「以上のような本件数値情報の内容、性質及びその法制度上の位置付け、本件数値情報をめぐる競業者、需要者及び供給者と本件各事業者との利害の状況等の諸事情を総合勘案すれば、本件数値情報は、競業者にとって……有益な情報であり、また、需要者や供給者にとっても……有益な情報であるということができ、本件数値情報が開示された場合には、これが開示されない場合と比べて、これらの者は事業上の競争や価格競争等においてより有利な地位に立つことができる反面、本件各事業者はより不利な条件の下での事業上の競争や価格交渉等を強いられ、このような不利な状況に置かれることよって本件各事業者の競争上の地位その他正当な利益が害される蓋然性が客観的に認められる」。

　「以上によれば、本件数値情報は、これが公にされることにより本件各事業者の競争上の地位その他正当な利益を害するおそれがあるものとして、情報公開法5条2号イ所定の不開示情報にあたる」。

POINT　情報公開法5条2号イは、法人情報について、当該法人等の「権利、競争上の地位その他正当な利益を害するおそれがあるもの」に限って不開示となると規定する。本判決は、同要件（不開示事由）の該当性について、行政庁の要件裁量を否定し、法の定める要件該当性について、裁判所が客観的に判断する（判断代置できる）との解釈を示した。その上で、判決は、利益侵害要件の該当性について、「本件各事業者の競争上の地位その他正当な利益が害される蓋然性が客観的に認められる」か、という判断基準を示した上で、要件を充足（不開示事由を肯定）するとの判断をした。2審において上記の情報公開法5条2号イの不開示要件につき要件裁量を肯定したことを改め、最高裁として、要件裁量を否定し、法の定める不開示要件の該当性について完全な司法審査が及ぶことを明確にしたものと考えられる。

判決は、上記の解釈を踏まえ、本件数値情報が本件各事業者の競争上の地位その他正当な利益が害される「蓋然性」が「客観的に認められるか」具体的に検討し、本件数値情報が法人情報に係る不開示情報に該当するとの結論を導いている。判決は、情報公開法 5 条 2 号イの定める不開示事由該当性について、「本件数値情報の内容、性質及びその法制度上の位置付け、本件数値情報をめぐる競業者、需要者及び供給者と本件各事業者との利害の状況等の諸事情を総合勘案」するという解釈手法により、利益侵害情報か否かを個別具体的に（判断代置的に）審査しようとしたものと考えられる。

13 - 4　個人情報の訂正請求
―実施機関の調査権限との関係・京都市レセプト訂正請求事件
最判平成 18 年 3 月 10 日（判時 1932 号 71 頁・百選 I 37）

事実　京都市個人情報保護条例は、「個人に関する情報で、個人が識別され、又は識別され得るもの」を個人情報と定めた（2 条 1 号）上で、本件条例所定の実施機関が請求に基づいて個人情報の開示をする旨の決定をしたときは、遅滞なく、開示請求者に対し、当該決定に係る個人情報の開示をしなければならないと規定するとともに（18 条 1 項）、同項の規定による開示を受けた自己の個人情報の内容に事実についての誤りがあると認める者は、実施機関に対し、その訂正を請求することができること（21 条 1 項）、実施機関は、訂正請求があったときは、必要な調査をした上、当該請求があった日の翌日から起算して 30 日以内に、当該請求に係る個人情報の訂正をする旨またはしない旨の決定をしなければならないこと（23 条 1 項）を定めていた。

　X は、本件条例に基づき、X が受けた歯科診療に係る国民健康保険診療報酬明細書（レセプト）の開示を受けた。本件レセプトは、各保険医療機関が、法令の規定に基づき、X に対する療養の給付に関する費用を保険者である京都市に請求するため、診療報酬請求書に添付される明細書として、X に対して行ったとする診療の内容等を記載して作成し、療養の給付に関する費用の請求の審査および費用の支払いに関する事務を市から委託された京都府国民健康保険団体連合会に提出したものである。連合会は、本件レセプトについて審査を行った後に市に提出し、市は、連合会を通じて各保険医療機関に診療報酬を支払ったのち、本件レセプトを歳入歳出の証拠書類として保管している。

　X は、本件レセプトに記録された X の受けた診療に関する情報の内容に事実についての誤りがあるとして、本件条例に基づき、京都市長（Y）に対し、その訂正請求をした。これに対し、Y は、市には本件レセプトを訂正する権限がなく、市長である Y には本件訂正請求につき調査する権限がないことを理由として、これを訂正しない旨の処分をした。X が本件処分の取消しを求めて出訴。1 審・2 審とも X の請求を認容する判断をしたため、Y が上告。破棄自判（請求棄却）。

判旨 「本件条例の定める訂正請求の制度は、基本的に、本件条例に基づいて開示を受けた自己の個人情報の内容に事実についての誤りがあると認める者に対し、その訂正を請求する権利を保障することにより、市の管理する誤りのある個人情報が利用されることによる個人の権利利益の侵害を防止することを趣旨目的として設けられたものと解される。そして、本件条例は、訂正請求があったときは、実施機関が必要な調査をした上、当該請求に係る個人情報の訂正をする旨又はしない旨の決定をしなければならないとしているものの、実施機関に対してそのために必要な調査権限を付与する特段の規定を置いておらず、実施機関の有する対外的な調査権限におのずから限界がある」。

本件では「① 本件レセプトは、国民健康保険法に基づく療養の給付に関する費用を請求するために、診療報酬請求書に添付される明細書として、保険医療機関が自ら行ったとする診療の内容を記載して作成し、連合会に提出したものであること、② 連合会による審査の後に本件レセプトを取得した市は、これに基づき、連合会を通して保険医療機関に対して診療報酬の支払をしていること、③ 市においては、その支払の明細に係る歳入歳出の証拠書類として本件レセプトを保管しているものであること、が認められる。」

「上記の事情を踏まえると、保険医療機関が自ら行った診療として本件レセプトに記載した内容が実際のものと異なることを理由として、実施機関が本件レセプトに記録されたXの診療に関する情報を誤りのある個人情報であるとして訂正することは、保険医療機関が請求した療養の給付に関する費用の内容等を明らかにするという本件レセプトの文書としての性格に適さない」。

「また、市において、実施機関の収集した個人情報が、当該実施機関内で個人情報を取り扱う事務の目的を達成するために必要な範囲内で利用されるものとして管理されることは、本件条例8条1項の規定に照らして明らかであるところ、本件レセプトについての上記保管目的からすると、本件レセプトに記録されたXの診療に関する情報は、本件訂正請求がされた当時、市においてXの実際に受けた診療内容を直接明らかにするために管理されていたものとは認められず、Xの権利利益に直接係るものということは困難であると考えられる。そして、実施機関が有する個人情報の訂正を行うための対外的な調査権限の内容にもかんがみれば、本件条例は、このような場合にまで、Xの実際に受けた診療内容について必要な調査を遂げた上で本件レセプトにおけるXの診療に関する情報を訂正することを要請しているとはいい難いと考えられる。」

「本件レセプトのXの診療に関する記載を訂正することは、本件条例の定める訂正請求の制度において予定されていないものということができるから、Yが本件処分をしたことが違法であるということはできない。」

POINT 本判決は、個人情報保護条例に基づく自己情報の訂正請求について、当該情報（レセプト）を市が保管している趣旨、訂正をするための調査権限を市が有しないこと等を踏まえて、レセプトの記載を訂正することが、条例の定める訂正請求制度において予定されていないと解釈している。行政機関は多様なかたちで個人情報を保有

しており、個人情報保護制度に基づく訂正請求や利用停止請求が利用される場面が増えているが、行政機関の調査権限の観点からその限界を画すという法理を示した判例として注目される。

13-5 インカメラ審理の可否
―立会権放棄を前提とした検証の申出・米軍ヘリコプター墜落事件

最決平成 21 年 1 月 15 日（民集 63 巻 1 号 46 頁・百選 I 35）

事実 Ｘは、情報公開法に基づき、外務省の保有する行政文書の開示を請求したところ、外務大臣から不開示決定を受けた。Ｘは、国（Ｙ）を相手に、その取消しを求めて出訴したが、1審で敗訴した後、控訴審において、本件不開示文書の検証の申出をするとともに、これを目的物としてＹに対する検証物提示命令の申立てをした。また、Ｘは、検証の申出・検証物提示命令の申立てをするにあたり、検証への立会権の放棄、本件文書の記載内容の詳細が明らかになる方法での検証調書作成を求めないことを陳述した。原決定は、Ｘの検証物提示命令の申立てのうち一部を認容し、Ｙに対して検証物の提示を命じたため、Ｙが許可抗告を申し立てた（原審は抗告を許可）。破棄自判（検証物提示命令の申立てを却下）。

決定要旨 「情報公開法に基づく行政文書の開示請求に対する不開示決定の取消しを求める訴訟（以下『情報公開訴訟』という。）において、不開示とされた文書を対象とする検証を被告に受忍させることは、それにより当該文書の不開示決定を取り消して当該文書が開示されたのと実質的に同じ事態を生じさせ、訴訟の目的を達成させてしまうこととなるところ、このような結果は、情報公開法による情報公開制度の趣旨に照らして不合理といわざるを得ない。」「立会権の放棄等を前提とした本件検証の申出等は、上記のような結果が生ずることを回避するため、事実上のインカメラ審理を行うことを求めるものにほかならない。」

「訴訟で用いられる証拠は当事者の吟味、弾劾の機会を経たものに限られるということは、民事訴訟の基本原則であるところ、情報公開訴訟において裁判所が不開示事由該当性を判断するために証拠調べとしてのインカメラ審理を行った場合、裁判所は不開示とされた文書を直接見分して本案の判断をするにもかかわらず、原告は、当該文書の内容を確認した上で弁論を行うことができず、被告も、当該文書の具体的内容を援用しながら弁論を行うことができない。また、裁判所がインカメラ審理の結果に基づき判決をした場合、当事者が上訴理由を的確に主張することが困難となる上、上級審も原審の判断の根拠を直接確認することができないまま原判決の審査をしなければならない」。「このように、情報公開訴訟において証拠調べとしてのインカメラ審理を行うことは、民事訴訟の基本原則に反するから、明文の規定がない限り、許されない」。

「平成 8 年に制定された民訴法には、証拠調べとしてのインカメラ審理を行い得る旨の明文の規定は設けられなかった。なお、同法には、文書提出義務又は検証物提示義務の存

否を判断するためのインカメラ手続に関する規定が設けられ（……民訴法223条3項、232条1項）、その後、特許法、著作権法等にも同様の規定が設けられたが……、これらの規定は、いずれも証拠申出の採否を判断するためのインカメラ手続を認めたものにすぎず、証拠調べそのものを非公開で行い得る旨を定めたものではない。」

「平成11年に制定された情報公開法には、情報公開審査会が不開示とされた文書を直接見分して調査審議をすることができる旨の規定が設けられたが……、裁判所がインカメラ審理を行い得る旨の明文の規定は設けられなかった。これは、インカメラ審理については、裁判の公開の原則との関係をめぐって様々な考え方が存する上、相手方当事者に吟味、弾劾の機会を与えない証拠により裁判をする手続を認めることは、訴訟制度の基本にかかわるところでもあることから、その採用が見送られたものである。その後、同13年に民訴法が改正され、公務員がその職務に関し保管し又は所持する文書についても文書提出義務又は検証物提示義務の存否を判断するためのインカメラ手続を行うことができることとされたが（民訴法223条6項、232条1項）、上記改正の際にも、情報公開法にインカメラ審理に関する規定は設けられなかった。」

「現行法は、民訴法の証拠調べ等に関する一般的な規定の下ではインカメラ審理を行うことができないという前提に立った上で、書証及び検証に係る証拠申出の採否を判断するためのインカメラ手続に限って個別に明文の規定を設けて特にこれを認める一方、情報公開訴訟において裁判所が不開示事由該当性を判断するために証拠調べとして行うインカメラ審理については、あえてこれを採用していないものと解される。」

「本件不開示文書について裁判所がインカメラ審理を行うことは許されず、Xが立会権の放棄等をしたとしても、Yに本件不開示文書の検証を受忍すべき義務を負わせてその検証を行うことは許されないものというべきであるから、そのためにYに本件不開示文書の提示を命ずることも許されない」。

POINT　本決定では、情報公開訴訟におけるインカメラ審理について、民事訴訟の基本原則に反すること、民訴法・情報公開法にインカメラ審理を許容する規定がないこと等を根拠として、許されないと判断されているが、インカメラ審理が憲法82条違反であるという趣旨の判示はみられない。最高裁は、情報公開訴訟におけるインカメラ審理の導入について、裁判の公開に係る憲法82条に違反するものではなく、あくまでも立法政策の問題（本決定に付された泉裁判官の補足意見では「訴訟制度構築に係る立法裁量の範囲に属する」とする）と解したものと考えられる。なお、平成23年に政府が国会に提出した情報公開法の改正法案にはインカメラ審理の導入が定められていたが、廃案となっている。

13-6　行政文書不存在の主張・立証──沖縄返還協定密約文書事件

最判平成26年7月14日（判時2242号51頁・百選II 187）

事実　Xらは、情報公開法に基づき、外務大臣・財務大臣に対し、沖縄返還交渉における日米両政府の交渉の内容に関する各文書の開示請求をした。これらの文書は日米間の「密約」とされるものであるが、外務大臣・財務大臣は、本件各文書をいずれも保有していないとして不開示とする各決定を行った。Xらは、国（Y）を相手に、本件各決定の取消し、本件各文書の開示の義務付け等を求めて出訴。1審は、過去のある時点で行政機関が当該行政文書を保有するに至ったことをXらが主張立証した場合、当該行政機関が当該行政文書を保有する状態が継続していることが事実上推認されるのであり、Yが当該文書を廃棄等して保有を失ったことを主張立証しない限りYによる保有が推認されるとの解釈を採り、本件各決定は違法と判断した。これに対して、2審では、本件各文書が一定水準以上の管理体制下に置かれていたと認められないとの解釈を採り、本件各決定を適法と判断した。Xらが上告。上告棄却。

判旨　情報公開法において「当該行政機関が当該行政文書を保有していることがその開示請求権の成立要件とされていることからすれば、開示請求の対象とされた行政文書を行政機関が保有していないことを理由とする不開示決定の取消訴訟においては、その取消しを求める者が、当該不開示決定時に当該行政機関が当該行政文書を保有していたことについて主張立証責任を負うものと解するのが相当である。

　そして、ある時点において当該行政機関の職員が当該行政文書を作成し、又は取得したことが立証された場合において、不開示決定時においても当該行政機関が当該行政文書を保有していたことを直接立証することができないときに、これを推認することができるか否かについては、当該行政文書の内容や性質、その作成又は取得の経緯や上記決定時までの期間、その保管の体制や状況等に応じて、その可否を個別具体的に検討すべきものであり、特に、他国との外交交渉の過程で作成される行政文書に関しては、公にすることにより他国との信頼関係が損なわれるおそれ又は他国との交渉上不利益を被るおそれがあるもの（情報公開法5条3号参照）等につき、その保管の体制や状況等が通常と異なる場合も想定されることを踏まえて、その可否の検討をすべきものというべきである。」

　「これを本件についてみるに、……本件交渉の過程で作成されたとされる本件各文書に関しては、その開示請求の内容からうかがわれる本件各文書の内容や性質及びその作成の経緯や本件各決定時までに経過した年数に加え、外務省及び財務省（中央省庁等改革前の大蔵省を含む。）におけるその保管の体制や状況等に関する調査の結果など、原審の適法に確定した諸事情の下においては、本件交渉の過程で上記各省の職員によって本件各文書が作成されたとしても、なお本件各決定時においても上記各省によって本件各文書が保有されていたことを推認するには足りないものといわざるを得」ない。

POINT　本判決は、情報公開訴訟において、行政文書が不存在であるか否かが争わ

れる場合の主張・立証責任につき判示している。一般に、不開示決定の取消し、開示決定の義務付け等を争う場合、不開示事由に該当することの主張・立証責任は、原則として当該不開示決定をした行政機関の側にある（最判平成6年2月8日民集48巻2号255頁）。行政文書が不存在として不開示決定がされる場合も、解釈上の不存在（個人メモが組織共用性を欠くとして開示請求の対象とならないと解釈される場合など）であれば、その不存在は行政機関の側が主張・立証責任を負うと考えられる。これに対し、本判決では、物理的不存在による不開示決定について、行政機関が行政文書を保有していることが開示請求権の成立要件であることから、不開示決定を争う者の側が当該文書の保有につき主張・立証責任を負うことが示されている。

　さらに、本判決は、過去のある時点で行政文書の作成・取得が立証された場合に、不開示決定の時点における当該文書の保有が推認できるか否かについて、外交交渉に関わる文書であることの特性等から、このような推認はできないとした。外交機密文書という事案の特殊性は考慮されるとしても、本判決について、行政側による秘密裏での廃棄や隠ぺいを法的に許すことになるとの批判は免れないであろう。

14-1 審査請求をすべき行政庁—地方公営企業

最判令和 3 年 1 月 22 日（判自 472 号 11 頁・百選 II 131）

事実 X は、兵庫県（Y）の個人情報の保護に関する条例に基づき、Y の病院事業の管理者 A に対して、叔父の診療記録等に係る開示請求をした。A は、X に対し、叔父の任意後見人にすぎない X は開示請求権を有しない旨の説明をしたが、本件開示請求に対する処分をしなかった。そこで、X は、審査庁を兵庫県知事と記載した審査請求書を同知事にあてて提出し、A の不作為についての審査請求をした。知事は審査請求に対する裁決をせず、A が却下裁決をした。

これを受けて、X は、Y を相手に、いずれも知事を Y の代表者として、①本件裁決の取消し、②本件審査請求に対する知事の不作為の違法確認、③知事が本件審査請求に対して認容裁決をすることの義務付け、④ A の不作為を理由とする国家賠償、の 4 つを請求する訴えを提起した。1 審は、請求①および④につき、Y の代表者は A であることから補正命令をしたにもかかわらず、X が訴状の記載を改めなかったこと、請求②および③につき、知事は本件審査請求をすべき行政庁ではなく、X は法令に基づく申請または審査請求をしたといえないことを理由に訴えを却下した。しかし、2 審では、A のみが Y を代表するか、原則的に知事も A とともに Y を代表するか、一義的に明確であるとはいい難い等として、1 審に差し戻す判断をしたため、Y が上告。破棄自判（X の控訴棄却）。

判旨（〈 〉は筆者）

〈請求①および請求④について〉

「地方公営企業法の定めによれば、管理者は、原則として地方公営企業の業務の執行に関し地方公共団体を代表するものとされ（同法 8 条 1 項）、地方公共団体の長は、管理者に対し、同法 16 条所定の場合に限って必要な指示をすることができるにとどまる……。そうすると、……業務の執行に関し管理者が当該地方公共団体の代表権を有する場合には、当該地方公共団体の長はその代表権を有しない」。「本件訴えのうち請求①及び請求④に係る部分につき応訴することは、病院事業の業務の執行に関するものと解される。」「以上によれば、本件訴えのうち請求①及び請求④に係る部分については、A が Y の代表権を有する一方、知事はこれを有しない」。

〈請求②および請求③について〉

「行政不服審査法 4 条 1 号によれば、不作為についての審査請求は、特別の定めがある場合を除くほか、不作為庁に上級行政庁がない場合には、当該不作為庁に対してするものとされている。」「地方公共団体の長は、地方公営企業法における管理者に対し、（地方公営企業）法 16 条所定の場合に限って必要な指示をすることができるにとどまり、地方公共

団体の長の管理者に対する一般的指揮監督権は排除されているものと解される。また、A による開示決定等に関し、知事が A に対して指揮監督権を有する旨の法令の定めも存しない。そうすると、本件条例に基づく開示請求に対する A の不作為について、知事は、指揮監督権を有せず、これを是正する職責や権限を有しないから、本件管理者の上級行政庁には当たらない。他の行政庁が本件管理者の上級行政庁に当たることの法令上の根拠も見当たらず、不作為庁である本件管理者には上級行政庁がない」。「以上によれば、上記不作為についての審査請求は、A に対してすべきものである。」

POINT　地方公営企業（地方公共団体が経営する企業であるが、法人格を有さない）たる県立病院が保有する個人情報の開示請求について、地方公営企業法に基づく（事業）管理者による不作為を争う審査請求をすべき行政庁は当該管理者であり、知事は行政不服審査法 4 条 1 号にいう「上級行政庁」にあたらないとした判決である。

　行政不服審査法は、「上級行政庁」につき特段の定めをしていない。本判決は、地方公営企業法の仕組みを解釈し、地方公共団体の長（本件では知事）の管理者に対する一般的指揮監督権は認められておらず、管理者の権限に属する事項について法定された場合に限って指示をするのみであることから、本件審査請求について知事は管理者の上級行政庁にはあたらないとの結論を導いている。これにより、X が知事に対して審査請求をしていることから、請求②について、不作為の違法確認訴訟の要件である「法令に基づく申請」（行訴法 37 条）を充足せず（この点につき学説の批判がある）、請求③についても、申請型義務付け訴訟の要件である「法令に基づく申請又は審査請求」（同法 37 条の 3 第 1 項 1 号）を充足せず、それぞれ不適法とされている。

　なお、請求①および請求④については、Y の代表者を誤って提起された訴えとして不適法であり、その不備はもはや補正することができないと判断されている。

14 - 2　不服申立期間の起算点—告示による場合・都市計画事業認可
最判平成 14 年 10 月 24 日（民集 56 巻 8 号 1903 頁・百選 II 127）

事実　X が、建設大臣（Y。のちに国土交通大臣が事務を承継）に対して都市計画事業認可の取消しを求める審査請求をしたところ、Y は、審査請求期間は当該事業認可の告示の日の翌日から進行するとし、審査請求期間を徒過していることを理由に却下する旨の裁決をした。そこで、X は、本件裁決の取消訴訟を提起。1 審は X の請求を棄却したが、2 審は 1 審判決を取り消して本件裁決を取り消した。Y が上告。破棄自判（控訴棄却）。

判旨　「〔旧〕行政不服審査法 14 条 1 項〔現 18 条 1 項〕本文の規定する『処分があったことを知った日』というのは、処分がその名あて人に個別に通知される場合には、その

者が処分のあったことを現実に知った日のことをいい、処分があったことを知り得たというだけでは足りない……。しかし、都市計画法における都市計画事業の認可のように、処分が個別の通知ではなく告示をもって多数の関係権利者等に画一的に告知される場合には、そのような告知方法が採られている趣旨にかんがみて、上記の『処分があったことを知った日』というのは、告示があった日をいうと解するのが相当である」。

POINT 本判決は、個別の通知ではなく告示をもって画一的に告知される行政処分について、不服申立期間の起算点として行政不服審査法（現 18 条 1 項）が定める「処分があったことを知った日」とは、告示があった日をいうとする解釈を示した。原審では、名あて人の側に原因がないのに処分の知不知を問わず主観的審査請求期間（旧法では 60 日。現規定では 3 か月）が進行することには問題があるとしていたが、最高裁は、法律が当該処分につき告示によることを定めた趣旨を重視した解釈により、告示があった日を主観的審査請求期間の起算点とした。

　これにより、個別の通知によらず、公告・告示等の方法により告知される仕組みになっている行政処分について、主観的審査請求期間の起算点は公告・告示等の日であるという実務上の解釈が固まったと考えられる。

14 - 3　公正競争規約認定と消費者団体の不服申立適格──主婦連ジュース訴訟
最判昭和 53 年 3 月 14 日（民集 32 巻 2 号 211 頁・百選 II 128）

事実　公正取引委員会（Y）は、社団法人日本果汁協会らに対して、果汁飲料の表示（無果汁・果汁 5% 未満の飲料であっても、その旨を表示せず、「合成着色飲料」「香料使用」等と記載すれば可とするもの）に関する公正競争規約の認定をした。これに対し、主婦連合会（X₁）およびその代表者（X₂）が、Y に不服申立てをしたところ（当時の景表法 10 条 6 項）、Y は、X₁ らには不服申立資格がないとして却下する審決をした。X₁ らは、審決の取消しを求めて出訴。1 審は X₁ らの請求を棄却したため、X₁ らが上告。上告棄却。

判旨　景表法 10 条 6 項にいう「『……公正取引委員会の処分について不服があるもの』とは、一般の行政処分についての不服申立の場合と同様に、当該処分について不服申立をする法律上の利益がある者、すなわち、当該処分により自己の権利若しくは法律上保護された利益を侵害され又は必然的に侵害されるおそれのある者をいう……。けだし、現行法制のもとにおける行政上の不服申立制度は、原則として、国民の権利・利益の救済を図ることを主眼としたものであり、行政の適正な運営を確保することは行政上の不服申立に基づく国民の権利・利益の救済を通じて達成される間接的な効果にすぎないものと解すべく、したがって、行政庁の処分に対し不服申立をすることができる者は、法律に特別の定めが

ない限り、当該処分により自己の権利若しくは法律上保護された利益を侵害され又は必然的に侵害されるおそれがあり、その取消等によってこれを回復すべき法律上の利益をもつ者に限られるべきであり、そして、景表法の右規定が自己の法律上の利益にかかわりなく不服申立をすることができる旨を特に定めたもの、すなわち、いわゆる民衆争訟を認めたものと解しがたい」。

〔上記の〕「法律上保護された利益とは、行政法規が私人等権利主体の個人的利益を保護することを目的として行政権の行使に制約を課していることにより保障されている利益であって、それは、行政法規が他の目的、特に公益の実現を目的として行政権の行使に制約を課している結果たまたま一定の者が受けることとなる反射的利益とは区別される」。

「景表法の規定により一般消費者が受ける利益は、公正取引委員会による同法の適正な運用によって実現されるべき公益の保護を通じ国民一般が共通してもつにいたる抽象的、平均的、一般的な利益、換言すれば、同法の規定の目的である公益の保護の結果として生ずる反射的な利益ないし事実上の利益であって、本来私人等権利主体の個人的な利益を保護することを目的とする法規により保障される法律上保護された利益とはいえない」。

POINT 景表法の定める不服申立てについて、消費者団体の不服申立適格を否定した判例である。最高裁は、不服申立ての利益を「法律上保護された利益」と解釈した上で、一般消費者の利益は景表法の解釈上「反射的利益」ないし「事実上の利益」にすぎないとしている。景表法には、目的規定に「一般消費者の利益を保護すること」が掲げられ、公正競争規約の認定要件として「一般消費者の利益を不当に害するおそれのないこと」が定められていたにもかかわらず、本判決は、「一般消費者」としての利益は公益保護の結果として生じる「反射的利益」にすぎないと解釈することにより、不服申立適格を否定した。本判決のロジックによれば、一般消費者の利益保護のために法制化された表示規制の仕組みにおける不服申立制度を、一般消費者ないしその代表たる主体が利用できないという帰結になってしまう。

本判決では、一般消費者の不服申立適格を肯定した場合、裁判所が法解釈により民衆争訟を創出することになることを懸念し、それを回避しようとする解釈姿勢がうかがわれる。さらに、本判決では、取消訴訟の原告適格と同一の判断枠組みが採用されており、この点で不服申立てであることによる特別の解釈は採られていない。

➡ 個別法の定める不服申立手続について、法が「特段の意図」をもって民衆争訟的な手続を創設したものであるか判定する、という解釈手法が採られた判例として、最判昭和56年5月14日民集35巻4号717頁がある。同判決では、法の規定が準用関係にあるからといって両者の不服申立てを完全に同一視することはできず、「民衆争訟的な不服手続」を設ける立法者意思が認められるか否か、慎重に判断されている。

最判令和 2 年 3 月 26 日（民集 74 巻 3 号 471 頁・百選 II 130）

事実　沖縄防衛局は、米軍基地建設のため沖縄県名護市辺野古沿岸域の公有水面の埋立てにつき、当時の沖縄県知事 A から公有水面埋立法 42 条 1 項に基づく承認（本件埋立承認）を受けた。その後、新たに知事に就任した B の下で、本件埋立承認につき事後に判明した事情等による取消し（講学上の撤回）に向けた手続が進められ、B の死亡により知事の職務代理者となった副知事 C から事務を委任された別の副知事 D は、本件埋立承認を取り消した。沖縄防衛局は、これを不服として、行政不服審査法 2 条および地方自治法 255 条の 2 第 1 項 1 号に基づき、公有水面埋立法を所管する国土交通大臣（Y）に対して審査請求をした。Y は、本件埋立承認取消し（撤回）は違法かつ不当であるとしてこれを取り消す旨の裁決をしたため、B の後に知事となった X は、本件裁決が「国の関与」（地方自治法 250 条の 7 第 2 項）にあたるものであり、これに不服があるとして、同法 250 条の 13 第 1 項に基づき、国地方係争処理委員会に対し、Y を相手とする審査の申出をした。

国地方係争処理委員会は、本件裁決は上記「国の関与」にあたらず同委員会の審査の対象とならないとし、審査の申出は不適法として却下決定をしたため、X が Y を相手に本件裁決の取消しを求めて出訴した（地方自治法 251 条の 5 第 1 項。違法な国の関与の取消請求事件となる）。原審は訴えを却下したため、X が上告。最高裁では、本件埋立承認について、国の機関が行政不服審査法 7 条 2 項にいう「固有の資格」において相手方となるものかが争点となった。上告棄却。

判旨　行政不服審査法「7 条 2 項は、国の機関等に対する処分のうち、国民の権利利益の救済等を図るという上記目的に鑑みて上記制度の対象とするのになじまないものにつき、同法の規定を適用しないこととしているものと解される。このような同項の趣旨に照らすと、同項にいう『固有の資格』とは、国の機関等であるからこそ立ち得る特有の立場、すなわち、一般私人（国及び国の機関等を除く者をいう。以下同じ。）が立ち得ないような立場をいうものと解するのが相当である。」

「行政不服審査法は、行政庁の処分に対する不服申立てに係る手続（当該処分の適否及び当否についての審査の手続等）を規定するものであり、上記『固有の資格』は、国の機関等に対する処分がこの手続の対象となるか否かを決する基準であることからすれば、国の機関等が一般私人が立ち得ないような立場において相手方となる処分であるか否かを検討するに当たっては、当該処分に係る規律のうち、当該処分に対する不服申立てにおいて審査の対象となるべきものに着目すべきである。」「埋立承認のような特定の事務又は事業を実施するために受けるべき処分について、国の機関等が上記立場において相手方となるものであるか否かは、当該事務又は事業の実施主体が国の機関等に限られているか否か、また、限られていないとすれば、当該事務又は事業を実施し得る地位の取得について、国の機関等が一般私人に優先するなど特別に取り扱われているか否か等を考慮して判断すべきであ

る。そして、国の機関等と一般私人のいずれについても、処分を受けて初めて当該事務又は事業を適法に実施し得る地位を得ることができるものとされ、かつ、当該処分を受けるための処分要件その他の規律が実質的に異ならない場合には、国の機関等に対する処分の名称等について特例が設けられていたとしても、国の機関等が一般私人が立ち得ないような立場において当該処分の相手方となるものとはいえず、当該処分については、等しく行政不服審査法が定める不服申立てに係る手続の対象となると解するのが相当である。この点に関し、国の機関等と一般私人との間で、当該処分を受けた後の事務又は事業の実施の過程等における監督その他の規律に差異があっても、当該処分に対する不服申立てにおいては、直接、そのような規律に基づいて審査がされるわけではないから、当該差異があることは、それだけで国の機関等に対する当該処分について同法の適用を除外する理由となるものではなく、上記の解釈を左右するものではない」。

POINT　行政不服審査法7条2項は、国の機関等に対する処分のうち、これらの機関または団体が「その固有の資格において当該処分の相手方となるもの及びその不作為」を、同法の適用除外と定める。この「固有の資格」について、「一般私人が立ち得ないような立場にある状態」であるとの解釈が採られていたところ、本判決は、当該処分の相手方が国の機関等に限られない（一般私人も相手方になり得る）ケースについて、「国の機関等と一般私人のいずれについても、処分を受けて初めて当該事務又は事業を適法に実施し得る地位を得ることができるものとされ、かつ、当該処分を受けるための処分要件その他の規律が実質的に異ならない場合」には「固有の資格」に該当せず、行政不服審査法が適用されるとの解釈を示した。他方、最高裁は、処分（本件では埋立免許・承認）後の法的規律における国の機関等と一般私人との差異については、「固有の資格」に係る解釈から外しており、この点について学説の批判がある。

　本件を含む辺野古基地建設をめぐる沖縄県と国（政府）の紛争において、国側が行政不服審査法に基づく審査請求によって県側の行政処分を争い、国の機関による執行停止決定・請求認容裁決を得て救済されるという手法が多用された。その中で、沖縄防衛局が県側による行政処分を所管大臣に審査請求すること自体の適法性について、最高裁は、国の機関が所管大臣に対して審査請求等を用い、執行停止等による救済を求めることは適法であるとの判断を確定させた。

14 - 4　口頭審理手続外での事実の調査―固定資産評価審査委員会の口頭審理
最判平成2年1月18日（民集44巻1号253頁・百選Ⅱ 133）

事実　A市長は、Xが所有する宅地の固定資産税の課税標準たる価格を決定し、これを固定資産課税台帳に登録し、関係者の縦覧に供した。同台帳を縦覧したXは、同台帳に登録され

た自己が所有する宅地の価格を不服として、A市固定資産評価審査委員会（Y）に審査の申出をした。Yがこれを棄却する旨の決定をしたので、Xが同決定の取消しを求めて出訴。1審はXの請求を棄却したが、2審は、本件審査の申出における口頭審理手続に瑕疵があり、その瑕疵は口頭審理を要求した法の趣旨に反する程度に重大であるとして、本件決定を取り消す判断をした。Yが上告。破棄差戻し。

> **判旨** 「法が固定資産の登録価格についての不服の審査を……独立した第三者的機関である委員会に行わせることとしているのは、中立の立場にある委員会に固定資産の評価額の適否に関する審査を行わせ、これによって固定資産の評価の客観的合理性を担保し、納税者の権利を保護するとともに、固定資産税の適正な賦課を期そうとするものであり、さらに、口頭審理の制度は、固定資産の評価額の適否につき審査申出人に主張、証拠の提出の機会を与え、委員会の判断の基礎及びその過程の客観性と公正を図ろうとする趣旨に出るものである」。「口頭審理の手続は、右制度の趣旨に沿うものでなければならないが、それはあくまでも簡易、迅速に納税者の権利救済を図ることを目的とする行政救済手続の一環をなすものであって、民事訴訟におけるような厳格な意味での口頭審理の方式が要請されていないことはいうまでもない。」
>
> 「委員会は、口頭審理を行う場合においても、口頭審理外において職権で事実の調査を行うことを妨げられるものではないところ……、その場合にも審査申出人に立会いの機会を与えることは法律上要求されていない」。
>
> 審査申出人は「事実の調査に関する記録を閲覧し、これに関する反論、証拠を提出することができるのであるから、委員会が口頭審理外で行った調査の結果や収集した資料を判断の基礎として採用し、審査の申出を棄却する場合でも、右調査の結果等を口頭審理に上程するなどの手続を経ることは要しない」。

POINT　本判決は、固定資産評価審査委員会での不服申立てにおける口頭審理手続について、①審査申出人に対し評価の根拠等として知らせる措置を講ずべき事項の範囲はどの程度か、②口頭審理外で審査申出人が立ち会わずに現地調査・事情聴取等が行われ、それらの結果が口頭審理手続に上程されないことが手続的瑕疵となるか、という点につき判示した。上記②について、審査請求人の側が、（口頭審理手続外での）職権調査に関する記録を閲覧して反論・証拠提出ができることを指摘し、本件口頭審理手続には瑕疵がないとした部分が特に注目される。

14−5　不服申立決定の理由付記─東京国税局長審査決定事件
最判昭和37年12月26日（民集16巻12号2557頁・百選Ⅱ135）

事実　Xは、所轄税務署長（Y₁）から青色申告承認を取り消す処分をされた。Xは、所轄国

税局長（Y₂）に審査請求をしたが、Y₂は、これを棄却する決定をした。Ｘは、青色申告承認取消処分、審査請求棄却決定の両方の取消しを求めて出訴。1審は、青色申告取消処分は適法としたものの、審査請求棄却決定には理由の記載の点で瑕疵があるとしてこれを取り消す判断をした。2審は、青色申告取消決定、審査請求棄却決定の両方とも取り消さない判断をしたため、Ｘが上告。上告棄却。

> **判旨**　法人税法が「審査決定の書面に理由を附記すべきものとしているのは、……決定機関の判断を慎重ならしめるとともに、審査決定が審査機関の恣意に流れることのないように、その公正を保障するためと解されるから、その理由としては、請求人の不服の事由に対応してその結論に到達した過程を明かにしなければならない。」
>
> 　「法律が審査決定に理由を附記すべき旨を規定しているのは、行政機関として、その結論に到達した理由を相手方国民に知らしめることを義務づけているのであって、これを反面からいえば、国民は自己の主張に対する行政機関の判断とその理由とを要求する権利を持つともいえる……。従って……審査決定に対する不服の訴訟において、当事者が、審査請求に際しての主張事実、決定に際しての認定事実等に拘束されないという一事をもって、理由附記に不備のある決定を取り消すことがゆるされないということはできない。……理由にならないような理由を附記するに止まる決定は、……判決による取消を免れない」。

POINT　本判決は、審査決定の理由付記に瑕疵がある場合、審査決定は取消しを免れないとした。理由付記の手続的意義（慎重公正判断担保・恣意抑制機能および争訟便宜機能）を強調し、理由付記の瑕疵が行政処分自体の取消事由になることを明らかにした判例である。

　他方、本判決は、原処分の取消訴訟と審査決定の取消訴訟が同時に提起され、前者において原処分が違法でないことが確定しているため、審査決定は取り消さないと判断した。この点、審査決定が取り消されてこれをやり直した場合、そこで原処分が取り消される可能性がある（たとえば、原処分を不当として取り消す審査決定がありうる）として、疑問が呈されている。

14-6　教示─対物処分と教示の必要性・壁面線指定処分事件
最判昭和61年6月19日（判時1206号21頁・百選II 136）

事実　横浜市長（Y₁）は、市内の道路約320mにつき建築基準法46条1項に基づく壁面線指定処分を行い、市報により公告した。この指定処分の対象となった道路に接する土地所有者等であるＸらは、指定処分の取消しを求め、同市建築審査会（Y₂）に審査請求をしたが、審査請求期間の徒過により却下裁決がされた。そこで、Ｘは、指定処分および却下裁決の取消しを求めて出訴。1審は、本件審査請求は審査請求期間を徒過した違法なものであり、その結果、

指定処分の取消訴訟は不服申立前置を経ていない不適法なものと判断した。2審も1審と結論的に同じ判断をした（ただし、2審では、Y₁は本件公告に際して教示をすべきであったのに、これをしなかったことが認定された）。Xが上告。上告棄却。

> **判旨**　「〔旧〕行政不服審査法57条1項〔現82条1項〕は、同項所定の処分を書面でする場合に、その処分の相手方に対して不服申立に関する教示をしなければならないとしているものであるから、特定の個人又は団体を名あて人とするものでない処分についてはその適用がない」。
> 　建築基準法「に基づく壁面線の指定は、特定の街区を対象として行ういわば対物的な処分であり、特定の個人又は団体を名あて人として行うものではないから、右指定については行政不服審査法57条1項の適用はない」。

POINT　本判決は、対物処分である壁面線指定処分は、特定の個人・団体を名あて人とするものではなく、教示規定の適用がないとした。本判決では、対物処分という行政処分のカテゴリーを重視して教示は不要という結論が導かれているが、行政不服申立てによる国民の権利利益救済の便宜という観点を重視するなら、何らかの方法での教示（公示における教示等）が必要ではないか、とも考えられる。

　なお、本判決では、判例14-2と同様、審査請求期間の起算点を公告があった日とすることが前提とされている。

14-7　不服申立てと取消訴訟（1）—人事院の修正裁決と原処分主義
最判昭和62年4月21日（民集41巻3号309頁・百選II 134）

事実　国家公務員であったXは、中国郵政局長（Y）から停職6か月の懲戒処分を受けたので、国家公務員法90条1項に基づき人事院に審査請求をしたところ、人事院は本件懲戒処分を減給処分に修正する旨の判定（裁決）をした。Xは、Yを被告とする修正後の懲戒処分（減給処分）の取消訴訟（本件）と、人事院を被告とする修正裁決の取消訴訟（別件）を併合提起した。1審は、本件を別件から分離して先に弁論を終結し、本件訴えを却下し、2審もこれを支持する判断をした。1審・2審とも、人事院の修正裁決により懲戒処分は一体として消滅し、その取消しを求める訴えの利益はないとの解釈を採った。Xが上告。破棄差戻し。なお、別件については、その後1審で請求棄却となり確定した。

> **判旨**　「国公法は、懲戒処分等同法89条1項所定の処分に対する不服申立の審査については、処分権者が職員に一定の処分事由が存在するとして処分権限を発動したことの適法性及び妥当性の審査と、当該処分事由に基づき職員に対しいかなる法律効果を伴う処分を課するかという処分の種類及び量定の選択、決定に関する適法性及び妥当性の審査とを

分けて考え、当該処分につき処分権限を発動すべき事由が存在すると認める場合には、処分権者の処分権限発動の意思決定そのものについてはこれを承認したうえ、処分権者が選択、決定した処分の種類及び量定の面について、その適法性及び妥当性を判断し、人事院の裁量により右の点に関する処分権者の意思決定の内容に変更を加えることができるものとし、これを処分の『修正』という用語で表現している」。

「そうすると、懲戒処分につき人事院の修正裁決があった場合に、それにより懲戒権者の行った懲戒処分（以下『原処分』という。）が一体として取り消されて消滅し、人事院において新たな内容の懲戒処分をしたものと解するのは相当でなく、修正裁決は、原処分を行った懲戒権者の懲戒権の発動に関する意思決定を承認し、これに基づく原処分の存在を前提としたうえで、原処分の法律効果の内容を一定の限度のものに変更する効果を生ぜしめるにすぎないものであり、これにより、原処分は、当初から修正裁決による修正どおりの法律効果を伴う懲戒処分として存在していたものとみなされる」。

「してみると、本件修正裁決により、本件懲戒処分は、……Yの懲戒権の発動に基づく懲戒処分としてなお存在するものであるから、被処分者たるXは、処分事由の不存在等本件懲戒処分の違法を理由としてその取消しを求める訴えの利益を失わない」。

POINT　本判決は、公務員の懲戒処分について、人事院等が原処分を修正する裁決をした場合に、なお懲戒処分を裁判で争おうとする場合、原処分の取消訴訟によるべきことを示した。すなわち、人事院の修正裁決は、原処分の法律効果の内容を変更するものにすぎず、懲戒権者のした懲戒処分（裁決により修正されたもの）の取消しを争う訴えの利益はあるとされた。

14-8　不服申立てと取消訴訟(2)―誤った却下決定と不服申立前置
最判昭和36年7月21日（民集15巻7号1966頁・百選 II 177）

事実　所轄税務署長（Y）から所得税の更正処分等を受けたXは、所轄国税局長Aに対して当該更正処分につき審査請求をした。Xは、Aから証拠書類を添付するよう補正命令をされ、これに従わなかったところ審査請求を却下する旨の決定がされた。Xは本件更正処分の取消訴訟を提起したが、審査請求が却下されていたため、訴願前置の要件を満たすか争点となった。1審・2審とも、本件訴えは違法と判断したため、Xが上告。破棄差戻し。

判旨　「本訴のXの請求は更正処分の取消であるから……〔所得税〕法51条により原則として再調査決定、審査決定を経なければ提起できないのであるが、国税庁長官又は国税局長が誤ってこれを不適法として却下した場合には本来行政庁は処分について再審理の機会が与えられていたのであるから、却下の決定であっても……審査の決定にあたる」。

POINT 本判決は、行政庁が適法な審査請求を誤って却下した場合、不服申立前置の要件を満たして取消訴訟が提起できるという一般論を示した上で、本件審査請求において証拠書類の添付がなくても違法ではないと判断した。本判決は、不服申立てにつき行政側の誤りにより却下された場合でも、不服申立てが前置されたものとして訴訟に進むことができるという法理を示した。

15　行政事件訴訟の意義と限界

15－1　法律上の争訟(1)―抽象的規範統制訴訟の否定・警察予備隊事件

最大判昭和 27 年 10 月 8 日（民集 6 巻 9 号 783 頁・百選 II 137）

事実　昭和 25 年、政府が政令により警察予備隊令を定めたことを受け、日本社会党の代表者 X が、国（Y）を相手に、「昭和 26 年 4 月 1 日以降 Y がなした警察予備隊の設置並びに維持に関する一切の行為の無効であることの確認」を求めて、直接、最高裁判所に出訴した。訴え却下。

判旨　「裁判所が現行の制度上与えられているのは司法権を行う権限であり、……司法権が発動するためには具体的な争訟事件が提起されることを必要とする。我が裁判所は具体的な争訟事件が提起されないのに将来を予想して憲法及びその他の法律命令等の解釈に対し存在する疑義論争に関し抽象的な判断を下すごとき権限を行い得るものではない。」

「現行の制度の下においては、特定の者の具体的な法律関係につき紛争の存する場合においてのみ裁判所にその判断を求めることができるのであり、裁判所がかような具体的事件を離れて抽象的に法律命令等の合憲性を判断する権限を有するとの見解には、憲法上及び法令上何等の根拠も存しない。」

POINT　裁判所には、具体的な争訟事件を離れて抽象的に法令の合憲性を判断する権限はないとした判例である。憲法 81 条の規定する裁判所の違憲審査権とは具体的事件性を前提とする付随的違憲審査であること、抽象的規範統制訴訟は「法律上の争訟」性を欠き司法権の範囲から外れることが示されている。

　ただし、行政基準・条例等を制定する行為について処分性が肯定されれば、抗告訴訟において当該行政基準等を争う可能性が開かれる（条例制定行為に処分性を肯定した判例として、判例 16 - 10）。当事者訴訟の可能性については、判例 21 - 1、21 - 1 [B]、21 - 1 [C]を参照。

15 - 2　法律上の争訟(2)
―最高裁判所規則の司法審査・福岡地家裁支部廃止事件
最判平成 3 年 4 月 19 日（民集 45 巻 4 号 518 頁）

事実　最高裁判所規則の改正により、福岡地方裁判所甘木支部および福岡家庭裁判所甘木支部は廃止されることとなった。これらの支部の管轄区域に居住する住民 X らが、司法行政事務の担い手としての最高裁判所（Y）に対し、改正規則のうち本件支部を廃止する旨の部分の取消しを求めて提訴。1 審・2 審とも、訴えを却下する判断をしたため、X らが上告。上告棄却。

> **判旨**　「裁判所法 3 条 1 項の規定にいう『法律上の争訟』として裁判所の審判の対象となるのは、当事者間の具体的な権利義務ないし法律関係の存否に関する紛争に限られるところ、このような具体的な紛争を離れて、裁判所に対して抽象的に法令が憲法に適合するかしないかの判断を求めることはできない」。
>
> 　「本件各訴えは、……本件改正規則……のうち……各甘木支部を廃止する部分について、……X らが廃止に係る……各甘木支部の管轄区域内に居住する国民としての立場でその取消しを求めるというものであり、……右の立場以上に進んで X らにかかわる具体的な紛争についてその審判を求めるものでないことは……明らかである。そうすると、本件各訴えは、結局、裁判所に対して抽象的に最高裁判所規則が憲法に適合するかしないかの判断を求めるものに帰し、裁判所法 3 条 1 項にいう『法律上の争訟』に当たらない」。

POINT　司法行政庁としての最高裁判所の規則制定行為に係る抗告訴訟について、処分性の有無ではなく、訴えが具体的な事件性を欠くことを根拠に「法律上の争訟」性を否定した判例である。本判決を前提にすると、廃止される裁判所支部で「裁判を受ける権利」があることの確認を求める訴え（公法上の当事者訴訟）の可否や、支部廃止により具体的に生じた損害につき国家賠償請求がされた場合の判例 **23 - 11** の射程等が問題になろう。

15 - 3　法律上の争訟(3)―国家試験の不合格判定・技術士試験不合格事件
最判昭和 41 年 2 月 8 日（民集 20 巻 2 号 196 頁・百選 II 139）

事実　X は、旧技術士法に基づく技術士試験を受験し不合格となった。X は、科学技術庁長官（Y）に対し、本件不合格判定の合格判定への変更等を求めて出訴。1 審・2 審とも訴えを却下する判断をしたため、X が上告。上告棄却。

判旨 「司法権の固有の内容として裁判所が審判しうる対象は、裁判所法3条にいう『法律上の争訟』に限られ、いわゆる法律上の争訟とは、『法令を適用することによって解決し得べき権利義務に関する当事者間の紛争をいう』ものと解される……。従って、法令の適用によって解決するに適さない単なる政治的または経済的問題や技術上または学術上に関する争は、裁判所の裁判を受けうべき事柄ではない……。国家試験における合格、不合格の判定も学問または技術上の知識、能力、意見等の優劣、当否の判断を内容とする行為であるから、その試験実施機関の最終判断に委せられるべきものであって、その判断の当否を審査し具体的に法令を適用して、その争を解決調整できるものとはいえない。」

POINT 学問上・技術上の争いは「法律上の争訟」性を欠くとして訴えを斥ける判断を示した判例である。この点、学問上・技術上の行政判断であっても、行政手続上の瑕疵の有無、あるいは、裁量権の逸脱・濫用（他事考慮等が想定される）に係る争点が生じる可能性があり、その限りで「法律上の争訟」性は否定できないのではないか、との疑問がある。また、国家試験の合否をめぐる紛争について、行政機関個人情報保護法により自己情報（採点関連情報）を開示請求・訂正請求をした上で、訂正しない旨の処分を裁判所で争うことも想定される。この場合には、原告側の訂正請求権が法定されている以上、少なくとも「法律上の争訟」性の問題にはならないと考えられる。

15-3 [A]　部分社会論―地方議会議員の懲罰（出席停止処分）
最大判令和2年11月25日（民集74巻8号2229頁・百選II 140）

事実 岩沼市議会の議員であったXは、同議会の議会運営委員会での発言を理由として、同議会の議決により、23日間の出席停止の懲罰を科する旨の処分（本件処分）を受けた。Xは、岩沼市（Y）を相手に、本件処分の取消しを求めるとともに、議員報酬のうち本件処分に伴う減額分の支払いを求めて出訴。1審は本件取消請求・議員報酬支払請求ともに不適法として却下したが、2審は議員に対する出席停止の懲罰の適否は原則として司法審査の対象外としつつ、議員報酬の減額を伴う場合は司法審査の対象になるとして、本件処分の取消しおよび議員報酬の支払いを求める訴えは適法と判断した。Yが上告。上告棄却。

判旨 「普通地方公共団体の議会は、地方自治法並びに会議規則及び委員会に関する条例に違反した議員に対し、議決により懲罰を科することができる（地方自治法134条1項）ところ、懲罰の種類及び手続は法定されている（同法135条）。これらの規定等に照らすと、出席停止の懲罰を科された議員がその取消しを求める訴えは、法令の規定に基づく処分の取消しを求めるものであって、その性質上、法令の適用によって終局的に解決し得るものというべきである。」

「憲法は、……いわゆる住民自治の原則を採用しており、普通地方公共団体の議会は、憲法にその設置の根拠を有する議事機関として、住民の代表である議員により構成され、所定の重要事項について当該地方公共団体の意思を決定するなどの権能を有する。そして、議会の運営に関する事項については、……その性質上、議会の自律的な権能が尊重されるべきであるところ、議員に対する懲罰は……上記の自律的な権能の一内容を構成する。」

「他方、普通地方公共団体の議会の議員は、……憲法上の住民自治の原則を具現化するため、議会が行う上記の各事項等について、議事に参与し、議決に加わるなどして、住民の代表としてその意思を当該普通地方公共団体の意思決定に反映させるべく活動する責務を負う」。

「出席停止の懲罰は、上記の責務を負う公選の議員に対し、議会がその権能において科する処分であり、これが科されると、当該議員はその期間……議員としての中核的な活動をすることができず、住民の負託を受けた議員としての責務を十分に果たすことができなくなる。このような出席停止の懲罰の性質や議員活動に対する制約の程度に照らすと、これが議員の権利行使の一時的制限にすぎないものとして、その適否が専ら議会の自主的、自律的な解決に委ねられるべきであるということはできない。」「そうすると、出席停止の懲罰は、議会の自律的な権能に基づいてされたものとして、議会に一定の裁量が認められるべきであるものの、裁判所は、常にその適否を判断することができる」。

「したがって、普通地方公共団体の議会の議員に対する出席停止の懲罰の適否は、司法審査の対象となる」。

POINT　普通地方公共団体の議会の議員に対する出席停止の懲罰の適否は、常に司法審査の対象になる、とした判例である。これにより、除名の懲罰のように議員の身分の喪失に関する重大事項につき司法審査の対象とする一方、傍論で、出席停止のごとく議員の権利行使の一時的制限にすぎないものは内部規律の問題として司法審査の対象から外れる趣旨を述べていた最大判昭和35年10月19日民集14巻12号2633頁につき、判例変更されることとなった。

宇賀克也裁判官による補足意見は、「法律上の争訟」について、①当事者間の具体的な権利義務ないし法律関係の存否に関する紛争であって、かつ、②それが法令の適用により終局的に解決することができるものに限られるとする最判昭和56年4月7日民集35巻3号443頁を引用し、地方議会議員に対する出席停止の懲罰の取消しを求める訴えが、上記①②の要件を満たす以上、法律上の争訟にあたることは明らか、とする。さらに、宇賀補足意見は、法律上の争訟については憲法32条により国民に裁判を受ける権利が保障されていること、法律上の争訟について裁判を行うことは憲法76条1項により司法権に課せられた義務であることから、本来、司法権を行使しないことは許されないはずであり、司法権に対する外在的制約があるとして司法審査の対象外とするのは、かかる例外を正当化する憲法上の根拠がある場合に厳格に限定される必要が

ある、と説示する。本判決は、議員に対する陳謝、戒告等の処分（出席停止の懲罰以外の議会内部行為）につき射程が及ぶものではないと考えられるが、この宇賀補足意見から、部分社会論の安易な適用が許されないことを読み取ることができる。

15‑4 「公権力の行使」と民事訴訟の否定(1)
―国営空港の夜間飛行差止め・大阪空港訴訟
最大判昭和56年12月16日（民集35巻10号1369頁・百選Ⅱ144・236）

事実 国営空港として管理・供用されていた大阪国際空港の周辺住民Xらが、空港管理者である国（Y）を相手に、航空機の離着陸に伴う騒音・振動等による被害を理由として、毎日午後9時から翌日午前7時までの間、同空港の供用の差止め等を求める民事訴訟を提起した。1審はXらの請求を一部認容し、2審はXらの差止請求の部分を全部認容した（過去および将来の損害賠償請求も認容）。Yが上告。一部破棄自判・一部破棄差戻し・一部上告棄却。以下、航空機の離着陸の夜間飛行差止請求について、これを不適法として訴えを却下した部分の判旨を紹介する（国家賠償請求の部分について、判例24‑6を参照）。

判旨 「営造物管理権の本体をなすものは、公権力の行使をその本質的内容としない非権力的な権能であって、同種の私的施設の所有権に基づく管理権能とその本質において特に異なるところはない。」

「しかしながら、……空港については、……航空行政権、すなわち航空法その他航空行政に関する法令の規定に基づき運輸大臣に付与された航空行政上の権限で公権力の行使を本質的内容とするものの行使ないし作用の問題があ」る。

「国営空港の特質を参酌して考えると、本件空港の管理に関する事項のうち、少なくとも航空機の離着陸の規制そのもの等、本件空港の本来の機能の達成実現に直接にかかわる事項自体については、空港管理権に基づく管理と航空行政権に基づく規制とが、……不即不離、不可分一体的に行使実現されている」。

Xら「は、本件空港の供用に伴う騒音等により被害を受けているとし、人格権又は環境権に基づく妨害排除又は妨害予防の請求として、毎日午後9時から翌日午前7時までの間本件空港を航空機の離着陸に使用させることの差止めを求めるものであって、……通常の民事上の請求として右のような不作為の給付請求権があると主張してこれを訴求するものと解される。」

「しかしながら、……本件空港の離着陸のためにする供用は運輸大臣の有する空港管理権と航空行政権という2種の権限の、総合的判断に基づいた不可分一体的な行使の結果であるとみるべきであるから、右Xらの前記のような請求は、事理の当然として、不可避的に航空行政権の行使の取消変更ないしその発動を求める請求を包含する……。したがって、右Xらが行政訴訟の方法により何らかの請求をすることができるかどうかはともかくとして、Yに対し、いわゆる通常の民事上の請求として……私法上の給付請求権を有する」と

はいえない。

POINT 本判決は、国営空港の供用について、非権力的な空港管理権と公権力の行使たる航空行政権という2種類の権限の不可分一体的行使であるとした上で、離着陸の差止請求は、公権力の行使に係る請求を包含することになり、民事訴訟として不適法と判断した。

最高裁は、何ら具体的な法令上の根拠を示すことなく、国営空港管理の本質という抽象論により「公権力の行使」を拡大し、民事差止訴訟を一般的に拒絶した。空港の管理には政策判断の要素があるという一般論のみを根拠に、人格権侵害等に基づく民事差止請求を一律に排斥する解釈方法は、理論的説示の一切を放棄したに等しい。また、最高裁は、「行政訴訟」による救済可能性に言及するものの、国営空港の供用差止めにつき具体的にどのように争うべきかは不明である。国営空港の供用が全体として「公権力の行使」であるとすれば、夜間供用禁止を求める訴えは抗告訴訟となり、無名抗告訴訟（権力的妨害排除請求訴訟）になるとの学説がある。他方で、最高裁自身が道路騒音公害訴訟において民事差止請求を可としている（判例 **24 - 7**）ことからすると、本判決の意義を論理的に説明するのは困難というほかはない。本判決の射程は、事件当時の法制度における国営空港（同様のものは現時点では存在しない）に限定されるべきである。

15 - 5 「公権力の行使」と民事訴訟の否定(2)
―自衛隊基地の夜間飛行差止め・厚木基地第一次訴訟
最判平成5年2月25日（民集 47 巻 2 号 643 頁）

事実 厚木基地（厚木海軍飛行場）には、日米安保条約に基づき、わが国が米軍の使用する施設・区域として提供しており、米軍と自衛隊の共同使用部分と米軍専用部分がある。同基地周辺住民 X らは、国（Y）を相手に、環境権・人格権に基づき、自衛隊機・米軍機の夜間離着陸等の差止め、過去および差止め実現までの将来の損害賠償等を求める民事訴訟を提起した。1 審は、X らの差止請求を却下・過去分の損害賠償請求を一部認容・将来分の損害賠償請求を却下する判断をした。2 審は、差止請求を却下・過去分の損害賠償請求を棄却・将来分の損害賠償請求を却下する判断をした。X らが上告。一部上告棄却・一部破棄差戻し。以下では、自衛隊機の離着陸差止請求に関する判旨を紹介する。

判旨 「防衛庁長官は、自衛隊に課せられた我が国の防衛等の任務の遂行のため自衛隊機の運航を統括し、その航行の安全及び航行に起因する障害の防止を図るため必要な規制

を行う権限を有するものとされているのであって、自衛隊機の運航は、このような防衛庁長官の権限の下において行われる……。そして、自衛隊機の運航にはその性質上必然的に騒音等の発生を伴うものであり、防衛庁長官は、右騒音等による周辺住民への影響にも配慮して自衛隊機の運航を規制し、統括すべきものである。しかし、自衛隊機の運航に伴う騒音等の影響は飛行場周辺に広く及ぶことが不可避であるから、自衛隊機の運航に関する防衛庁長官の権限の行使は、その運航に必然的に伴う騒音等について周辺住民の受忍を義務づける……。そうすると、右権限の行使は、右騒音等により影響を受ける周辺住民との関係において、公権力の行使に当たる行為」である。

「Ｘらの本件自衛隊機の差止請求は、Ｙに対し、本件飛行場における一定の時間帯……における自衛隊機の離着陸等の差止め……を民事上の請求として求めるものである。しかしながら、……このような請求は、必然的に防衛庁長官にゆだねられた前記のような自衛隊機の運航に関する権限の行使の取消変更ないしその発動を求める請求を包含することになる……から、行政訴訟としてどのような要件の下にどのような請求をすることができるかはともかくとして、右差止請求は不適法」である。

POINT　防衛庁長官による自衛隊機の運航に係る権限行使に着目し、この権限行使が必然的に周辺住民に対して騒音等の受忍を強いるという意味で公権力性を有するとして、民事差止請求を不適法とした判例である。最高裁は、判例 **15 - 4** を援用してその射程を及ぼすことは避ける一方、防衛庁長官による自衛隊内部での権限行使が周辺住民に受忍義務を課すとして「公権力の行使」概念を拡張した。このような最高裁の態度については、明文の根拠規範なしに国民に受忍義務を課すことが侵害留保原則に反する、あるいは、たとえば原子炉設置許可が先行することが人格権に基づく原子炉運転差止請求訴訟（民事訴訟）を妨げないと解釈されていることと整合性がとれない、等の批判があった。

　その後、同じく自衛隊機運航の差止めが争われた厚木基地第四次訴訟（判例 **20 - 5** **[A]**）において、最高裁は、自衛隊機の運航に係る防衛大臣の権限の行使について処分性が認められることを前提に、抗告訴訟としての差止訴訟の訴訟要件を満たす適法なものと判断した（本案勝訴要件を充足しないとして、差止請求は斥けている）。

16 処分性

16-1 私法上の行為との区別（1）―普通財産の売払い
最判昭和35年7月12日（民集14巻9号1744頁）

事実 大蔵大臣（Y_1）は、納税のため物納され国有普通財産として管理していた土地をY_2に売り払い（国有財産法6条・20条）、所有権移転登記をした。これに対し、本件土地の真実の借地人であると主張するXが、Y_1に対する本件売払行為の取消し等を求めて出訴。1審・2審とも、普通財産の払下げの処分性を否定して訴えを却下したため、Xが上告。上告棄却。

判旨 「国有普通財産の払下を私法上の売買と解すべき……であって、右払下が売渡申請書の提出、これに対する払下許可の形式をとっているからといって、右払下行為の法律上の性質に影響を及ぼすものではない。」

POINT 国有財産の払下げを私法上の売買と解釈し、処分性を否定した判例である。物納財産払下げについて、行政実務上「申請書の提出」⇒「許可」と称する手続が採られていたものの、それは「形式」に過ぎず、個別法の仕組みにおいて処分性を認める要素はなく、私法上の売買とされた。

➡ 最判平成23年6月14日裁時1533号24頁は、市が運営してきた老人福祉施設の民間事業者への移管について、市と相手方の契約締結により行うことが予定されており、公募手続は契約の相手方を選考するための法に基づかない手続として行われたと解釈した上で、選考応募者（唯一の応募者であった）に対して行った「決定に至らなかった」旨の通知の処分性を否定した。

16-1 [A] 私法上の行為との区別（2）―供託物取戻請求の却下
最大判昭和45年7月15日（民集24巻7号771頁・百選Ⅱ142）

事実 Xは、土地の賃借権に係る紛争を受けて賃料の弁済供託を続けてきたが、紛争が解決したため、供託官（Y）に供託金の取戻しを請求したところ、Yは、供託時から10年を経過した分につき、消滅時効完成を理由に取戻請求を却下した。そこで、XがYを相手に却下処分の取消しを求めて出訴。1審・2審ともXの請求を認容する判断をしたため、Yが上告。上告棄却。

判旨 「供託官が弁済者から供託物取戻の請求を受けた場合において、その請求を理由がないと認めるときは、これを却下しなければならず（供託規則 38 条）、右却下処分を不当とする者は監督法務局または地方法務局の長に審査請求をすることができ」る。「右のような実定法が存するかぎりにおいては、供託官が供託物取戻請求を理由がないと認めて却下した行為は行政処分であり、弁済者は右却下行為が権限のある機関によって取り消されるまでは供託物を取り戻すことができないものといわなければならず、供託関係が民法上の寄託関係であるからといって、供託官の右却下行為が民法上の履行拒絶にすぎないものということは到底できない」。

POINT 供託関係は民法上の寄託関係であるとする一方、供託制度に係る実定法の仕組み（とりわけ不服申立手続の存在）に着目し、供託金取戻請求却下につき処分性を肯定した（民法上の履行拒絶ではないとした）判例である。判決は、個別法上、当該行為が行政不服申立ての対象となっていることに着目し、当該行為につき処分性を肯定する立法者意思を読み取っている。

16-2 法的効果の否定（1）―交通反則金納付の通告
最判昭和 57 年 7 月 15 日（民集 36 巻 6 号 1169 頁・百選 II 146）

事実 X は、大阪府警察所属の警察官から違法駐車を現認されたが、交通反則告知書の受領を拒み、現行犯逮捕された。その後、大阪府警察本部長（Y）は、X に対して反則金納付を公示通告した。X は、違法駐車をしたのは X の部下であるとして、本件通告の取消訴訟を提起。1 審は本件通告の処分性を認めた上で X の請求を棄却したが、2 審は本件通告の処分性を否定した。X が上告。上告棄却。

判旨 「道路交通法 127 条 1 項の規定による警察本部長の反則金の納付の通告（以下『通告』という。）があっても、これにより通告を受けた者において通告に係る反則金を納付すべき法律上の義務が生ずるわけではなく、ただその者が任意に右反則金を納付したときは公訴が提起されないというにとどまり、納付しないときは、検察官の公訴の提起によって刑事手続が開始され、その手続において通告の理由となった反則行為となるべき事実の有無等が審判される」。「道路交通法は、通告を受けた者が、その自由意思により、通告に係る反則金を納付し、これによる事案の終結の途を選んだときは、もはや当該通告の理由となった反則行為の不成立等を主張して通告自体の適否を争い、これに対する抗告訴訟によってその効果の覆滅を図ることはこれを許さず、右のような主張をしようとするのであれば、反則金を納付せず、後に公訴が提起されたときにこれによって開始された刑事手続の中でこれを争い、これについて裁判所の審判を求める途を選ぶべきであるとしている……。もしそうでなく、右のような抗告訴訟が許されるものとすると、本来刑事手続にお

ける審判対象として予定されている事項を行政訴訟手続で審判することとなり、また、刑事手続と行政訴訟手続との関係について複雑困難な問題を生ずるのであって、同法がこのような結果を予想し、これを容認しているものとは到底考えられない。」

POINT 道路交通法上の交通反則金納付の通告について、その法的効果を否定し、処分性を否定した判例である。反則金通告についてその相手方が争う場合、抗告訴訟のルートを用いることはできず、通告に応じず（反則金を納付せず）刑事手続に進んだ上で無罪を争う必要がある、と解釈されている。

➡ 最判昭和 57 年 5 月 27 日民集 36 巻 5 号 777 頁は、東京都人事委員会の採用試験に合格して採用候補者名簿に登載され、東京都建設局職員としての採用が内定し、同局総務部長名義の採用内定通知書を受領したが、辞令交付前に採用内定を取り消す旨の通知を受けたというケースについて、採用内定通知につき、「単に採用発令の手続を支障なく行うための準備手続としてされる事実上の行為」にすぎない、と解釈し、採用内定取消しについては、「採用内定を受けた者の法律上の地位ないし権利関係に影響を及ぼすものではない」として処分性を否定した。なお、判決は、採用内定取消しにより損害賠償責任が生じる可能性については否定しておらず、損害賠償責任の成否は、信頼保護原則の適用問題になろう。

16−3　法的効果の否定（2）
―公共施設管理者の同意拒否・盛岡市開発許可事件
最判平成 7 年 3 月 23 日（民集 49 巻 3 号 1006 頁・百選 II 151）

事実 Xは、市街化調整区域において開発行為（都市計画法 29 条）を企図し、同法 32 条に基づいて既存の道路・下水道等の管理者である盛岡市長（Y）に同意を求めるとともに、開発に伴って新設される道路・下水道等について協議を求めた。しかし、Yはこれに同意できない旨の回答をしたので、Xは、①申請に対する不作為の違法確認、②不同意処分・不協議処分の取消し、③同意協議・協議義務の履行、を求めて出訴。1 審はYによる同意拒否行為・協議拒否行為の処分性を否定して①②を却下し、③につき請求棄却とした。2 審は協議拒否行為の処分性は否定したが、不同意行為の処分性を肯定した上でこれを取り消したため（③については訴え却下）、Yが上告・Xが附帯上告。破棄自判（訴え却下）・附帯上告棄却。

判旨 「都市計画法（以下『法』という。）32 条は、開発行為の許可（以下『開発許可』という。）を申請しようとする者は、あらかじめ、開発行為に関係がある公共施設の管理者の同意を得なければならない旨を規定する。そして、法 30 条 2 項は、開発許可の申請書に、右の同意を得たことを証する書面を添付することを要することを、法 33 条 1 項は、申請に係る開発行為が同項各号の定める基準に適合しており、かつ、その申請の手続が法又は

法に基づく命令の規定に違反していないと認めるときは、開発許可をしなければならないことを規定している。」「右のような定めは、開発行為が、開発区域内に存する道路、下水道等の公共施設に影響を与えることはもとより、開発区域の周辺の公共施設についても……影響を与えることが少なくないことにかんがみ、事前に、開発行為による影響を受けるこれらの公共施設の管理者の同意を得ることを開発許可申請の要件とすることによって、開発行為の円滑な施行と公共施設の適正な管理の実現を図ったものと解される。そして、国若しくは地方公共団体又はその機関（以下『行政機関等』という。）が公共施設の管理権限を有する場合には、行政機関等が法32条の同意を求める相手方となり、行政機関等が右の同意を拒否する行為は、公共施設の適正な管理上当該開発行為を行うことは相当でない旨の公法上の判断を表示する行為ということができる。この同意が得られなければ、公共施設に影響を与える開発行為を適法に行うことはできないが、これは、法が前記のような要件を満たす場合に限ってこのような開発行為を行うことを認めた結果にほかならないのであって、右の同意を拒否する行為それ自体は、開発行為を禁止又は制限する効果をもつものとはいえない。したがって、開発行為を行おうとする者が、右の同意を得ることができず、開発行為を行うことができなくなったとしても、その権利ないし法的地位が侵害されたものとはいえないから、右の同意を拒否する行為が、国民の権利ないし法律上の地位に直接影響を及ぼすものであると解することはできない。」

「公共施設の管理者である行政機関等が法32条所定の同意を拒否する行為は、抗告訴訟の対象となる処分には当たらない」。

POINT 本判決は、開発許可を受けようとする場合、公共施設管理者の同意が得られなければ適法に申請をすることができないという法的仕組みにおいて、公共施設管理者の不同意は「国民の権利ないし法律上の地位に直接影響を及ぼすもの」でないとして処分性を否定した。最高裁は、そもそも同意を求める者に開発行為を行う権利がない以上、不同意により国民の権利・法的地位が侵害されるのではない、とする。

しかしながら、公共施設管理者の不同意につき裁量権の逸脱濫用が争われるケースで、協議を求める側が裁判所に持ち込んで争えないことは、開発許可を申請しようとする者の権利利益の実効的救済を図るという観点で著しく不合理である。この点、本判決を前提にするなら、①不同意を前提に開発許可申請をした上で却下処分を受け、取消訴訟・申請型義務付け訴訟を提起する、②公法上の当事者訴訟により、適法に開発許可申請をすることができる法的地位の確認を求める訴えを提起する、等の可能性が考えられる。さらに、③法律の仕組み全体をとらえて処分性を柔軟に解釈する現在の判例の傾向に照らし、本判決を判例変更して処分性を認める、という考え方も十分にありえよう。

16 - 4　法的効果の肯定（1）―税関長の通知・横浜税関事件

最判昭和 54 年 12 月 25 日（民集 33 巻 7 号 753 頁）

事実　X は、女性ヌード写真集を輸入しようとして横浜税関長（Y）に輸入申告したところ、Y は、関税定率法に基づき、本件写真集は輸入禁制品である「風俗を害すべき書籍」にあたる旨の通知をした。これに対し、X が異議の申出をしたが、Y はこれを棄却する決定をしたため、X が本件通知・決定の取消しを求めて出訴。1 審は X の請求を棄却し、2 審は本件通知の処分性を否定して訴えを却下したため、X が上告。破棄差戻し。

判旨　「関税定率法 21 条 3 項の規定による税関長の通知は、当該輸入申告にかかる貨物が輸入禁制品……に該当すると認めるのに相当の理由があるとする旨の税関長の判断の結果を表明するものであり、……右のような判断の結果を輸入申告者に知らせ当該貨物についての輸入申告者自身の自主的な善処を期待してされるものである……。同条 5 項の規定による税関長の決定及びその通知も、規定の文言上は同条 4 項に定める異議の申出の当否についての税関長の応答的行政処分及びその告知であるかのようであるが、右異議の申出は、……輸入申告者において税関長の右判断につき再考を促す旨の意見の表明とみるべきであり、したがって、これに対する税関長の決定も、……その法律的性質において右 3 項の通知と特に異なるところはない……。そうすると、右 3 項の規定による通知並びに右 5 項の規定による決定及びその通知……〔は〕行政庁のいわゆる観念の通知とみるべきものである」。

「税関長において、輸入申告者に対し、関税定率法 21 条 3 項の規定による通知をし、又は、更に、輸入申告者からの異議の申出にかかわらず先の通知に示された判断を変更することなく維持し、同条 5 項の規定による決定及びその通知をした場合においては、当該貨物につき輸入の許可の得られるべくもないことが明らかとなったものということができると同時に、……税関長が同条 3 項及び 5 項に定める措置をとる以外に当該輸入申告に対し何らかの応答的行政処分をすることは、およそ期待され得ないところであり、他方、輸入申告者は輸入の許可を受けないで貨物を輸入することを法律上禁止されている（関税法 111 条参照）のであるから、輸入申告者は、当該貨物を適法に輸入する道を閉ざされる……。そして、輸入申告者の被るこのような制約は、……関税定率法 21 条 3 項の規定による通知又は同条 5 項の規定による決定及びその通知……によって生ずるに至った法律上の効果である」。

「そうすると、Y の関税定率法による通知等は、その法律上の性質において Y の判断の結果の表明、すなわち観念の通知であるとはいうものの、もともと法律の規定に準拠してされたものであり、かつ、これにより X に対し申告にかかる本件貨物を適法に輸入することができなくなるという法律上の効果を及ぼすものというべきであるから、行政事件訴訟法 3 条 2 項にいう『行政庁の処分その他公権力の行使に当たる行為』に該当する」。

POINT　行政機関による行為が、観念の通知と解釈されるものであっても、一定の法律上の効果を及ぼすものとして当該行為（通知等）に処分性を認めて抗告訴訟の対象にしないと、合理的な裁判的救済方法がなくなってしまうというケースにおいて、処分性を認めた判例である。本件通知は、事実行為（輸入禁制品に該当するため、輸入申告者自身が適宜処分せよという行政指導）と解されるところ、結果として「当該貨物を適法に輸入する道を閉ざされる」ことに着目し、これを「法律上の効果」と構成する解釈方法が用いられている。このロジックは、行政指導から生じる事実状態を重視し、当該行政過程の仕組みに照らして適切な救済方法が他にないことを実質的背景として、処分性を拡大して司法的救済を認めたものと考えられる。

➡ 最大判昭和 59 年 12 月 12 日民集 38 巻 12 号 1308 頁（百選 II 153。札幌税関事件）は、税関長の通知に処分性を認めるという結論は同一であるが、「観念の通知」であるという説明をせず、輸入申告に対する最終的な拒否の態度表明であり、通知は実質的な拒否処分として機能しているという解釈に改めている。

16-5　法的効果の肯定(2)—検疫所長の通知・冷凍スモークマグロ事件
最判平成 16 年 4 月 26 日（民集 58 巻 4 号 989 頁）

事実　X は、冷凍スモークマグロの切り身を輸入して販売するため、成田空港検疫所長（Y）に対し、輸入届出書を提出した（平成 15 年改正前の食品衛生法 16 条・平成 13 年改正前の同法施行規則 15 条）。Y は、本件食品について一酸化炭素の含有状態の検査を受けるよう X を指導し、X は、財団法人 A に検査を依頼し、本件食品につき微量の一酸化炭素を検出したとの A の輸入食品等試験成績証明書を Y に提出した。これを受けて、Y は、X に対し、本件食品は食品衛生法 6 条の規定に違反するから積戻しまたは廃棄されたい、と記載された食品衛生法違反通知書を交付したので、X が本件通知の取消しを求めて出訴。1 審・2 審とも、本件通知の処分性を否定したため、X が上告。破棄自判（1 審に差戻し）。

判旨　食品衛生「法は厚生労働大臣に対して食品等の安全を確保する責任と権限を付与しているところ、法 16 条は、販売の用に供し、又は営業上使用する食品等を輸入しようとする者は、厚生労働省令の定めるところにより、その都度厚生労働大臣に輸入届出をしなければならないと規定しているのであるから、同条は、厚生労働大臣に対し輸入届出に係る食品等が法に違反するかどうかを認定判断する権限を付与している……。そうであるとすれば、法 16 条は、厚生労働大臣が、輸入届出をした者に対し、その認定判断の結果を告知し、これに応答すべきことを定めていると解するのが相当である。」
「食品衛生法施行規則 15 条は、法 16 条の輸入届出は所轄の検疫所長に対して輸入届出書を提出して行うべきことを規定しているが、……輸入食品等監視指導業務基準によると、検疫所長は、食品等を輸入しようとする者に対し、当該食品等が、法の規定に適合す

ると判断したときは食品等輸入届出済証を交付し、これに違反すると判断したときは食品衛生法違反通知書を交付することとされている。……これらは……法 16 条が定める輸入届出をした者に対する応答が具体化されたものである」。

「一方、関税法 70 条 2 項は、『他の法令の規定により輸出又は輸入に関して検査又は条件の具備を必要とする貨物については、第 67 条（輸出又は輸入の許可）の検査その他輸出申告又ハ輸入申告に係る税関の審査の際、当該法令の規定による検査の完了又は条件の具備を税関に証明し、その確認を受けなければならない。』と規定しているところ、ここにいう『当該法令の規定による検査の完了又は条件の具備』は、食品等の輸入に関していえば、法 16 条の規定による輸入届出を行い、法の規定に違反しないとの厚生労働大臣の認定判断を受けて、輸入届出の手続を完了したことを指すと解され、税関に対して同条の輸入届出の手続が完了したことを証明し、その確認を受けなければ、関税法 70 条 3 項の規定により、当該食品等の輸入は許可されない……。関税法基本通達……が、関税法 70 条 2 項の規定の適用に関し、法 6 条等の規定については、『第 16 条の規定により厚生労働省、食品衛生監視員が交付する「食品等輸入届出書」の届出済証』により、関税法 70 条 2 項に規定する『検査の完了又は条件の具備』を証明させるとし、関税法基本通達……が、輸入申告書に食品等輸入届出済証等の証明書類の添付がないときは、輸入申告書の受理を行わず、申告者に返却すると規定しているのも、上記解釈と同じ趣旨を明らかにしたものである。」

「そうすると、食品衛生法違反通知書による本件通知は、法 16 条に根拠を置くものであり、厚生労働大臣の委任を受けた Y が、X に対し、本件食品について、法 6 条の規定に違反すると認定し、したがって輸入届出の手続が完了したことを証する食品等輸入届出済証を交付しないと決定したことを通知する趣旨のものということができる。そして、本件通知により、X は、本件食品について、関税法 70 条 2 項の『検査の完了又は条件の具備』を税関に証明し、その確認を受けることができなくなり、その結果、同条 3 項により輸入の許可も受けられなくなるのであり、上記関税法基本通達に基づく通関実務の下で、輸入申告書を提出しても受理されずに返却される」。

「したがって、本件通知は、上記のような法的効力を有するものであって、取消訴訟の対象となる」。

POINT 食品の輸入許可について、①検疫所長に対する届出 ⇒ ②届出済証の交付 ⇒ ③税関長への輸入許可申請（届出済証を添付）という手続を踏む仕組みになっているところ、②の段階で検疫所長から食品衛生法違反通知がされたケースで、その処分性を肯定した判例である。上記①②は食品衛生法、③は関税法を根拠とするが、2 つの法律の仕組み全体を横断的にとらえ、食品衛生法に基づく通知がされると、結果として、関税法に基づく輸入許可が得られなくなることを、食品衛生法違反通知の「法的効力」と解釈している。最高裁は、複合的な法的仕組みの中で本件通知がどのような実際上の結果をもたらすかに着眼し、「法的効力」を柔軟に解釈して処分性を拡大している。

もっとも、本判決は、そもそも食品衛生法が定めていた「届出」制度を、法的仕組み全体を視野に入れた法解釈により、裁判所が「申請」に対する許可制度に書き換えたのではないか、との評価ができる。この点、本件届出制度には法律関係を確定させる意義（行政側のファイナルな決定としての意義）があり、このことを起点として仕組み解釈の方法を用いて処分性を肯定したと説明する考え方があり得よう。

16-6　法的効果の肯定(3)—登録免許税還付拒絶の通知
最判平成 17 年 4 月 14 日（民集 59 巻 3 号 491 頁・百選 II 155）

事実　Xは、阪神・淡路大震災により被災したX所有の建物を取り壊して建物を新築し、登録免許税を納付の上で登記を行ったが、その後、登録免許税の震災による減免措置の適用があると思料し、所轄法務局登記官（Y）に対し、所轄税務署長に過誤納金還付通知（登録免許税法 31 条 1 項）をすべき旨の請求をした。これに対し、Yは、Xに、登録免許税の過誤納付の事実は認められず、税務署長への還付の通知はできない旨の通知（本件通知）をした。そこで、Xは、本件通知の取消し等を求めて出訴。1 審・2 審とも取消請求につき訴えを却下する判断をしたため、Yが上告。上告棄却。

判旨　「登録免許税については、納税義務は登記の時に成立し、納付すべき税額は納税義務の成立と同時に特別の手続を要しないで確定する……。……登録免許税の納税義務者は、過大に登録免許税を納付して登記等を受けた場合には、そのことによって当然に還付請求権を取得し、……その還付がされないときは、還付金請求訴訟を提起することができる。」

「登録免許税法 31 条 1 項は、同項各号のいずれかに該当する事実があるときは、登記機関が職権で遅滞なく所轄税務署長に過誤納金の還付に関する通知をしなければならないことを規定している。これは、……登録免許税の過誤納金の還付が円滑かつ簡便に行われるようにすることを目的とする。そして、同条 2 項は、登記等を受けた者が登記機関に申し出て上記の通知をすべき旨の請求をすることができることとし、登記等を受けた者が職権で行われる上記の通知の手続を利用して簡易迅速に過誤納金の還付を受けることができるようにしている。」「同項が上記の請求につき 1 年の期間制限を定めているのも、登記等を受けた者が上記の簡便な手続を利用するについてその期間を画する趣旨であるにすぎないのであって、……登録免許税の還付を請求するには専ら同項所定の手続によらなければならないこととする手続の排他性を定めるもので」はない。

「登記等を受けた者は、過大に登録免許税を納付した場合には、同〔登録免許税法 31 条 2〕項所定の請求に対する拒否通知の取消しを受けなくても、国税通則法 56 条に基づき、登録免許税の過誤納金の還付を請求することができる」。「そうすると、同項が登録免許税の過誤納金の還付につき排他的な手続を定めていることを理由に、同項に基づく還付通知をすべき旨の請求に対してされた拒否通知が抗告訴訟の対象となる行政処分に当たると解

することはできない」。

　「しかしながら、……登録免許税法 31 条 2 項は、登記等を受けた者に対し、簡易迅速に還付を受けることができる手続を利用することができる地位を保障している……。そして、同項に基づく還付通知をすべき旨の請求に対してされた拒否通知は、登記機関が還付通知を行わず、還付手続を執らないことを明らかにするものであって、これにより、登記等を受けた者は、簡易迅速に還付を受けることができる手続を利用することができなくなる。そうすると、上記の拒否通知は、登記等を受けた者に対して上記の手続上の地位を否定する法的効果を有するものとして、抗告訴訟の対象となる行政処分に当たる」。

POINT　登録免許税（登記等を受けることにより生じる税）は、別に課税処分を経ることなく、登記の時点で納税義務が生じ、登記と同時に納税額が確定する（通常、登記の際に印紙を貼付する）。本判決は、登録免許税を過誤納金したと考える者による、登記機関から税務署長に過誤納金を通知すべき旨の請求に対し、登記機関が通知できない旨を申請者に伝えた通知について、処分性を認めた（ただし、国への還付請求の棄却判決が確定しており、訴えの利益がないとされた）。最高裁は、登録免許税に係る立法政策上、簡易迅速な還付を受けるために法定された請求手続について、その手続を利用することができるという法的地位に着目して通知の「法的効果」を認め、処分性を柔軟に解釈するというロジックを採用した。実体法上の法律関係（還付請求権）や、申請手続の排他性とは切り離すかたちで、特別に法定された手続の利用可能性から処分性を論じた判例として注目される。

➡ 最判昭和 45 年 12 月 24 日民集 24 巻 13 号 2243 頁（百選 I 60）は、税務署長が源泉徴収義務者に対してする納税の告知（国税通則法 36 条）について、納税義務を確定する法的効果（支払者の納税義務の存否・範囲を公定力をもって確定すること）を否定しつつ、徴収処分として抗告訴訟の対象となることを認めた。同判決は、納税の告知について、支払者の側から徴収を防止するという手続的効果に着目して処分性を肯定している。係争行為について、その実体法上の効果から離れ、手続的効果に着目して処分性を柔軟に肯定する解釈方法が採られたものとみることができる。

16 - 6 [A]　法的効果の肯定（4）
―土壌汚染対策法の通知・旭川市クリーニング店廃止通知事件
最判平成 24 年 2 月 3 日（民集 66 巻 2 号 148 頁）

事実　旭川市（Y）は、クリーニング業を営む A 社が、土壌汚染対策法 3 条 1 項にいう有害物質使用特定施設である洗浄施設を廃止したことを確認した。そこで、旭川市長（知事の権限に属する事務を行う中核市の長である）は、同法 3 条 2 項に基づき、本件施設が設置されていた

土地の所有者Xに対して、当該土地の土壌汚染状況調査を実施し、120日以内にその結果を報告する義務のある旨等が記載された通知を行った。Xは、本件通知が違法であるとして、Yを相手に取消訴訟を提起。1審は本件通知の処分性を否定して訴えを却下したが、2審が本件通知の処分性を認める判断をしたため、Yが上告。上告棄却。

> **判旨** 「法令の規定によれば、〔土壌汚染対策〕法3条2項による通知は、通知を受けた当該土地の所有者等に……調査及び報告の義務を生じさせ、その法的地位に直接的な影響を及ぼす」。
>
> 「都道府県知事は、法3条2項による通知を受けた当該土地の所有者等が上記の報告をしないときは、その者に対しその報告を行うべきことを命ずることができ（同条3項）、その命令に違反した者については罰則が定められているが……、その報告の義務自体は上記通知によって既に発生しているものであって、その通知を受けた当該土地の所有者等は、これに従わずに上記の報告をしない場合でも、速やかに法3条3項による命令が発せられるわけではないので、早期にその命令を対象とする取消訴訟を提起することができるものではない。そうすると、実効的な権利救済を図るという観点から見ても、同条2項による通知がされた段階で、これを対象とする取消訴訟の提起が制限されるべき理由はない。」
>
> 「法3条2項による通知は、抗告訴訟の対象となる行政処分に当たる」。

POINT 通知について、個別法上、相手方に調査報告義務を発生させることに着目し、処分性を認めた判例である。通知行為であっても、相手方の法的地位を変動させる法的仕組みがあると解釈される以上、処分性が認められるのは当然であろう。また、本判決は、通知により課された義務を履行せず、その結果としてなされる報告命令を待つことなく、早期に本件通知を取消訴訟で争うことが「実効的な権利救済」の観点から要請されることを述べている。通知が発せられた以上、報告命令がされるまで待たなければ争訟が提起できないのでは、相手方の法的地位が不安定になり合理的でないという趣旨（手続的観点の考慮）と考えられる。個別法上、義務の通知⇒義務違反者への不利益処分、という仕組みを定める例は多く、通知の段階で処分性を認めた本判決の意義は大きい。

　なお、本件において、Xは、本件通知につき行政手続法上の弁明の機会の付与がされていないことを、違法事由のひとつとして主張している。本件通知について、上記のような理由付けにより処分性が肯定される以上、行政手続法の定める不利益処分に関する規律が及ぶことは当然であろう。

16 − 7　法的効果の肯定(5)─医療法の勧告・富山県病院開設中止勧告事件

最判平成 17 年 7 月 15 日（民集 59 巻 6 号 1661 頁・百選 II 154）

事実　X は、富山県内に病院の開設を計画し、富山県知事（Y）に対し、医療法 7 条 1 項の許可を申請した。これに対し、Y は、X に、医療法（平成 9 年改正前）30 条の 7 の規定に基づき、本件申請に係る病院の開設を中止するよう勧告した。X は、Y に対し、本件勧告を拒否するとともに、速やかに本件申請に対する許可をするよう求める文書を送付した。Y は、X に、本件申請について許可する旨の処分をするとともに、中止勧告にもかかわらず病院を開設した場合には、厚生省通知において保険医療機関の指定の拒否をすることとされている旨の通告を行った。そこで、X は、本件勧告の取消し等を求めて出訴。1 審・2 審とも本件勧告および通知の処分性を否定したため、X が上告。一部破棄自判（1 審に差戻し）・一部上告棄却。

判旨　「医療法は、病院を開設しようとするときは、開設地の都道府県知事の許可を受けなければならない旨を定めているところ（7 条 1 項）、都道府県知事は、一定の要件に適合する限り、病院開設の許可を与えなければならないが（同条 3 項）、医療計画の達成の推進のために特に必要がある場合には、都道府県医療審議会の意見を聴いて、病院開設申請者等に対し、病院の開設、病床数の増加等に関し勧告することができる（30 条の 7）。そして、医療法上は、上記の勧告に従わない場合にも、そのことを理由に病院開設の不許可等の不利益処分がされることはない。」「他方、健康保険法……43 条ノ 3 第 2 項は、都道府県知事は、保険医療機関等の指定の申請があった場合に、一定の事由があるときは、その指定を拒むことができると規定しているが、この拒否事由の定めの中には、『保険医療機関等トシテ著シク不適当ト認ムルモノナルトキ』との定めがあり、昭和 62 年保険局長通知において、『医療法第 30 条の 7 の規定に基づき、都道府県知事が医療計画達成の推進のため特に必要があるものとして勧告を行ったにもかかわらず、病院開設が行われ、当該病院から保険医療機関の指定申請があった場合にあっては、健康保険法 43 条ノ 3 第 2 項に規定する『著シク不適当ト認ムルモノナルトキ』に該当するものとして、地方社会保険医療協議会に対し、指定拒否の諮問を行うこと』とされていた」。

「上記の医療法及び健康保険法の規定の内容やその運用の実情に照らすと、医療法 30 条の 7 の規定に基づく病院開設中止の勧告は、医療法上は当該勧告を受けた者が任意にこれに従うことを期待してされる行政指導として定められているけれども、当該勧告を受けた者に対し、これに従わない場合には、相当程度の確実さをもって、病院を開設しても保険医療機関の指定を受けることができなくなるという結果をもたらす……。そして、いわゆる国民皆保険制度が採用されている我が国においては、健康保険、国民健康保険等を利用しないで病院で受診する者はほとんどなく、保険医療機関の指定を受けずに診療行為を行う病院がほとんど存在しないことは公知の事実であるから、保険医療機関の指定を受けることができない場合には、実際上病院の開設自体を断念せざるを得ないことになる。このような医療法 30 条の 7 の規定に基づく病院開設中止の勧告の保険医療機関の指定に及

ぼす効果及び病院経営における保険医療機関の指定の持つ意義を併せ考えると、<u>この勧告は、行政事件訴訟法３条２項にいう『行政庁の処分その他公権力の行使に当たる行為』に当たる……。</u>後に保険医療機関の指定拒否処分の効力を抗告訴訟によって争うことができるとしても、そのことは上記の結論を左右するものではない。」

POINT　医療法の定める病院開設許可の際、同法に基づく勧告（病院開設中止の勧告）がされたケースにおいて、この勧告は医療法上は行政指導として定められていると解釈しつつも、勧告に従わないと「相当程度の確実さをもって」健康保険法上の保険医療機関指定を受けられない結果をもたらし、「実際上病院の開設自体を断念せざるを得ない」と認定して、その処分性を肯定した判例である。最高裁は、係争処分の根拠法令の解釈上は行政指導（事実行為）である勧告を、関連する別の法令を含めた行政過程の仕組み全体を視野に入れた解釈論によって抗告訴訟の対象にするという、画期的な解釈方法を採用した。また、本判決は、係争行為（本件勧告）の法的効果を論証することなく処分性を肯定しており、判例法における「行政庁の処分」の定義（判例 5－1 を参照）からは逸脱しているとみることもできる（仮にそうであるとすれば、行訴法３条２項の「その他公権力の行使に当たる行為」と解したものと考えられる）。

　本判決は、個別の行為の法的性質ではなく、それを含む法制度の仕組み全体からその機能をとらえ、原告の救済の必要性という観点から処分性を柔軟に解釈して抗告訴訟の利用可能性を高めたものと評される。本件では、医療法上の申請について病院開設許可は出すものの、病院の規模や病床数につき厚生労働省側の意図に従わせるため、健康保険法に基づく指定制度とリンクさせた勧告に実質的な強制力を持たせるという仕組みについて、勧告に処分性を認めるという判断が示された。この解釈をさらに進めると、行政の行為の性質決定について、行政手続法の解釈上は行政指導であるが、抗告訴訟の局面では個別の紛争状況により処分性を肯定するという方向での処分性論（形式的行政処分論）に展開する可能性も指摘できよう。

16-8　一般処分―2項道路の一括指定告示・御所町2項道路指定事件
最判平成 14 年 1 月 17 日（民集 56 巻 1 号 1 頁・百選 II 149）

事実　昭和 37 年、奈良県知事（Y）は、同県告示により、建築基準法 42 条 2 項のみなし道路（2 項道路）の一括指定をした。X は、所有地に建物を新築するにあたり、その敷地に接しかつその一部が当該敷地の中にある通路部分が 2 項道路に該当するか、県土木事務所に照会した。県の建築主事が 2 項道路に該当する旨の回答をしたので、X は、Y を相手に、本件通路部分につき指定処分が存在しないことの確認を求めて出訴。1 審は X の請求を認容したが、2 審は本件告示の処分性を否定して訴えを却下する判断をしたため、X が上告。破棄差戻し。

建築基準法 42 条「2 項の特定行政庁の指定は、同項の要件を満たしている道について、個別具体的に対象となる道を 2 項道路に指定するいわゆる個別指定の方法でされることがある一方で、本件告示のように、一定の条件に合致する道について一律に 2 項道路に指定するいわゆる一括指定の方法でされることがある。同項の文言のみからは、一括指定の方法をも予定しているか否かは必ずしも明らかではないが、法の前身というべき市街地建築物法……における……指定建築線については行政官庁の制定する細則による一括指定もされていたこと、同項の規定は法の適用時点において多数存在していた幅員 4m 未満の道に面する敷地上の既存建築物を救済する目的を有すること、現に法施行直後から多数の特定行政庁において一括指定の方法による 2 項道路の指定がされたが、このような指定方法自体が法の運用上問題とされることもなかったことなどを勘案すれば、同項は……一括指定の方法による特定行政庁の指定も許容している」。

「本件告示……によって、……本件告示の定める……条件に合致するものすべてについて 2 項道路としての指定がされたこととなり、当該道につき指定の効果が生じる」。

「本件告示によって 2 項道路の指定の効果が生じるものと解する以上、このような指定の効果が及ぶ個々の道は 2 項道路とされ、その敷地所有者は当該道路につき道路内の建築等が制限され（法 44 条）、私道の変更又は廃止が制限される（法 45 条）等の具体的な私権の制限を受ける……。そうすると、特定行政庁による 2 項道路の指定は、それが一括指定の方法でされた場合であっても、個別の土地についてその本来的な効果として具体的な私権制限を発生させるものであり、個人の権利義務に対して直接影響を与える」。

「したがって、本件告示のような一括指定の方法による 2 項道路の指定も、抗告訴訟の対象となる行政処分に当たる」。

POINT 告示による一括指定の方法による 2 項道路指定について、「個人の権利義務に対して直接影響を与える」として処分性を肯定した判例である。告示による 2 項道路の一括指定は、形式的な名あて人がない行政処分（いわゆる一般処分）ということになるが、告示の定める要件を満たす個々の土地に具体的な法的効果を及ぼす（建築基準法に基づく個別具体的な私権制限を発生させる）と解釈し、その処分性を認めるというロジックが採られている。なお、県の建築主事による回答について、1 審判決が処分性を否定し、上級審では争点とされていない。

16－9　条例制定行為（1）─簡易水道料金値上げを定める条例・高根町別荘地事件
最判平成 18 年 7 月 14 日（民集 60 巻 6 号 2369 頁・百選 II 150）

判例 **7－4** と同一事件。

判旨 「本件別表の無効確認を求める X らの訴えは、本件改正条例の制定行為が抗告訴訟の対象となる行政処分に当たることを前提に、行政事件訴訟法 3 条 4 項の無効等確認の訴えとして、本件条例改正により定められた本件別表が無効であることの確認を求めるものである。しかしながら、抗告訴訟の対象となる行政処分とは、行政庁の処分その他公権力の行使に当たる行為をいうものである。本件改正条例は、Y が営む簡易水道事業の水道料金を一般的に改定するものであって、そもそも限られた特定の者に対してのみ適用されるものではなく、本件改正条例の制定行為をもって行政庁が法の執行として行う処分と実質的に同視することはできないから、本件改正条例の制定行為は、抗告訴訟の対象となる行政処分には当たらない」。

POINT 別荘住民の水道料金値上げを定める条例の制定行為について、条例による料金改定が限られた特定の者に対してのみ適用されるものではなく、「行政庁が法の執行として行う処分と実質的に同視」できないとして処分性を否定した判例である。他方で、本判決は、給水契約者が料金改定に伴う債務不存在の確認・不当利得の返還等を求めた民事訴訟の部分について、本件条例は地方自治法 244 条 3 項に違反し無効であるとの判断を前提に、原告を勝訴させる判断を示している（判例 **7-4** を参照）。最高裁は、条例制定行為の処分性を否定して抗告訴訟を否定する一方、給水契約者の料金に関する権利義務関係に引き付けて民事訴訟を紛争解決のための受け皿として認め、その前提問題として条例の違法（公の施設の利用に係る不当な差別的取扱いの禁止への違反）・無効を判断した。

16-10 条例制定行為（2）─保育所廃止条例・横浜市保育所民営化事件
最判平成 21 年 11 月 26 日（民集 63 巻 9 号 2124 頁・百選 II 197）

事実 横浜市（Y）は、市が設置する保育所のうち 4 つを民営化することとし、横浜市保育所条例の一部を改正する条例を制定し、同条例の別表から当該 4 保育所を削除した。この改正条例の施行により本件 4 保育所は廃止され、社会福祉法人が運営する保育所に引き継がれた。X らは、これらの市立保育所で保育を受けていた児童またはその保護者であり、入所承諾の時点で保育の実施期間の指定を受けていた。X らは、本件改正条例の制定行為は X らが選択した保育所において保育を受ける権利を違法に侵害するものである等と主張して、本件改正条例の制定行為の取消し等を求めて出訴。1 審は条例制定行為に処分性を認めた上で民営化実施時期につき裁量権の逸脱濫用があると判断したが、2 審は条例制定行為の処分性を否定した。X らが上告。上告棄却。

判旨 「市町村は、保護者の労働又は疾病等の事由により、児童の保育に欠けるところ

がある場合において、その児童の保護者から入所を希望する保育所等を記載した申込書を提出しての申込みがあったときは、……やむを得ない事由がある場合に入所児童を選考することができること等を除けば、その児童を当該保育所において保育しなければならないとされている（児童福祉法24条1項〜3項）。平成9年……児童福祉法の改正がこうした仕組みを採用したのは、……その保育所の受入れ能力がある限り、希望どおりの入所を図らなければならないこととして、保護者の選択を制度上保障したものと解される。そして、……Yにおいては、保育所への入所承諾の際に、保育の実施期間が指定されることになっている。このように、Yにおける保育所の利用関係は、保護者の選択に基づき、保育所及び保育の実施期間を定めて設定されるものであり、保育の実施の解除がされない限り（同法33条の4参照）、保育の実施期間が満了するまで継続するものである。そうすると、特定の保育所で現に保育を受けている児童及びその保護者は、保育の実施期間が満了するまでの間は当該保育所における保育を受けることを期待し得る法的地位を有する」。

「公の施設である保育所を廃止するのは、市町村長の担任事務であるが（地方自治法149条7号）、これについては条例をもって定めることが必要とされている（同法244条の2）。条例の制定は、普通地方公共団体の議会が行う立法作用に属するから、一般的には、抗告訴訟の対象となる行政処分に当たるものでない……が、本件改正条例は、本件各保育所の廃止のみを内容とするものであって、他に行政庁の処分を待つことなく、その施行により各保育所廃止の効果を発生させ、当該保育所に現に入所中の児童及びその保護者という限られた特定の者らに対して、直接、当該保育所において保育を受けることを期待し得る上記の法的地位を奪う結果を生じさせるものであるから、その制定行為は、行政庁の処分と実質的に同視し得る」。

「市町村の設置する保育所で保育を受けている児童又はその保護者が、当該保育所を廃止する条例の効力を争って、当該市町村を相手に当事者訴訟ないし民事訴訟を提起し、勝訴判決や保全命令を得たとしても、これらは訴訟の当事者である当該児童又はその保護者と当該市町村との間でのみ効力を生ずるにすぎないから、これらを受けた市町村としては当該保育所を存続させるかどうかについての実際の対応に困難を来すことにもなり、処分の取消判決や執行停止の決定に第三者効（行政事件訴訟法32条）が認められている取消訴訟において当該条例の制定行為の適法性を争い得るとすることには合理性がある。」

「本件改正条例の制定行為は、抗告訴訟の対象となる行政処分に当たる」。

POINT 市立保育所の廃止を定める条例の制定行為について、処分性を肯定した判例である。最高裁は、①本件条例は、他の行政処分を経ずにその施行により保育所廃止の効果を発生させる、②本件条例は、廃止される保育所に現に入所中の児童・保護者という「限られた特定の者」に対し、直接、当該保育所において保育を受けることを期待しうる法的地位を奪う、③その結果、本件条例の制定行為は「行政庁の処分と実質的に同視し得る」、というロジックを採る。児童福祉法等の法的仕組みに照らし（保護者による保育所の選択、行政側による保育所および保育の実施期間の決定に着目してい

る）、特定の保育所で現に保育を受けている児童・保護者の「法的地位」を認めたことが、処分性を肯定するポイントとなっている。

　また、最高裁は、条例制定行為の処分性を肯定した上で、結論を補強する根拠として、④本件条例の効力を争うために民事訴訟・当事者訴訟を用いるケースと対比し、取消判決・執行停止決定に第三者効（行訴法 32 条）が認められる取消訴訟を紛争解決のための受け皿とすることが合理的であるという説明を付加する。条例制定のような規範定立行為に処分性を認めた場合、取消訴訟の利用強制に伴う諸問題（出訴期間の制約、違法性承継の遮断、取消判決の効力の及ぶ範囲等）が生じるが、本件では、廃止される保育所で現に保育を受ける法的地位を有する者は限定される一方、廃止条例の適否を取消訴訟で争うことについて、取消判決・執行停止決定の第三者効の観点から合理的な紛争解決に資するという考え方が示されている（行訴法 32 条の解釈について、判例 19 - 5 を参照）。

　条例制定行為の処分性を否定した判例 16 - 9 と対比すると、本判決は、上記②の部分（判例 16 - 9 は、「限られた特定の者に対してのみ適用されるものではな」いとする）、さらに、上記④の部分（判例 16 - 9 は、民事訴訟により条例の違法・無効を判断している）の評価が異なる。

　判例 16 - 15 でも、処分性を柔軟に認めるにあたって、係争行為の根拠法令の仕組みの解明を踏まえた紛争の成熟性の判定と同時に、当該行為につき処分性を認めて抗告訴訟を救済ルートとした場合の（それ以外の救済ルートを用いた場合との対比における）紛争解決のための手続的便宜を明らかにする、という 2 段構えの解釈方法が採られていた。本判決でも、これと同様の傾向を指摘することができよう。

　なお、X らの保育の実施期間が満了していることから訴えの利益が否定され、上告は棄却されている。

16 - 11　内部行為（1）—通達・墓地埋葬法通達事件
最判昭和 43 年 12 月 24 日（民集 22 巻 13 号 3147 頁・百選 I 52）

事実　墓地、埋葬等に関する法律 13 条は、「墓地、納骨堂又は火葬場の管理者は、埋葬……の求めを受けたときは、正当の理由がなければこれを拒んではならない」とする（違反した者につき罰則規定がある）が、この規定の解釈について、厚生省当局は、異宗徒の埋葬等を拒否しても差し支えないとする旨の通達を発していた。その後、特定の宗教団体に対する埋葬拒否事件が頻発したため、厚生省当局は、他の宗教団体の信者であることのみを理由として埋葬等を拒むことは正当な理由にあたらないとする旨の通達を発した。これに対し、墓地を経営する寺院 X が、この通達の取消しを求めて出訴。1 審・2 審とも通達の処分性を否定したため、X が上告。上告棄却。

判旨「元来、通達は、原則として、法規の性質をもつものではなく、上級行政機関が関係下級行政機関および職員に対してその職務権限の行使を指揮し、職務に関して命令するために発するものであり、このような通達は右機関および職員に対する行政組織内部における命令にすぎないから、これらのものがその通達に拘束されることはあっても、一般の国民は直接これに拘束されるものではな」い。「通達は、元来、法規の性質をもつものではないから、行政機関が通達の趣旨に反する処分をした場合においても、そのことを理由として、その処分の効力が左右されるものではない。また、裁判所がこれらの通達に拘束されることのないことはもちろんで、裁判所は、法令の解釈適用にあたっては、通達に示された法令の解釈とは異なる独自の解釈をすることができ、通達に定める取扱いが法の趣旨に反するときは独自にその違法を判定することもできる」。

「本件通達は従来とられていた法律の解釈や取扱いを変更するものではあるが、それはもっぱら知事以下の行政機関を拘束するにとどまるもので、これらの機関は右通達に反する行為をすることはできないにしても、国民は直接これに拘束されることはなく、従って、右通達が直接にXの所論墓地経営権、管理権を侵害したり、新たに埋葬の受忍義務を課したりするものとはいいえない。また、……本件通達が発せられたからといって直ちにXにおいて刑罰を科せられるおそれがあるともいえず、さらにまた、……Xの主張するような損害、不利益は、……直接本件通達によって被ったものということもできない。」

POINT 行政組織の内部行為であるとして通達の処分性を否定し、さらに、裁判所の法令解釈における通達の法源性も否定した判例である。本判決は、通達について、法的効果の外部性を否定し、内部行為として処分性を否定したが、通達に処分性を認めた裁判例もある（東京地判昭和46年11月8日行集22巻11＝12号1785頁）。

他方、通達について、その法規性が否定されるとしても、実際上、裁判規範として一定の機能を果たすこと（通達の外部化現象）を示唆する判例がある（判例1-6、6-12、23-8等を参照）。

➡ 判例20-5は、東京都教育委員会の教育長から各都立学校校長宛てに、入学式・卒業式等での国旗掲揚、国歌斉唱時に教職員が起立・斉唱・ピアノ伴奏等を行うこと等を求める通達について、行政組織の内部における上級行政機関から関係下級行政機関に対する示達ないし命令にとどまり、それ自体によって教職員個人の権利義務を直接形成しまたはその範囲を確定することが法律上認められているものとはいえないとして、処分性を否定した。

16-12　内部行為（2）―消防長の同意
最判昭和34年1月29日（民集13巻1号32頁・百選I 16）

事実　始発筒の製造業者Xは、自身の煙火工場のうち3棟が焼失したので、福岡県知事に対し、焼失した建物の建築許可を出願した（当時の臨時建築制限規則による）。知事は、所轄の

村消防長（Y）に消防法 7 条の定める同意を求め、Y はいったん同意をなしたが、翌日に同意を取り消した。X は、Y による同意取消しの取消し等を求めて出訴。1 審は本件同意取消しの処分性を肯定したが、2 審は処分性を否定したので、X が上告。上告棄却。

> 判旨 「抗告訴訟の対象となるべき行政庁の行為は、対国民との直接の関係において、その権利義務に関係あるものたることを必要とし、行政機関相互間における行為は、その行為が、国民に対する直接の関係において、その権利義務を形成し、又はその範囲を確定する効果を伴うものでない限りは、抗告訴訟の対象とならない」。「本件消防長の同意は、知事に対する行政機関相互間の行為であって、これにより対国民との直接の関係においてその権利義務を形成し又はその範囲を確定する行為とは認められないから、……これを訴訟の対象となる行政処分ということはできない。それ故、本件においては、知事のなした建築出願不許可処分に対し、その違法を理由として行政訴訟を適法に提起し、その訴訟において、右不許可処分の前提となった消防長の同意拒絶乃至同意取消の違法を主張しうることは格別、……知事に対する消防長の本件同意拒絶乃至同意取消の違法を主張して……その取消乃至無効確認を求める訴は、不適法」である。

POINT 消防長の知事に対する同意拒否について、行政機関相互の行為であり、国民の法律上の地位に具体的影響を与えないとして処分性を否定した判例である。本件の事案では、消防長の同意拒否を争うのではなく、それを前提としてなされる知事による不許可処分について抗告訴訟で争うべきことが示唆されている。

16 - 13　内部行為（3）—主務大臣と特殊法人・成田新幹線事件
最判昭和 53 年 12 月 8 日（民集 32 巻 9 号 1617 頁・百選 I 2）

> 事実 旧日本鉄道建設公団は、運輸大臣（Y）から全国新幹線鉄道整備法 8 条に基づく成田新幹線の建設指示を受け、Y に対し成田新幹線工事実施計画の認可申請を行い、認可された（同法 9 条 1 項）。この工事実施計画には、予定される線路の位置が表示されていた。そこで、新幹線建設に反対する予定地の住民（X）らが、本件認可の取消訴訟を提起。1 審・2 審とも本件認可の処分性を否定したため、X らが上告。上告棄却。

> 判旨 「本件認可は、いわば上級行政機関としての Y が下級行政機関としての日本鉄道建設公団に対しその作成した本件工事実施計画の整備計画との整合性等を審査してなす監督手段としての承認の性質を有するもので、行政機関相互の行為と同視すべきものであり、行政行為として外部に対する効力を有するものではなく、また、これによって直接国民の権利義務を形成し、又はその範囲を確定する効果を伴うものではないから、抗告訴訟の対象となる行政処分にあたらない」。

POINT 監督官庁が特殊法人にした認可について、行政機関相互の行為と同視すべきとして処分性を否定した判例である。最高裁は、国の行政機関と特殊法人の間の法的関係を行政組織の内部法と解釈し、国民との間の外部法たることを否定するが、このような思考方法を過度に一般化することには、特殊法人に国から独立した法人格を与えた趣旨に照らして疑問がある。

16-14 中間的行為（1）—土地区画整理事業計画（1）・青写真判決
最大判昭和41年2月23日（民集20巻2号271頁）

事実 建設大臣は、昭和25年6月、東京都知事（Y）に対して、高円寺駅周辺の土地区画整理事業を認可した。Yは事業に着手し、昭和29年5月には建設大臣から設計変更の認可を受けたが、事業の進捗状況は昭和32年度末に予定の約1割にとどまった。そこで、Yは、事業規模を縮小する計画を作成し、昭和35年3月に建設大臣から設計変更の認可を受け、事業計画変更決定を公告した。これに対し、区域内の不動産所有者・賃借人であるXらが、地区全体の事業の設計が廃止されたことの確認を求めて出訴。1審は訴えを却下し、2審においてXらは事業計画の無効確認を求めたが控訴棄却とされたため、Xらが上告。上告棄却。

判旨 「土地区画整理事業計画（その変更計画をも含む。以下同じ。）は、……単に、その施行地区（又は施行工区）を特定し、……当該土地区画整理事業の基礎的事項……について、……長期的見通しのもとに、……高度の行政的・技術的裁量によって、一般的・抽象的に決定するものである。従って、……事業計画自体ではその遂行によって利害関係者の権利にどのような変動を及ぼすかが、必ずしも具体的に確定されているわけではなく、いわば当該土地区画整理事業の青写真たる性質を有するにすぎない」。

「もっとも、当該事業計画が法律の定めるところにより公告されると、爾後、施行地区内において宅地、建物等を所有する者は、土地の形質の変更、建物等の新築、改築、増築等につき一定の制限を受け……、また、施行地区内の宅地の所有権以外の権利で登記のないものを有し、又は有することになった者も、所定の権利申告をしなければ不利益な取扱いを受ける……。しかし、これは、当該事業計画の円滑な遂行に対する障害を除去するための必要に基づき、法律が特に付与した公告に伴う附随的な効果にとどまるものであって、事業計画の決定ないし公告そのものの効果として発生する権利制限とはいえない。それ故、事業計画は、それが公告された段階においても、直接、特定個人に向けられた具体的な処分ではなく、また、宅地・建物の所有者又は賃借人等の有する権利に対し、具体的な変動を与える行政処分ではない」。

「事業計画は、一連の土地区画整理事業手続の根幹をなすものであり、その後の手続の進展に伴って、仮換地の指定処分、建物の移転・除却命令等の具体的処分が行なわれ、これらの処分によって具体的な権利侵害を生ずることはありうる。しかし、事業計画そのものとしては……特定個人に向けられた具体的な処分ではなく、いわば当該土地区画整理事

業の青写真たるにすぎない一般的・抽象的な単なる計画にとどまるものであって、……計画の決定ないし公告がなされたままで、相当の期間放置されることがあるとしても、右事業計画の決定ないし公告の段階で、その取消又は無効確認を求める訴えの提起を許さなければ、利害関係者の権利保護に欠けるところがあるとはいい難く、そのような訴えは……争訟の成熟性ないし具体的事件性を欠く」。

POINT　土地区画整理事業計画の決定・公告の処分性を否定した判例であり、①計画が事業の「青写真」たる性格にすぎないこと、②計画の公告によって生じる制約は「法律が特に付与した公告に伴う附随的な効果にとどまる」こと、③計画の決定・公告の段階では訴訟事件として取り上げる「事件の成熟性を欠く」ことを解釈論の柱としている。本判決は、上記①から「青写真判決」とも呼ばれ、複数の行政の行為が連鎖し、段階的に行政過程が進行するという法的仕組みにおいて、中間段階・計画段階の行為の処分性を否定した判例とされてきたが、判例 16 - 15 により判例変更された。そもそも、本判決の事案は、土地区画整理事業計画が決定・公告されたにもかかわらず事業が進捗せず、施行地区内での権利制約が店晒し状態になっているという紛争状況であり、事業が進行した段階で予定される具体的処分を争えるから「争訟の成熟性を欠く」という最高裁のロジックでは、具体的な紛争状況に照らして司法的紛争解決を拒絶するものといわざるをえず、判例変更は必至と考えられていた。

16 - 15　中間的行為(2)—土地区画整理事業計画(2)・浜松市土地区画整理事業事件
最大判平成 20 年 9 月 10 日（民集 62 巻 8 号 2029 頁・百選 II 147）

事実　浜松市（Y）は、市内 A 駅の高架化と併せて同駅周辺の公共施設の整備改善を図るための土地区画整理事業を計画し、土地区画整理法（以下「法」という）52 条 1 項に基づき、静岡県知事から同事業の事業計画において定める設計の概要について認可を受けた上で、同事業の事業計画の決定・公告をした。同事業の施行地区内に土地を所有している X らは、同事業は公共施設の整備改善・宅地の利用増進という法所定の事業目的を欠く等として、本件事業計画の決定の取消し等を求めて出訴した。1 審・2 審とも、本件事業計画決定の処分性を否定したため、X らが上告。破棄自判（1 審に差戻し）。

判旨　「市町村は、土地区画整理事業を施行しようとする場合においては、施行規程及び事業計画を定めなければならず（法 52 条 1 項）、事業計画が定められた場合においては、市町村長は、遅滞なく、……公告しなければならない（法 55 条 9 項）。そして、この公告がされると、換地処分の公告がある日まで、施行地区内において、土地区画整理事業の施行の障害となるおそれがある土地の形質の変更若しくは建築物その他の工作物の新築、改

築若しくは増築を行い、又は政令で定める移動の容易でない物件の設置若しくはたい積を行おうとする者は、都道府県知事の許可を受けなければならず（法76条1項）、これに違反した者がある場合には、都道府県知事は、当該違反者又はその承継者に対し、当該土地の原状回復等を命ずることができ（同条4項）、この命令に違反した者に対しては刑罰が科される（法140条）。このほか、施行地区内の宅地についての所有権以外の権利で登記のないものを有し又は有することとなった者は、書面をもってその権利の種類及び内容を施行者に申告しなければならず（法85条1項）、施行者は、その申告がない限り、これを存しないものとみなして、仮換地の指定や換地処分等をすることができる……（同条5項）。」

「また、土地区画整理事業の事業計画は、……当該土地区画整理事業の基礎的事項を一般的に定めるものであるが（法54条、6条1項）、事業計画において定める設計の概要については、設計説明書及び設計図を作成して定めなければならず、このうち設計説明書には、事業施行後における施行地区内の宅地の地積（保留地の予定地積を除く。）の合計の事業施行前における施行地区内の宅地の地積の合計に対する割合が記載され（これにより、施行地区全体でどの程度の減歩がされるのかが分かる。）、設計図……には、事業施行後における施行地区内の公共施設等の位置及び形状が、事業施行により新設され又は変更される部分と既設のもので変更されない部分とに区別して表示されることから……、事業計画が決定されると、当該土地区画整理事業の施行によって施行地区内の宅地所有者等の権利にいかなる影響が及ぶかについて、一定の限度で具体的に予測することが可能になる」。

「そして、土地区画整理事業の事業計画については、いったんその決定がされると、特段の事情のない限り、その事業計画に定められたところに従って具体的な事業がそのまま進められ、その後の手続として、施行地区内の宅地について換地処分が当然に行われることになる。前記の建築行為等の制限は、このような事業計画の決定に基づく具体的な事業の施行の障害となるおそれのある事態が生ずることを防ぐために法的強制力を伴って設けられているのであり、しかも、施行地区内の宅地所有者等は、換地処分の公告がある日まで、その制限を継続的に課され続けるのである。」

「そうすると、施行地区内の宅地所有者等は、事業計画の決定がされることによって、前記のような規制を伴う土地区画整理事業の手続に従って換地処分を受けるべき地位に立たされるものということができ、その意味で、その法的地位に直接的な影響が生ずるものというべきであり、事業計画の決定に伴う法的効果が一般的、抽象的なものにすぎないということはできない。」

「もとより、換地処分を受けた宅地所有者等やその前に仮換地の指定を受けた宅地所有者等は、当該換地処分等を対象として取消訴訟を提起することができるが、換地処分等がされた段階では、実際上、既に工事等も進ちょくし、換地計画も具体的に定められるなどしており、その時点で事業計画の違法を理由として当該換地処分等を取り消した場合には、事業全体に著しい混乱をもたらすことになりかねない。それゆえ、換地処分等の取消訴訟において、宅地所有者等が事業計画の違法を主張し、その主張が認められたとしても、当該換地処分等を取り消すことは公共の福祉に適合しないとして事情判決（行政事件訴訟法31条1項）がされる可能性が相当程度あるのであり、換地処分等がされた段階でこれを

対象として取消訴訟を提起することができるとしても、宅地所有者等の被る権利侵害に対する救済が十分に果たされるとはいい難い。そうすると、事業計画の適否が争われる場合、実効的な権利救済を図るためには、事業計画の決定がされた段階で、これを対象とした取消訴訟の提起を認めることに合理性がある」。

「以上によれば、市町村の施行に係る土地区画整理事業の事業計画の決定は、施行地区内の宅地所有者等の法的地位に変動をもたらすものであって、抗告訴訟の対象とするに足りる法的効果を有するものということができ、実効的な権利救済を図るという観点から見ても、これを対象とした抗告訴訟の提起を認めるのが合理的である。したがって、上記事業計画の決定は、行政事件訴訟法 3 条 2 項にいう『行政庁の処分その他公権力の行使に当たる行為』に当たる」。

POINT　市町村施行の土地区画整理事業計画に係る事業計画の決定の処分性を肯定し、青写真判決（判例 16 - 14）および最判平成 4 年 10 月 6 日判時 1439 号 116 頁を変更した判例である。最高裁は、事業計画が決定された段階で、施行地区内の宅地所有者等は換地処分（仮換地指定処分）を受けるべき地位に立たされることに着目し、その法的地位に直接的な影響が生ずる（法的地位に変動をもたらす）として、事業計画決定の処分性を肯定した。

本判決では、土地区画整理事業計画の決定が、その後に換地処分等の具体的処分を予定する法的仕組み（非完結型計画）であることから、後に具体的処分を受けるべき法的地位に立たされることを計画決定の「法的効果」と解釈した。さらに、換地処分等がなされた段階で計画決定の違法性を争っても事情判決がされる可能性が高いこと、事業計画決定により一定の規制を伴う事業手続が継続すること等を指摘し、「実効的な権利救済を図るという観点」から計画決定の段階で取消訴訟の提起を認めることの合理性が指摘されている。

本判決のロジックは、計画決定に続行して具体的処分を受ける（計画に基づき具体的事業が実施される）という非完結型計画の法的仕組みの特質を前提としている。したがって、本判決の射程は、計画決定の後に具体的処分・事業実施等が法的に仕組まれていない完結型計画（判例 16 - 16 を参照）にはダイレクトには及ばない。また、計画決定の後に具体的事業が予定されるタイプのものであっても、都市施設（道路・鉄道・公園等）を整備するため都市計画決定 ⇒ 都市計画事業認可というプロセスが用いられる場合の都市計画決定については、当該事業の施行により土地収用等を受ける可能性のある者の裁判における実効的救済は、事業認可の段階での抗告訴訟を提起すれば一応可能であり、このような都市計画決定につき本判決の射程は及ばないと考えられる。

本判決により事業計画決定の処分性は肯定されたが、次に問題となるのが、後続する仮換地指定あるいは換地処分の取消訴訟において事業計画決定の違法を主張できる

か、という違法性の承継の可否である。本判決による判例変更以前は、事業計画決定の処分性が否定されていたため、事業計画決定に公定力は認められず（違法な決定は無効と扱われる）、換地処分等の取消訴訟において先行する事業計画決定の違法を主張することは妨げられなかった。本判決により、処分たる事業計画決定の違法については、事業計画決定の段階でこれをとらえて争う必要が生じ（取消訴訟の利用強制）、後続する換地処分等の取消訴訟では争えなくなる（違法性の承継が否定される）のか、問題となる。本判決に付された近藤・今井両裁判官の補足意見は違法性の承継を否定すべきことを述べるが、違法性の承継を認める学説もある。この点について、原告側に事業計画決定のタイミングで争うことを強制する合理性があるか、土地区画整理事業に係る手続的仕組み、および、取消訴訟による権利利益救済の実効性確保の両面から検討する必要があろう（違法性の承継について、判例 5 - 7 を参照）。

➡ 最判平成 4 年 11 月 26 日民集 46 巻 8 号 2658 頁は、都市再開発法に基づいて大阪市が行った第 2 種市街地再開発事業の事業計画の決定・公告について、それが土地収用法上の事業認定と同一の法律効果を生ずること（公告により市町村は土地収用法に基づく収用権限を取得し、その結果として、施行地区内の土地の所有者等は、特段の事情のない限り、自己の所有地等が収用されるべき地位に立たされること）、公告の日から 30 日以内に対償支払い・施設譲受の選択を余儀なくされることから、「公告された再開発事業計画の決定は、施行地区内の土地の所有者等の法的地位に直接的な影響を及ぼす」として処分性を肯定した。

16 - 16　中間的行為（3）—用途地域指定・盛岡用途地域指定事件
最判昭和 57 年 4 月 22 日（民集 36 巻 4 号 705 頁・百選 II 148）

事実　岩手県知事（Y）は、都市計画法 8 条に基づき、盛岡広域都市計画用途地域指定の決定を行い、その中で X の経営する病院を含む地域を工業地域に指定した。これに対し、X は、病院の建物の拡張等がきわめて困難になること、近隣に工場等が増えて病院としての環境が破壊されることを不満として、本件決定の無効確認等を求めて出訴。1 審・2 審とも本件決定の処分性を否定したため、X が上告。上告棄却。

判旨　「都市計画区域内において工業地域を指定する決定は、都市計画法 8 条 1 項 1 号に基づき都市計画決定の 1 つとしてされるものであり、右決定が告示されて効力を生ずると、当該地域内においては、建築物の用途、容積率、建ぺい率等につき従前と異なる基準が適用され（建築基準法 48 条 7 項、52 条 1 項 3 号、53 条 1 項 2 号等）、これらの基準に適合しない建築物については、建築確認を受けることができず、ひいてその建築等をすることができないこととなるから（同法 6 条 4 項、5 項）、右決定が、当該地域内の土地所有者等に建築基準法上新たな制約を課し、その限度で一定の法状態の変動を生ぜしめるものであることは否定できないが、かかる効果は、あたかも新たに右のような制約を課する法

令が制定された場合におけると同様の当該地域内の不特定多数の者に対する一般的抽象的なそれにすぎず、このような効果を生ずるということだけから直ちに右地域内の個人に対する具体的な権利侵害を伴う処分があったものとして、これに対する抗告訴訟を肯定することはできない。」

「右地域内の土地上に現実に前記のような建築の制限を超える建物の建築をしようとしてそれが妨げられている者が存する場合には、その者は現実に自己の土地利用上の権利を侵害されているということができるが、この場合右の者は右建築の実現を阻止する行政庁の具体的処分をとらえ、前記の地域指定が違法であることを主張して右処分の取消を求めることにより権利救済の目的を達する途が残されていると解されるから、前記のような解釈をとっても格別の不都合は生じない」。

POINT 　都市計画法上の用途地域指定について、それが当該区域内の土地所有者等に一定の法状態の変動をもたらすことを認めながら、その効果は法令制定類似の不特定多数者に対する一般的・抽象的なものにすぎないとして（法令制定類似論）、処分性を否定した判例である。計画決定の後に具体的な処分が仕組まれていない「完結型」計画であるため、判例 **16 - 15** の射程も及ばないと考えられる。

　最高裁は、用途地域指定を取消訴訟で争えなくても、個別の建築確認の段階で争えるから不都合はないとする。しかし、規制を緩める用途地域指定に対して生活環境等の悪化を阻止しようとする居住者が争うといった環境利益保全型の紛争状況では、第三者に対する建築確認を「もぐらたたき」的に取消訴訟を提起して争うことになり（原告適格の有無も問題になる）、紛争の合理的解決はのぞめないとの疑問がある。

16 - 17　申請に対する応答（1）―労災就学援護費不支給決定
最判平成 15 年 9 月 4 日（判時 1841 号 89 頁・百選 II 152）

事実　労働者災害補償保険法に基づく遺族補償年金の受給者である X は、その子 A のために労災就学援護費を支給されていた。X は、A が死亡した父の母国であるフィリピンの S 大学に進学したため、中央労働基準監督署長（Y）に対し、S 大学の在籍証明書を提出したところ、Y は、S 大学は労災就学援護費の支給対象となる学校教育法 1 条所定の学校にあたらないとして、労災就学援護費を支給しない旨の決定をした。X が本件決定の取消しを求めて出訴。1 審・2 審とも本件決定の処分性を否定したため、X が上告。破棄自判（1 審に差戻し）。

判旨　労働者災害補償保険「法 23 条 1 項 2 号は、政府は、労働福祉事業として、遺族の就学の援護等、被災労働者及びその遺族の援護を図るために必要な事業を行うことができると規定し、同条 2 項は、労働福祉事業の実施に関して必要な基準は労働省令で定め

ると規定している。これを受けて、労働省令である労働者災害補償保険法施行規則……1条3項は、労災就学援護費の支給に関する事務は、事業場の所在地を管轄する労働基準監督署長が行うと規定している。そして、『労災就学援護費の支給について』と題する労働省労働基準局長通達……は、労災就学援護費は法23条の労働福祉事業として設けられたものであることを明らかにした上、その別添『労災就学等援護費支給要綱』において、労災就学援護費の支給対象者、支給額、支給期間、欠格事由、支給手続等を定めており、所定の要件を具備する者に対し、所定額の労災就学援護費を支給すること、労災就学援護費の支給を受けようとする者は、労災就学等援護費支給申請書を……管轄する労働基準監督署長に提出しなければならず、同署長は、同申請書を受け取ったときは、支給、不支給等を決定し、その旨を申請者に通知しなければならない」。

「このような労災就学援護費に関する制度の仕組みにかんがみれば、法は、労働者が業務災害等を被った場合に、政府が、法第3章の規定に基づいて行う保険給付を補完するために、労働福祉事業として、保険給付と同様の手続により、被災労働者又はその遺族に対して労災就学援護費を支給することができる旨を規定しているものと解するのが相当である。そして、被災労働者又はその遺族は、……所定の支給要件を具備するときは所定額の労災就学援護費の支給を受けることができるという抽象的な地位を与えられているが、具体的に支給を受けるためには、労働基準監督署長に申請し、所定の支給要件を具備していることの確認を受けなければならず、労働基準監督署長の支給決定によって初めて具体的な労災就学援護費の支給請求権を取得する」。

「そうすると、労働基準監督署長の行う労災就学援護費の支給又は不支給の決定は、法を根拠とする優越的地位に基づいて一方的に行う公権力の行使であり、被災労働者又はその遺族の上記権利に直接影響を及ぼす法的効果を有するものであるから、抗告訴訟の対象となる行政処分に当たる」。

POINT 労災就学援護費の制度は、法律に基づくものではなく、通達（支給要綱）を根拠とするものであるが、最高裁は、労働者災害補償保険法の定める労働福祉事業と解釈し、同法に基づく保険給付を補完する仕組みである等の「制度の仕組み」に着目しつつ、労災就学援護費の支給・不支給の決定につき処分性を肯定した。通達・要綱という「下位の一連の規定」の仕組みから、法律レベルに「逆算」する解釈方法が採られている。

本件では、給付行政（侵害留保説では根拠規範が不要とされるため、法律に基づかないことがありうる）における給付決定・給付拒否決定の処分性について、関連する法的仕組み全体を視野に入れた柔軟な解釈が採られている。仮に処分性を否定するなら、給付を受ける請求権の有無を民事訴訟で争うことが考えられるが、本件のように支給・不支給に係る行政決定の適法性（ないし合憲性）が争点となるケースでは、処分性を認めて抗告訴訟を受け皿とすることが、紛争の実質に適合するであろう。

16-18　申請に対する応答(2)—住民票の記載を求める申出への応答
最判平成 21 年 4 月 17 日（民集 63 巻 4 号 638 頁・百選 I 61）

事実　父（X₃）・母（X₂）は、その子（X₁）の出生届を提出する際、非嫡出子という用語を差別用語と考えて嫡出子・非嫡出子の別を記載する所定欄を空欄としたため、東京都世田谷区長は本件出生届を受理しないこととした。そこで、X₃は、区長に対し、X₁につき住民票の記載を求める申出をしたが、区長は本件出生届が受理されていないことを理由に記載をしない旨の応答をし、その後も同様の申入れに応じなかった。X₁・X₂・X₃は、この応答の取消し・住民票作成の義務付け・国家賠償を求めて出訴。1 審は、本件応答を取り消した上で区長に住民票の作成を義務付けたが（国家賠償は請求棄却）、2 審は、本件応答・本件不作為は適法としたため、X₁らが上告。一部破棄自判（訴え却下）・一部上告棄却。1 審・2 審とも、本件応答が処分性を有することを前提としていたが、最高裁は、職権で本件取消しの訴えの適否を検討し、本件応答の処分性を否定した。

判旨　「X₁につき住民票の記載をすることを求める X₃ の申出は、住民基本台帳法（以下『法』という。）の規定による届出があった場合に市町村（特別区を含む。……）の長にこれに対する応答義務が課されている（住民基本台帳法施行令……11 条参照）のとは異なり、申出に対する応答義務が課されておらず、住民票の記載に係る職権の発動を促す法 14 条 2 項所定の申出とみるほかないものである。したがって、本件応答は、法令に根拠のない事実上の応答にすぎず、これにより X₁ 又は X₃ の権利義務ないし法律上の地位に直接影響を及ぼすものではないから、抗告訴訟の対象となる行政処分に該当しない」。

POINT　出生による住民票記載は、届出によらず、市区町村長の職権による（出生届の受理により、職権で住民票記載がされる）。本判決は、この職権記載事項につき住民票の記載を求める申出に対する拒否について、「法令に根拠のない事実上の応答」として処分性を否定した。職権による記載行為それ自体は、選挙人名簿への登録との関係等により処分性が肯定されうるが（住民票の職権消除の処分性につき最決平成 13 年 6 月 14 日判自 217 号 20 頁）、最高裁は、職権による記載を求める申出は申請権と結び付くものではなく、申出への応答につき抗告訴訟で争う可能性を否定した。

17 原告適格

17-1 競業者の原告適格(1)—適正配置規定・京都府公衆浴場事件
最判昭和37年1月19日（民集16巻1号57頁・百選Ⅱ 164）

事実 京都府公衆浴場法施行条例1条は、公衆浴場法2条の規定する適正配置基準として、各公衆浴場の最短距離を250m間隔とし、土地の状況・人口密度等により知事が適正配置と認めた場合にその例外を認める旨を定めていた。京都府知事（Y）は、Aに対して公衆浴場の営業許可をしたが、当該許可に係る公衆浴場は、X₁の経営する公衆浴場との距離が208mであり、X₂の経営する公衆浴場とは250m以上離れていたものの、3浴場（A・X₁・X₂）の利用圏内の人口は京都府内規が定める2000人を下回っていた。そこで、X₁・X₂は、Aに対する営業許可の無効確認を求めて出訴。1審・2審ともX₁・X₂の原告適格を否定したため、X₁・X₂が上告。破棄自判（1審に差戻し）。

判旨 「公衆浴場法が許可制を採用し前述のような規定〔適正配置規定〕を設けたのは、主として『国民保健及び環境衛生』という公共の福祉の見地から出たものであることはむろんであるが、他面、同時に、無用の競争により経営が不合理化することのないように濫立を防止することが公共の福祉のため必要であるとの見地から、被許可者を濫立による経営の不合理化から守ろうとする意図をも有するものであることは否定し得ないところであって、適正な許可制度の運用によって保護せらるべき業者の営業上の利益は、単なる事実上の反射的利益というにとどまらず公衆浴場法によって保護せられる法的利益」である。

POINT 法令上、営業許可の要件として適正配置規定が置かれているケースで、競業者の営業上の利益も法律によって保護された利益であると解釈し、競業者の原告適格を肯定した判例である。最高裁は、処分の相手方でない第三者の原告適格について、係争処分の根拠法令の仕組み（本件では適正配置規定＝地域独占制度）に着目する解釈方法を示した。

17-1 [A] 競業者の原告適格(2)
—需給調整の仕組み・一般廃棄物収集運搬業等の許可
最判平成26年1月28日（民集68巻1号49頁・百選Ⅱ 165）

事実 Xは、昭和56年以降、小浜市長から廃棄物処理法に基づく一般廃棄物収集運搬業許

可および同許可の更新を受け、同市内で一般廃棄物の収集・運搬を行っていた。他方、同市長は、平成13年にA、平成16年にBにそれぞれ一般廃棄物収集運搬業等に係る許可を与え、これらの許可を更新していた。Xが、小浜市（Y）を相手に、A・Bに対する上記の許可更新処分の取消訴訟等を提起したところ、1審・2審ともXの原告適格を否定して訴えを却下する判断をしたため、Xが上告。一部破棄差戻し・一部上告棄却。

判旨　「行政事件訴訟法9条……1項にいう当該処分の取消しを求めるにつき『法律上の利益を有する者』とは、当該処分により自己の権利若しくは法律上保護された利益を侵害され、又は必然的に侵害されるおそれのある者をいうのであり、当該処分を定めた行政法規が、不特定多数者の具体的利益を専ら一般的公益の中に吸収解消させるにとどめず、それが帰属する個々人の個別的利益としてもこれを保護すべきものとする趣旨を含むと解される場合には、このような利益もここにいう法律上保護された利益に当たり、当該処分によりこれを侵害され又は必然的に侵害されるおそれのある者は、当該処分の取消訴訟における原告適格を有する……。そして、処分の相手方以外の者について上記の法律上保護された利益の有無を判断するに当たっては、当該処分の根拠となる法令の規定の文言のみによることなく、当該法令の趣旨及び目的並びに当該処分において考慮されるべき利益の内容及び性質を考慮し、この場合において、当該法令の趣旨及び目的を考慮するに当たっては、当該法令と目的を共通にする関係法令があるときはその趣旨及び目的をも参酌し、当該利益の内容及び性質を考慮するに当たっては、当該処分がその根拠となる法令に違反してされた場合に害されることとなる利益の内容及び性質並びにこれが害される態様及び程度をも勘案すべきものである（同条2項……）。」

「ア　……市町村は、一般廃棄物について、その区域内における収集運搬及び処分に関する事業の実施をその責務とし、計画的に事業を遂行するために一般廃棄物処理計画を定め、これに従って一般廃棄物の処理を自ら行い、又は市町村以外の者に委託し若しくは許可を与えて行わせるものとされ……、市町村以外の者に対する……一般廃棄物処理業の許可又はその更新については、当該市町村による一般廃棄物の収集運搬又は処分が困難であること……が要件とされている。」「上記の一般廃棄物処理計画には、一般廃棄物の発生量及び処理量の見込み……、一般廃棄物の適正な処理及びこれを実施する者に関する基本的事項……等を定めるものとされており、一般廃棄物処理業の許可又はその更新については、その申請の内容が一般廃棄物処理計画に適合するものであること……が要件とされている」。「加えて、一般廃棄物処理業の許可又はその更新がされる場合においても、市町村長は、これらの処分の際に生活環境の保全上必要な条件を付すことができ……、許可業者が同法の規定又は上記の条件に違反したとき等には事業停止命令や許可取消処分をする権限を有」する。

「イ(ア)　一般廃棄物処理業は、……その遂行に支障が生じた場合には、市町村の区域の衛生や環境が悪化する事態を招来し、ひいては一定の範囲で市町村の住民の健康や生活環境に被害や影響が及ぶ危険が生じ得る……。廃棄物処理法が、業務量の見込みに応じた計画的な処理による適正な事業の遂行の確保についての統括的な責任を市町村に負わせてい

るのは、このような事業の遂行に支障を生じさせないためである。そして、既存の許可業者によって一般廃棄物の適正な処理が行われており、これを踏まえて一般廃棄物処理計画が作成されている場合には、市町村長は、それ以外の者からの一般廃棄物処理業の許可又はその更新の申請につき……一般廃棄物処理計画に適合するものであるとは認められないとして不許可とすることができる……。このように、市町村が市町村以外の者に許可を与えて事業を行わせる場合においても、一般廃棄物の発生量及び処理量の見込みに基づいてこれを適正に処理する実施主体等を定める一般廃棄物処理計画に適合すること等の許可要件に関する市町村長の判断を通じて、許可業者の濫立等によって事業の適正な運営が害されることのないよう、一般廃棄物処理業の需給状況の調整が図られる仕組みが設けられている……。そして、許可業者が収集運搬又は処分を行うことができる区域は当該市町村又はその一部の区域内……に限定されていることは、これらの区域を対象として上記の需給状況の調整が図られることが予定されていることを示す」。

「(イ)　また、市町村長が一般廃棄物処理業の許可を与え得るのは、当該市町村による一般廃棄物の処理が困難である場合に限られており、これは、一般廃棄物の処理が本来的には市町村がその責任において自ら実施すべき事業であるため、その処理能力の限界等のために市町村以外の者に行わせる必要がある場合に初めてその事業の許可を与え得るとされたものであると解されること……等からすれば、廃棄物処理法において、一般廃棄物処理業は、専ら自由競争に委ねられるべき性格の事業とは位置付けられていない」。

「(ウ)　そして、市町村長から一定の区域につき既に一般廃棄物処理業の許可又はその更新を受けている者がある場合に、当該区域を対象として他の者に対してされた一般廃棄物処理業の許可又はその更新が、当該区域における需給の均衡及びその変動による既存の許可業者の事業への影響についての適切な考慮を欠くものであるならば、許可業者の濫立により需給の均衡が損なわれ、その経営が悪化して事業の適正な運営が害され、これにより当該区域の衛生や環境が悪化する事態を招来し、ひいては一定の範囲で当該区域の住民の健康や生活環境に被害や影響が及ぶ危険が生じ得るものといえる。」「廃棄物処理法は、上記のような事態を避けるため、前記のような需給状況の調整に係る規制の仕組みを設けているのであるから、一般廃棄物処理計画との適合性等に係る許可要件に関する市町村長の判断に当たっては、その申請に係る区域における一般廃棄物処理業の適正な運営が継続的かつ安定的に確保されるように、当該区域における需給の均衡及びその変動による既存の許可業者の事業への影響を適切に考慮することが求められる」。

「ウ　以上のような一般廃棄物処理業に関する需給状況の調整に係る規制の仕組み及び内容、その規制に係る廃棄物処理法の趣旨及び目的、一般廃棄物処理の事業の性質、その事業に係る許可の性質及び内容等を総合考慮すると、廃棄物処理法は、市町村長から一定の区域につき一般廃棄物処理業の許可又はその更新を受けて市町村に代わってこれを行う許可業者について、当該区域における需給の均衡が損なわれ、その事業の適正な運営が害されることにより前記のような事態が発生することを防止するため、上記の規制を設けているものというべきであり、同法は、他の者からの一般廃棄物処理業の許可又はその更新の申請に対して市町村長が上記のように既存の許可業者の事業への影響を考慮してその許

否を判断することを通じて、……その事業に係る営業上の利益を個々の既存の許可業者の個別的利益としても保護すべきものとする趣旨を含むと解するのが相当である。したがって、市町村長から一定の区域につき既に廃棄物処理法７条に基づく一般廃棄物処理業の許可又はその更新を受けている者は、当該区域を対象として他の者に対してされた一般廃棄物処理業の許可処分又は許可更新処分について、その取消しを求めるにつき法律上の利益を有する者として、その取消訴訟における原告適格を有する。」

POINT　市町村における一般廃棄物の収集運搬業の許可（その更新）について、同様の許可（その更新）を受けている競業者による取消訴訟の原告適格を肯定した判例である。競業者の原告適格については、当該営業許可の要件として適正配置規定が定められている場合において、競業者の営業上の利益をもって取消訴訟の原告適格を基礎付ける「法律上の利益」と解する判例が存在していた（判例 17‐1）。反面、営業の規制を定める根拠法令上、その営業に係る許認可等の処分要件（考慮事項）として、既存事業者の利益を保護する趣旨の適正配置規定ないし需給調整規定等が定められていなければ、「法律上の利益」を否定する傾向が見られた。

　本判決は、市町村における一般廃棄物処理業の許可について、特定の区域内で許可を得ている者（既存事業者）は、同一の区域内において許可を受けた者（競業者）の許可処分の取消しを争う原告適格があるとした。本判決は、廃棄物処理法が適正配置規定等の需給調整に係る明示的な定めを置いていないにもかかわらず、同法の趣旨・目的、同法が定める一般廃棄物処理業の許可要件（市町村の定める一般廃棄物処理計画への適合を要件とすることなど）、一般廃棄物処理業の性質（専ら自由競争に委ねられないことなど）等から、同法の規制が実質的に需給調整の仕組みと解されることを導き出し、そこから、競業者の営業上の利益を「法律上の利益」と判定した部分に特色がある。

　また、本判決は、廃棄物処理法の定める一般廃棄物処理業の許可制度を需給調整の仕組みととらえることに加え、仮に本件処分において競業者の利益等が適切に考慮されなければ、住民の健康・生活環境に被害・影響を及ぼす危険があることも理由付けとして述べている。これは、行訴法９条２項の定める考慮要素を当てはめた解釈とも見ることができる。

　なお、本判決は、Ｘの原告適格を認める判断をしたが、Ｘがすでに廃業していることを認定し、本件各更新処分の取消しを求める法律上の利益は失われたとして、この点に関するＸの上告を斥けている。

17 - 2　周辺住民等の原告適格（1）
——保安林指定解除処分・長沼ナイキ基地訴訟

最判昭和 57 年 9 月 9 日（民集 36 巻 9 号 1679 頁・百選 II 171）

事実　農林水産大臣（Y）は、長沼町の保安林（水源涵養目的で保安林指定された国有林）につき、航空自衛隊ナイキ基地等の用地にするとの理由で、保安林の指定を解除した（森林法 26 条 2 項）。そこで、同町の住民 X らが、指定解除処分の取消しを求めて出訴。1 審は X らの請求を認容したが、2 審は代替施設の整備により X らの訴えの利益は消滅したと判断したため、X らが上告。上告棄却。以下、原告適格を肯定した部分の判旨を紹介する（訴えの利益の消滅について、判例 **18 - 3** を参照）。

判旨　「公益保護のための私権制限に関する措置についての行政庁の処分が法律の規定に違反し、法の保護する公益を違法に侵害するものであっても、そこに包含される不特定多数者の個別的利益の侵害は単なる法の反射的利益の侵害にとどまり、かかる侵害を受けたにすぎない者は、右処分の取消しを求めるについて行政事件訴訟法 9 条に定める法律上の利益を有する者には該当しない……。……他方、法律が、これらの利益を専ら右のような一般的公益の中に吸収解消せしめるにとどめず、これと並んで、それらの利益の全部又は一部につきそれが帰属する個々人の個別的利益としてもこれを保護すべきものとすることももとより可能であって、特定の法律の規定がこのような趣旨を含む……ときは、右法律の規定に違反してされた行政庁の処分に対し、これらの利益を害されたとする個々人においてその処分の取消しを訴求する原告適格を有する」。

　森林法の保安林指定処分は「一般的公益の保護を目的とする処分とみられる……が、法は他方において、……保安林の指定に『直接の利害関係を有する者』において、森林を保安林として指定すべき旨を農林水産大臣に申請することができるものとし……、また、農林水産大臣が保安林の指定を解除しようとする場合に、右の『直接の利害関係を有する者』がこれに異議があるときは、意見書を提出し、公開の聴聞手続に参加することができるものとしており……、これらの規定と、旧森林法……においては『直接利害ノ関係ヲ有スル者』に対して保安林の指定及び解除の処分に対する訴願及び行政訴訟の提起が認められていた沿革とをあわせ考えると、法は、森林の存続によって不特定多数者の受ける生活利益のうち一定範囲のものを公益と並んで保護すべき個人の個別的利益としてとらえ、かかる利益の帰属者に対し保安林の指定につき『直接の利害関係を有する者』としてその利益主張をすることができる地位を法律上付与している……。そうすると、かかる『直接の利害関係を有する者』は、保安林の指定が違法に解除され、それによって自己の利益を害された場合には、右解除処分に対する取消しの訴えを提起する原告適格を有する」。

　原判決は「保安林の伐採による理水機能の低下により洪水緩和、渇水予防の点において直接に影響を被る一定範囲の地域に居住する住民についてのみ原告適格を認めるべきものとしているのであるが、原審の右見解は、おおむね前記『直接の利害関係を有する者』に

相当するものを限定指示している」。

POINT　保安林指定解除処分の取消訴訟において、保安林伐採により洪水緩和・渇水予防の点で直接に影響を被る住民の原告適格を肯定した判例である。最高裁は、係争処分の根拠法令が保護する利益について、一般的公益に吸収解消されず、個々人の個別的利益としてもこれを保護する趣旨と解される場合に原告適格を認めるという法理を示した。これは、先行する主婦連ジュース訴訟判決（判例 14-3）において、「一般的公益」と「個人的利益」とを截然と二分する解釈態度を修正するものと考えられる。また、本判決は、森林法の処分要件・参加手続・沿革等に着目し、個別法の仕組みを丁寧に検討するという方向性も示している。しかし、法律の明文規定や沿革に過度にとらわれた解釈方法による原告適格の判定には、個別の紛争において必要な国民の権利利益の救済を妨げるおそれがあり、その後の判例法理は、より柔軟な解釈へと変化している。

➡ 最判昭和 60 年 12 月 17 日（判時 1179 号 56 頁。伊達火力発電所訴訟）は、公有水面埋立免許および竣功認可の取消訴訟において、周辺水面の漁業権を有する者の原告適格を否定したが、処分の相手方以外の第三者の原告適格の判定において、「明文の規定」がなくても、「法律の合理的解釈」から法律上の利益を導くことが可能なことに言及した。

17-3　周辺住民等の原告適格（2）— 定期航空運送事業免許・新潟空港訴訟
最判平成元年 2 月 17 日（民集 43 巻 2 号 56 頁・百選 II 183）

事実　運輸大臣（Y）は、日本航空株式会社等に対し、新潟空港発着路線の定期航空運送事業免許処分を行った（航空法 100 条、101 条）。これに対し、空港周辺に居住する X らが、本件免許処分には航空法 101 条 1 項所定の免許基準に適合しない違法がある等として、取消訴訟を提起。1 審・2 審とも、X らの原告適格を否定したので、X らが上告。上告棄却。以下、原告適格を肯定した部分の判旨を紹介する（行訴法 10 条 1 項の解釈につき、判例 19-2 を参照）。

判旨　「取消訴訟の原告適格について規定する行政事件訴訟法 9 条にいう当該処分の取消しを求めるにつき『法律上の利益を有する者』とは、当該処分により自己の権利若しくは法律上保護された利益を侵害され又は必然的に侵害されるおそれのある者をいうのであるが、当該処分を定めた行政法規が、不特定多数者の具体的利益をもっぱら一般的公益の中に吸収解消させるにとどめず、それが帰属する個々人の個別的利益としてもこれを保護すべきものとする趣旨を含むと解される場合には、かかる利益も右にいう法律上保護された利益に当たり、当該処分によりこれを侵害され又は必然的に侵害されるおそれのある者は、当該処分の取消訴訟における原告適格を有する……。そして、当該行政法規が、不特

定多数者の具体的利益をそれが帰属する個々人の個別的利益としても保護すべきものとする趣旨を含むか否かは、当該行政法規及びそれと目的を共通する関連法規の関係規定によって形成される法体系の中において、当該処分の根拠規定が、当該処分を通して右のような個々人の個別的利益をも保護すべきものとして位置付けられているとみることができるかどうかによって決すべきである。」

「右のような見地に立って、以下、航空法（以下『法』という。）100条、101条に基づく定期航空運送事業免許につき、飛行場周辺に居住する者が、当該免許に係る路線を航行する航空機の騒音により障害を受けることを理由として、その取消しを訴求する原告適格を有するか否かを検討する。」

「法は、……航空機の航行に起因する障害の防止を図ることをその直接の目的の1つとしている（法1条）。この目的は、……航空機騒音の排出規制の観点から……騒音基準適合証明制度に関する……規定が新設された際に、新たに追加されたものであるから、右にいう航空機の航行に起因する障害に航空機の騒音による障害が含まれる」。

「免許基準の1つである、事業計画が経営上及び航空保安上適切なものであることについて……、申請に係る事業計画についての審査は、その内容が法1条に定める目的に沿うかどうかという観点から行われる」。

「運輸大臣は、定期航空運送事業について公共の福祉を阻害している事実があると認めるときは、……事業計画の変更を命ずることができるのであるが（法112条）、右にいう公共の福祉を阻害している事実に、飛行場周辺に居住する者に与える航空機騒音障害が1つの要素として含まれることは……法1条に定める目的に照らし明らかである。また、航空運送事業の免許権限を有する運輸大臣は、……公共用飛行場の周辺における航空機の騒音による障害の防止等を目的とする公共用飛行場周辺における航空機騒音による障害の防止等に関する法律3条に基づき、公共用飛行場周辺における航空機の騒音による障害の防止・軽減のために必要があるときは、航空機の航行方法の指定をする権限を有しているのであるが、同一の行政機関である運輸大臣が行う定期航空運送事業免許の審査は、関連法規である同法の航空機の騒音による障害の防止の趣旨をも踏まえて行われる」。

「以上のような航空機騒音障害の防止の観点からの定期航空運送事業に対する規制に関する法体系をみると、……申請に係る事業計画が法101条1項3号にいう『経営上及び航空保安上適切なもの』であるかどうかは、当該事業計画による使用飛行場周辺における当該事業計画に基づく航空機の航行による騒音障害の有無及び程度を考慮に入れたうえで判断されるべきものである。したがって、申請に係る事業計画に従って航空機が航行すれば、……使用飛行場の周辺に居住する者に騒音障害をもたらすことになるにもかかわらず、当該事業計画が適切なものであるとして定期航空運送事業免許が付与されたときに、……免許権者に委ねられた裁量の逸脱があると判断される場合がありうる」。

「航空機の騒音による障害の被害者は、飛行場周辺の一定の地域的範囲の住民に限定され、その障害の程度は居住地域が離着陸経路に接近するにつれて増大するものであり、他面、飛行場に航空機が発着する場合に常にある程度の騒音が伴うことはやむをえないところであり、また、航空交通による利便が……社会に多大の効用をもたらしていることにか

んがみれば、飛行場周辺に居住する者は、ある程度の航空機騒音については、不可避のものとしてこれを甘受すべきであるといわざるをえず、その騒音による障害が著しい程度に至ったときに初めて、その防止・軽減を求めるための法的手段に訴えることを許容しうるような利益侵害が生じたものとせざるをえないのである。このような航空機の騒音による障害の性質等を踏まえて、前述した航空機騒音障害の防止の観点からの定期航空運送事業に対する規制に関する法体系をみると、法が、定期航空運送事業免許の審査において、航空機の騒音による障害の防止の観点から、申請に係る事業計画が法 101 条 1 項 3 号にいう『経営上及び航空保安上適切なもの』であるかどうかを、当該事業計画による使用飛行場周辺における当該事業計画に基づく航空機の航行による騒音障害の有無及び程度を考慮に入れたうえで判断すべきものとしているのは、単に飛行場周辺の環境上の利益を一般的公益として保護しようとするにとどまらず、<u>飛行場周辺に居住する者が航空機の騒音によって著しい障害を受けないという利益をこれら個々人の個別的利益としても保護すべきとする趣旨を含むものと解することができる</u>……。したがって、新たに付与された定期航空運送事業免許に係る路線の使用飛行場の周辺に居住していて、当該免許に係る事業が行われる結果、……当該免許に係る路線を航行する航空機の騒音によって社会通念上著しい障害を受けることとなる者は、当該免許の取消しを求めるにつき法律上の利益を有する者として、その取消訴訟における原告適格を有する」。

POINT　定期航空運送事業免許の取消訴訟において、航空機の騒音によって「社会通念上著しい障害を受ける」周辺住民の原告適格を肯定した判例である（ただし、X の主張は自己の法律上の利益に関係のない違法をいうものであるとして、上告棄却とされている。判例 **19 - 2** を参照）。本判決は、周辺住民型の原告適格の判定基準を詳細に示すとともに、係争処分の根拠法令のみでなく、それと<u>目的を共通にする関連法規の関係規定によって形成される法体系全体を視野に収めた解釈の必要性</u>を述べており、原告適格に係る判例法理の展開の中で重要な位置を占めている。

17 - 4　周辺住民等の原告適格（3）―原子炉設置許可・もんじゅ訴訟
最判平成 4 年 9 月 22 日（民集 46 巻 6 号 571 頁・百選 II 156）

事実　動力炉・核燃料開発事業団は、高速増殖炉「もんじゅ」の建設・運転のため、内閣総理大臣（Y）から原子炉設置許可処分を受けた（核原料物質、核燃料物質及び原子炉の規制に関する法律（以下、「規制法」という）23 条、24 条）。これに対し、「もんじゅ」周辺に居住する X らが、本件処分は規制法 24 条の許可要件を欠く違法なものである等と主張して、その無効確認を求めて出訴。1 審は、X らが同時に提起している本件原子炉の建設・運転の差止めを求める民事訴訟のほうが X らにとってより有効かつ適切な紛争解決方法である等として、行訴法 36 条の要件を欠くとして訴えを却下したが、2 審は、「もんじゅ」から半径 20km 以内に居住す

る者に原告適格を認め、また、民事訴訟との関係で無効確認訴訟の意義を認め、地裁に差し戻した。そこで、Ｘらのうち「もんじゅ」から半径20kmの範囲外に居住する者らが上告。破棄自判（１審に差戻し）。なお、行訴法36条の解釈を争点としてＹが上告した事件について、判例20‐2を参照。

判旨 行訴法９条の「『法律上の利益を有する者』とは、当該処分により自己の権利若しくは法律上保護された利益を侵害され又は必然的に侵害されるおそれのある者をいうのであり、当該処分を定めた行政法規が、不特定多数者の具体的利益を専ら一般的公益の中に吸収解消させるにとどめず、それが帰属する個々人の個別的利益としてもこれを保護すべきものとする趣旨を含むと解される場合には、かかる利益も右にいう法律上保護された利益に当たり、当該処分によりこれを侵害され又は必然的に侵害されるおそれのある者は、当該処分の取消訴訟における原告適格を有するものというべきである……。そして、<u>当該行政法規が、不特定多数者の具体的利益をそれが帰属する個々人の個別的利益としても保護すべきものとする趣旨を含むか否かは、当該行政法規の趣旨・目的、当該行政法規が当該処分を通して保護しようとしている利益の内容・性質等を考慮して判断すべきである</u>。」

「規制法は、……〔核原料物質、核燃料物質及び原子炉の利用〕による災害を防止し、及び核燃料物質を防護して、公共の安全を図るために、……必要な規制等を行うことなどを目的として制定されたものである（１条）。規制法23条１項に基づく原子炉の設置の許可申請は、……主務大臣に対して行われるが、……同法24条１項各号所定の許可基準のうち、３号（技術的能力に係る部分に限る。）は、当該申請者が原子炉を設置するために必要な技術的能力及びその運転を適確に遂行するに足りる技術的能力を有するか否かにつき、また、４号は、当該申請に係る原子炉施設の位置、構造及び設備が核燃料物質……、核燃料物質によって汚染された物……又は原子炉による災害の防止上支障がないものであるか否かにつき、審査を行うべきものと定めている。原子炉設置許可の基準として、右の３号（技術的能力に係る部分に限る。）及び４号が設けられた趣旨は、原子炉が、……その稼働により、内部に多量の人体に有害な放射性物質を発生させるものであって、原子炉を設置しようとする者が原子炉の設置、運転につき所定の<u>技術的能力を欠くとき</u>、又は原子炉施設の<u>安全性が確保されないとき</u>は、当該原子炉施設の従業員やその<u>周辺住民等の生命、身体に重大な危害を及ぼし</u>、周辺の環境を放射能によって汚染するなど、<u>深刻な災害を引き起こすおそれがある</u>ことにかんがみ、右災害が万が一にも起こらないようにするため、原子炉設置許可の段階で、原子炉を設置しようとする者の右技術的能力の有無及び申請に係る原子炉施設の位置、構造及び設備の安全性につき十分な審査をし、右の者において所定の技術的能力があり、かつ、原子炉施設の位置、構造及び設備が右災害の防止上支障がないものであると認められる場合でない限り、主務大臣は原子炉設置許可処分をしてはならないとした点にある。そして、同法24条１項３号所定の技術的能力の有無及び４号所定の安全性に関する各審査に過誤、欠落があった場合には重大な原子炉事故が起こる可能性があり、事故が起こったときは、原子炉施設に近い住民ほど被害を受ける蓋然性が高く、しかも、その被害の程度はより直接的かつ重大なものとなるのであって、特に、原子炉施

設の近くに居住する者はその生命、身体等に直接的かつ重大な被害を受けるものと想定されるのであり、右各号は、このような原子炉の事故等がもたらす災害による被害の性質を考慮した上で、右技術的能力及び安全性に関する基準を定めているものと解される。右の３号（技術的能力に係る部分に限る。）及び４号の設けられた趣旨、右各号が考慮している被害の性質等にかんがみると、右各号は、単に公衆の生命、身体の安全、環境上の利益を一般的公益として保護しようとするにとどまらず、原子炉施設周辺に居住し、右事故等がもたらす災害により直接的かつ重大な被害を受けることが想定される範囲の住民の生命、身体の安全等を個々人の個別的利益としても保護すべきものとする趣旨を含む」。

「当該住民の居住する地域が、前記の原子炉事故等による災害により直接的かつ重大な被害を受けるものと想定される地域であるか否かについては、当該原子炉の種類、構造、規模等の当該原子炉に関する具体的な諸条件を考慮に入れた上で、当該住民の居住する地域と原子炉の位置との距離関係を中心として、社会通念に照らし、合理的に判断すべきものである。」

POINT 本判決は、原告適格の判定において、係争処分が違法であった場合に生じうる原告の被侵害利益の内容・性質を考慮するという判例法理を示し、平成16年改正により新設された行訴法9条2項の原型となった（本件は無効等確認訴訟であるが、原告適格論の判断枠組みは取消訴訟と同趣旨であることが前提となっている）。最高裁は、①技術的基準について、法目的や制度趣旨に遡ることにより、災害防止（生命・身体の安全の保護）の趣旨を導く、②処分が違法で事故が生じた場合を仮定・想定した上で、被侵害利益の内容・性質を解釈する、③原告適格の有無を線引きする「直接的かつ重大な被害を受けるものと想定される地域」について、法令解釈ではなく、社会通念に照らし合理的に判断する、という内容を提示している。

17-5　周辺住民等の原告適格(4)
―風営法の営業許可(1)・横浜市パチンコ店営業許可事件
最判平成6年9月27日（判時1518号10頁）

事実 神奈川県公安委員会（Y）は、Aに対しパチンコ店Bの営業許可処分を行った（風営法3条1項）。同県では、同法の委任に基づく条例により、風俗営業所の設置禁止区域として（同法4条2項2号）商業地域につき病院等の周囲30m以内の地域が指定されていたが、B所在地から約30mの地点でC医院を開業するXは、本件処分が上記条例に反し違法と主張し、その取消しを求めて出訴した。1審は、C医院からパチンコ店Bまでの距離が30.39mであるとしてXの原告適格を否定したが、2審はXの原告適格を認めた上で控訴を棄却した。Xが上告。上告棄却

判旨　「風俗営業等の規制及び業務の適正化に関する法律４条２項２号、風俗営業等の規制及び業務の適正化に関する法律施行令６条２号及びこれらを受けて制定された風俗営業等の規制及び業務の適正化に関する法律施行条例……３条１項３号は、同号所定の診療所等の施設につき善良で静穏な環境の下で円滑に業務を運営するという利益をも保護していると解すべきである。したがって、一般に、当該施設の設置者は、同号所定の風俗営業制限地域内に風俗営業が許可された場合には、右の利益を害されたことを理由として右許可処分の取消しを求める訴えを提起するにつき原告適格を有する」。

　「BはC医院の敷地からは30.39ないし32.20メートルの距離にあり、……右風俗営業制限地域内において風俗営業が許可された場合には該当しないというのであるから、結果としては、Xは本訴につき原告適格を有しないかにみえる。しかしながら、右事実関係からすれば、……それが制限地域内に所在しているか否かは実体審理をしなければ判明しない程度の至近距離内にあるのであるから、原審としては、Xの原告適格を審査するに当たっては、処分の適否という本案についてと同一の審理をせざるを得ず、それなくして直ちに原告適格の有無を判断することはできない……。……そのような場合には、……審理は既に本案の判断をするに熟しているのであるから、単に右訴訟における原告適格を否定して訴え却下の訴訟判決をするのではなく、本案につき請求棄却の判決をするのが、訴訟の実際にかなう」。

POINT　本判決は、営業規制区域内（病院からの距離制限によるもの）でのパチンコ店営業許可の取消訴訟において、病院経営者の原告適格を肯定した。風営法（およびその委任条例）に基づく風俗営業制限地域でのパチンコ店営業許可について、制限地域内の住民の原告適格を否定した判例 **17-6** と比較すると、保護法益の個別性・特定性の部分での差異が認められる。

17-6　周辺住民等の原告適格（5）
―風営法の営業許可（2）・国分寺市パチンコ店営業許可事件
最判平成 10 年 12 月 17 日（民集 52 巻 9 号 1821 頁・百選 II 160）

事実　東京都公安委員会（Y）は、Aに対してパチンコ店Bの営業許可処分を行った（風営法3条1項）。東京都では、同法の委任に基づく条例により、風俗営業所の設置禁止区域として（同法4条2項2号）都市計画法の定める第一種住居専用地域等が指定されているところ、パチンコ店Bの近隣住民であるXらは、Bの駐車場誘導路が第一種住居専用地域にはみ出しており本件処分は違法として、その取消しを求めて出訴した。1審・2審ともXらの原告適格を否定したので、Xらが上告。上告棄却。

判旨 風営法「の目的規定から、法の風俗営業の許可に関する規定が一般的公益の保護に加えて個々人の個別的利益をも保護すべきものとする趣旨を含むことを読み取ることは、困難である。」

「風俗営業の許可の基準を定める法４条２項２号は、……具体的地域指定を条例に、その基準の決定を政令にゆだねており、それらが公益に加えて個々人の個別的利益をも保護するものとすることを禁じているとまでは解されないものの、良好な風俗環境の保全という公益的な見地から風俗営業の制限地域の指定を行うことを予定しているものと解されるのであって、同号自体が当該営業制限地域の居住者個々人の個別的利益をも保護することを目的としているものとは解し難い。」

「右の法の委任を受けて規定された風俗営業等の規制及び業務の適正化等に関する法律施行令（以下「施行令」という。）６条１号ロ及び２号は、特にその周辺における良好な風俗環境を保全する必要がある特定の施設に着目して、当該施設の周囲おおむね百メートルの区域内の地域を風俗営業の制限地域とすべきことを基準として定めている。この規定は、当該特定の施設の設置者の有する個別的利益を特に保護しようとするものと解されるから、法４条２項２号を受けて右基準に従って定められた風俗営業等の規制及び業務の適正化等に関する法律施行条例……（以下「施行条例」という。）３条１項２号は、同号所定の施設につき善良で静穏な環境の下で円滑に業務をするという利益をも保護している……。これに対し、施行令６条１号イの規定は、『住居が多数集合しており、住居以外の用途に供される土地が少ない地域』を風俗営業の制限地域とすべきことを基準として定めており、一定の広がりのある地域の良好な風俗環境を一般的に保護しようとしていることが明らかであって、同号ロのように特定の個別的利益の保護を図ることをうかがわせる文言は見当たらない。このことに、前記のとおり法１条にも法４条２項２号自体にも個々人の個別的利益の保護をうかがわせる文言がないこと、同号にいう『良好な風俗環境』の中で生活する利益は専ら公益の面から保護することとしてもその性質にそぐわないとはいえないことを併せ考えれば、施行令６条１号イの規定は、専ら公益保護の観点から基準を定めていると解するのが相当である。そうすると、右基準に従って規定された施行条例３条１項１号は、同号所定の地域に居住する住民の個別的利益を保護する趣旨を含まない……。したがって、右地域に居住する者は、風俗営業の許可の取消しを求める原告適格を有するとはいえない。」

POINT 風営法（その委任条例）に基づく風俗営業制限地域でのパチンコ店営業許可について、当該地域の居住者は取消訴訟の原告適格を有しないとした判例である。原告側の被侵害利益が「良好な風俗環境」にあるとの整理の下、被侵害利益の特定性（線引き可能性）が薄いことが、原告適格の否定につながっている。

17 - 7　周辺住民等の原告適格（6）
―開発許可・川崎市急傾斜地マンション事件
最判平成9年1月28日（民集51巻1号250頁）

事実　川崎市長（Y）は、マンション建設を計画したAらに対し、急傾斜地における開発行為を許可する処分を行った（都市計画法29条）。これに対し、当該開発区域の近隣地に居住するXらが本件処分の取消しを求めて出訴。1審・2審ともXらの原告適格を否定したため、Xらが上告。一部破棄自判（1審に差戻し）・一部終了。

判旨　「Xらは、本件の開発区域に近接する……住所地に居住しており、本件開発許可に基づく開発行為によって起こり得るがけ崩れ等により、その生命、身体等を侵害されるおそれがあると主張しているところ、都市計画法33条1項7号は、開発区域内の土地が、地盤の軟弱な土地、がけ崩れ又は出水のおそれが多い土地その他これらに類する土地であるときは、地盤の改良、擁壁の設置等安全上必要な措置が講ぜられるように設計が定められていることを開発許可の基準としている。この規定は、右のような土地において安全上必要な措置を講じないままに開発行為を行うときは、その結果、がけ崩れ等の災害が発生して、人の生命、身体の安全等が脅かされるおそれがあることにかんがみ、そのような災害を防止するために、開発許可の段階で、開発行為の設計内容を十分審査し、右の措置が講ぜられるように設計が定められている場合にのみ許可をすることとしているものである。そして、このがけ崩れ等が起きた場合における被害は、開発区域内のみならず開発区域に近接する一定範囲の地域に居住する住民に直接的に及ぶことが予想される。また、同条2項は、同条1項7号の基準を適用するについて必要な技術的細目を政令で定めることとしており、その委任に基づき定められた都市計画法施行令28条、都市計画法施行規則23条、同規則……27条の各規定をみると、同法33条1項7号は、開発許可に際し、がけ崩れ等を防止するためにがけ面、擁壁等に施すべき措置について具体的かつ詳細に審査すべきこととしている……。以上のような同号の趣旨・目的、同号が開発許可を通して保護しようとしている利益の内容・性質等にかんがみれば、同号は、がけ崩れ等のおそれのない良好な都市環境の保持・形成を図るとともに、がけ崩れ等による被害が直接的に及ぶことが想定される開発区域内外の一定範囲の地域の住民の生命、身体の安全等を、個々人の個別的利益としても保護すべきものとする趣旨を含む……。そうすると、開発区域内の土地が同号にいうがけ崩れのおそれが多い土地等に当たる場合には、がけ崩れ等による直接的な被害を受けることが予想される範囲の地域に居住する者は、開発許可の取消しを求めるにつき法律上の利益を有する者として、その取消訴訟における原告適格を有すると解する」。

POINT　急傾斜地での開発許可について、がけ崩れ等による生命・身体等への被害が直接的に及ぶことが予想される範囲の住民に、取消訴訟の原告適格を認めた判例で

ある。係争処分の処分要件（許可要件）を定めた規定の詳細な解釈により、一定範囲の住民の生命・身体の安全等を原告適格を基礎付ける「法律上の利益」と解釈する一方、財産権についてはこれを否定している。本判決では、根拠法の処分要件について、下位法令（政令・省令）に委任されて定められた技術的細目を検討し、そこから遡って法律が周辺住民の生命・身体の安全等を個々人の個別的利益としても保護しているという結論を導いている。

また、本判決は、開発区域周辺住民が死亡したときは、取消訴訟が当然終了するとして、訴訟承継を否定する判断をしている。原告適格を周辺住民の生命・身体の安全により基礎付けたことの論理的帰結と考えられる。

17－7 [A] 周辺住民等の原告適格（7）
―林地開発許可・岐阜県ゴルフ場造成事件
最判平成13年3月13日（民集55巻2号283頁・百選II 157）

事実 岐阜県知事（Y）は、ゴルフ場造成を目的とするAに対し、森林法10条の2（平成11年改正前）に基づき開発行為を許可した。これに対し、開発区域の周辺に居住し、または立木等を所有するなどしているXらが、当該林地開発許可処分の取消しを求めて出訴。1審はXらの原告適格を否定したが、2審はXらの原告適格を肯定する判断をしたため、Yが上告。一部破棄自判・一部上告棄却。

判旨 「森林法10条の2第2項1号は、当該開発行為をする森林の現に有する土地に関する災害の防止の機能からみて、当該開発行為により当該森林の周辺の地域において土砂の流出又は崩壊その他の災害を発生させるおそれがないことを、また、同項1号の2は、当該開発行為をする森林の現に有する水害の防止の機能からみて、当該開発行為により当該機能に依存する地域における水害を発生させるおそれがないことを開発許可の要件としている。これらの規定は、森林において必要な防災措置を講じないままに開発行為を行うときは、その結果、土砂の流出又は崩壊、水害等の災害が発生して、人の生命、身体の安全等が脅かされるおそれがあることにかんがみ、開発許可の段階で、開発行為の設計内容を十分審査し、当該開発行為により土砂の流出又は崩壊、水害等の災害を発生させるおそれがない場合にのみ許可をすることとしているものである。そして、この土砂の流出又は崩壊、水害等の災害が発生した場合における被害は、当該開発区域に近接する一定範囲の地域に居住する住民に直接的に及ぶことが予想される。以上のような上記各号の趣旨・目的、これらが開発許可を通して保護しようとしている利益の内容・性質等にかんがみれば、これらの規定は、土砂の流出又は崩壊、水害等の災害防止機能という森林の有する公益的機能の確保を図るとともに、土砂の流出又は崩壊、水害等の災害による被害が直接的に及ぶことが想定される開発区域に近接する一定範囲の地域に居住する住民の生命、

身体の安全等を個々人の個別的利益としても保護すべきものとする趣旨を含むものと解すべきである。そうすると、土砂の流出又は崩壊、水害等の災害による直接的な被害を受けることが予想される範囲の地域に居住する者は、開発許可の取消しを求めるにつき法律上の利益を有する者として、その取消訴訟における原告適格を有する」。

「しかし、森林法10条の2第2項1号及び同項1号の2の規定から、周辺住民の生命、身体の安全等の保護に加えて周辺土地の所有権等の財産権までを個々人の個別的利益として保護すべきものとする趣旨を含むことを読み取ることは困難である。また、同項2号は、当該開発行為をする森林の現に有する水源のかん養の機能からみて、当該開発行為により当該機能に依存する地域における水の確保に著しい支障を及ぼすおそれがないことを、同項3号は、当該開発行為をする森林の現に有する環境の保全の機能からみて、当該開発行為により当該森林の周辺の地域における環境を著しく悪化させるおそれがないことを開発許可の要件としているけれども、これらの規定は、水の確保や良好な環境の保全という公益的な見地から開発許可の審査を行うことを予定しているものと解されるのであって、周辺住民等の個々人の個別的利益を保護する趣旨を含むものと解することはできない。」

POINT 林地開発許可の取消訴訟につき、水害等による災害による被害が直接的に及ぶことが想定される区域の住民の原告適格を認めた判例である。判決は、森林法の定める処分要件に即した解釈を展開し、生命・身体の安全につき個々人の個別的利益としても保護されるとする一方、財産権や、渇水・良好な環境の保全等に係る不利益を個々人の個別的利益から除外している。係争処分の根拠法令上、災害による生命・身体の安全という考慮要素（高次の保護法益）があるかを探索した上で、生命・身体の安全は一般的公益に吸収解消され難く、原告適格を基礎付ける「法律上の利益」と解釈することが可能であるとする判例法理が示されている。

17-8 周辺住民等の原告適格(8)—総合設計許可・千代田生命ビル事件
最判平成14年1月22日（民集56巻1号46頁・百選II 158）

事実 高層オフィスビルの建設を計画したAは、東京都知事（Y）から、いわゆる総合設計許可（建築基準法59条の2第1項）、および、東京都市計画高度地区に基づく都市計画許可（都市計画法8条1項3号）を受けた。これに対し、本件ビル建設地の近隣における建築物の所有者・居住者であるXらは、本件両処分の取消しを求めて出訴。1審・2審とも、総合設計許可につきXら全員の原告適格を否定し、都市計画許可について本件ビル北側に近接する居住者等のみ原告適格を肯定したものの請求を棄却したので、Xらが上告。一部破棄自判・一部上告棄却。以下、総合設計許可の取消訴訟につき原告適格を論じた部分の判旨を紹介する（Xらの原告適格を肯定したが、本件許可は違法でないとして上告棄却）。

判旨 総合設計許可につき「建築基準法は、52条において建築物の容積率制限、55条及び56条において高さ制限を定めているところ、これらの規定は、本来、建築密度、建築物の規模等を規制することにより、建築物の敷地上に適度な空間を確保し、もって、当該建築物及びこれに隣接する建築物等における日照、通風、採光等を良好に保つことを目的とするものであるが、そのほか、当該建築物に火災その他の災害が発生した場合に、隣接する建築物等に延焼するなどの危険を抑制することをもその目的に含む……。そして、同法59条の2第1項は、上記の制限を超える建築物の建築につき、一定規模以上の広さの敷地を有し、かつ、敷地内に一定規模以上の空地を有する場合においては、安全、防火等の観点から支障がないと認められることなどの要件を満たすときに限り、これらの制限を緩和することを認めている。このように、同項は、必要な空間を確保することなどを要件として、これらの制限を緩和して大規模な建築物を建築することを可能にするものである。容積率制限や高さ制限の規定の上記の趣旨・目的等をも考慮すれば、同項が必要な空間を確保することとしているのは、当該建築物及びその周辺の建築物における日照、通風、採光等を良好に保つなど快適な居住環境を確保することができるようにするとともに、地震、火災等により当該建築物が倒壊、炎上するなど万一の事態が生じた場合に、その周辺の建築物やその居住者に重大な被害が及ぶことがないようにするためであると解される。そして、同項は、特定行政庁が、以上の各点について適切な設計がされているかどうかなどを審査し、安全、防火等の観点から支障がないと認めた場合にのみ許可をすることとしているのである。以上のような同項の趣旨・目的、同項が総合設計許可を通して保護しようとしている利益の内容・性質等に加え、同法が建築物の敷地、構造等に関する最低の基準を定めて国民の生命、健康及び財産の保護を図ることなどを目的とするものである（1条）ことにかんがみれば、同法59条の2第1項は、上記許可に係る建築物の建築が市街地の環境の整備改善に資するようにするとともに、当該建築物の倒壊、炎上等による被害が直接的に及ぶことが想定される周辺の一定範囲の地域に存する他の建築物についてその居住者の生命、身体の安全等及び財産としてのその建築物を、個々人の個別的利益としても保護すべきものとする趣旨を含む……。そうすると、総合設計許可に係る建築物の倒壊、炎上等により直接的な被害を受けることが予想される範囲の地域に存する建築物に居住し又はこれを所有する者は、総合設計許可の取消しを求めるにつき法律上の利益を有する者として、その取消訴訟における原告適格を有する」。

POINT 建築基準法の定める総合設計許可について、許可建築物の倒壊・炎上等による被害が直接的に及ぶことが想定される地域の居住者・建物所有者の原告適格を認めた判例である。係争処分の制度趣旨・許可基準の解釈による原告適格判定がされているが、財産権を法律上保護された利益に含めた部分に特色がある。これは、建築基準法に基づく行政処分について、処分要件が集団規定（財産である建物の空間的規制）による規制にあたるものであれば、財産権の相互関係の規律を趣旨とするものであり、同法1条（目的規定）において「国民の生命、健康及び財産の保護を図」る、と明記さ

れることと併せて、財産権侵害のおそれをもって原告適格を基礎付ける「法律上の利益」と解釈できるとするものと考えられる（本判決は、高度地区に係る都市計画許可についても同様の解釈をしている）。

⇒ 最判平成 14 年 3 月 28 日民集 56 巻 3 号 613 頁は、総合設計許可の取消訴訟において、日照を阻害される居住者の健康被害につき原告適格を基礎付ける「法律上の利益」と解釈している。

17-9　鉄道利用者の原告適格──近鉄特急訴訟
最判平成元年 4 月 13 日（判時 1313 号 121 頁・百選 II 162）

事実　近畿日本鉄道（近鉄）は、大阪陸運局長（Y）から、特急料金改定（値上げ）の認可処分を受けた（旧地方鉄道法 21 条）。これに対し、近鉄沿線に居住し通勤定期乗車券を購入して近鉄特急で通勤する X らが、認可の取消し等を求めて出訴。1 審は認可処分を違法とした上で事情判決をしたが、2 審は X らの原告適格を否定したので、X らが上告。上告棄却。

> **判旨**　地方鉄道法「21 条は、地方鉄道における運賃、料金の定め、変更につき監督官庁の認可を受けさせることとしているが、同条に基づく認可処分そのものは、本来、当該地方鉄道の利用者の契約上の地位に直接影響を及ぼすものではなく、このことは、その利用形態のいかんにより差異を生ずるものではない。また、同条の趣旨は、もっぱら公共の利益を確保することにあるのであって、当該地方鉄道の利用者の個別的な権利利益を保護することにあるのではなく、他に同条が当該地方鉄道の利用者の個別的な権利利益を保護することを目的として認可権の行使に制約を課していると解すべき根拠はない。そうすると、たとえ X らが近畿日本鉄道株式会社の路線の周辺に居住する者であって通勤定期券を購入するなどしたうえ、日常同社が運行している特別急行旅客列車を利用しているとしても、X らは、本件特別急行料金の改定（変更）の認可処分によって自己の権利利益を侵害され又は必然的に侵害されるおそれのある者に当たるということができず、右認可処分の取消しを求める原告適格を有しない」。

POINT　鉄道料金値上げ認可の取消訴訟について、鉄道利用者の原告適格を否定した判決である。これに対し、通勤定期券購入者であれば、当該鉄道を利用する必要性・継続反復性等の観点から、法律上の利益を有する鉄道利用者の線引き（特定可能性）が認められ、原告適格を肯定することが可能ではないか、とも考えられる。

⇒ 東京高判平成 26 年 2 月 19 日訟月 60 巻 6 号 1367 頁は、北総鉄道に対する旅客運賃変更認可処分（鉄道事業法 16 条 1 項）につき法定された認可要件に違反する等として取消し等を求めた訴えにおいて、日々の通勤や通学等の手段として反復継続して日常的に鉄道を利用する者の

原告適格を認める判断を示した。

17-10　文化財研究者の原告適格──伊場遺跡訴訟
最判平成元年 6 月 20 日（判時 1334 号 201 頁・百選 II 163）

事実　静岡県教育委員会（Y）は、国鉄浜松駅の高架化に伴う駅前再開発・整備に伴い、同所にある伊場遺跡について、静岡県文化財保護条例に基づき、史跡指定を解除する処分を行った。同遺跡の保存に関心をもってきた住民や研究者である X らは、本件処分は上記条例 30 条 1 項所定の解除事由を欠く違法なものであると主張して、その取消しを求めて出訴。1 審・2 審とも X らの原告適格を否定したため、X らが上告。上告棄却。

判旨　「本件史跡指定解除処分の根拠である静岡県文化財保護条例（……以下『本件条例』という。）は、文化財保護法（以下『法』という。）98 条 2 項の規定に基づくものであるが、法により指定された文化財以外の静岡県内の重要な文化財について、保存及び活用のため必要な措置を講じ、もって県民の文化的向上に資するとともに、我が国文化の進捗に貢献することを目的としている（1 条）。本件条例において、Y は、県内の重要な記念物を県指定史跡等に指定することができ（29 条 1 項）、県指定史跡等がその価値を失った場合その他特殊の理由があるときは、その指定を解除することができる（30 条 1 項）こととされている。これらの規定並びに本件条例及び法の他の規定中に、県民あるいは国民が史跡等の文化財の保存・活用から受ける利益をそれら個々人の個別的利益として保護すべきものとする趣旨を明記しているものはなく、また、右各規定の合理的解釈によっても、そのような趣旨を導くことはできない。そうすると、本件条例及び法は、文化財の保存・活用から個々の県民あるいは国民が受ける利益については、本来本件条例及び法がその目的としている公益の中に吸収解消させ、その保護は、もっぱら右公益の実現を通じて図ることとしているものと解される。そして、本件条例及び法において、文化財の学術研究者の学問研究上の利益の保護について特段の配慮をしていると解しうる規定を見出すことはできないから、そこに、学術研究者の右利益について、一般の県民あるいは国民が文化財の保存・活用から受ける利益を超えてその保護を図ろうとする趣旨を認めることはできない。」

POINT　文化財の保存について、研究者の原告適格が否定された判決である。本判決のような事案では、学術研究者等の出訴を認めないと、違法な史跡指定解除を争うことが難しい。特定個人の権利利益とは性質決定し難い「薄められた利益」について、団体訴訟等の立法的対応の必要性を示唆する判決である。

17‑11　改正行政事件訴訟法の解釈（1）
―都市計画事業認可・小田急高架訴訟

最大判平成 17 年 12 月 7 日（民集 59 巻 10 号 2645 頁・百選 II 159）

事実　判例 **9‑1** と同一事件。建設大臣が東京都知事にした、小田急線の一部区間を連続立体交差化することを内容とする都市計画事業認可、および、付属街路の設置を内容とする都市計画事業認可について、付属街路事業の事業地内の不動産に所有権・賃借権を有する X₁ ら、それ以外の近隣住民 X₂ らが、関東地方整備局長（Y。建設大臣の事務承継人）を被告として、高架式ではなく地下式によるべきこと等を主張して取消しを求めて提訴した事案である。

　1 審は、本件鉄道事業に係る都市計画と本件付属街路事業に係る都市計画を実質的に一体のものと評価し、本件各認可に係る事業対象土地全体が 1 個の事業地であり、そこの不動産に権利を有する者は本件各認可の取消しを求める原告適格があるとして X₁ らの原告適格を認め、本件各認可を違法と判断した。2 審は、付属街路事業の事業地に不動産上の権利を有する者に認められる原告適格は、当該付属街路事業認可の取消しを求める限度でのみ認められるとして、本件鉄道事業認可の取消しについて原告全員の原告適格を否定し、本件付属街路事業認可の取消しにつき X₂ らの原告適格を認めたものの、請求を棄却した。X₁・X₂ らが上告。最高裁大法廷が、いわゆる論点回付（最高裁判所裁判事務処理規則 9 条参照）を受けて原告適格についてのみ判断したのが本判決である。一部論旨理由あり・一部上告棄却。

判旨　「X らが本件鉄道事業認可の取消しを求める原告適格を有するか否かについて検討する。」

　「ア　都市計画法は、……同法 59 条の規定による認可等を受けて行われる都市計画施設の整備に関する事業等を都市計画事業と規定し（4 条 15 項）、その事業の内容が都市計画に適合することを認可の基準の 1 つとしている（61 条 1 号）。」「都市計画に関する都市計画法の規定をみると、同法は、都市の健全な発展と秩序ある整備を図り、もって国土の均衡ある発展と公共の福祉の増進に寄与することを目的とし（1 条）、都市計画の基本理念の 1 つとして、健康で文化的な都市生活を確保すべきことを定めており（2 条）、都市計画の基準に関して、当該都市について公害防止計画が定められているときは都市計画がこれに適合したものでなければならないとし（13 条 1 項柱書き）、都市施設は良好な都市環境を保持するように定めることとしている（同項 5 号）。また、同法は、都市計画の案を作成しようとする場合において必要があると認められるときは、公聴会の開催等、住民の意見を反映させるために必要な措置を講ずるものとし（16 条 1 項）、都市計画を決定しようとする旨の公告があったときは、関係市町村の住民及び利害関係人は、縦覧に供された都市計画の案について意見書を提出することができるものとしている（17 条 1 項、2 項）。」

　「イ　……上記の公害防止計画の根拠となる法令である公害対策基本法は、国民の健康を保護するとともに、生活環境を保全することを目的とし（1 条）、事業活動その他の人の活動に伴って生ずる相当範囲にわたる大気の汚染、水質の汚濁、土壌の汚染、騒音、振動

等によって人の健康又は生活環境に係る被害が生ずることを公害と定義した上で（2条）、国及び地方公共団体が公害の防止に関する施策を策定し、実施する責務を有するとし（4条、5条）、内閣総理大臣が、現に公害が著しく、かつ、公害の防止に関する施策を総合的に講じなければ公害の防止を図ることが著しく困難であると認められる地域等について、公害防止計画の基本方針を示して関係都道府県知事にその策定を指示し、これを受けた関係都道府県知事が公害防止計画を作成して内閣総理大臣の承認を受けるものとしている（19条）……。」「公害防止計画に関するこれらの規定は、相当範囲にわたる騒音、振動等により健康又は生活環境に係る著しい被害が発生するおそれのある地域について、その発生を防止するために総合的な施策を講ずることを趣旨及び目的とする……。そして、都市計画法13条1項柱書きが、都市計画は公害防止計画に適合しなければならない旨を規定していることからすれば、都市計画の決定又は変更に当たっては、上記のような公害防止計画に関する公害対策基本法の規定の趣旨及び目的を踏まえて行われることが求められる……。」「さらに、東京都においては、環境に著しい影響を及ぼすおそれのある事業の実施が環境に及ぼす影響について事前に調査、予測及び評価を行い、これらの結果について公表すること等の手続に関し必要な事項を定めることにより、事業の実施に際し公害の防止等に適正な配慮がされることを期し、都民の健康で快適な生活の確保に資することを目的として、本件条例〔東京都環境影響評価条例〕が制定されている。本件条例は、被上告参加人〔東京都知事〕が、良好な環境を保全し、都民の健康で快適な生活を確保するため、本件条例に定める手続が適正かつ円滑に行われるよう努めなければならない基本的責務を負うものとした上で（3条）、事業者から提出された環境影響評価書及びその概要の写しを対象事業に係る許認可権者（都市計画の決定又は変更の権限を有する者を含む。2条8号）に送付して（24条2項）、許認可等を行う際に評価書の内容に十分配慮するよう要請しなければならないとし（25条）、対象事業が都市計画法の規定により都市計画に定められる場合においては、本件条例による手続を都市計画の決定の手続に合わせて行うよう努めるものとしている（45条）。これらの規定は、都市計画の決定又は変更に際し、環境影響評価等の手続を通じて公害の防止等に適正な配慮が図られるようにすることも、その趣旨及び目的とするものということができる。」

「ウ　……都市計画事業の認可は、都市計画に事業の内容が適合することを基準としてされるものであるところ、前記アのような都市計画に関する都市計画法の規定に加えて、前記イの公害対策基本法等の規定の趣旨及び目的をも参酌し、併せて、都市計画法66条が、認可の告示があったときは、施行者が、事業の概要について事業地及びその付近地の住民に説明し、意見を聴取する等の措置を講ずることにより、事業の施行についてこれらの者の協力が得られるように努めなければならないと規定していることも考慮すれば、都市計画事業の認可に関する同法の規定は、事業に伴う騒音、振動等によって、事業地の周辺地域に居住する住民に健康又は生活環境の被害が発生することを防止し、もって健康で文化的な都市生活を確保し、良好な生活環境を保全することも、その趣旨及び目的とする」。

「エ　都市計画法又はその関係法令に違反した違法な都市計画の決定又は変更を基礎と

して都市計画事業の認可がされた場合に、そのような事業に起因する騒音、振動等による被害を直接的に受けるのは、事業地の周辺の一定範囲の地域に居住する住民に限られ、その被害の程度は、居住地が事業地に接近するにつれて増大する……。また、このような事業に係る事業地の周辺地域に居住する住民が、当該地域に居住し続けることにより上記の被害を反復、継続して受けた場合、その被害は、これらの住民の健康や生活環境に係る著しい被害にも至りかねない……。そして、都市計画事業の認可に関する同法の規定は、その趣旨及び目的にかんがみれば、事業地の周辺地域に居住する住民に対し、違法な事業に起因する騒音、振動等によってこのような健康又は生活環境に係る著しい被害を受けないという具体的利益を保護しようとするものと解されるところ、前記のような被害の内容、性質、程度等に照らせば、この具体的利益は、一般的公益の中に吸収解消させることが困難」である。

「オ　以上のような都市計画事業の認可に関する都市計画法の規定の趣旨及び目的、これらの規定が都市計画事業の認可の制度を通して保護しようとしている利益の内容及び性質等を考慮すれば、同法は、これらの規定を通じて、都市の健全な発展と秩序ある整備を図るなどの公益的見地から都市計画施設の整備に関する事業を規制するとともに、騒音、振動等によって健康又は生活環境に係る著しい被害を直接的に受けるおそれのある個々の住民に対して、そのような被害を受けないという利益を個々人の個別的利益としても保護すべきものとする趣旨を含む……。したがって、都市計画事業の事業地の周辺に居住する住民のうち当該事業が実施されることにより騒音、振動等による健康又は生活環境に係る著しい被害を直接的に受けるおそれのある者は、当該事業の認可の取消しを求めるにつき法律上の利益を有する者として、その取消訴訟における原告適格を有する」。

「カ　以上の見解に立って、本件鉄道事業認可の取消しを求める原告適格についてみると、……〔Ｘらのうち 37 名〕は、いずれも本件鉄道事業に係る関係地域内……に居住している……。そして、これらの住所地と本件鉄道事業の事業地との距離関係などに加えて、本件条例 2 条 5 号の規定する関係地域が、対象事業を実施しようとする地域及びその周辺地域で当該対象事業の実施が環境に著しい影響を及ぼすおそれがある地域として被上告参加人〔東京都知事〕が定めるものであることを考慮すれば、上記のＸらについては、本件鉄道事業が実施されることにより騒音、振動等による健康又は生活環境に係る著しい被害を直接的に受けるおそれのある者に当たると認められるから、本件鉄道事業認可の取消しを求める原告適格を有する」。

POINT　本判決は、平成 16 年の行訴法改正により新設された同法 9 条 2 項に即すかたちで、処分の相手方でない者の原告適格に係る解釈論を提示した最高裁大法廷判決として、重要な意義を有する。本判決は、都市計画事業認可の取消訴訟について、事業地内の不動産につき権利を有しない者（事業地周辺地域の居住者、通勤・通学している者）の原告適格を否定した最判平成 11 年 11 月 25 日判時 1698 号 66 頁（判例 **9-3**）を判例変更し、当該事業が実施されることにより騒音、振動等による健康または生活環

境に係る著しい被害を直接的に受けるおそれのある者の原告適格を肯定した。**9-3**と比べ、本判決の解釈方法は、公害防止協定の根拠法令である公害対策基本法と、環境影響評価につき定めた東京都条例について、「目的を共通にする関連法令」として解釈論に取り込んだ点が異なる。

　本判決では、係争処分（都市計画事業認可）の根拠法令・関連法令の詳細な検討を踏まえ、都市計画法は、都市計画事業の騒音・振動等により「健康又は生活環境に係る著しい被害を直接的に受けるおそれのある個々の住民」の利益を、個々人の個別的利益としても保護しているとした。行訴法9条2項に対応させるならば、上記判旨のア・イ・ウの部分で根拠規範の趣旨・目的を解釈し、エの部分で被侵害利益の内容・性質・程度を吟味した上で、オで結論を導いている。本判決では、被侵害利益が「健康又は生活環境」である場合に原告適格を拡大しているが、「健康」利益が含まれている部分を強調するなら、生命・身体への侵害可能性につき原告適格を柔軟に認めてきた従前の判例法理とあまり変わらないという見方もできる。「生活環境」利益による原告適格拡大がどこまで認められるのか、今後の判例法の動向が注目される。

　さらに、本判決では、具体的に原告適格の有無を線引きするための基準として、事業地との距離関係に加え、東京都条例の定める関係地域であることが用いられている。この部分は、「法律上の利益を有する者」の線引きに関するものであるが、原告らの住所地と事業地との距離を軸としつつ社会通念に照らした合理的・具体的判断が必要になると考えられる（判例 **17-4**、**17-12** を参照）。

▌17-12　改正行政事件訴訟法の解釈（2）
──場外車券発売施設設置許可・サテライト大阪事件
最判平成21年10月15日（民集63巻8号1711頁・百選 II 161）

事実　経済産業大臣は、Aに対して自転車競技法4条2項（平成19年改正前）に基づき場外車券発売施設（サテライト大阪）の設置を許可したところ、本件施設の周辺において病院等を開設するなどして事業を営み、または、本件施設周辺に居住するXらが、国（Y）を相手に、本件許可の取消しを求めて出訴した。1審はXらの原告適格を否定したが、2審は自転車競技法施行規則等を手掛かりにXらの原告適格を認める判断をしたため、Yが上告。一部破棄自判（一部1審に差戻し・一部控訴棄却）・一部上告棄却・一部破棄終了。

判旨　「ア　一般的に、場外施設が設置、運営された場合に周辺住民等が被る可能性のある被害は、交通、風紀、教育など広い意味での生活環境の悪化であって、その設置、運営により、直ちに周辺住民等の生命、身体の安全や健康が脅かされたり、その財産に著しい被害が生じたりすることまでは想定し難い……。そして、このような生活環境に関する

利益は、基本的には公益に属する利益というべきであって、法令に手掛りとなることが明らかな規定がないにもかかわらず、当然に、法が周辺住民等において上記のような被害を受けないという利益を個々人の個別的利益としても保護する趣旨を含むと解するのは困難」である。

「イ　位置基準は、場外施設が医療施設等から相当の距離を有し、当該場外施設において車券の発売等の営業が行われた場合に文教上又は保健衛生上著しい支障を来すおそれがないことを、その設置許可要件の１つとして定める……。場外施設が設置、運営されることに伴う上記の支障は、基本的には、その周辺に所在する医療施設等を利用する児童、生徒、患者等の不特定多数者に生じ得るものであって、かつ、それらの支障を除去することは、心身共に健康な青少年の育成や公衆衛生の向上及び増進といった公益的な理念ないし要請と強くかかわる……。そして、当該場外施設の設置、運営に伴う上記の支障が著しいものといえるか否かは、……当該場外施設の設置予定地及びその周辺の地域的特性、文教施設の種類・学区やその分布状況、医療施設の規模・診療科目やその分布状況、当該場外施設が設置、運営された場合に予想される周辺環境への影響等の事情をも考慮し、長期的観点に立って総合的に判断されるべき事柄である。規則が、場外施設の設置許可申請書に、敷地の周辺から1000m以内の地域にある医療施設等の位置及び名称を記載した見取図のほか、場外施設を中心とする交通の状況図及び場外施設の配置図を添付することを義務付けたのも、このような公益的見地からする総合的判断を行う上での基礎資料を提出させることにより、上記の判断をより的確に行うことができるようにするところに重要な意義がある……。」「このように、法及び規則が位置基準によって保護しようとしているのは、第一次的には、上記のような不特定多数者の利益であるところ、それは、性質上、一般的公益に属する利益であって、原告適格を基礎付けるには足りない……。したがって、場外施設の周辺において居住し又は事業（医療施設等に係る事業を除く。）を営むにすぎない者や、医療施設等の利用者は、位置基準を根拠として場外施設の設置許可の取消しを求める原告適格を有しない」。

「ウ　もっとも、場外施設は、多数の来場者が参集することによってその周辺に享楽的な雰囲気や喧噪といった環境をもたらすものであるから、位置基準は、そのような環境の変化によって周辺の医療施設等の開設者が被る文教又は保健衛生にかかわる業務上の支障について、特に国民の生活に及ぼす影響が大きいものとして、その支障が著しいものである場合に当該場外施設の設置を禁止し当該医療施設等の開設者の行う業務を保護する趣旨をも含む規定である……。したがって、仮に当該場外施設が設置、運営されることに伴い、その周辺に所在する特定の医療施設等に上記のような著しい支障が生ずるおそれが具体的に認められる場合には、当該場外施設の設置許可が違法とされる」。「このように、位置基準は、一般的公益を保護する趣旨に加えて、上記のような業務上の支障が具体的に生ずるおそれのある医療施設等の開設者において、健全で静穏な環境の下で円滑に業務を行うことのできる利益を、個々の開設者の個別的利益として保護する趣旨をも含む規定であるというべきであるから、当該場外施設の設置、運営に伴い著しい業務上の支障が生ずるおそれがあると位置的に認められる区域に医療施設等を開設する者は、位置基準を根拠として

当該場外施設の設置許可の取消しを求める原告適格を有する……。そして、このような見地から、当該医療施設等の開設者が上記の原告適格を有するか否かを判断するに当たっては、当該場外施設が設置、運営された場合にその規模、周辺の交通等の地理的状況等から合理的に予測される来場者の流れや滞留の状況等を考慮して、当該医療施設等が上記のような区域に所在しているか否かを、当該場外施設と当該医療施設等との距離や位置関係を中心として社会通念に照らし合理的に判断すべきものと解するのが相当である。」「なお、原審は、場外施設の設置許可申請書に、敷地の周辺から1000m以内の地域にある医療施設等の位置及び名称を記載した見取図等を添付すべきことを義務付ける定めがあることを1つの根拠として、上記地域において医療等の事業を営む者一般に上記の原告適格を肯定している。確かに、上記見取図は、これに記載された個々の医療施設等に前記のような業務上の支障が生ずるか否かを審査する際の資料の1つとなり得るものではあるが、場外施設の設置、運営が周辺の医療施設等に対して及ぼす影響はその周辺の地理的状況等に応じて一様ではなく、上記の定めが上記地域において医療等の事業を営むすべての者の利益を個別的利益としても保護する趣旨を含むとまでは解し難いのであるから、このような地理的状況等を一切問題とすることなく、これらの者すべてに一律に上記の原告適格が認められるとすることはできない」。

「エ　これを本件について見ると、……本件敷地の周辺において医療施設を開設するXらのうち、……本件敷地の周辺から約800m離れた場所に医療施設を開設する者……〔は〕、本件敷地周辺の地理的状況等にかんがみると、当該医療施設が本件施設の設置、運営により保健衛生上著しい支障を来すおそれがあると位置的に認められる区域内に所在しているとは認められない……。これに対し、その余の……〔者〕は、いずれも本件敷地の周辺から約120mないし200m離れた場所に医療施設を開設する者であり、前記の考慮要素を勘案することなく上記の原告適格を有するか否かを的確に判断することは困難というべきである。」

「オ　次に、周辺環境調和基準は、場外施設の規模、構造及び設備並びにこれらの配置が周辺環境と調和したものであることをその設置許可要件の1つとして定めるものである。同基準は、場外施設の規模が周辺に所在する建物とそぐわないほど大規模なものであったり、いたずらに射幸心をあおる外観を呈しているなどの場合に、当該場外施設の設置を不許可とする旨を定めたものであって、良好な風俗環境を一般的に保護し、都市環境の悪化を防止するという公益的見地に立脚した規定と解される。……また、『周辺環境と調和したもの』という文言自体、甚だ漠然とした定めであって、位置基準が上記のように限定的要件を明確に定めているのと比較して、そこから、場外施設の周辺に居住する者等の具体的利益を個々人の個別的利益として保護する趣旨を読み取ることは困難といわざるを得ない。」「したがって、Xらは、周辺環境調和基準を根拠として本件許可の取消しを求める原告適格を有するということはできない」。

POINT　自転車競技法に基づく場外車券発売施設（サテライト）の設置許可取消訴訟について、周辺住民等の原告適格の解釈を明らかにした判例である。本判決では、①

法令が処分要件とする位置基準（「学校その他の文教施設及び病院その他の医療施設から相当の距離を有し、文教上又は保健衛生上著しい支障を来すおそれがないこと」と定められていた）は、サテライトの周辺住民・事業者、医療施設利用者を一般的公益として保護するにすぎない、②他方、位置基準は、周辺の医療施設等の開設者が被る一定の業務上の支障が著しい場合、当該開設者を保護する趣旨を含む、③法令が処分要件とする周辺環境調和基準は、周辺住民・事業者の原告適格を基礎付けるものではない、とする。そして、上記②に関し、本件設置許可により場外車券発売施設が設置・運営された場合、医療施設等が著しい業務上の支障が生ずるおそれがあると位置的に認められる区域にあるか、社会通念に照らし合理的に判断すべきであるとして、この部分の審理を尽くすため本件を1審に差し戻した。

改正行訴法9条2項が新設された後、判例**17-11**は係争処分に係る周辺住民の「健康又は生活環境」侵害について原告適格を基礎付ける「法律上の利益」と解釈したが、本判決は、「広い意味での生活環境の悪化」は基本的に法律上保護された利益でないとする。他方、本判決は、処分要件たる位置基準を手掛かりに、特定の事業者は法律上保護されており、その事業に「著しい支障」があれば原告適格を肯定するという解釈を示している。また、そこでの原告適格の有無の判定（具体的な線引き）について、「社会通念に照らして合理的に判断すべき」という解釈枠組みも明示している。もっとも、個別事業者ごとに「著しい支障」が生じるおそれのある位置的区域にあるかを認定判断することは、訴訟の入口（訴訟要件）としては過大な審理判断を要求することになるのではないか（本案審理と変わらないのではないか）、という問題点も指摘されるであろう。

▌ **17-13** 改正行政事件訴訟法の解釈（3）—産業廃棄物等処分業の許可
最判平成26年7月29日（民集68巻6号620頁）

事実 Aは、宮崎県旧高城町において、宮崎県知事の許可を受けて産業廃棄物処理施設（本件処分場）を設置した。その後、Aは、知事から、本件処分場を事業の用に供する施設として、産業廃棄物処分業の許可および特別管理産業廃棄物処分業の許可（本件各許可処分）を受け、さらにこれらの更新を受けていた。この処理施設の設置に反対する旧高城町の住民Xらは、宮崎県（Y）を相手に、本件各許可処分の無効確認、それらの（職権）取消処分の義務付け、本件各更新処分の取消しを求めて出訴した。Xら（1名を除く）は、本件処分場の中心地点から1.8km以内に居住しており、居住地域は、Aが本件処分場の設置許可申請をした際に添付した環境影響調査報告書の調査対象地域内に含まれていた。

1審・2審とも、Xらの原告適格を否定する判断をしたため、Xらが上告。一部破棄差戻し・一部上告棄却。

判旨 「行政事件訴訟法 36 条は、無効等確認の訴えの原告適格について規定するが、同条にいう当該処分の無効等の確認を求めるにつき『法律上の利益を有する者』についても、……取消訴訟の原告適格の場合と同義に解する」。「また、行政事件訴訟法 37 条の 2 第 3 項は、同法 3 条 6 項 1 号所定の義務付けの訴えの原告適格について規定するが、当該処分の取消処分の義務付けを求めるにつき『法律上の利益を有する者』についても、……取消訴訟の原告適格の場合と同様の観点から判断すべきものと解する……（同法 37 条の 2 第 4 項参照）。」

「X らが本件各許可処分の無効確認等及び本件各更新処分の取消しを求める原告適格を有するか否かについて検討する。」

「ア ㋐　……産業廃棄物の最終処分場について、廃棄物処理法は、その設置に係る許可の要件として、産業廃棄物処理施設の設置に関する計画が環境省令で定める技術上の基準に適合していること（15 条の 2 第 1 項 1 号）並びに産業廃棄物処理施設の設置及び維持管理に関する計画が周辺地域の生活環境の保全について適正な配慮がされたものであること（同項 2 号）を要するものと定め……〔る〕。これらの規定を受けて、一般廃棄物の最終処分場及び産業廃棄物の最終処分場に係る技術上の基準を定める省令……は、産業廃棄物の最終処分場及びその維持管理に係る技術上の基準を定め（2 条）、……産業廃棄物及びこれに含まれている有害な物質の流出や浸出等を防止するための設備が設けられ、必要な措置が講ぜられるべきこと等を定めている……。上記のような……技術上の基準に関する定めの内容に加えて周辺地域の生活環境の保全に関する適正な配慮を要するとされていることに照らすと、同法においては、その設置に係る許可の要件等に関し、産業廃棄物の最終処分場が上記の技術上の基準に適合していることにつき、周辺地域の生活環境の保全という観点からもその審査を要する」。

「産業廃棄物等処分業の許可の要件として埋立処分を業として行う場合に有すべきものとされている最終処分場は、上記のとおり、その施設としての設置に係る許可の要件等につき上記の審査を経るものであるところ、産業廃棄物等処分業の許可の要件としても……上記の技術上の基準に適合している施設であることを要する……。そうすると、廃棄物処理法においては、産業廃棄物等処分業の許可の要件に関しても、産業廃棄物等処分業を行おうとする者がその事業の用に供する施設として上記の技術上の基準に適合している最終処分場を有していることにつき、周辺地域の生活環境の保全という観点からもその審査を要する」。

「㋑　加えて、廃棄物処理法は、産業廃棄物等処分業の許可には生活環境の保全上必要な条件を付すことができるものとし……、当該許可を受けた者の事業の用に供する施設が所定の基準……に適合しなくなったとき、又は生活環境の保全上必要な条件として当該許可に付された条件に違反したときは、都道府県知事は、その事業の全部若しくは一部の停止を命じ、又は当該許可を取り消すことができる……。また、同法は、産業廃棄物等処分業の許可は、……政令で定める期間ごとにその更新を受けなければ、その期間の経過によってその効力を失うものと定め……、所定の期間ごとに上記㋐のような産業廃棄物等処分業の許可に係る要件の審査が行われるものとしている。」

「⒰　また、廃棄物処理法は、産業廃棄物処理施設の設置に係る許可につき、上記⒜のとおりその設置に関する計画が周辺地域の生活環境の保全について適正な配慮がされていることもその要件として定めているところ、上記許可の申請に際して、当該施設の設置が周辺地域の生活環境に及ぼす影響についての調査の結果を記載した書類（以下「環境影響調査報告書」という。）を申請書に添付して公衆の縦覧に供すべきものとし……、市町村長や利害関係者の生活環境の保全上の見地からの意見の聴取等の手続を定め……ている……。上記の環境影響調査報告書には、同法の上記の規定を受けて、①……当該施設を設置することに伴い生ずる大気質、水質、悪臭、地下水等に係る事項のうち、周辺地域の生活環境に影響を及ぼすおそれがあるものとして調査を行ったもの及びその現況等、②当該施設を設置することが周辺地域の生活環境に及ぼす影響の程度を予測するために把握した水象、気象その他自然的条件及び人口、土地利用その他社会的条件の現況等、③上記の影響の程度を分析した結果などの事項を記載すべきものとされている……。そして、環境省が……公表している『廃棄物処理施設生活環境影響調査指針』において、上記の調査の対象とされる地域は、……当該施設の設置が生活環境に影響を及ぼすおそれがある地域として選定される」。

「イ　有害な物質を含む産業廃棄物等の埋立処分を行う施設である産業廃棄物の最終処分場については、その設備に不備や欠陥があって当該最終処分場から有害な物質が排出された場合には、これにより……大気や土壌の汚染、水質の汚濁、悪臭等が生じ、当該最終処分場の周辺地域に居住する住民の生活環境が害されるおそれがあるばかりでなく、その健康に被害が生じ、ひいてはその生命、身体に危害が及ぼされるおそれがある。このことに鑑み、廃棄物処理法においては、上記のような事態の発生を防止するために、前記アのとおり、産業廃棄物の最終処分場につき、その安全性を確保する上で必要な技術上の基準への適合性が保持され、周辺地域の生活環境の保全が図られるための規制等が定められており、産業廃棄物等処分業の許可に関し、その要件について最終処分場の上記の適合性につき周辺地域の生活環境の保全という観点からもその審査を要するとされるとともに、生活環境の保全上必要な条件を付し得るものとされ、その条件の違反等を理由とする事業の停止命令や許可の取消しを行い得るなどとされているものと解される。

そうすると、産業廃棄物等処分業の許可及びその更新に関する廃棄物処理法の規定は、産業廃棄物の最終処分場から有害な物質が排出されることに起因する大気や土壌の汚染、水質の汚濁、悪臭等によって、その最終処分場の周辺地域に居住する住民に健康又は生活環境の被害が発生することを防止し、もってこれらの住民の健康で文化的な生活を確保し、良好な生活環境を保全することも、その趣旨及び目的とするものと解される。

そして、産業廃棄物の最終処分場からの有害な物質の排出に起因する大気や土壌の汚染、水質の汚濁、悪臭等によって当該最終処分場の周辺地域に居住する住民が直接的に受ける被害の程度は、その居住地と当該最終処分場との近接の度合いによっては、その健康又は生活環境に係る著しい被害を受ける事態にも至りかねないものである。」「上記のような被害の内容、性質、程度等に照らせば、この具体的利益は、一般的公益の中に吸収解消させることが困難なものといわなければならない。」

「ウ　以上のような産業廃棄物等処分業の許可及びその更新に関する廃棄物処理法の規定の趣旨及び目的、これらの規定が産業廃棄物等処分業の許可の制度を通して保護しようとしている利益の内容及び性質等を考慮すれば、同法は、これらの規定を通じて、公衆衛生の向上を図るなどの公益的見地から産業廃棄物等処分業を規制するとともに、産業廃棄物の最終処分場からの有害な物質の排出に起因する大気や土壌の汚染、水質の汚濁、悪臭等によって健康又は生活環境に係る著しい被害を直接的に受けるおそれのある個々の住民に対して、そのような被害を受けないという利益を個々人の個別的利益としても保護すべきものとする趣旨を含む」。

「したがって、産業廃棄物の最終処分場の周辺に居住する住民のうち、当該最終処分場から有害な物質が排出された場合にこれに起因する大気や土壌の汚染、水質の汚濁、悪臭等による健康又は生活環境に係る著しい被害を直接的に受けるおそれのある者は、当該最終処分場を事業の用に供する施設としてされた産業廃棄物等処分業の許可処分及び許可更新処分の取消し及び無効確認を求めるにつき法律上の利益を有する者として、その取消訴訟及び無効確認訴訟における原告適格を有する」。

「エ　産業廃棄物の最終処分場の周辺に居住する住民が、当該最終処分場から有害な物質が排出された場合にこれに起因する大気や土壌の汚染、水質の汚濁、悪臭等により健康又は生活環境に係る著しい被害を直接的に受けるおそれのある者に当たるか否かは、当該住民の居住する地域が上記の著しい被害を直接的に受けるものと想定される地域であるか否かによって判断すべきものと解される。そして、当該住民の居住する地域がそのような地域であるか否かについては、産業廃棄物の最終処分場の種類や規模等の具体的な諸条件を考慮に入れた上で、当該住民の居住する地域と当該最終処分場の位置との距離関係を中心として、社会通念に照らし、合理的に判断すべきものである」。

「産業廃棄物の最終処分場の設置に係る許可に際して申請書の添付書類として提出され審査の対象となる環境影響調査報告書において、当該最終処分場の設置が周辺地域の生活環境に及ぼす影響についての調査の対象とされる地域は、……上記の環境影響調査報告書に記載されるべき調査の項目と内容及び調査の対象とされる地域の選定の基準等に照らせば、一般に、当該最終処分場の種類や規模及び埋立ての対象とされる産業廃棄物等の種類等の具体的な諸条件を踏まえ、その設置により生活環境に影響が及ぶおそれのある地域として上記の調査の対象に選定されるものであるということができる。」

POINT　産業廃棄物等処分業の許可更新処分につき処分場周辺住民が提起した抗告訴訟について、当該許可事業者が設置する最終処分場から排出される有害物質に起因する大気・土壌汚染、水質汚濁、悪臭等による健康または生活環境に係る著しい被害を直接的に受けるおそれのある者の原告適格を認めた判例である。①産業廃棄物等処分業の許可およびその更新に関する廃棄物処理法の規定は、最終処分場の周辺地域に居住する住民に健康または生活環境の被害が発生することを防止することを趣旨・目的とすること、②最終処分場の周辺地域に居住する住民が直接的に受ける被害の程度

は、近接の度合いによっては健康または生活環境に係る著しい被害を受ける事態にも至りかねないものであり、被害の内容、性質、程度等に照らせば、住民らの具体的利益は一般的公益の中に吸収解消させることが困難であることから、③最終処分場の周辺住民のうち、健康または生活環境に係る著しい被害を直接的に受けるおそれのある者について、行訴法9条1項にいう「法律上の利益」を認めている。その上で、④著しい被害を直接的に受けるものと想定される地域であるかを、社会通念に照らして合理的に判断すると、最終処分場の設置に係る許可に際して申請書の添付書類として提出される環境影響調査報告書の調査対象地域がこれにあたる、とする。

　本判決が周辺住民に原告適格を認める上記のロジックは、①係争処分の根拠規定の趣旨・目的から「法の保護範囲」であること、②係争処分が違法な場合に生じる被害の内容・性質・程度から「個々人の個別的利益」として切り出せることから、③「法律上保護された利益」であるとの結論を導き、④社会通念に照らした具体的線引きとして環境影響調査報告書の調査対象地域を設定したものである。これは、都市計画事業認可の取消訴訟において、周辺住民の「健康又は生活環境」につき「法律上保護された利益」と解した判例 17−11 を踏襲したものである。本件の係争処分は産業廃棄物・特別管理産業廃棄物の処分業許可（およびその更新）であるが、埋立処分を業として行う場合の産業廃棄物等処分業許可の要件として、最終処分場等を有すべきことが法定されていることから、上記①の解釈に当たり、最終処分場の設置に係る許可要件・技術上の基準まで解釈の視野が広げられていることもポイントである。

18 訴えの利益

18-1　行訴法9条1項かっこ書きの解釈—名古屋郵政局職員懲戒免職事件

最大判昭和40年4月28日（民集19巻3号721頁）

事実　Xは、名古屋郵政局管内の郵便局に勤務する国家公務員であったが、名古屋郵政局長（Y）により懲戒免職処分を受けた。Xは、免職処分の取消訴訟を提起する一方、市議会議員選挙に立候補して当選した。公職選挙法90条によれば、公務員は、公職の候補者として届出をしたときは、その届出の日に当該公務員の職を辞したものとみなされる。これにより、仮に裁判所が免職処分を取り消してもXは元の公務員たる地位を回復しないこととなり、Xの本件取消訴訟における訴えの利益の有無が争点となった。1審・2審とも、Xの本訴請求は権利保護の利益を欠くと判断したため、Xが上告。破棄自判（1審に差戻し）。

> **判旨**　「本件免職処分が取り消されたとしても、Xは市議会議員に立候補したことにより郵政省の職員たる地位を回復するに由ない……。しかし、公務員免職の行政処分は、それが取り消されない限り、免職処分の効力を保有し、当該公務員は、<u>違法な免職処分さえなければ公務員として有するはずであった給料請求権その他の権利、利益につき裁判所に救済を求めることができなくなる</u>のであるから、本件免職処分の効力を排除する判決を求めることは、右の権利、利益を回復するための必要な手段である……。〔行訴〕法9条が、たとえ注意的にもしろ、括弧内において……規定を設けたことに思いを致せば、同法の下においては、広く訴の利益を認めるべきであって、Xが郵政省の職員たる地位を回復するに由なくなった現在においても、……Xの叙上のごとき権利、利益が害されたままになっているという不利益状態の存在する余地がある以上、Xは、なおかつ、本件訴訟を追行する利益を有する」。

POINT　免職処分はそれが取り消されない限り効力を有することから、免職処分の取消判決を求めることが給料請求権その他の権利・利益を回復するための必要な手段であることをとらえ、処分の取消しにより「回復すべき法律上の利益を有する者」に該当するとして、訴えの利益を認めた判例である。行訴法9条（現在の9条1項）かっこ書きの解釈に関するリーディングケースである。

18-2　訴えの利益の消滅（1）─運転免許停止処分

最判昭和 55 年 11 月 25 日（民集 34 巻 6 号 781 頁・百選 II 168）

事実　X は、道路交通法違反に係る義務違反点数の累積により 30 日間の運転免許停止処分（講習の受講により処分日 1 日のみの停止処分となった）を受けたが、これに納得できず、審査請求を経由して原処分および裁決の取消訴訟を提起した。X は、本件処分の日から 1 年間無違反、無処分で経過し、違反の前歴は抹消され、前歴のないものとみなされることとなったため、訴えの利益の有無が争点となった。1 審は X の訴えの利益を肯定したが請求棄却とし、2 審は訴えの利益を認めた上で、本件裁決の手続の違法を認めてこれを取り消した。Y が上告。破棄自判（訴え却下）。

判旨　「県警本部長は、……X に対し自動車運転免許の効力を 30 日間停止する旨の処分（以下『本件原処分』という。）をしたが、同日免許の効力停止期間を 29 日短縮した、〔また〕X は、本件原処分の日から満 1 年間、無違反・無処分で経過した……。右事実によると本件原処分の効果は右処分の日 1 日の期間の経過によりなくなったものであり、また、本件原処分の日から 1 年を経過した日の翌日以降、X が本件原処分を理由に道路交通法上不利益を受ける虞がなくなったことはもとより、他に本件原処分を理由に X を不利益に取り扱いうることを認めた法令の規定はないから、行政事件訴訟法 9 条の適用上、X は、本件原処分及び本件裁決の取消によって回復すべき法律上の利益を有しない」。

「原審は、X には、本件原処分の記載のある免許証を所持することにより警察官に本件原処分の存した事実を覚知され、名誉、感情、信用等を損なう可能性が常時継続して存在するとし、その排除は法の保護に値する X の利益であると解して本件裁決取消の訴を適法とした。しかしながら、このような可能性の存在が認められるとしても、それは本件原処分がもたらす事実上の効果にすぎないものであり、これをもって X が本件裁決取消の訴によって回復すべき法律上の利益を有することの根拠とするのは相当でない。」

POINT　運転免許効力停止処分の取消訴訟において、停止期間が経過し、さらに処分時から 1 年の経過により前歴も抹消された時点において、原告が法令上不利益を受けることはなく、名誉・信用等の毀損は事実上の効果にすぎないとして、訴えの利益を否定した判例である。本判決を前提にすると、処分から 1 年経過後は国家賠償請求で争うしか方法がないことになる。この点、行政処分に起因する国家賠償請求における違法の判断について、判例が「職務行為基準説」を採用していること等を考えると、国家賠償請求訴訟は処分それ自体の違法を争うのではないという点において取消訴訟の代替手段になりえない、との批判がある。

➡️最判昭和 40 年 8 月 2 日民集 19 巻 6 号 1393 頁は、自動車運転免許取消処分の取消訴訟の係属中、当該免許の有効期間が経過しても訴えの利益は失われないとしている。

18-3　訴えの利益の消滅（2）―代替施設の整備・長沼ナイキ基地訴訟

最判昭和 57 年 9 月 9 日（民集 36 巻 9 号 1679 頁・百選 II 171）

事実　判例 17-2 と同一事件。

> **判旨**　「X らのうち原告適格を有するとされた……者……についても、本件保安林指定解除処分後の事情の変化により、右原告適格の基礎とされている右処分による個別的・具体的な個人的利益の侵害状態が解消する至った場合には、もはや右被侵害利益の回復を目的とする訴えの利益は失われる……。……X らの原告適格の基礎は、本件保安林指定解除処分に基づく立木竹の伐採に伴う理水機能の低下の影響を直接受ける点において右保安林の存在による洪水や渇水の防止上の利益を侵害されているところにあるのであるから、……代替施設の設置によって右の洪水や渇水の危険が解消され、その防止上からは本件保安林の存続の必要性がなくなったと認められるに至ったときは、もはや……X らにおいて右指定解除処分の取消しを求める訴えの利益は失われる」。

POINT　国有保安林につき保安林指定解除処分がされたことを周辺住民らが争った取消訴訟において、一部原告の原告適格を肯定したが、代替施設（ダム）建設により洪水・渇水の危険が失われたとして、訴えの利益を否定した判例である。

18-4　事業の完了と訴えの利益（1）
―建築確認と建築物完成・仙台市建築確認事件

最判昭和 59 年 10 月 26 日（民集 38 巻 10 号 1169 頁・百選 II 170）

事実　仙台市建築主事（Y）が A にした建築確認（建築基準法 6 条 1 項）に対し、隣接住民 X が、市建築審査会への審査請求を経由して取消訴訟を提起したが、審査請求棄却決定がなされる以前に A の建築工事は完了していた。1 審・2 審とも X の訴えの利益を否定する判断をしたため、X が上告。上告棄却。

> **判旨**　「建築確認は、建築基準法 6 条 1 項の建築物の建築等の工事が着手される前に、当該建築物の計画が建築関係規定に適合していることを公権的に判断する行為であって、それを受けなければ右工事をすることができないという法的効果が付与されており、建築関係規定に違反する建築物の出現を未然に防止することを目的としたものということができる。しかしながら、右工事が完了した後における建築主事等の検査は、当該建築物及びその敷地が建築関係規定に適合しているかどうかを基準とし、同じく特定行政庁の違反是正命令は、当該建築物及びその敷地が建築基準法並びにこれに基づく命令及び条例の規定

に適合しているかどうかを基準とし、いずれも当該建築物及びその敷地が建築確認に係る計画どおりのものであるかどうかを基準とするものでない上、違反是正命令を発するかどうかは、特定行政庁の裁量にゆだねられているから、建築確認の存在は、検査済証の交付を拒否し又は違反是正命令を発する上において法的障害となるものではなく、また、たとえ建築確認が違法であるとして判決で取り消されたとしても、検査済証の交付を拒否し又は違反是正命令を発すべき法的拘束力が生ずるものではない。したがって、建築確認は、それを受けなければ右工事をすることができないという法的効果を付与されているにすぎないものというべきであるから、当該工事が完了した場合においては、建築確認の取消しを求める訴えの利益は失われる」。

POINT　建築確認は、それを受けなければ建築工事をすることができないという法的効果を与えるにすぎず、工事完了によりその取消しを求める訴えの利益は失われるとした判例である。併せて、建物完成後の建築主事等による検査、特定行政庁による違反是正命令等の仕組みは、建築確認とは法的に結び付かないという解釈が示されている。本判決を前提にするなら、建築確認を取消訴訟で争う場合、①処分の効力の執行停止を申立てる（認容されれば工事は進行しない。建築確認に係る執行停止の認容事例として、最決平成 21 年 7 月 2 日判自 327 号 79 頁。判例 5 - 7 と同一事案）、工事が完了した場合には、②損害賠償請求等をする他、③違法建築物に対する是正命令・除却命令の発動を求める義務付けの訴えで争うことが考えられよう。

➡ 最判平成 5 年 9 月 10 日民集 47 巻 7 号 4955 頁は、都市計画法に基づく市街化区域内での開発許可の取消訴訟において、係争の開発行為に関する工事が完了し、当該工事の検査済証が交付された後においては、取消しを求める訴えの利益は失われるとした。建築確認と開発許可の法的仕組みを比べると、検査済証の交付要件が、建築確認（建築基準法）では「建築基準関係規定に適合していること」であるのに対し、開発許可（都市計画法）では「開発許可の内容に適合」するという要件がある。すなわち、開発許可の場合、仮に開発許可が違法として取り消されると、検査済証も適法に交付できないことになる（失効する）のであり、工事完了後も開発許可の取消しを争う実益が残るようにも思われる。しかし、判決は、開発許可が違法であった場合に出される可能性のある違反是正命令に着目し、違反是正命令は客観的な法令違反が要件となっており、開発許可とは切り離して解釈できることから、検査済証交付（開発行為の完了）があれば、開発許可の取消しを求める訴えの利益は失われるという結論を導いている。なお、最高裁も、市街化調整区域内での開発許可について、工事の完了（検査済証交付）後においても訴えの利益は失われないとしている（判例 18 - 4 [A]を参照）。

最判平成 27 年 12 月 14 日（民集 69 巻 8 号 2404 頁）

事実 Aは、鎌倉市内の市街化調整区域にある土地について、鎌倉市長に対し、都市計画法 29 条 1 項に基づく開発行為の許可（本件開発許可）を申請した。開発行為の内容は、同土地に予定建築物等を建てるため擁壁を整備するものであり、同市長は許可を行った。これに対し、開発区域の周辺住民であるXらは、鎌倉市（Y）を相手に、本件開発許可の取消訴訟を提起したところ、同市長は、提訴のあった翌日に、本件開発許可に係る開発行為に関する工事が完了したとして、検査済証を交付した。1 審は、Xらの訴えの利益は失われたとして訴えを却下したが、2 審は、市街化調整区域における開発許可には、予定建築物等を建築等することが可能になるという法的効果があり、開発行為に関する工事が完了し、検査済証が交付された後においても、本件許可の取消しを求める訴えの利益は失われないと判断した。Yが上告。上告棄却。

判旨 「都市計画法の規定によれば、開発許可は、あらかじめ申請に係る開発行為が同法 33 条及び 34 条所定の要件に適合しているかどうかを公権的に判断する行為であって、これを受けなければ適法に開発行為を行うことができないという法的効果を有するものであるところ、開発許可に係る開発行為に関する工事が完了し、当該工事の検査済証が交付されたときは、当該開発許可の有する上記の法的効果は消滅する」。

「市街化調整区域のうち、開発許可を受けた開発区域以外の区域においては、……原則として知事等の許可を受けない限り建築物の建築等が制限されるのに対し、開発許可を受けた開発区域においては、同法 42 条 1 項により、開発行為に関する工事が完了し、検査済証が交付されて工事完了公告がされた後は、当該開発許可に係る予定建築物等以外の建築物の建築等が原則として制限されるものの、予定建築物等の建築等についてはこれが可能となる。そうすると、市街化調整区域においては、開発許可がされ、その効力を前提とする検査済証が交付されて工事完了公告がされることにより、予定建築物等の建築等が可能となるという法的効果が生ずる」。

「したがって、市街化調整区域内にある土地を開発区域とする開発行為ひいては当該開発行為に係る予定建築物等の建築等が制限されるべきであるとして開発許可の取消しを求める者は、当該開発行為に関する工事が完了し、当該工事の検査済証が交付された後においても、当該開発許可の取消しによって、その効力を前提とする上記予定建築物等の建築等が可能となるという法的効果を排除することができる。」

「以上によれば、市街化調整区域内にある土地を開発区域とする開発許可に関する工事が完了し、当該工事の検査済証が交付された後においても、当該開発許可の取消しを求める訴えの利益は失われない」。

POINT 市街化調整区域内の土地を開発区域とする開発許可（開発行為の許可。都市

計画法 29 条 1 項）の取消訴訟において、当該開発行為に関する工事が完了し、検査済証が交付された後においても、当該開発区域内において予定建築物等の建築等が可能になるという法的効果が残存することをもって、訴えの利益を肯定した判例である。上記の開発行為とは、建築物の建築等の用に供する目的で行う土地の区画形質の変更をいい、本件では、住宅建築のための擁壁等の工事であった。本判決は、X らは、開発行為に関する工事が完了して検査済証が交付された後も、開発許可の取消しにより予定建築物等の建築等が可能になるという法的効果を排除することができる、と解釈した。

　先行判例（判例 **18-4** に参考として紹介）は、市街化区域内の土地の開発許可の取消訴訟では、当該開発許可に係る開発行為の工事が完了し、検査済証が交付された後には、取消しを求める訴えの利益は消滅するとしている（最判平成 5 年 9 月 10 日民集 47 巻 7 号 4955 頁）。開発許可の法的効力について、これを受けなければ適法に開発行為を行うことができないものととらえ、工事が完了すれば開発許可の取消しを求める訴えの利益も失われるとしている。これに対し、本判決は、都市計画法上、原則として建築物の建築が禁止されている市街化調整区域内の土地を開発区域とする開発許可には、上記の法的効果に加えて、工事完了公告がなされた後、予定建築物等の建築等を可能にする法的効果があることを指摘し、開発行為の工事完了後も取消訴訟の訴えの利益が残るとした。

18-5　原状回復可能性と訴えの利益
—土地改良事業施行認可・八鹿町土地改良事業施行認可事件
最判平成 4 年 1 月 24 日（民集 46 巻 1 号 54 頁・百選 II 172）

事実　兵庫県知事（Y）は、八鹿町に対し、町営土地改良事業の施行認可をしたところ、本件事業地内の土地所有者である X がその取消し等を求めて出訴した。1 審・2 審とも本件認可および異議申出棄却決定の処分性を否定したが、上告審（最判昭和 61 年 2 月 13 日民集 40 巻 1 号 1 頁）は、市町村営土地改良事業施行認可について、国営・都道府県営の土地改良事業計画決定（行政不服申立ての対象になることが法律上前提とされている）と地位・役割を同じくするとして処分性を肯定し、1 審に差し戻した。

　この間、八鹿町は工事を進め、昭和 62 年 3 月に工事を完了し、換地計画の認可手続を経て、同年 12 月に換地処分を行い、昭和 63 年 2 月には換地処分の登記が完了した。差戻し後の 1 審・2 審とも工事の完了により訴えの利益が消滅したとしたため、X が上告。破棄自判（1 審に差戻し）。

判旨　「本件認可処分は、本件事業の施行者である八鹿町に対し、本件事業施行地域内

の土地につき土地改良事業を施行することを認可するもの、すなわち、土地改良事業施行権を付与するものであり、本件事業において、本件認可処分後に行われる換地処分等の一連の手続及び処分は、本件認可処分が有効に存在することを前提とするものであるから、本件訴訟において本件認可処分が取り消されるとすれば、これにより右換地処分等の法的効力が影響を受ける……。そして、本件訴訟において、本件認可処分が取り消された場合に、本件事業施行地域を本件事業施行以前の原状に回復することが、本件訴訟係属中に本件事業計画に係る工事及び換地処分がすべて完了したため、社会的、経済的損失の観点からみて、社会通念上、不可能であるとしても、右のような事情は、行政事件訴訟法31条の適用に関して考慮されるべき事柄であって、本件認可処分の取消しを求めるXの法律上の利益を消滅させるものではない」。

POINT 土地改良事業施行認可処分の取消訴訟について、土地改良工事の完了⇒換地計画の認可⇒換地処分というプロセスがすでに進行してしまっても、法律上の利益は消滅しないとした判例である。法律の仕組み上、土地改良事業施行認可が有効に存在することが後続の換地処分等の前提となることに着目し、工事・換地処分が完了した段階であっても、認可の取消判決が換地処分等の法的効力に影響を与えることが指摘されている。さらに、認可を取り消した場合に原状回復が社会通念上困難という要因は、事情判決（行訴法31条）の問題とはなりえても、訴えの利益を消滅させないとする判断も示されている。

18-6　処分の付随的効果の是正と訴えの利益
─運転免許証への優良運転者の記載
最判平成21年2月27日（民集63巻2号299頁）

事実 Xは、道路交通法の違反行為をしたとして交通反則通告書を交付されたが反則金を納付せず、道路交通法違反の被疑者として検察庁送致され、起訴猶予となった。この間、Xは、神奈川県公安委員会に運転免許証更新申請をし、有効期間を5年とする免許証更新処分を受けたが、道路交通法所定の違反行為があったとして、交付された免許証には優良運転者である旨の記載はなかった。Xは、神奈川県（Y）に対し、本件更新処分中のXを一般運転者とする部分の取消し等を求めて出訴。1審は処分中のXを一般運転者とする部分の処分性を否定して訴えを却下したが、2審はこれを申請に対する一部拒否処分と解釈して処分性を肯定したため、Yが上告。上告棄却。

判旨 「免許証の更新処分は、申請を認容して……利益を名あて人に付与する処分であるから、当該名あて人においてその取消しを求める利益を直ちに肯定することはできない。

……免許証の更新を受けようとする者が優良運転者であるか一般運転者であるかによって、他の公安委員会を経由した更新申請書の提出の可否並びに更新時講習の講習事項等及び手数料の額が異なるものとされているが、それらは……手続上の要件のみにかかわる事項であって、同更新処分がその名あて人にもたらした法律上の地位に対する不利益な影響とは解し得ないから、これ自体が同更新処分の取消しを求める利益の根拠となるものではない。」

　「しかしながら、……道路交通法及びその委任を受けた道路交通法施行規則は、免許証の更新を受けようとする者が優良運転者に該当する場合には、免許証の更新処分を、優良運転者である旨の記載のある免許証を交付して行うべきものと規定している。」

　「道路交通法は、優良運転者の実績を賞揚し、優良な運転へと免許証保有者を誘導して交通事故の防止を図る目的で、優良運転者であることを免許証に記載して公に明らかにすることとするとともに、優良運転者に対し更新手続上の優遇措置を講じている……。このことに、優良運転者の制度の……沿革等を併せて考慮すれば、同法は、客観的に優良運転者の要件を満たす者に対しては優良運転者である旨の記載のある免許証を交付して更新処分を行うということを、単なる事実上の措置にとどめず、その者の法律上の地位として保障するとの立法政策を、交通事故の防止を図るという制度の目的を全うするため、特に採用したものと解するのが相当である。」

　「確かに、免許証の更新処分において交付される免許証が優良運転者である旨の記載のある免許証であるかそれのないものであるかによって、当該免許証の有効期間等が左右されるものではない。また、上記記載のある免許証を交付して更新処分を行うことは、免許証の更新の申請の内容を成す事項ではない。しかしながら、……客観的に優良運転者の要件を満たす者であれば優良運転者である旨の記載のある免許証を交付して行う更新処分を受ける法律上の地位を有することが肯定される以上、一般運転者として扱われ上記記載のない免許証を交付されて免許証の更新処分を受けた者は、上記の法律上の地位を否定されたことを理由として、これを回復するため、同更新処分の取消しを求める訴えの利益を有する」。

POINT　本判決は、優良運転者である旨の記載がない運転免許証を交付されて更新処分を受けた者について、優良運転者の記載がある免許証を交付して行う更新処分を受ける法律上の地位を否定されたと解釈し、当該更新処分の取消しを求める訴えの利益を肯定した。運転免許更新処分に係る法的効果それ自体ではなく、更新処分に付随してなされる優良運転者の記載の部分に関する法的仕組みの解釈から、訴えの利益を導いていることが注目される。すなわち、本判決では、更新処分の本来的内容と、法律がこれに付加する法的効果（優遇措置）を峻別するという解釈方法が採られている。

　なお、判例 **18-2** は、処分内容が記載された免許証を所持するという不利益が取消訴訟の訴えの利益とならないとするが、違反による処分を免許証に記載することは、道路交通法が立法政策上一定の目的をもって特に法的効果を付与しようとした法的仕

組みではないため、本判決の射程は及ばないと思われる。

18-7　裁量基準(処分基準)の法的効力と訴えの利益
──北海道パチンコ店営業停止命令
最判平成 27 年 3 月 3 日（民集 69 巻 2 号 143 頁・百選 II 167）

事実　株式会社 X は、所轄公安委員会から風営法に基づく風俗営業許可を受けて、パチンコ店を経営していた。X の代表者らが経営する店舗（営業所）において客から特殊景品を買い取る行為（同法 23 条 1 項 2 号で禁止されている）をしたとして、X およびその代表者らは、略式起訴されて罰金刑に処せられた。そこで、公安委員会は、X に対する聴聞を実施した上で、X に対し、上記営業所について 40 日間の営業停止処分をした（同法 26 条 1 項）。そこで、X は、公安委員会が所属する北海道（Y）を相手に、本件営業停止処分の取消訴訟を提起した。1審・2審とも、処分期間の経過により本件処分の法的効果は失われており、本件取消訴訟は訴えの利益を欠くとして、訴えを却下する判断をした。X が上告。破棄自判（1 審に差戻し）。

判旨　「行政手続法は、行政運営における公正の確保と透明性の向上を図り、もって国民の権利利益の保護に資することをその目的とし（1 条 1 項）、行政庁は、不利益処分をするかどうか又はどのような不利益処分とするかについてその法令の定めに従って判断するために必要とされる基準である処分基準（2 条 8 号ハ）を定め、かつ、これを公にしておくよう努めなければならないものと規定している（12 条 1 項）。

　上記のような行政手続法の規定の文言や趣旨等に照らすと、同法 12 条 1 項に基づいて定められ公にされている処分基準は、単に行政庁の行政運営上の便宜のためにとどまらず、不利益処分に係る判断過程の公正と透明性を確保し、その相手方の権利利益の保護に資するために定められ公にされるものというべきである。したがって、行政庁が同項の規定により定めて公にしている処分基準において、先行の処分を受けたことを理由として後行の処分に係る量定を加重する旨の不利益な取扱いの定めがある場合に、当該行政庁が後行の処分につき当該処分基準の定めと異なる取扱いをするならば、裁量権の行使における公正かつ平等な取扱いの要請や基準の内容に係る相手方の信頼の保護等の観点から、当該処分基準の定めと異なる取扱いをすることを相当と認めるべき特段の事情がない限り、そのような取扱いは裁量権の範囲の逸脱又はその濫用に当たることとなるものと解され、この意味において、当該行政庁の後行の処分における裁量権は当該処分基準に従って行使されるべきことがき束されており、先行の処分を受けた者が後行の処分の対象となるときは、上記特段の事情がない限り当該処分基準の定めにより所定の量定の加重がされることになるものということができる。

　以上に鑑みると、行政手続法 12 条 1 項の規定により定められ公にされている処分基準において、先行の処分を受けたことを理由として後行の処分に係る量定を加重する旨の不利益な取扱いの定めがある場合には、上記先行の処分に当たる処分を受けた者は、将来に

おいて上記後行の処分に当たる処分の対象となり得るときは、上記先行の処分に当たる処分の効果が期間の経過によりなくなった後においても、当該処分基準の定めにより上記の不利益な取扱いを受けるべき期間内はなお当該処分の取消しによって回復すべき法律上の利益を有するものと解するのが相当である。

　そうすると、本件において、Xは、行政手続法12条1項の規定により定められ公にされている処分基準である本件規程の定めにより将来の営業停止命令における停止期間の量定が加重されるべき本件処分後3年の期間内は、なお本件処分の取消しによって回復すべき法律上の利益を有する」。

POINT　風営法26条1項に基づく営業停止処分を受けたパチンコ業者が取消訴訟を提起した事案で、当該処分の効果が営業停止期間の経過によりなくなった後においても、行政手続法12条1項により定められ公にされている処分基準において、先行処分を受けたことを理由に後行処分の量定を加重することが定められている場合に、加重される期間内は当該処分の取消しによって回復すべき法律上の利益を有するとした判例である。本件処分基準には、過去3年以内に営業停止命令を受けた風俗事業者に対し、さらに営業停止命令を行う場合に停止期間の量定を加重する旨が定められており、本判決は、先行処分後3年の期間内について、取消訴訟に係る訴えの利益を肯定したことになる。

　本件処分基準は、理論的には裁量基準に相当し、法規性の認められない行政規則と解される。ゆえに、処分基準と異なる内容の不利益処分をすることは許容され、処分基準に従わない処分が直ちに違法と評価されるものではない。他方で、行政側が行政手続法に基づいて処分基準を設定・公開した以上、処分基準と異なる内容の不利益処分をすることが違法と評価される可能性があることもまた明らかである。本判決は、処分基準の適用において平等原則・信頼保護原則等が働くことを媒介させ、処分基準と異なる処分をすることを相当とする特段の事情がない限り処分基準に従った処分がされるべきとの考え方を採ったものと考えられる。

　裁量基準が行政を自己拘束する効果を有すること（行政規則が一定の外部効果を有すること）は、多くの学説が認めるところであり（行政の自己拘束は、法の一般原則のひとつと考えられる）、本判決は、行政手続法に基づき設定・公開された処分基準について、この点につき踏み込んだ判断を行ったものと評される。また、不利益処分に係る狭義の訴えの利益（行訴法9条1項かっこ書き）の解釈において、係争処分がその後行処分に与える確実性の高い影響（後行処分において係争処分が考慮要素となること）が、解釈枠組みに取り込まれ得ることが示唆される。

19-1 処分理由の差替え（1）─青色申告に対する更正処分

最判昭和 56 年 7 月 14 日（民集 35 巻 5 号 901 頁・百選 II 179）

事実 Xは、法人税につき青色申告書による確定申告をしたところ、所轄税務署長（Y）から、当該事業年度中に譲渡した物件の取得価額が申告額より低い等の理由（更正通知書に付記されている）で、増額更正処分をされた。Xは、必要な前置手続を経て、本件更正処分の取消訴訟を提起したが、1審の段階で、Yは、本件物件の取得価額がXの主張どおりであったとしても、その販売価額が申告額より高く、いずれにしても本件更正処分は適法である旨の追加主張をした。1審は本件処分の一部を取り消したが、2審はXの請求を棄却する判断をしたため、Xが上告。上告棄却。

判旨 「Yは、本訴における本件更正処分の適否に関する新たな攻撃防禦方法として、仮に本件不動産の取得価額が 7600 万 9600 円であるとしても、その販売価額は 9450 万円であるから、いずれにしても本件更正処分は適法であるとの趣旨の本件追加主張をした……のであって、このような場合にYに本件追加主張の提出を許しても、右更正処分を争うにつき被処分者たるXに格別の不利益を与えるものではないから、一般的に青色申告書による申告についてした更正処分の取消訴訟において更正の理由とは異なるいかなる事実をも主張することができると解すべきかどうかはともかく、Yが本件追加主張を提出することは妨げないとした原審の判断は、結論において正当」である。

POINT 本判決では、取消訴訟の段階で、処分庁の側が、係争処分に付記された理由とは異なる処分理由を主張することの可否が争点となり、処分時の付記理由とは異なる処分理由の主張（処分理由の差替え）を認めた。取消訴訟における処分理由の差替え（とりわけ、行政側による処分理由の追加的・交換的主張が問題となる）は、裁判による紛争の一回的解決の要請から原則として可能とされるが、本判決も同様の見解を採る。もっとも、本判決は、処分理由の差替えが取消請求者に「格別の不利益」を与えるか否かを問題としており、「格別の不利益」が認定されれば処分理由の差替えが制限されるという読み方が可能である。

処分理由の差替え（2）—情報公開

最判平成 11 年 11 月 19 日（民集 53 巻 8 号 1862 頁・百選 II 180）

事実 逗子市の市民 X が、同市情報公開条例に基づき、同市監査委員（Y）に対して住民監査請求に関する一件記録の公開を請求したところ、一部の文書につき非公開決定がなされた。そこで、X は、Y に異議申立てをしたが棄却されたため、同決定の取消しを求めて出訴。本件決定の通知書において、Y は X に対し、本件情報は条例 5 条 2 号ウの定める争訟の方針に関する情報に該当するとの趣旨の理由を付記していたが、裁判段階になって、Y は、条例 5 条 2 号アの定める公正・適正な意思決定を著しく妨げる情報に該当するとの理由を追加主張したため、処分理由の差替えの可否が争点となった。1 審・2 審とも、Y による理由の追加主張を排斥した上で X の請求を容認する判断をしたため、Y が上告。破棄差戻し。

判旨 「本件条例……が、……非公開決定の通知に併せてその理由を通知すべきものとしているのは、……非公開の理由の有無について実施機関の判断の慎重と公正妥当とを担保してそのし意を抑制するとともに、非公開の理由を公開請求者に知らせることによって、その不服申立てに便宜を与えることを目的としている……。そして、そのような目的は非公開の理由を具体的に記載して通知させること（実際には、非公開決定の通知書にその理由を付記する形で行われる。）自体をもってひとまず実現されるところ、本件条例の規定をみても、右の理由通知の定めが、右の趣旨を超えて、一たび通知書に理由を付記した以上、実施機関が当該理由以外の理由を非公開決定処分の取消訴訟において主張することを許さないものとする趣旨をも含むと解すべき根拠はない……。したがって、Y が本件処分の通知書に付記しなかった非公開事由を本件訴訟において主張することは許され……〔ない〕とした原審の判断は、本件条例の解釈適用を誤るものである」。

POINT 情報公開条例に基づく非公開決定の取消訴訟において、被告たる実施機関の側が、当該決定に付記した理由とは異なる処分理由（非公開事由）を主張することを肯定した判例である。最高裁は、処分における理由付記制度の目的（判例 12 - 5 を参照）は、処分に具体的な理由を付記することにより「ひとまず実現され」、訴訟段階における処分理由の差替えを制限する根拠にならないとの考え方を示している。

➡ 最判平成 5 年 2 月 16 日民集 47 巻 2 号 473 頁（百選 II 181。ベンジジン事件）は、法適用がないという理由による労災保険不支給決定の取消訴訟において、法施行前に従事した業務によるものであっても労働者災害補償保険法の保険給付の対象になるという解釈を採った上で、業務起因性の有無につき裁判所が審査することなく、処分を取り消すことを認めた。すなわち、同判決は、取消訴訟の段階で、処分庁が処分理由を差し替えて業務起因性を争点にすることを否定した。判決では、処分庁が門前払い的な取扱いをしたため、行政による法的判断が全くなされていない事項については、訴訟段階での理由の差替えを認めて裁判所がいきなり審理する

のではなく、判決によって処分を取り消した上で改めて行政庁が処分をやり直すことを求めている。最高裁が、行政側による処分理由の差替えの限界を示したケースとして注目される。

19-2　原告の主張制限—行訴法 10 条 1 項の解釈・新潟空港訴訟
最判平成元年 2 月 17 日（民集 43 巻 2 号 56 頁・百選 II 183）

事実　判例 **17-3** と同一事件。

> **判旨**　「X が本件各免許の違法事由として具体的に主張するところは、要するに、(1)Y が告示された供用開始期日の前から本件空港の変更後の着陸帯 B 及び滑走路 B を供用したのは違法であり、このような状態において付与された本件各免許は〔航空〕法 101 条 1 項 3 号の免許基準に適合しない、(2)本件空港の着陸帯 A 及び B は非計器用であるのに、Y はこれを違法に計器用に供用しており、このような状態において付与された本件各免許は右免許基準に適合しない、(3)……本件免許は、当該路線の利用客の大部分が遊興目的の韓国ツアーの団体客である点において、同条同項 1 号の免許基準に適合せず、また、当該路線については、日韓航空協定に基づく相互乗入れが原則であることにより輸送力が著しく供給過剰となるので、同項 2 号の免許基準に適合しない、というものであるから、Xの<u>右違法事由の主張がいずれも自己の法律上の利益に関係のない違法をいうものであること</u>は明らかである。そうすると、本件請求は、……行政事件訴訟法 10 条 1 項によりその主張自体失当として棄却を免れない」。

POINT　定期航空運送事業免許の取消訴訟において、空港周辺住民の原告適格を認めつつ、原告の主張は自己の法律上の利益に関係のない違法をいうものであるとして、請求棄却とした判例である。行訴法 10 条 1 項による原告の主張制限は、取消訴訟が原告の権利利益救済を制度趣旨とすること（取消訴訟の主観的性格）に由来すると考えられるが、本件において、法定された免許基準に反する違法な定期航空運送事業免許に起因する騒音等の被害について、原告が受忍しなければならない理由はなく、主張制限により請求棄却となるのは不合理ではないか、という指摘もある。

　処分の相手方でない第三者に原告適格が認められる場合、原告の権利利益と全く関わりのない処分要件を明確に切り分けるのは困難であり、本判決については、原告の権利利益の実効的救済という趣旨で原告適格を拡大する意味を損ねるものと考えられる。第三者が原告となるケースであっても、原告の権利利益に関わる違法であれば本案での主張が許されるはずであり、行訴法 10 条 1 項を過度に厳格に解釈することは戒められるべきである。

19-3 関連請求―行訴法13条6号(概括条項)の解釈・固定資産評価事件

最決平成17年3月29日（民集59巻2号477頁・百選II 189）

事実 リゾートホテルを構成する21の建物を所有するXは、本件各建物に係る固定資産評価に疑問をもち、所轄の固定資産評価審査委員会（Y）に審査の申出をしたところ、棄却決定をされた。Xは、本件決定の一部の取消しを求めて出訴することとし、本件訴訟に係る請求は1個であるとして本件訴訟の目的の価額を算定し、手数料は4万6000円であるとして同額の収入印紙を貼付した訴状を提出した。しかし、1審の裁判長は、本件訴訟に係る請求は21個であり、互いに関連請求（行訴法13条）にあたらないとの解釈を前提に、手数料は8万3000円であるとして、補正命令を発してXに追納を命じた。Xはこれを納付せず、1審の裁判長が訴状の一部を却下。Xは抗告したが、抗告棄却されたため、許可抗告の申立てをした。破棄自判（原々命令を取消し）。

決定要旨 「本件は、同一人の所有に係る、同一の敷地にあって1つのリゾートホテルを構成している本件各建物について、同一年度の登録価格につき、需給事情による減点補正がされていないのは違法であるとして、本件決定のうちXが本件各建物の適正な時価と主張する価格を超える部分の取消しを求める訴訟である。これによれば、本件訴訟に係る各請求の基礎となる社会的事実は一体としてとらえられるべきものであって密接に関連しており、争点も同一であるから、上記各請求は、互いに行政事件訴訟法13条6号所定の関連請求に当たる……。したがって、上記各請求に係る訴えは、同法16条1項により、これらを併合して提起することができる……。このように解することが、審理の重複や裁判の矛盾抵触を避け、当事者の訴訟提起・追行上の負担を軽減するとともに、訴訟の迅速な解決にも役立つ」。

POINT 本決定は、行訴法13条6号所定の関連請求を柔軟に解釈し、固定資産評価に係る事案を一括処理できると解釈した。行訴法13条6号の概括条項については、これを厳格に解釈する立場と柔軟に解釈する立場とが対立していたところ、本決定は、当事者の便宜・訴訟の迅速な解決という観点を重視して柔軟に活用するという方向性を示した。

19-4 訴えの変更―指定確認検査機関による建築確認と建築物の完成・東京建築検査機構事件

最決平成17年6月24日（判時1904号69頁・百選I 5）

事実 マンション建設をめぐり、周辺住民Xらが、同マンションの建築確認および計画変

更確認をした指定確認検査機関（株式会社である）を相手に建築確認処分等の取消訴訟を提起したところ、1審係属中に本件建築物に関する完了検査が終了し、訴えの利益が消滅した。そこで、Xらは、行訴法21条1項に基づき、上記訴えを横浜市（Y）を被告とする損害賠償を求める訴えに変更することの許可を申し立てた。1審の裁判長はこれを許可したため、Yが即時抗告。2審でも抗告棄却となったため、Yが許可抗告。抗告棄却。

決定要旨 「建築基準法の定めからすると、同法は、建築物の計画が建築基準関係規定に適合するものであることについての確認に関する事務を地方公共団体の事務とする前提に立った上で、指定確認検査機関をして、上記の確認に関する事務を特定行政庁の監督下において行わせることとしたということができる。そうすると、<u>指定確認検査機関による確認に関する事務</u>は、建築主事による確認に関する事務の場合と同様に、<u>地方公共団体の事務</u>であり、その事務の帰属する行政主体は、当該確認に係る建築物について確認をする権限を有する建築主事が置かれた地方公共団体である」。

「したがって、指定確認検査機関の確認に係る建築物について確認をする権限を有する建築主事が置かれた地方公共団体は、指定確認検査機関の当該確認につき行政事件訴訟法21条1項所定の『当該処分又は裁決に係る事務の帰属する国又は公共団体』に当たる」。

POINT 係争物件につき権限を有する建築主事が置かれた地方公共団体が、指定確認検査機関（いわゆる指定法人）による建築確認につき行訴法21条1項の「当該処分又は裁決に係る事務の帰属する国又は公共団体」にあたることを肯定し、市に対する損害賠償請求訴訟への訴えの変更を認めた決定である。特別の法律に基づく指定を受けた民間主体（指定法人）が行政処分をしたケースについて、当該事務が地方公共団体に帰属するとの解釈を踏まえ、当該事務の委託元である地方公共団体を相手とする訴えの変更が肯定されている。

　本決定については、指定確認検査機関は、自己の経済行為として、自身の判断で建築確認を行う仕組みであり、指定確認検査機関による建築確認に起因する損害賠償責任を市が負担することには批判的な学説がある。もっとも、本決定は、市が国家賠償法1条1項にいう「公共団体」として賠償責任を負うことを判示したものではない。

19-5　取消判決の第三者効―医療費値上げの職権告示
東京地決昭和40年4月22日（行集16巻4号708頁）

事実 厚生大臣（Y）が、中央社会保険医療協議会に諮問せず職権で医療費の算定基準を引き上げる旨の告示を発した。これにより、保険者の費用負担が増すことになるため、健康保険組合連合会および4つの健康保険組合（Xら）が、告示の取消訴訟を提起した上で、告示の効力停止を申し立てた。申立て一部認容。

決定要旨「立法行為の性質を有する行政庁の行為が取消訴訟の対象となるとはいっても、それは、その行為が個人の具体的な権利義務ないし法律上の利益に直接法律的変動を与える場合に、その限りにおいて取消訴訟の対象となるにすぎないのであるから、取消判決において取り消されるのは、その立法行為たる性質を有する行政庁の行為のうち、当該行為の取消しを求めている原告に対する関係における部分のみであって、行為一般が取り消されるのではない……。けだし、抗告訴訟、特に取消訴訟は行政庁の違法な公権力の行使によって自己の権利ないし法律上の利益を侵害された者がその権利ないし法律上の利益の救済を求めるために認められた制度であり……、自己の権利ないし利益に関係なく違法な行政行為一般の是正を求めることを目的とする民衆訴訟は法律に定める場合において法律に定める者からのみ提起しうるものとされている……趣旨から考えると、行政事件訴訟法は、行政庁の一個の行為であっても原告の権利義務ないし法律上の利益と何ら関係のない部分についてはその取消しを求め得ないものとしているものと解するのが相当である……。同法第32条第1項は、取消判決の効力は第三者に及ぶ旨規定しているが、その趣旨は、原告に対する関係で行政庁の行為が取り消されたという効果を第三者も争い得なくなること、換言すれば、原告は何人に対する関係においても以後当該行政庁の行為の適用ないし拘束を受けないことを意味するにとどまり（行為の性質上不可分の場合および実際上の効果は別として）、それ以上に取消判決の効果を第三者も享受し、当該行政庁の行為がすべての人に対する関係で取り消されたことになること、すなわち、何人も以後当該行政庁の行為の適用ないし拘束を受けなくなることを意味」しない。

POINT　本決定は、本件告示の処分性を認めることを前提に、立法的行為・一般処分に係る取消判決の第三者効（行訴法32条1項）について、相対的効力説を採った。本決定によるなら、係争処分の法的効力が（その相手方との関係で）可分的である場合、原告と利益を共通する第三者に取消判決の第三者効は及ばない。この解釈によると、第三者効が及ぶ「第三者」の範囲を画定するために、取り消される処分の効力が「行為の性質上不可分」が否かが問題となる。他方、学説上は、行訴法32条1項の解釈として絶対的効力説も有力である。

　なお、上記の相対的効力説・絶対的効力説の対立について、①係争処分が原告との関係でのみ取り消されると解釈できるか、という係争処分の可分性の問題と、②取消判決の通用力が当事者（および原告と利害が反する第三者）のみに及ぶか、原告と利益を共通にする第三者にも及ぶか、という問題とを峻別すべきであるという見解もある（百選II 197の解説を参照）。この見解によるなら、本決定は、上記①のレベルにおいて、対人的な法的効力が可分的と解される一般処分に関する判示と整理される一方、下記の最高裁判決（判例 16 - 10）は、上記②のレベルにおいて、行訴法32条1項につき絶対的効力説を前提とするものと説明されよう。

➡ 判例 16 - 10 は、市立保育所の廃止を定める条例の制定行為について処分性を肯定するに

あたり、処分の取消判決や執行停止の決定に第三者効（行訴法 32 条）が定められている取消訴訟で当該条例制定行為の適法性を争いうるとすることに合理性がある、と述べている。同条例自体は、特定の保育所を廃止する効力のみを有するものであり、処分性を認められた同条例制定行為の法的効力が可分的でないことは明らかである。このことを前提に、条例制定行為の処分性を肯定するにあたり、紛争解決の合理性・手続的便宜を論じる場面で行訴法 32 条を参照したことは、注目に値する。

19 - 6　取消判決の拘束力（1）─不整合処分の取消義務と訴えの利益
最判平成 5 年 12 月 17 日（民集 47 巻 10 号 5530 頁）

事実　第 1 種市街地再開発事業の施行区域内に宅地を所有する X らは、同事業の実施者である摂津市（Y）から、本件宅地に A らの借地権が存在することを前提に、権利変換処分を受けた。これと同時に、Y は、A らにも権利変換処分を行った。X らは、知事に対する審査請求を経由して（法定された審査請求期間は経過していた）、本件両処分の取消訴訟を提起した。1審・2 審とも訴えを却下する判断をしたため、X らが上告。上告棄却。以下、X らが A らに対する処分の取消しを求める原告適格が肯定された部分の判旨を紹介する。

> **判旨**　第 1 種市街地再開発事業「施行地区内の宅地の所有者が当該宅地上の借地権の存在を争っている場合に、右借地権が存在することを前提として当該宅地の所有者及び借地権者に対してされる権利変換に関する処分については、借地権者に対してされた処分が当該借地権が存在しないものとして取り消された場合には、施行者は、宅地の所有者に対する処分についても、これを取り消した上、改めてその上に借地権が存在しないことを前提とする処分をすべき関係にある（行政事件訴訟法 33 条 1 項）。その意味で、この場合の借地権者に対する権利変換に関する処分は、宅地の所有者の権利に対しても影響を及ぼすものといわなければならない。そうすると、宅地の所有者は、自己に対する処分の取消しを訴求するほか、借地権者に対する処分の取消しをも訴求する原告適格を有する」。

POINT　本判決は、取消判決を得た場合、その拘束力（行訴法 33 条 1 項）により係争処分と整合しない別の処分（不整合処分）をやり直す義務が生じることから、借地権者に対する処分の取消しを求める原告適格（訴えの利益）を導く判断を示した（ただし、審査請求前置であるにもかかわらず適法な審査請求の前置を経ていないとして、訴えは不適法とされた）。

➡️最判昭和 43 年 12 月 24 日民集 22 巻 13 号 3254 頁（百選 II 166）は、テレビ放送局の免許申請が 5 社の競願となり、免許拒否処分を受けた X が、自己に対する免許拒否処分（その異議申立て棄却決定）の取消訴訟を提起したケースで、X と予備免許を付与された A が競願関係にある場合、X に対する免許拒否処分が違法として取り消されれば、白紙の状態で X と A の申

請に係る優劣が判定され、Aに対する免許付与が取り消されてXに免許が付与されることもありうるとし、Xの訴えの利益を肯定する判断を示した。取消判決の拘束力に基づく審査のやり直しを手掛かりに、訴えの利益の有無を解釈した判例である。

19-7 取消判決の拘束力(2)―取消判決の拘束力と原状回復義務
名古屋高判平成8年7月18日（判時1595号58頁）

事実 Xらは、桑名市（Y₁）の管理する都市公園内で許可を受けずに所有船舶を係留していたところ、同市長（Y₂）が船舶の除却命令を発した上で行政代執行を完了した。Xらは、本件除却命令の取消しおよび国家賠償を求めて出訴。1審は、取消訴訟につき代執行完了後の訴えの利益を否定し、国家賠償請求につき請求棄却とした。Xらが控訴。一部取消（請求棄却）・一部控訴棄却。

> **判旨** 「本件除却命令によってXらに課された公法上の作為義務は、本件代執行がなされたことにより消滅したものといえるから……、本件除却命令の適法性を争う訴えの利益は、本件代執行の終了により消滅しているようにも見える。」
>
> 「しかしながら、本件代執行の終了後においても、Xらの船舶を本件係留場所に係留すること（本件代執行前の原状に回復すること）は、本件柵及び本件水門を開けさえすれば事実上可能であるのみならず、もし本件除却命令がXらの有する正当な本件係留場所の使用権原を侵害した違法な処分であるとして取り消された場合には、その確定判決は、当事者たる行政庁及びその他の関係行政庁を拘束するのである（行政事件訴訟法33条1項）から、以後、行政庁は、当該法律関係の処理にあたっては右確定判決の趣旨を尊重しなければならず、取り消された本件除却命令に直接関連して生じた一切の違法状態を除去する義務が課せられるとともに、原状回復が可能な場合には、違法な事実状態を排除して本件代執行前の原状に回復しなければならない」。
>
> 「Xら……の使用権原の存否に関する争いが取消判決によって解決される可能性があり、Xらの船舶を本件係留場所に係留することも事実上可能である以上、本件除却命令の取消しを求める訴えの利益は、なお存在する」。

POINT 行政処分の執行がすでに完了した場合（除却命令の代執行が完了した場合）であっても、原状回復が容易に可能であるケースにおいて、処分の取消しを求める訴えの利益はなお存続するとした裁判例である。原状回復の容易さ（事実上可能なこと）、および、取消判決による紛争解決の可能性に着目した事例判断がされているが、一定の場合に、取消判決の拘束力が事実状態に係る原状回復にまで及ぶという趣旨が述べられていることが注目される。

19-8　取消判決の拘束力（3）—拘束力と法令上の権限

最判令和3年6月24日（民集75巻7号3214頁・百選II 196）

事実　Xは、亡母の相続について遺産分割未了の状態で相続税を申告したところ、所轄税務署長から、遺産に含まれる株式の価額が過小である等として、増額更正処分を受けた。

その後、上記増額更正処分は、異議申立てによる一部取消し、さらに所轄税務署長による減額更正処分による一部取消しをされたが、Xは、これらにより減額された後の上記増額更正処分（前件更正処分）のうち、申告に係る税額を超える部分について、取消訴訟により争った。1審ではXが勝訴し、前件更正処分のうち納付すべき税額が本件申告に係る納付すべき税額を超える部分を取り消す旨の判決が言い渡された。2審でも控訴棄却となり、判決は確定した。確定した判決（前件判決）では、遺産に含まれる株式の価額について、裁判所の認定が示されていた。

その後、本件相続に係る遺産分割申立事件につき調停が成立し、Xのきょうだいのうち2名が、調停により取得した財産に係る課税価格が本件申告に係る課税価格と異なることを理由として相続税法32条1号の規定による更正の請求をし、所轄税務署長はそれぞれ減額更正処分をした。

Xは、所轄税務署長に対し、本件調停の成立を理由として、相続税法32条1号の規定による更正の請求をした。その際、Xは、前件判決で認定された株式の価額により税額等を計算していた。これに対し、所轄税務署長は、Xの更正の請求のうち株式の価額の減額を求める部分は、本件申告における株式の価額に係る評価の誤りの是正を求めるものであり、相続税法32条1号の規定する事由に該当しないこと等を理由として、更正をすべき理由がない旨の通知処分をするとともに、2名のきょうだいに対する減額更正処分に伴い、Xの本件申告に係る課税価格・相続税額が本件調停により遺産分割が行われたことを基礎として計算した場合における課税価格および相続税額と異なることとなるとして、同法35条3項1号に基づく更正処分（株式の価額を本件申告における価額と同額として税額等の計算をしたもの。本件更正処分）をした。

Xは、Y（国）を相手に、本件更正処分等の一部取消しを求めて出訴。本件訴訟では、本件申告における株式の価額を用いて税額等の計算をした本件更正処分等の適法性が争点となった。1審・2審ともXの請求を一部認容したため、Yが上告。破棄自判（原判決変更・請求棄却）。

判旨　「相続税法32条1号及び35条3項1号は、同法55条に基づく申告の後に遺産分割が行われて各相続人の取得財産が変動したという相続税特有の後発的事由が生じた場合において、更正の請求及び更正について規定する国税通則法……の特則として、同法所定の期間制限にかかわらず、遺産分割後の一定の期間内に限り、上記後発的事由により上記申告に係る相続税額等が過大となったとして更正の請求をすること及び当該請求に基づき更正がされた場合には他の相続人の相続税額等に生じた上記後発的事由による変動の限度で更正をすることができることとしたものである。その趣旨は、……申告等により法定相続分等に従って計算され一旦確定していた相続税額について、実際に行われた遺産分

割の結果に従って再調整するための特別の手続を設け、もって相続人間の税負担の公平を図ることにある」。

「以上によれば、相続税法 32 条 1 号の規定による更正の請求においては、上記後発的事由以外の事由を主張することはできないのであるから、上記のとおり一旦確定していた相続税額の算定基礎となった個々の財産の価額に係る評価の誤りを当該請求の理由とすることはできず、課税庁も、国税通則法所定の更正の除斥期間が経過した後は、当該請求に対する処分において上記の評価の誤りを是正することはできない」。「また、課税庁は、相続税法 35 条 3 項 1 号の規定による更正においても、同様に、上記の評価の誤りを是正することはできず、上記の一旦確定していた相続税額の算定基礎となった価額を用いることになる」。

「処分を取り消す判決が確定した場合には、その拘束力（行政事件訴訟法 33 条 1 項）により、処分をした行政庁等は、その事件につき当該判決における主文が導き出されるのに必要な事実認定及び法律判断に従って行動すべき義務を負うこととなるが、上記拘束力によっても、行政庁が法令上の根拠を欠く行動を義務付けられるものではないから、その義務の内容は、当該行政庁がそれを行う法令上の権限があるものに限られる」。

「相続税法 55 条に基づく申告の後にされた増額更正処分の取消訴訟において、個々の財産につき上記申告とは異なる価額を認定した上で、その結果算出される税額が上記申告に係る税額を下回るとの理由により当該処分のうち上記申告に係る税額を超える部分を取り消す旨の判決が確定した場合には、当該判決により増額更正処分の一部取消しがされた後の税額が上記申告における個々の財産の価額を基礎として算定されたものである以上、課税庁は、……国税通則法所定の更正の除斥期間が経過した後においては、当該判決に示された価額や評価方法を用いて相続税法 32 条 1 号の規定による更正の請求に対する処分及び同法 35 条 3 項 1 号の規定による更正をする法令上の権限を有していない。」

「そうすると、上記の場合においては、……課税庁は、国税通則法所定の更正の除斥期間が経過した後に相続税法 32 条 1 号の規定による更正の請求に対する処分及び同法 35 条 3 項 1 号の規定による更正をするに際し、当該判決の拘束力によって当該判決に示された個々の財産の価額や評価方法を用いて税額等を計算すべき義務を負うことはない。」

POINT 相続税法に基づく申告の後にされた増額更正処分の一部取消判決が確定した場合、課税庁は、国税通則法が定める更正の除斥期間が経過した後は、相続税法 32 条 1 号による更正の請求に対する処分・同法 35 条 3 項 1 号による更正をするに際し、取消判決の拘束力によって当該判決に示された個々の財産の価額や評価方法を用いて税額等を計算すべき義務を負うことはない、とした判例である。

本判決は、取消判決の拘束力（行訴法 33 条 1 項）により関係行政庁が負うこととなる義務の具体的内容について、「法令上の根拠を欠く行動を義務付けられるものではな」く、「当該行政庁がそれを行う法令上の権限があるものに限られる」との解釈を示す。その上で、本判決は、相続税法・国税通則法の仕組みの解釈として、更正に係る

除斥期間の経過後は、納税者が当初に申告した財産の価額に係る誤りを理由とする更正の請求ができず、課税庁もこのような誤りを理由に更正を行う権限を有しないことから、前件更正処分の取消判決において理由中で示されていた価額等を用いて税額等を計算すべき義務を負わないと判断している。

20－1　無効等確認訴訟（1）―行訴法 36 条の解釈（1）・換地処分の無効確認
最判昭和 62 年 4 月 17 日（民集 41 巻 3 号 286 頁・百選 II 173）

事実　土地改良事業施行地域内に土地を所有する X は、土地改良区（Y）から換地処分を受けたが、照応原則違反等を主張して、本件換地処分の無効確認および本件換地処分と密接不可分の関係にある A に対する換地処分の無効確認を求めて出訴した。1 審は X の請求を棄却、2 審は X の原告適格（行訴法 36 条）を否定して訴えを却下する判断をしたため、X が上告。破棄差戻し。

判旨　「土地改良事業の施行に伴い土地改良区から換地処分を受けた者が、右換地処分は照応の原則に違反し無効であると主張してこれを争おうとするときは、行政事件訴訟法 36 条により右換地処分の無効確認を求める訴えを提起することができる……。けだし、〔土地改良〕法 54 条に基づく換地処分は、土地改良事業の性質上必要があるときに当該土地改良事業の施行に係る地域につき換地計画を定めて行われるものであり、右施行地域内の土地所有者等多数の権利者に対して行われる換地処分は通常相互に連鎖し関連し合っているとみられるのであるから、このような換地処分の効力をめぐる紛争を私人間の法律関係に関する個別の訴えによって解決しなければならないとするのは右処分の性質に照らして必ずしも適当とはいい難く、また、換地処分を受けた者が照応の原則に違反することを主張してこれを争う場合には、自己に対してより有利な換地が交付されるべきことを主張していることにほかならないのであって、換地処分がされる前の従前の土地に関する所有権等の権利の保全確保を目的とするものではないのであるから、このような紛争の実態にかんがみると、当該換地処分の無効を前提とする従前の土地の所有権確認訴訟等の現在の法律関係に関する訴えは右紛争を解決するための争訟形態として適切なものとはいえず、むしろ当該換地処分の無効確認を求める訴えのほうがより直截的で適切な争訟形態というべきであり、結局、右のような場合には、当該換地処分の無効を前提とする現在の法律関係に関する訴えによってはその目的を達することができないものとして、行政事件訴訟法 36 条所定の無効確認の訴えの原告適格を肯認すべき場合に当たる」。

POINT　換地処分によって自分に割り当てられた土地が劣悪であるとして、自分にとって有利な換地処分へのやり直しを求める紛争事例において、換地処分の無効確認訴訟の原告適格を肯定した判例である。2 審は、換地処分が無効であるとすれば X は依然として土地所有者であり、自己の所有権に基づいて換地により所有者になったと

される者を相手に土地所有権の確認・所有権に基づく明渡し・登記抹消手続請求等の訴えを提起すれば紛争は解決するので、Xには換地処分の無効確認を求める原告適格を欠くと解釈していた。しかし、最高裁は、換地処分の無効確認訴訟のほうが「より直截的で適切な争訟形態」であるとして、行訴法36条の定める補充性要件を機能的に解釈し、無効確認訴訟を肯定した。

20-2　無効等確認訴訟(2)―行訴法36条の解釈(2)・もんじゅ訴訟
最判平成4年9月22日（民集46巻6号1090頁・百選Ⅱ174）

事実　内閣総理大臣（Y）が動力炉・核燃料開発事業団（A）に対して高速増殖炉「もんじゅ」に係る原子炉設置許可を行ったのに対し、付近住民Xらが、本件許可処分の無効確認訴訟を提起した（取消訴訟の出訴期間を徒過していた）。Xらは、本件訴訟について、Aを相手に原子炉施設の建設・運転の差止めを求める民事訴訟を併合提起していたため、民事差止訴訟との関係で無効確認訴訟の補充性要件（行訴法36条）が満たされるか争点となった。1審は本件無効確認訴訟は行訴法36条所定の要件を欠き不適法として訴えを却下したが、2審はXらの一部（本件原子炉から半径20kmの範囲内に居住する者）について行訴法36条の要件を満たしているとして1審に差し戻す判断をしたため、Yが上告。上告棄却。なお、2審において原告適格を否定された者からの上告に係る事件が、判例**17-4**である。

> **判旨**　行訴法36条の定める「処分の無効確認訴訟を提起し得るための要件の1つである……当該処分の効力の有無を前提とする現在の法律関係に関する訴えによって目的を達することができない場合とは、当該処分に基づいて生ずる法律関係に関し、処分の無効を前提とする当事者訴訟又は民事訴訟によっては、その処分のため被っている不利益を排除することができない場合はもとより、<u>当該処分に起因する紛争を解決するための争訟形態として、当該処分の無効を前提とする当事者訴訟又は民事訴訟との比較において、当該処分の無効確認を求める訴えのほうがより直截的で適切な争訟形態であるとみるべき場合を</u>も意味する」。
>
> 「Xらは本件原子炉施設の設置者であるAに対し、人格権等に基づき本件原子炉の建設ないし運転の差止めを求める民事訴訟を提起しているが、右民事訴訟は、行政事件訴訟法36条にいう当該処分の効力の有無を前提とする現在の法律関係に関する訴えに該当するものとみることはできず、また、本件無効確認訴訟と比較して、本件設置許可処分に起因する本件紛争を解決するための争訟形態としてより直截的で適切なものであるともいえない」。

POINT　本判決は、原発差止を周辺住民らが求める紛争において、人格権等に基づく民事差止訴訟は、①許可処分の効力の有無を前提としたものではなく、②無効確認

訴訟と比較して紛争解決のための争訟形態としてより直截的で適切なものではないことから、原子炉等設置許可に係る無効確認訴訟を適法とする判断を示した。

20-3　不作為の違法確認訴訟—独禁法に基づく報告・措置の要求
最判昭和47年11月16日（民集26巻9号1573頁・百選I 119）

事実　Xは、公正取引委員会（Y）に対し、独禁法45条1項に基づく事実の報告・措置の要求をしたが何らの措置もされなかったため、Yに対し、Yの不作為についての異議申立て（旧行審法7条）をしたが、Yは何ら決定をせず、Xの報告を不問とする旨をXに通知した。Xは、Yを相手に、異議申立てに係る不作為の違法確認、本件不問決定の不存在確認等を求めて出訴。1審・2審とも訴えを却下したため、Xが上告。上告棄却。

判旨　「独占禁止法45条1項は、『何人も……事実を報告し、適当な措置をとるべきことを求めることができる。』と規定しており、その文言、および、同法の目的が、一般消費者の利益を確保し、国民経済の民主的で健全な発達を促進することにあり（1条）、報告者が当然には審判手続に関与しうる地位を認められていないこと（59条参照）から考えれば、……Yの審査手続開始の職権発動を促す端緒に関する規定であるにとどまり、報告者に対して、Yに適当な措置をとることを要求する具体的請求権を付与したものであるとは解されない。」「Yは、独占禁止法45条1項に基づく報告、措置要求に対して応答義務を負うものではなく、また、これを不問に付したからといって、被害者の具体的権利・利益を侵害するものとはいえない……。したがって、Xがした報告、措置要求についての不問に付する決定は取消訴訟の対象となる行政処分に該当」しない。「また、独占禁止法45条1項に基づく報告、措置要求は法令に基づく申請権の行使であるとはいえないのであるから、本件異議申立てに対する不作為の違法確認の訴えを不適法とした原審の判断も、結局正当である。」

POINT　独禁法に基づく報告・措置の求めを不問にする決定について、処分性を否定し、不作為の違法確認訴訟を不適法とした判例である。申請制度（申請権の存在）を欠く（行政側が応答義務を負わない）場合、不作為の違法確認訴訟は許容されないことが示されている。

➡大阪高判昭和54年7月30日判時948号44頁は、市の助成金支給要綱に基づく受給申請を「法令に基づく」処分の申請と解釈し、不作為の違法確認訴訟によって争うことを肯定する判断を示した。要綱に基づく給付決定について、抗告訴訟の利用可能性を柔軟に解した裁判例である。

20−3［A］　非申請型義務付け訴訟─産廃処分場措置命令事件

福岡高判平成23年2月7日（判時2122号45頁）

事実　産業廃棄物の安定型最終処分場を操業するA社は、同処分場の周辺環境の悪化により、所轄保健所長から厳重注意、所在地の町長から悪臭防止法に基づく改善勧告、福岡県知事から廃棄物処理法に基づく改善命令等を受けていた。さらに、A社は、地裁支部から、同処分場の使用・操業を差し止める仮処分決定を受けるに至った。

同処分場の周辺住民Xらは、同処分場において、廃棄物処理法所定の産業廃棄物処理基準に適合しない処理が行われ、生活環境の保全上支障が生じ、または生じるおそれがあるとして、福岡県（Y）を相手に、主位的請求として同県知事による代執行（同法19条の8第1項）、予備的請求として同県知事によるB社（A社の倒産により事業を引き継ぐ）に対する措置命令（同法19条の5第1項）の義務付けを求める非申請型義務付け訴訟を提起した。1審はXらの訴えを却下したため、Xらが控訴。一部原判決取消し（一部原告による予備的請求につき請求認容）。一部控訴棄却。以下、予備的請求に係る判旨を紹介する。

判旨　（〈　〉は筆者）

〈「重大な損害」要件（行訴法37条の2第1項・2項）〉

「本件処分場の地下には浸透水基準を大幅に超過した鉛を含有する水が浸透している……。本件処分場は……〔遮断型・管理型ではないため〕地下に浸透した鉛が地下水を汚染して本件処分場の外に流出する可能性は高い。これに加えて、……Xらは井戸水を飲料水及び生活水として利用している……。以上を総合すれば、本件処分場において産業廃棄物処理基準に適合しない産業廃棄物の処分が行われたことにより、鉛で汚染された地下水がXらを含む本件処分場の周辺住民の生命、健康に損害を生ずるおそれがある……。そして、生命、健康に生じる損害は、その性質上回復が著しく困難であるから、本件代執行又は本件措置命令がされないことにより『重大な損害』を生ずるおそれがある」。

〈補充性要件（行訴法37条の2第1項）〉

「本件代執行又は本件措置命令がされないことによりXらを含む本件処分場の周辺住民の生命、健康に損害を生ずるおそれがあるところ、この損害を避けるための他に適当な方法は見当たらない。」「Xらに損害を生じさせるおそれのある直接の原因が第三者の行為にあるため、その第三者に対して直接民事上の請求をすることによってある程度の権利救済を図ることが可能であるという場合であっても、直ちにそのことだけで『他に適当な方法』……があるとはいえない。」「XらがA社に対して民事訴訟を提起することによって損害を避けることができる具体的な可能性は認め難い。」

〈本件措置命令の義務付けの可否〉

「本件措置命令の義務付け請求が認容されるためには、福岡県知事が本件措置命令をす

べきであることがその処分の根拠となる法令の規定から明らかであると認められ又は福岡県知事が本件措置命令をしないことがその裁量権の範囲を超え若しくはその濫用となると認められることを要する（行政事件訴訟法 37 条の 2 第 5 項）。」

「都道府県知事は、産業廃棄物処理基準に適合しない産業廃棄物の処分が行われた場合において、生活環境の保全上支障が生じ、又は生ずるおそれがあると認められるときは、生活環境を保全するため、処分者等に対して支障の除去等の措置を講ずることを命ずる等の規制権限を行使するものであり、この権限は、当該産業廃棄物処分場の周辺住民の生命、健康の保護をその主要な目的の 1 つとして、適時にかつ適切に行使されるべきものである。」「本件処分場において……、鉛で汚染された地下水が X らを含む本件処分場の周辺住民の生命、健康に損害を生ずるおそれがあること、……地下水の汚染は遅くとも 6 年以上前から進行していると推認されること、……上記損害を避けるために他に適当な方法がないことなどの事情が認められる。これらの事情を総合すると、現時点において、福岡県知事が法に基づく上記規制権限を行使せず、本件措置命令をしないことは、上記規制権限を定めた法の趣旨、目的や、その権限の性質等に照らし、著しく合理性を欠くものであって、その裁量権の範囲を超え若しくはその濫用となる」。

POINT　非申請型義務付け訴訟のうち、周辺住民等が第三者に対する行政庁の規制権限発動を求めるタイプ（3 面関係）の事案で、請求が認容された裁判例である。非申請型義務付け訴訟については、行訴法の定める訴訟要件が厳格であり、訴えが適法とされる事例自体多くないとされるが、本判決では、地下水汚染による周辺住民の生命・健康への影響をとらえて「重大な損害を生ずるおそれ」要件を満たすとされた。本来的に本案判断と考えられる事実認定を踏まえて訴訟要件たる「重大な損害を生ずるおそれ」の有無が判断されているのが、ひとつのポイントである。

　また、本判決では、本案勝訴要件（行訴法 37 条の 5 第 2 項）の解釈において、規制権限不行使に係る国家賠償請求事例と類似の判断枠組みを用いたことも注目される（判例 23 - 13、23 - 14、23 - 15 を参照）。生命・健康という重大な法益が問題とされている事案であることを踏まえ、規制権限付与の制度目的が周辺住民の生命・健康の保護にあるとし、行政庁が規制権限を「適時にかつ適切に行使」する法的義務を導いた上で、本件権限不行使が「著しく合理性を欠く」と結論付けている。これにより、本判決は、県知事による本件措置命令の義務付けについて、請求を認容した（本件代執行の義務付けについては、請求棄却とした）。

20 - 4　申請型義務付け訴訟（1）―公文書開示の義務付け
さいたま地判平成 18 年 4 月 26 日（判自 303 号 46 頁）

事実　埼玉県（Y）の住民である X は、埼玉県情報公開条例に基づき、同県内の専修学校が

同県に提出した私立学校運営補助金申請書類の専任教員調査書のうち、職名・氏名・担当教科等の各欄の開示を請求したところ、知事から、教員氏名は個人識別情報に該当するとして、同調査書のうち教員氏名が記載されている部分を不開示とする一部不開示決定を受けた。Ｘは、教員氏名は慣行として公にすることが予定されている情報に該当して開示可能であると主張して、本件決定の取消訴訟と併合して開示決定の義務付けを求める訴えを提起。認容。

> 判旨 「本件情報は、その情報の有する社会的、公共的性質から、通例公にされることが予定される情報に該当すると認めるのが相当である。そうすると、本件情報は、『法令……又は慣行として……公にされることが予定されている情報』に該当するのであるから、本件条例……により、例外開示情報に当たる」。
> 「以上の次第で、本件情報を不開示とした本件一部不開示処分は違法であり、これを取り消すとともに本件情報を開示すべきことは法令上明らかであるというべきであるから、これの開示を義務付けることが相当である（行政事件訴訟法 37 条の 3 第 5 項）」。

POINT 　一部不開示決定を争う情報公開訴訟において、申請型義務付け訴訟が用いられ、不開示部分の開示義務付け請求を認容した裁判例である。

20－4 [A] 　申請型義務付け訴訟（2）―水俣病認定処分の義務付け
最判平成 25 年 4 月 16 日（民集 67 巻 4 号 1115 頁・百選 I 75）

事実 　Ｘは、公害健康被害補償法（公健法）(旧)4 条 2 項に基づき、熊本県知事に対し、水俣病認定の申請を行ったところ、申請棄却処分を受けた。Ｘは、当該棄却処分は、医学的根拠を欠く誤った診断基準に基づいて行われた違法なものである等として、行政不服申立てを経由した上で、熊本県（Ｙ）を相手に、当該棄却処分の取消しとともに、熊本県知事において水俣病である旨の認定をすることの義務付けを求めて出訴。1 審はＸの請求を認容したが、2 審は義務付け訴訟を却下し、取消し請求を棄却する判断をした。Ｘの死去によりＸの子が上告。破棄差戻し。

> 判旨 「公健法等の制定の趣旨、規定の内容等を通覧しても、……水俣病の意義及びその罹患の有無に係る処分行政庁の審査の対象を……客観的事象としての水俣病及びその罹患の有無という客観的事実よりも殊更に狭義に限定して解すべき的確な法的根拠は見当たらず、個々の具体的な症候が水俣市及び葦北郡の区域において魚介類に蓄積されたメチル水銀という原因物質を経口摂取することにより起こる神経系疾患によるものであるという個別的な因果関係が諸般の事情と関係証拠によって証明され得るのであれば、当該症候を呈している申請者のかかっている疾病が……水俣病である旨の認定をすることが法令上妨げられるものではない」。

知事が公害健康被害認定審査会または公害被害者認定審査会の意見を聴いて行う「認定自体は、……客観的事象としての水俣病のり患の有無という現在又は過去の確定した客観的事実を確認する行為であって、この点に関する処分行政庁の判断はその裁量に委ねられるべき性質のものではないというべきであり、……処分行政庁の審査の対象を殊更に狭義に限定して解すべきものともいえない以上、上記のような処分行政庁の判断の適否に関する裁判所の審理及び判断は、原判決のいうように、処分行政庁の判断の基準とされた昭和52年判断条件に現在の最新の医学水準に照らして不合理な点があるか否か、公害健康被害認定審査会の調査審議及び判断の過程に看過し難い過誤、欠落があってこれに依拠してされた処分行政庁の判断に不合理な点があるか否かといった観点から行われるべきものではなく、裁判所において、経験則に照らして個々の事案における諸般の事情と関係証拠を総合的に検討し、個々の具体的な症候と原因物質との間の個別的な因果関係の有無等を審理の対象として、申請者につき水俣病のり患の有無を個別具体的に判断すべきものと解するのが相当である。」

「認定に係る所轄行政庁の運用の指針としての昭和52年判断条件……〔は〕、いわば一般的な知見を前提としての推認という形を採ることによって多くの申請について迅速かつ適切な判断を行うための基準を定めたものとしてその限度での合理性を有するものであるといえようが、他方で、……個別具体的な判断により水俣病と認定する余地を排除するものとはいえない」。

POINT 申請型義務付け訴訟に関して、義務付け請求を認容する方向での判断を示した最高裁判決である（同日に言い渡された類似事案において、最高裁は、水俣病認定の義務付けを認めた原審判決を是としている）。最高裁は、水俣病認定に係る行政庁の要件裁量を否定し、裁判所による判断代置型の審理が及ぶと解釈した。政府による水俣病認定に係る審査基準（昭和52年判断条件）からは認定されない申請者について、裁判所が、経験則に照らした因果関係の有無等の個別具体的判断により認定処分の義務付けを命ずることができるとしたことは、重要な意義を有している。

20-5 差止訴訟（懲戒処分の事前救済）
―東京都教職員国旗国歌訴訟（予防訴訟）

最判平成24年2月9日（民集66巻2号183頁・百選II 200）

事実 平成15年10月、東京都教育委員会（Y_1）の教育長は、都立学校の各校長宛に、①入学式・卒業式等の実施にあたり、国旗を掲揚し、教職員は国旗に向かって起立して国歌を斉唱し、その斉唱はピアノ伴奏等により行うこと、②教職員がこれらの内容に沿った校長の職務命令に従わない場合は服務上の責任を問われることを教職員に周知すること、等を内容とする通達を発した。この通達を受けて、各校長は、入学式・卒業式等の式典の都度、教職員に対し国

旗に向かって起立して国歌斉唱することを命ずる旨の職務命令、音楽科担当の教職員に対し国歌斉唱の際ピアノ伴奏をすることを命ずる旨の職務命令を、それぞれ発した。Y_1 は、平成16年3月の卒業式において、所属校の校長の職務命令に従わず、起立ないしピアノ伴奏をしなかった多数の教職員に対して、職務命令違反を理由に懲戒処分をした。その後、Y_1 は、入学式・卒業式等が実施される度に、職務命令違反をした教職員らを、懲戒処分とした。この懲戒処分は、過去と同様の非違行為を繰り返した場合には量定が加重され、おおむね、1回目は戒告、2〜3回目は減給、4回目以降は停職であり、懲戒免職処分はされていない。

都立学校の教職員・元教職員である X らのうち、在職者らが、Y_1 を相手に、①国旗に向かって起立して国歌を斉唱する義務、その際ピアノ伴奏をする義務のないことの確認、②これらの義務違反を理由とする懲戒処分の差止めを求めるとともに、全員が、東京都（Y_2）を相手に、③国家賠償法1条1項に基づき慰謝料等の損害賠償を求め、数次にわたり出訴した。なお、平成16年改正行訴法の施行後は、上記①②の請求についても、被告は Y_2 である。

1審は上記①②の請求を一部認容し、③の請求も認容した。しかし、2審は、教育長の通達に処分性を認めた上で、公的義務不存在確認の訴えには確認の利益が認められず、差止訴訟は通達の取消訴訟等で争う方法があるため不適法としていずれも却下し、損害賠償請求についても棄却と判断した。X らが上告。上告棄却。以下、判旨のうち、通達・職務命令の処分性を否定した部分、差止訴訟の訴訟要件を論じた部分、予防訴訟としての確認訴訟（無名抗告訴訟・当事者訴訟）の適法性を論じた部分を紹介する（当事者訴訟としての確認訴訟については、判例21－1［A］も参照）。

判旨　（〈 〉は筆者）

〈通達・職務命令の処分性〉

「個々の教職員との関係では、本件通達を踏まえた校長の裁量により本件職務命令が発せられ、さらに、その違反に対して Y_1 の裁量により懲戒処分がされた場合に、その時点で初めて教職員個人の身分や勤務条件に係る権利義務に直接影響を及ぼす行政処分がされるに至るものというべきであって、本件通達は、行政組織の内部における上級行政機関である Y_1 から関係下級行政機関である都立学校の各校長に対する示達ないし命令にとどまり、それ自体によって教職員個人の権利義務を直接形成し又はその範囲を確定することが法律上認められているものとはいえないから、抗告訴訟の対象となる行政処分には当たらない」。

「また、本件職務命令も、……教育公務員としての職務の遂行の在り方に関する校長の上司としての職務上の指示を内容とするものであって、教職員個人の身分や勤務条件に係る権利義務に直接影響を及ぼすものではないから、抗告訴訟の対象となる行政処分には当たらない」。

「なお、本件職務命令の違反を理由に懲戒処分を受ける教職員としては、懲戒処分の取消訴訟等において本件通達を踏まえた本件職務命令の適法性を争い得るほか、……本件に係る事情の下では事前救済の争訟方法においてもこれを争い得るのであり、本件通達及び本件職務命令の行政処分性の有無について上記のように解することについて争訟方法の観

点から権利利益の救済の実効性に欠けるところ」はない。

〈差止訴訟の適法性〉

「ア　法定抗告訴訟たる差止めの訴えの訴訟要件については、まず、一定の処分がされようとしていること（行訴法3条7項）、すなわち、行政庁によって一定の処分がされる蓋然性があることが、救済の必要性を基礎付ける前提として必要となる。」「本件では、……本件通達を踏まえた本件職務命令の違反に対しては、免職処分以外の懲戒処分（停職、減給又は戒告の各処分）がされる蓋然性があると認められる一方で、免職処分がされる蓋然性があるとは認められない。そうすると、本件差止めの訴えのうち免職処分の差止めを求める訴えは、当該処分がされる蓋然性を欠き、不適法」である。

「イ　……行政庁が処分をする前に裁判所が事前にその適法性を判断して差止めを命ずるのは、国民の権利利益の実効的な救済及び司法と行政の権能の適切な均衡の双方の観点から、そのような判断と措置を事前に行わなければならないだけの救済の必要性がある場合であることを要する……。したがって、差止めの訴えの訴訟要件としての上記『重大な損害を生ずるおそれ』があると認められるためには、処分がされることにより生ずるおそれのある損害が、処分がされた後に取消訴訟等を提起して執行停止の決定を受けることなどにより容易に救済を受けることができるものではなく、処分がされる前に差止めを命ずる方法によるのでなければ救済を受けることが困難なものであることを要する……。」「本件通達を踏まえて懲戒処分が反復継続的かつ累積加重的にされる危険が現に存在する状況の下では、事案の性質等のために取消訴訟等の判決確定に至るまでに相応の期間を要している間に、毎年度2回以上の各式典を契機として上記のように懲戒処分が反復継続的かつ累積加重的にされていくと事後的な損害の回復が著しく困難になることを考慮すると、本件通達を踏まえた本件職務命令の違反を理由として一連の累次の懲戒処分がされることにより生ずる損害は、処分がされた後に取消訴訟等を提起して執行停止の決定を受けることなどにより容易に救済を受けることができるものであるとはいえず、処分がされる前に差止めを命ずる方法によるのでなければ救済を受けることが困難なものであるということができ、その回復の困難の程度等に鑑み、本件差止めの訴えについては上記『重大な損害を生ずるおそれ』がある」。

「ウ　また、差止めの訴えの訴訟要件については、『その損害を避けるため他に適当な方法があるとき』ではないこと、すなわち補充性の要件を満たすことが必要であるとされている（行訴法37条の4第1項ただし書。）」「本件通達及び本件職務命令は……行政処分に当たらないから、取消訴訟等及び執行停止の対象とはならないものであり、また、上記イにおいて説示したところによれば、本件では懲戒処分の取消訴訟等及び執行停止との関係でも補充性の要件を欠くものではない……。以上のほか、懲戒処分の予防を目的とする事前救済の争訟方法として他に適当な方法があるとは解されないから、本件差止めの訴えのうち免職処分以外の懲戒処分の差止めを求める訴えは、補充性の要件を満たす」。

「エ　なお、在職中の教職員である……Xらが懲戒処分の差止めを求める訴えである以上、上記Xらにその差止めを求める法律上の利益（行訴法37条の4第3項）が認められ

ることは明らかである。」

「オ　以上によれば、Y₁らに対する本件差止めの訴えのうち免職処分以外の懲戒処分の差止めを求める訴えは、いずれも適法」である。

〈公的義務不存在確認訴訟（無名抗告訴訟）の適法性〉

「無名抗告訴訟は行政処分に関する不服を内容とする訴訟であって、……本件通達及び本件職務命令のいずれも抗告訴訟の対象となる行政処分には当たらない以上、無名抗告訴訟としてのY₁らに対する本件確認の訴えは、将来の不利益処分たる懲戒処分の予防を目的とする無名抗告訴訟として位置付けられるべきものと解するのが相当であり、実質的には、本件職務命令の違反を理由とする懲戒処分の差止めの訴えを本件職務命令に基づく公的義務の存否に係る確認の訴えの形式に引き直したものということができる。抗告訴訟については、行訴法において、法定抗告訴訟の諸類型が定められ、改正法により、従来は個別の訴訟類型として法定されていなかった義務付けの訴えと差止めの訴えが法定抗告訴訟の新たな類型として創設され、将来の不利益処分の予防を目的とする事前救済の争訟方法として法定された差止めの訴えについて『その損害を避けるため他に適当な方法があるとき』ではないこと、すなわち補充性の要件が訴訟要件として定められていること（37条の4第1項ただし書）等に鑑みると、職務命令の違反を理由とする不利益処分の予防を目的とする無名抗告訴訟としての当該職務命令に基づく公的義務の不存在の確認を求める訴えについても、上記と同様に補充性の要件を満たすことが必要となり、特に法定抗告訴訟である差止めの訴えとの関係で事前救済の争訟方法としての補充性の要件を満たすか否かが問題となる」。

「本件においては、……法定抗告訴訟として本件職務命令の違反を理由としてされる蓋然性のある懲戒処分の差止めの訴えを適法に提起することができ、その本案において本件職務命令に基づく公的義務の存否が判断の対象となる以上、本件職務命令に基づく公的義務の不存在の確認を求める本件確認の訴えは、上記懲戒処分の予防を目的とする無名抗告訴訟としては、法定抗告訴訟である差止めの訴えとの関係で事前救済の争訟方法としての補充性の要件を欠き、他に適当な争訟方法があるものとして、不適法」である。

〈公的義務不存在確認訴訟（当事者訴訟）の適法性〉

「上記……のとおり、Y₂に対する本件確認の訴えに関しては、行政処分に関する不服を内容とする訴訟として構成する場合には、将来の不利益処分たる懲戒処分の予防を目的とする無名抗告訴訟として位置付けられるべきものであるが、本件通達を踏まえた本件職務命令に基づく公的義務の存在は、その違反が懲戒処分の処分事由との評価を受けることに伴い、勤務成績の評価を通じた昇給等に係る不利益という行政処分以外の処遇上の不利益が発生する危険の観点からも、都立学校の教職員の法的地位に現実の危険を及ぼし得るものといえるので、このような行政処分以外の処遇上の不利益の予防を目的とする訴訟として構成する場合には、公法上の当事者訴訟の一類型である公法上の法律関係に関する確認の訴え（行訴法4条）として位置付けることができる」。「本件職務命令自体は抗告訴訟の

対象となる行政処分に当たらない以上、本件確認の訴えを行政処分たる行政庁の命令に基づく義務の不存在の確認を求める無名抗告訴訟とみることもできないから、Y₂ に対する本件確認の訴えを無名抗告訴訟としか構成し得ないものということはできない。」

「本件では、……本件通達を踏まえ、毎年度 2 回以上、都立学校の卒業式や入学式等の式典に際し、多数の教職員に対し本件職務命令が繰り返し発せられており、これに基づく公的義務の存在は、その違反及びその累積が懲戒処分の処分事由及び加重事由との評価を受けることに伴い、勤務成績の評価を通じた昇給等に係る不利益という行政処分以外の処遇上の不利益が発生し拡大する危険の観点からも、都立学校の教職員として在職中の X らの法的地位に現実の危険を及ぼす……。このように本件通達を踏まえて処遇上の不利益が反復継続的かつ累積加重的に発生し拡大する危険が現に存在する状況の下では、毎年度 2 回以上の各式典を契機として上記のように処遇上の不利益が反復継続的かつ累積加重的に発生し拡大していくと事後的な損害の回復が著しく困難になることを考慮すると、本件職務命令に基づく公的義務の不存在の確認を求める本件確認の訴えは、行政処分以外の処遇上の不利益の予防を目的とする公法上の法律関係に関する確認の訴えとしては、その目的に即した有効適切な争訟方法であるということができ、確認の利益を肯定することができる」。

「したがって、Y₂ に対する本件確認の訴えは、上記の趣旨における公法上の当事者訴訟としては、適法」である。

POINT ①通達の処分性、②職務命令の処分性、③差止訴訟の訴訟要件、④公法上の確認訴訟（予防的確認訴訟）における確認の利益について、解釈枠組みを提示する重要判例である。とりわけ、③④に係る判示は、改正行訴法の施行後における、行政処分の事前救済（予防的救済）方法に関するリーディングケースとして重要である（④については、判例 21 - 1 [A]を参照）。

本件では、ⓐ教育長から各校長への通達 ⇒ ⓑ校長の X らに対する職務命令 ⇒ ⓒ X らの職務命令に対する不服従 ⇒ ⓓ職務命令違反を理由とする Y₁ の X らに対する懲戒処分、という流れの中で、将来的に ⓑ以降が毎年 2 度反復・累積する状況下で、ⓓに係る事前救済の方法（将来の懲戒処分の差止め・懲戒処分の予防を目的とする公的義務不存在確認・懲戒処分以外の不利益の予防を目的とする公的義務不存在確認訴訟）の適否が論点となっている。

本判決は、まず、本件通達について処分性を否定し、2 審の解釈論を正面から否定する。次に、本件職務命令についても、教職員個人の権利義務関係を直接規律しない訓令的なものであるとして、処分性を否定している。この点、本件職務命令が名あて人である教職員の思想・良心の自由を間接的に制約するものであることに照らして、職務命令の内容が訓令的か否かという解釈方法には批判もあろう。なお、本判決は、通達および職務命令の処分性を否定しても、別途、通達を踏まえた職務命令の違法性

を争う方法があるため、権利利益の救済の実効性に欠けるところがないことを併せて判示している。

　法定抗告訴訟たる差止訴訟の適法性について、本判決は、①一定の処分がされる蓋然性があること（行訴法3条7項）、②当該処分がされることにより「重大な損害を生ずるおそれ」があること（行訴法37条の4第1項・2項）、③「その損害を避けるため他に適当な方法があるとき」ではないこと（補充性要件。行訴法37条の4第1項ただし書）、④差止めを求める法律上の利益があること（行訴法37条の4第3項）、の順に論じている。

　上記①については、免職処分がされる蓋然性があるとは認めず、免職処分以外の懲戒処分（停職・減給・戒告）の差止請求のみ蓋然性要件を満たすとしている。「一定の処分」の解釈は、効果裁量が認められる処分について事前救済方法である義務付け訴訟を活用する上で鍵となる論点であるが、本判決は、比較的柔軟な解釈を採っている。もっとも、本案勝訴要件（行訴法37条の4第5項）の解釈において、将来の減給処分・停職処分が懲戒権者の裁量権逸脱・濫用となるか否かにつき、当該処分がされる時点における個別具体的な事情を踏まえた上でなければ判断できない等としたことには、学説の批判がある。

　上記②については、「国民の権利利益の実効的な救済及び司法と行政の権能の適切な均衡の双方の観点から……救済の必要性がある場合であることを要する」とし、処分後の取消訴訟等を提起して執行停止決定を受けることにより「容易に救済を受けることができるものではなく、処分がされる前に差止めを命ずる方法によるのでなければ救済を受けることが困難なものであることを要する」という判断基準を定立している。その上で、「反復継続的かつ累積加重的に」懲戒処分がされる危険があること、その結果として「事後的な損害の回復が著しく困難になること」等から、要件該当性を認めている。事前救済の必要性、事後的救済の困難性、将来の損害発生の現実の危険の存在等の要素がメルクマールとなっているが、結局のところ、差止判決による最終的な紛争解決の可能性（紛争の成熟性）により重大損害要件が認定されたものと評されよう。重大損害要件が、損害の定量的な大きさや蓋然性の高さではなく、将来的に反復・累積するタイプの紛争における原告救済の必要性という観点から解釈されており、公法上の当事者訴訟における確認の利益の解釈方法との類似性も指摘できる。

　上記③④については、比較的簡単に要件該当性を肯定している。

　以上から、本判決は、免職処分以外の懲戒処分の差止訴訟を適法と判断し、本案勝訴要件（行訴法37条の4第5項）該当性について検討を進め、これを満たさないとして差止請求を棄却した。

　無名抗告訴訟としての公的義務不存在確認訴訟については、将来の懲戒処分の予防を目的とする無名抗告訴訟として位置付けられると解釈し、それを踏まえると、懲戒

処分に係る法定抗告訴訟としての差止訴訟が適法に提起できる以上、差止訴訟との関係で事前救済の争訟方法としての補充性の要件を欠き、他に適当な争訟方法があるものとして不適法である、と結論付けている。

公法上の当事者訴訟としての公的義務不存在確認訴訟については、「行政処分以外の処遇上の不利益の予防を目的とする公法上の法律関係に関する確認の訴えとしては、その目的に即した有効適切な争訟方法であるということができ、確認の利益を肯定することができる」としている（請求は棄却）。確認の利益の解釈については、別途、判例 21 - 1 [A]を参照。

➡️広島地判平成 21 年 10 月 1 日判時 2060 号 3 頁は、県および市が、道路港湾整備事業を実施するために知事に対して公有水面埋立免許を申請したのに対し、事業地の周辺住民らが免許の差止訴訟を提起した事案で、一部原告につき原告適格を認めた上で、差止請求を認容した。

20 - 5 [A]　差止訴訟─自衛隊機運航差止め・厚木基地第四次訴訟
最判平成 28 年 12 月 8 日（民集 70 巻 8 号 1833 頁・百選 II 145）

事実　厚木基地（厚木海軍飛行場。米軍および海上自衛隊が使用する航空基地）の周辺に居住するXらは、国（Y）を相手に、自衛隊機の運航差止め等を求める訴えを提起した。1 審は、無名抗告訴訟としてXらの請求を一部認容し、防衛大臣は、やむを得ない事由に基づく場合を除き、毎日午後 10 時から午前 6 時まで自衛隊機を運航させてはならないとの判断をした。2 審は、法定抗告訴訟としての差止訴訟とした上で、自衛隊機について、平成 28 年 12 月 31 日までという期限を付して、1 審とほぼ同一内容の夜間運航差止めを認める判断をした。Xら・Yがともに上告。Xらの上告棄却。Yらの上告につき一部破棄自判。

判旨　「行政事件訴訟法 37 条の 4 第 1 項の差止めの訴えの訴訟要件である、処分がされることにより『重大な損害を生ずるおそれ』があると認められるためには、処分がされることにより生ずるおそれのある損害が、処分がされた後に取消訴訟等を提起して執行停止の決定を受けることなどにより容易に救済を受けることができるものではなく、処分がされる前に差止めを命ずる方法によるのでなければ救済を受けることが困難なものであることを要する」。

「Xらは、本件飛行場に係る第一種区域内に居住しており、本件飛行場に離着陸する航空機の発する騒音により、睡眠妨害、聴取妨害及び精神的作業の妨害や、不快感、健康被害への不安等を始めとする精神的苦痛を反復継続的に受けており、その程度は軽視し難いものというべきであるところ、このような被害の発生に自衛隊機の運航が一定程度寄与していることは否定し難い。また、上記騒音は、本件飛行場において……航空機の離着陸が行われる度に発生するものであり、上記被害もそれに応じてその都度発生し、これを反復継続的に受けることにより蓄積していくおそれのあるものであるから、このような被害は、

事後的にその違法性を争う取消訴訟等による救済になじまない性質」といえる。

「以上によれば、Xらの主張する……自衛隊機の運航により生ずるおそれのある損害は、処分がされた後に取消訴訟等を提起することなどにより容易に救済を受けることができるものとはいえず、本件飛行場における自衛隊機の運航の内容、性質を勘案しても、Xらの自衛隊機に関する主位的請求（運航差止請求）に係る訴えについては、上記の『重大な損害を生ずるおそれ』があると認められる。」

「行政事件訴訟法37条の4第5項は、裁量処分に関しては、行政庁がその処分をすることがその裁量権の範囲を超え又はその濫用となると認められるときに差止めを命ずる旨を定めるところ、これは、個々の事案ごとの具体的な事実関係の下で、当該処分をすることが当該行政庁の裁量権の範囲を超え又はその濫用となると認められることを差止めの要件とするものと解される」。

「自衛隊法等の定めによれば、防衛大臣は、我が国の防衛や公共の秩序の維持等の自衛隊に課せられた任務を確実かつ効果的に遂行するため、自衛隊機の運航に係る権限を行使するものと認められるところ、その権限の行使に当たっては、我が国の平和と安全、国民の生命、身体、財産等の保護に関わる内外の情勢、自衛隊機の運航の目的及び必要性の程度、同運航により周辺住民にもたらされる騒音による被害の性質及び程度等の諸般の事情を総合考慮してなされるべき高度の政策的、専門技術的な判断を要することが明らかであるから、上記の権限の行使は、防衛大臣の広範な裁量に委ねられている……。そうすると、自衛隊が設置する飛行場における自衛隊機の運航に係る防衛大臣の権限の行使が、行政事件訴訟法37条の4第5項の差止めの要件である、行政庁がその処分をすることがその裁量権の範囲を超え又はその濫用となると認められるときに当たるか否かについては、同権限の行使が、……防衛大臣の裁量権の行使としてされることを前提として、それが社会通念に照らし著しく妥当性を欠くものと認められるか否かという観点から審査を行うのが相当であり、その検討に当たっては、当該飛行場において継続してきた自衛隊機の運航やそれによる騒音被害等に係る事実関係を踏まえた上で、当該飛行場における自衛隊機の運航の目的等に照らした公共性や公益性の有無及び程度、上記の自衛隊機の運航による騒音により周辺住民に生ずる被害の性質及び程度、当該被害を軽減するための措置の有無や内容等を総合考慮すべきものと考えられる。」

本件の「事実関係を踏まえると、……自衛隊機の運航には高度の公共性、公益性があるものと認められ、他方で、本件飛行場における航空機騒音によりXらに生ずる被害は軽視することができないものの、周辺住民に生ずる被害を軽減するため、自衛隊機の運航に係る自主規制や周辺対策事業の実施など相応の対策措置が講じられているのであって、これらの事情を総合考慮すれば、本件飛行場において、将来にわたり上記の自衛隊機の運航が行われることが、社会通念に照らし著しく妥当性を欠くものと認めることは困難であるといわざるを得ない。」

POINT 自衛隊機運航の差止めを基地周辺住民が争った事案において、差止訴訟を適法と認めた判例である。最高裁は、自衛隊機の運航に係る防衛大臣の権限の行使に

処分性が認められることを前提に、抗告訴訟としての差止訴訟の訴訟要件を満たすと判断した。「重大な損害を生じるおそれ」があるとの要件については、基本的に平成24年最判（判例20-5）の解釈枠組みを踏襲しつつ、自衛隊機の離着陸の度に発生する騒音による被害は、「反復継続的に受けることにより蓄積していくおそれ」があり、「事後的にその違法性を争う取消訴訟等による救済になじまない性質」であることから、これを満たすとした。

本案勝訴要件について、自衛隊機運航に係る権限の行使は、高度の政策的、専門技術的な判断を要することから、防衛大臣の広範な裁量に委ねられているとの解釈を前提に、①自衛隊機の運航の目的等に照らした公共性・公益性の有無・程度、②自衛隊機の運航による騒音により周辺住民に生ずる被害の性質・程度、③被害を軽減するための措置の有無・内容の総合考慮により、社会通念に照らし著しく妥当性を欠くものと認められるか否かの観点から、裁量権の逸脱・濫用の有無を審査すべきとする。その上で、結論として、本件飛行場において、将来にわたり自衛隊機の運航が行われること（行政庁がその処分をすること）が、社会通念に照らし著しく妥当性を欠くとは認められず、裁量権の逸脱・濫用にあたらないとした。

20-6　無名抗告訴訟としての公的義務不存在確認訴訟（1）
―長野勤評事件
最判昭和47年11月30日（民集26巻9号1746頁）

事実　長野県（Y）では、昭和34年の教育長通達により、県立高校の教職員の勤務評定の実施にあたり、教職員自身が勤務評定表に職務・勤務・研修等の事項に係る自己観察の結果を記載することとされた。県立高校教員Xらは、Yを相手に、Xらにおいて勤務評定表への表示義務を負わないことの確認を求めて出訴。1審は本件訴えを当事者訴訟として適法とした上で、Xらの請求を棄却したが、2審は具体的事件としての法律上の争訟性を欠く等として訴えを却下する判断をした。Xらが上告。上告棄却。

判旨　「所論の表示義務なるものは、それ自体その履行を直接強制されるような義務ではなく、その違反が懲戒その他の不利益処分の原因となるにすぎないものであるから、本訴の趣旨とするところを実質的に考察すれば、Xらの過去もしくは将来における右義務の不履行に対し懲戒その他の不利益処分が行なわれるのを防止するために、その前提であるXらの義務の不存在をあらかじめ確定しておくことにある」。

「具体的・現実的な争訟の解決を目的とする現行訴訟制度のもとにおいては、義務違反の結果として将来なんらかの不利益処分を受けるおそれがあるというだけで、その処分の発動を差し止めるため、事前に右義務の存否の確定を求めることが当然許されるわけでは

なく、当該義務の履行によって侵害を受ける権利の性質およびその侵害の程度、違反に対する制裁としての不利益処分の確実性およびその内容または性質等に照らし、右処分を受けてからこれに関する訴訟のなかで事後的に義務の存否を争ったのでは回復しがたい重大な損害を被るおそれがある等、事前の救済を認めないことを著しく不相当とする特段の事情がある場合は格別、そうでないかぎり、あらかじめ右のような義務の存否の確定を求める法律上の利益を認めることはできない」。

POINT　本判決は、本件をXらの義務の不存在確認を求める訴えととらえた上で、確認を求める法律上の利益（確認の利益）がないと判断した。将来の不利益処分がされないことを求める訴え（予防的不作為訴訟）について、無名抗告訴訟としての差止訴訟の許容性ではなく、公的義務不存在確認訴訟であると整理した上で、確認の利益の問題として事案が処理されている。なお、本判決の時点で、最高裁は、公的義務不存在確認訴訟の確認の利益について、「事前の救済を認めないことを著しく不相当とする特段の事情がある場合」に限って認められるという厳格な解釈態度を示していたが、平成16年の行訴法改正において公法上の確認訴訟の積極的活用という方向性が示された後、柔軟な解釈態度に転換している（判例**21-1**を参照）。

➡️ 最判平成元年7月4日（判時1336号86頁。横川川事件）は、自らの所有地が河川法上の河川区域でないことの確認等を求めて争った事案において、①河川管理者が河川法上の処分をしてはならない義務があることの確認、②河川法上の処分権限がないことの確認、③本件土地が河川法にいう河川区域でないことの確認の訴えについて、「河川法に基づく監督処分その他の不利益処分をまって、これに関する訴訟等において事後的に本件土地が河川法にいう河川区域に属するかどうかを争ったのでは、回復しがたい重大な損害を被るおそれがある等の特段の事情があるということはできない」として、原告の法律上の利益を否定した。

20-7　無名抗告訴訟としての公的義務不存在確認訴訟（2）
―平和安全法制整備法違憲訴訟
最判令和元年7月22日（民集73巻3号245頁・百選Ⅱ201）

事実　陸上自衛官であるXは、自衛隊法76条1項2号（内閣総理大臣による防衛出動命令の要件となる存立危機事態を定める）の規定が憲法違反であるとして、国（Y）を相手に、同号に基づいて内閣総理大臣により発せられる防衛出動命令に服従する義務がないことの確認を求めて出訴した。1審は、Xが防衛出動命令の発せられる事態に直面しているとはいえない、現時点でXらに防衛出動命令が発せられる具体的・現実的可能性があるとはいえない等として確認の利益を否定したが、2審は、本件訴えについて、防衛出動命令に際して個別の自衛官に対して発せられる職務命令への不服従を理由とする懲戒処分差止訴訟を、本件職務命令ひいては本

件防衛出動命令に服従する義務がないことの確認を求める訴えの形式に引き直した無名抗告訴訟であるとした上で（Ｘがそのように釈明している）、差止訴訟の訴訟要件である「重大な損害」要件および補充性要件をいずれも満たし適法であると判断した。Ｙが上告。破棄差戻し。

> **判旨** 「本件防衛出動命令は、組織としての自衛隊に対する命令であって、個々の自衛官に対して発せられるものではなく、これにより防衛出動をすることとなった部隊又は機関における職務上の監督責任者が、当該部隊等に所属する個々の自衛官に対して当該防衛出動に係る具体的な職務上の命令（以下「本件職務命令」という。）をすることとなる。したがって、本件訴えは、被上告人が本件職務命令に服従する義務がないことの確認を求めるものと解される。」
>
> 「本件訴えは、本件職務命令への不服従を理由とする懲戒処分の予防を目的として、本件職務命令に基づく公的義務の不存在確認を求める無名抗告訴訟であると解されるところ、このような将来の不利益処分の予防を目的として当該処分の前提となる公的義務の不存在確認を求める無名抗告訴訟は、当該処分に係る差止めの訴えと目的が同じであり、請求が認容されたときには行政庁が当該処分をすることが許されなくなるという点でも、差止めの訴えと異ならない。また、差止めの訴えについては、行政庁がその処分をすべきでないことがその処分の根拠となる法令の規定から明らかであると認められること等が本案要件（本案の判断において請求が認容されるための要件をいう。以下同じ。）とされており（行政事件訴訟法 37 条の 4 第 5 項）、差止めの訴えに係る請求においては、当該処分の前提として公的義務の存否が問題となる場合には、その点も審理の対象となることからすれば、上記無名抗告訴訟は、確認の訴えの形式で、差止めの訴えに係る本案要件の該当性を審理の対象とするものということができる。そうすると、同法の下において、上記無名抗告訴訟につき、差止めの訴えよりも緩やかな訴訟要件により、これが許容されているものとは解されない。そして、差止めの訴えの訴訟要件については、救済の必要性を基礎付ける前提として、一定の処分がされようとしていること（同法 3 条 7 項）、すなわち、行政庁によって一定の処分がされる蓋然性があることとの要件（以下「蓋然性の要件」という。）を満たすことが必要とされている。
>
> したがって、将来の不利益処分の予防を目的として当該処分の前提となる公的義務の不存在確認を求める無名抗告訴訟は、蓋然性の要件を満たさない場合には不適法というべきである。」

POINT　陸上自衛官であるＸが、平和安全法制整備法（平成 27 年法律 76 号）により改正された自衛隊法 76 条 1 項 2 号は違憲であるとし、同号に基づく防衛出動命令に服する義務のないことの確認を求める訴えについて、当該防衛出動に係る具体的な職務上の命令（本件職務命令）に服従する義務がないことの確認を求めるものと解した上で、本件職務命令への不服従を理由とする懲戒処分の予防を目的として本件職務命令に基づく公的義務の不存在確認を求める無名抗告訴訟と位置付けた判例である。

本判決は、上記無名抗告訴訟（将来の不利益処分の予防を目的として当該処分の前提となる公的義務の不存在確認を求める無名抗告訴訟）は、<u>当該処分に係る差止訴訟と目的・効果・審理内容を同じくするものであり、差止訴訟より「緩やかな訴訟要件」により許容されるとは解されない</u>とする。本判決は、差止訴訟の訴訟要件のうち、救済の必要性を基礎付ける前提として必要な「蓋然性の要件」（行政庁によって一定の処分がされる蓋然性があること。行訴法3条7項）を満たすか否かの検討がされていないとして、本件を原審に差し戻した。

　将来の不利益処分（公務員に対する懲戒処分）の予防を目的とする公的義務不存在確認訴訟について、判例20−5（さらに判例21−1[A]）は、①懲戒処分の差止訴訟、②将来の懲戒処分の予防を目的とする公的義務の不存在確認を求める無名抗告訴訟、③将来の行政処分以外の処遇上の不利益の予防を目的とする公的義務の不存在確認を求める実質的当事者訴訟、の3つに整理し、①と③を適法とした。判例20−5は、内心の自由を間接的に制約する通達が発出され、それに基づく職務命令が繰り返され、それらに従わないことを理由とする不利益処分が反復継続・累積加重する事案に係るもので、通達・職務命令の処分性が否定されることを前提に、職務命令を理由としてされる蓋然性のある懲戒処分の差止訴訟（上記①）を適法としている。この結果、判例20−5では、実質的に①を確認の訴えに引き直した②について、差止訴訟との関係で補充性要件を満たさないものと判断している。本判決では、原審の段階でXが本件訴えは無名抗告訴訟であると釈明したこと（当事者が差止訴訟を提起していないと考えられる）から、差止訴訟との分担関係は問題とされていないが、無名抗告訴訟（公的義務不存在確認訴訟）と差止訴訟が実質的に等しい点が強調されている。もっとも、本判決の事案では、仮にXが職務命令に従わない場合、自衛隊法に基づく刑事罰を科されるおそれがあり、この点が判例20−5とは相違する。本件において、刑事罰を科されるおそれを避けることが将来の懲戒処分の差止請求に引き直されないと考えるならば、本判決とは異なる解釈（当事者訴訟としての確認訴訟につき確認の利益を肯定する等）が可能ではないかと考えられる。

21 抗告訴訟以外の行政事件訴訟

21-1 当事者訴訟(1)
―投票することができる地位の確認・在外国民選挙権訴訟

最大判平成 17 年 9 月 14 日（民集 59 巻 7 号 2087 頁・百選 II 202）

事実 平成 10 年改正前の公職選挙法は、国内の市町村の区域内に住所を有していない在外国民について、選挙人名簿に登録されず、選挙で投票することができないという仕組みを採っていた。しかし、平成 10 年改正（以下「本件改正」という）によって在外選挙制度が創設され、在外選挙人名簿に登録されれば投票可能となったが、その対象となる選挙は、当分の間、衆議院比例代表選出議員の選挙および参議院比例代表選出議員の選挙に限ることとされた（本件改正後の公職選挙法附則 8 項）。

このような状況下で、在外国民である X らは、国（Y）に対し、在外国民であることを理由に国政選挙での選挙権行使の全部または一部を認めないことは憲法 14 条 1 項等に違反すると主張し、①本件改正前の公職選挙法は、X らに衆議院議員の選挙および参議院議員の選挙における選挙権の行使を認めていない点において違法であることの確認、②本件改正後の公職選挙法は、X らに衆議院小選挙区選出議員の選挙および参議院選挙区選出議員の選挙における選挙権の行使を認めていない点において違法であることの確認、③平成 8 年 10 月 20 日に実施された衆議院総選挙で投票できなかった精神的苦痛等への損害賠償、を請求して出訴した。1 審は本件確認請求に係る訴えを不適法却下、損害賠償請求を棄却した。2 審において、X らは、④X らが衆議院小選挙区選出議員の選挙および参議院選挙区選出議員の選挙において選挙権を行使する権利を有することの確認請求を追加したが、1 審と同様、確認請求に係る訴えを不適法却下し、損害賠償を棄却する判断がされた。X らが上告。一部破棄自判・一部上告棄却。以下、確認訴訟に関する部分の判旨（主位的請求である①②につき確認の利益を否定する一方、予備的請求である④について確認の利益を認め、X らの請求を認容している）を紹介する。なお、③の国家賠償請求を認容した部分については、判例 **23-11** を参照。

> **判旨** 「1 本件の主位的確認請求に係る訴えのうち、本件改正前の公職選挙法が X らに衆議院議員の選挙及び参議院議員の選挙における選挙権の行使を認めていない点において違法であることの確認を求める訴えは、過去の法律関係の確認を求めるものであり、この確認を求めることが現に存する法律上の紛争の直接かつ抜本的な解決のために適切かつ必要な場合であるとはいえないから、確認の利益が認められず、不適法である。」
>
> 「2 また、本件の主位的確認請求に係る訴えのうち、本件改正後の公職選挙法が X らに衆議院小選挙区選出議員の選挙及び参議院選挙区選出議員の選挙における選挙権の行使

を認めていない点において違法であることの確認を求める訴えについては、他により適切な訴えによってその目的を達成することができる場合には、確認の利益を欠き不適法であるというべきところ、本件においては、後記３のとおり、予備的確認請求に係る訴えの方がより適切な訴えであるということができるから、上記の主位的確認請求に係る訴えは不適法である」。

「３　本件の予備的確認請求に係る訴えは、公法上の当事者訴訟のうち公法上の法律関係に関する確認の訴えと解することができるところ、その内容をみると、公職選挙法附則８項につき所要の改正がされないと、在外国民であるＸらが、今後直近に実施されることになる衆議院議員の総選挙における小選挙区選出議員の選挙及び参議院議員の通常選挙における選挙区選出議員の選挙において投票をすることができず、選挙権を行使する権利を侵害されることになるので、そのような事態になることを防止するために、Ｘらが、同項が違憲無効であるとして、当該各選挙につき選挙権を行使する権利を有することの確認をあらかじめ求める訴えであると解することができる。

選挙権は、これを行使することができなければ意味がないものといわざるを得ず、侵害を受けた後に争うことによっては権利行使の実質を回復することができない性質のものであるから、その権利の重要性にかんがみると、具体的な選挙につき選挙権を行使する権利の有無につき争いがある場合にこれを有することの確認を求める訴えについては、それが有効適切な手段であると認められる限り、確認の利益を肯定すべきものである。そして、本件の予備的確認請求に係る訴えは、公法上の法律関係に関する確認の訴えとして、上記の内容に照らし、確認の利益を肯定することができるものに当たるというべきである。なお、この訴えが法律上の争訟に当たることは論をまたない。

そうすると、本件の予備的確認請求に係る訴えについては、引き続き在外国民であるＸらが、次回の衆議院議員の総選挙における小選挙区選出議員の選挙及び参議院議員の通常選挙における選挙区選出議員の選挙において、在外選挙人名簿に登録されていることに基づいて投票をすることができる地位にあることの確認を請求する趣旨のものとして適法な訴えということができる」。

「４　そこで、本件の予備的確認請求の当否について検討するに、……公職選挙法附則８項の規定のうち、在外選挙制度の対象となる選挙を当分の間両議院の比例代表選出議員の選挙に限定する部分は、憲法15条１項及び３項、43条１項並びに44条ただし書に違反するもので無効であって、Ｘらは、次回の衆議院議員の総選挙における小選挙区選出議員の選挙及び参議院議員の通常選挙における選挙区選出議員の選挙において、在外選挙人名簿に登録されていることに基づいて投票をすることができる地位にあるというべきであるから、本件の予備的確認請求は理由があり、……これを認容すべきものである」。

POINT　平成16年の行訴法改正により、実質的当事者訴訟（同法４条後段）として「公法上の法律関係に関する確認の訴え」が例示された後、最高裁が当事者訴訟としての確認訴訟を用いて違憲判断をした重要判例である。また、当事者訴訟としての確

認訴訟（公法上の確認訴訟）において、確認の利益の有無を解釈したリーディングケースでもある。本判決では、①次回の選挙において投票できる地位の確認というかたちで請求を特定し直した上で、②選挙権という権利の性質・重要性と、③確認の訴えの救済手段としての有効・適切さに着目して確認の利益を認め、これを全部認容とする判断がされた。

　実質的当事者訴訟は、<u>行政処分ないし行政庁の公権力の行使を直接争う請求ではない</u>けれども、<u>訴訟物が公法上の法律関係である場合</u>における訴訟類型であり、公法上の法律関係に関する確認の訴えが適法であるためには、確認の利益が認められる必要がある。本判決は、権利を付与する要件規定が違憲・違法により無効な状態にある場合に、重要な権利侵害の未然防止・必要な権利付与を図るという観点から「有効適切な手段である」として、確認の利益を肯定して当事者訴訟が活用されたケースとみることができる。最高裁は、平成16年法改正の趣旨である「国民の権利利益の実効的救済」の実を上げるべく、原告側が侵害されている「権利の重要性」に着目することにより当事者訴訟を柔軟に活用することを示唆したものと考えられる。

➡ 最大判平成20年6月4日民集62巻6号1367頁（国籍法違憲判決）は、当事者訴訟としての確認訴訟の枠組みにより、届出による日本国籍の取得について準正要件を定めていた国籍法3条1項を憲法14条1項違反とした上で、原告の日本国籍を確認する判断をした。国籍付与の要件規定の一部を違憲無効としつつ、その残余の部分を有効と扱うことによって権利付与の範囲を拡大し、本件区別により不合理な差別的取扱いを受けている者に対して確認訴訟を用いて直接的な救済のみちを開くという考え方が採られている。

➡ 最判平成5年7月20日民集47巻7号4627頁（百選Ⅱ204）は、民事訴訟たる国家賠償請求と、当事者訴訟たる損失補償請求の併合関係について、民事訴訟法232条（現143条）の規定による訴えの追加的変更に準じて、損害賠償請求に損失補償請求を追加することができるとした。行訴法19条の定める関連請求の追加的併合の技術的拡張（準用ないし類推適用）ではなく、民事訴訟法の「適用」でもなく、民事訴訟法に「準じて」追加的併合を認めたことが注目される。

21-1 [A]　当事者訴訟(2)—処遇上の不利益予防を目的とする公的義務の不存在確認—東京都教職員国旗国歌訴訟（予防訴訟）

最判平成24年2月9日（民集66巻2号183頁・百選Ⅱ200）

事実　判例20-5と同一。

判旨　判例20-5の判旨のうち、〈公的義務不存在確認訴訟（当事者訴訟）の適法性〉の箇所を参照。

POINT 　将来の不利益処分を防止するため、予防的不作為訴訟として提起された公法上の当事者訴訟としての確認訴訟（公的義務不存在確認訴訟）について、確認の利益を肯定した判例である（本判決に関するその他の論点については、判例 **20 - 5** を参照）。本判決の事案では、先行する通達・職務命令について処分性が否定されているため、将来の懲戒処分の差止訴訟と上記確認訴訟との分担関係が特に問題となる。この点、判決は、「行政処分以外の処遇上の不利益の予防」を目的とすることをとらえて、予防訴訟としての確認訴訟を許容した。

　本判決は、公法上の権利を有することの確認訴訟（判例 **21 - 1**）、公法上の地位を取得したことの確認訴訟（最大判平成 20 年 6 月 4 日・判例 **21 - 1** の参考判例として紹介）に続き、予防的不作為訴訟（公的義務不存在確認訴訟）たる確認訴訟について、確認の利益を肯定した最高裁判決として、極めて重要である。

　本判決は、将来の行政処分に関する不服を内容とする公的義務不存在確認訴訟については無名抗告訴訟と解した上で、差止訴訟が許容されることとの関係で補充性要件によりこれを不適法とし、さらに、当事者訴訟としての公的義務不存在確認訴訟についても、行政処分を争う以上は抗告訴訟と整理しており、当事者訴訟としての確認訴訟が認められる領域を厳格にとらえている。しかし、公法上の当事者訴訟を柔軟に活用して国民の権利利益の実効的救済を図るという平成 16 年改正行訴法の立法趣旨に照らすなら、事前救済（行政処分に係る予防訴訟）の局面においても、確認訴訟と法定抗告訴訟の分担関係について過度に厳格な線引きをすることは好ましくない。上記の判旨については、同一事案において、適法とされた差止訴訟で争うことが可能な問題について、重複的に確認判決による救済を許容する必要はない、という趣旨で理解すべきであろう。

---

21 - 1 [B] 　当事者訴訟（3）―委任命令の違法・無効を前提とする法的地位の確認―医薬品のネット販売を禁止する省令の適法性

東京地判平成 22 年 3 月 30 日（判時 2096 号 9 頁）

事実 　判例 **4 - 6 [A]** と同一事件の 1 審である。

> **判旨** 　「本件地位確認の訴えは、公法上の当事者訴訟のうちの公法上の法律関係に関する確認の訴えと解することができるところ、Ｘらは、改正省令の施行前は、一般販売業の許可を受けた者として、郵便等販売の方法の一態様としてのインターネット販売により一般用医薬品の販売を行うことができ、現にこれを行っていたが、改正省令の施行後は、本件各規定の適用を受ける結果として、第一類・第二類医薬品についてはこれを行うことができなくなったものであり、この規制は営業の自由に係る事業者の権利の制限であって、

その権利の性質等にかんがみると、Xらが、本件各規定にかかわらず、第一類・第二類医薬品につき郵便等販売の方法による販売をすることができる地位の確認を求める訴えについては、……本件改正規定の行政処分性が認められない以上、本件規制をめぐる法的な紛争の解決のために有効かつ適切な手段として、確認の利益を肯定すべきであり、また、単に抽象的・一般的な省令の適法性・憲法適合性の確認を求めるのではなく、省令の個別的な適用対象とされるXらの具体的な法的地位の確認を求めるものである以上、この訴えの法律上の争訟性についてもこれを肯定することができる……（なお、本件改正規定の適法性・憲法適合性を争うためには、本件各規定に違反する態様での事業活動を行い、業務停止処分や許可取消処分を受けた上で、それらの行政処分の抗告訴訟において上記適法性・憲法適合性を争点とすることによっても可能であるが、そのような方法は営業の自由に係る事業者の法的利益の救済手続の在り方として迂遠であるといわざるを得ず、本件改正規定の適法性・憲法適合性につき、上記のような行政処分を経なければ裁判上争うことができないとするのは相当ではない……）。」

POINT　第一類・第二類医薬品について一律に郵便等販売を禁止すること等の規制を新たに定めた委任命令（省令）が法律の委任の範囲を超えて違法・無効である等として、本件改正省令の規定にかかわらず、当該医薬品につき郵便等販売の方法による販売をすることができる地位の確認を求める訴え（公法上の当事者訴訟としての確認訴訟）について、確認の利益を肯定し、適法とした裁判例である。判決は、本件改正省令（その制定行為）の処分性を否定した上で、本件確認訴訟について、「本件規制をめぐる法的な紛争の解決のために有効かつ適切な手段」とした。

　また、改正省令の規律に反して郵便等販売を行った場合の事後的措置として予測される不利益処分に係る抗告訴訟と、上記の地位確認訴訟との分担関係について、本判決は、前者（抗告訴訟）が「営業の自由に係る事業者の法的利益の救済手続の在り方として迂遠」と説示しており、成熟した紛争の合理的解決という観点から、将来の不利益処分を抗告訴訟により争うことが必ずしも有効適切でないケースにおいて、当事者訴訟としての確認訴訟を活用しようとする方向性が示唆されている。

21-1 [C]　当事者訴訟（4）―国が審査権を行使させないことの違法確認・在外国民国民審査権訴訟

最大判令和4年5月25日（民集76巻4号711頁）

事実　国外に居住していて国内の市町村の区域に住所を有していない在外国民であるX₁は、最高裁判所裁判官国民審査法（国民審査法）に基づく審査（国民審査）に係る審査権の行使が認められていないことについて、その適否を裁判で争うため出訴した。X₁は、国（Y）に対し、主位的に、次回の国民審査において審査権を行使することができる地位にあることの確認を求

め（本件地位確認の訴え）、予備的に、Y が X₁ に対して国外に住所を有することをもって次回の国民審査において審査権の行使をさせないことが憲法 15 条 1 項、79 条 2 項、3 項等に違反して違法であることの確認を求めた（本件違法確認の訴え）。加えて、X₁ ら 5 名の在外国民（X ら）は、Y に対し、国会において在外国民に審査権の行使を認める制度を創設する立法措置がとられなかったという立法不作為により、平成 29 年に施行された国民審査において審査権を行使することができず精神的苦痛を被ったとして、国家賠償法 1 条 1 項に基づく損害賠償を求めた。

1 審は、本件地位確認の訴えおよび本件違法確認の訴えについて、いずれも法律上の争訟にあたらないとして却下する一方、本件立法不作為につき平成 29 年の国民審査当時において国家賠償法 1 条 1 項の適用上違法と評価されるとして損害賠償請求を一部認容した。2 審は、本件地位確認の訴えについて確認の利益を欠くとして却下すべきとした上で、本件違法確認の訴えについて公法上の法律関係に関する確認の訴え（行訴法 4 条）として適法として請求を認容したが、損害賠償請求は棄却すべきと判断した。X らおよび Y がそれぞれ上告。X₁ が附帯上告。一部破棄自判、一部上告棄却。

以下では、国民審査法が在外国民に審査権の行使を全く認めていないことは違憲であり、Y が X₁ に対して国外に住所を有することをもって次回の国民審査において審査権を行使させないことが違法であることの確認を求める訴えに係る請求に対する判示を紹介する。

> **判旨**（〈 〉は筆者）
>
> 〈国民審査法が在外国民に審査権の行使を全く認めていないことの憲法適合性〉
>
> 「国民審査法 4 条は、衆議院議員の選挙権を有する者は、審査権を有すると規定しているが、これとは別に、同法 8 条は、国民審査に用いられる審査人の名簿について規定していることからすると、同法は、飽くまで上記審査人の名簿に登録されている者でなければ審査権を現実に行使することができないことを前提としているものと解される。
>
> そして、国民審査法 8 条は、上記審査人の名簿について、公職選挙法に規定する選挙人名簿で衆議院議員総選挙について用いられるものを用いるとしているところ、同法は、選挙人名簿と在外選挙人名簿とを区別しており、在外選挙人名簿を選挙人名簿とみなすなどの規定を設けてもいない。また、国民審査法は、在外国民による審査権の行使の方法等についての規定を全く設けていない。そうすると、同法 8 条にいう選挙人名簿に在外選挙人名簿が含まれると解することはできない。
>
> したがって、<u>国民審査法 4 条、8 条により在外国民に審査権の行使が認められていると解することはできず、現行法上、在外国民について審査権の行使を認める規定を欠いている状態にあるといわざるを得ない</u>。」
>
> 「国民審査の制度は、国民が最高裁判所の裁判官を罷免すべきか否かを決定する趣旨のものであるところ……、憲法は、一切の法律、命令、規則又は処分が憲法に適合するかしないかを決定する権限を有する終審裁判所である（憲法 81 条）などの最高裁判所の地位と権能に鑑み、この制度を設け、主権者である国民の権利として審査権を保障しているものである。そして、このように、<u>審査権が国民主権の原理に基づき憲法に明記された主権者の権能の一内容である点において選挙権と同様の性質を有すること</u>に加え、憲法が衆議

院議員総選挙の際に国民審査を行うこととしていることにも照らせば、憲法は、選挙権と同様に、国民に対して審査権を行使する機会を平等に保障しているものと解するのが相当である。

憲法の以上の趣旨に鑑みれば、国民の審査権又はその行使を制限することは原則として許されず、審査権又はその行使を制限するためには、そのような制限をすることがやむを得ないと認められる事由がなければならないというべきである。そして、そのような制限をすることなしには国民審査の公正を確保しつつ審査権の行使を認めることが事実上不可能ないし著しく困難であると認められる場合でない限り、上記のやむを得ない事由があるとはいえず、このような事由なしに審査権の行使を制限することは、憲法 15 条 1 項、79 条 2 項、3 項に違反するといわざるを得ない。また、このことは、国が審査権の行使を可能にするための所要の立法措置をとらないという不作為によって国民が審査権を行使することができない場合についても、同様である。

在外国民は、前記……のとおり、現行法上、審査権の行使を認める規定を欠いている状態にあるため、審査権を行使することができないが、憲法によって審査権を保障されていることには変わりがないから、国民審査の公正を確保しつつ、在外国民の審査権の行使を可能にするための所要の立法措置をとることが事実上不可能ないし著しく困難であると認められる場合に限り、当該立法措置をとらないことについて、上記やむを得ない事由があるというべきである」。

「国民審査法は、衆議院議員総選挙の期日の公示の日に、国民審査に付される裁判官が定まり、その氏名が告示されることを前提として、都道府県の選挙管理委員会が、国民審査に付される裁判官の氏名を印刷するとともに、それぞれの裁判官に対する×の記号を記載する欄を設けた投票用紙を調製することとした上で、投票の方式につき、上記投票用紙を用いた記号式投票によることを原則としている。このような投票用紙の調製や投票の方式に関する取扱い等を前提とすると、……在外審査制度を創設することについては、在外国民による国民審査のための期間を十分に確保し難いといった運用上の技術的な困難があることを否定することができない。

しかしながら、……審査権と同様の性質を有する選挙権については、……衆議院小選挙区選出議員の選挙及び参議院選挙区選出議員の選挙をも対象に含めた在外選挙制度の下で、現に複数回にわたり国政選挙が実施されていることも踏まえると、上記のような技術的な困難のほかに在外審査制度を創設すること自体について特段の制度的な制約があるとはいい難い。そして、国民審査法 16 条 1 項が、点字による国民審査の投票を行う場合においては、記号式投票ではなく、自書式投票によることとしていることに鑑みても、在外審査制度において、上記のような技術的な困難を回避するために、現在の取扱いとは異なる投票用紙の調製や投票の方式等を採用する余地がないとは断じ難いところであり、具体的な方法等のいかんを問わず、国民審査の公正を確保しつつ、在外国民の審査権の行使を可能にするための立法措置をとることが、事実上不可能ないし著しく困難であるとは解されない。そうすると、在外審査制度の創設に当たり検討すべき課題があったとしても、在外国民の審査権の行使を可能にするための立法措置が何らとられていないことについて、やむ

を得ない事由があるとは到底いうことができない。

　したがって、国民審査法が在外国民に審査権の行使を全く認めていないことは、憲法
15条1項、79条2項、3項に違反する」。

〈本件地位確認の訴えに関する判断〉

「本件地位確認の訴えは、公法上の当事者訴訟のうち公法上の法律関係に関する確認の
訴えと解され、X₁は、……結局は、国民審査法4条、8条の解釈に基づいて、次回の国
民審査において審査権を行使することができる地位にあることの確認を求めているものと
解される。

　そして、平成29年国民審査において審査権を行使することができないものとされた
X₁が、次回の国民審査に先立ち、審査権を行使することができる地位を有することを確認
することは、その地位の存否に関する法律上の紛争を解決するために有効適切な手段であ
ると認められる。」

「もっとも、……国民審査法4条、8条により在外国民に審査権の行使が認められてい
ると解することはできないのであるから、上記各規定の解釈に基づいて、X₁が次回の国民
審査において審査権を行使することができる地位にあるとするX₁の主張を採用すること
はできない。そうすると、本件地位確認の訴えに係る請求は理由がなく、これを棄却すべ
きものであるが、不利益変更禁止の原則により、本件地位確認の訴えに係る附帯上告を棄
却するにとどめるほかな」い。

〈本件違法確認の訴えに関する判断〉

「X₁は、本件違法確認の訴えにおいて、国民審査法が在外国民に審査権の行使を全く認
めていないことが違憲であることを理由として、YがX₁に対して国外に住所を有するこ
とをもって次回の国民審査において審査権の行使をさせないことが違法であると主張し、
その確認を求めるものである。そうすると、本件違法確認の訴えは、公法上の当事者訴訟
のうち公法上の法律関係に関する確認の訴えと解される。

　憲法79条4項は、国民審査に関する事項は法律でこれを定める旨規定するところ、同
条は、2項において、最高裁判所の裁判官の任命について、衆議院議員総選挙の際に国民
の審査に付する旨規定し、また、3項において、投票者の多数が裁判官の罷免を可とする
ときは、その裁判官は罷免される旨規定しており、国民に保障された審査権の基本的な内
容等が憲法上一義的に定められていることが明らかである。そのため、国民審査法が在外
国民に審査権の行使を全く認めていないことによって、在外国民につき、具体的な国民審
査の機会に審査権を行使することができないという事態が生ずる場合には、そのことをも
って、個々の在外国民が有する憲法上の権利に係る法的地位に現実の危険が生じていると
いうことができる。

　また、審査権は、選挙権と同様に、国民主権の原理に基づくものであり、具体的な国民
審査の機会にこれを行使することができなければ意味がないものといわざるを得ず、侵害
を受けた後に争うことによっては権利行使の実質を回復することができない性質のもので

ある。

　加えて、国民審査法が在外国民に審査権の行使を全く認めていないことが違憲であることを理由として、国が個々の在外国民に対して次回の国民審査の機会に審査権の行使をさせないことが違法であると主張され、この点につき争いがある場合に、その違法であることを確認する判決が確定したときには、国会において、裁判所がした上記の違憲である旨の判断が尊重されるものと解されること（憲法81条、99条参照）も踏まえると、当該確認判決を求める訴えは、上記の争いを解決するために有効適切な手段であると認められる。このように解しても、上記のとおり、国民に保障された審査権の基本的な内容等が憲法上一義的に定められていることが明らかであること等に照らすと、国会の立法における裁量権等に不当に影響を及ぼすことになるとは考え難い」。

　「したがって、現に在外国民であるX₁に係る本件違法確認の訴えは、公法上の法律関係に関する確認の訴えとして適法であるということができる。以上に説示したところは、選挙権について、その行使を制限されていた在外国民が公法上の法律関係に関する確認の訴えにより救済を求めることが認められるものとされている趣旨（平成17年大法廷判決参照）にも沿うものと解される。」

　「国民審査法が在外国民に審査権の行使を全く認めていないことは違憲であるから、YがX₁に対して国外に住所を有することをもって次回の国民審査において審査権を行使させないことは違法である。そうすると、本件違法確認の訴えに係る請求は理由があり、これを認容すべきものである。」

POINT　国民審査法が、最高裁判所の裁判官の任命に関する国民審査について、在外国民による審査権の行使を全く認めていないことが憲法違反であると判断し、国が在外国民に対して次回の最高裁判所の裁判官の任命に関する国民の審査において審査権の行使をさせないことが違法であることの確認を求める訴えについて、確認の利益を認めて適法とし、請求を認容した判例である。公法上の法律関係に関する確認訴訟（行訴法4条後段）を受け皿として、憲法上国民に保障された審査権行使に係る紛争について、国民側の救済を認めた最高裁大法廷判決である。

　最高裁は、①地位確認の訴え（次回の国民審査において審査権を行使することができる地位にあることの確認の請求）、②違法確認の訴え（国が原告に対して国外に住所を有することをもって次回の国民審査において審査権の行使をさせないことが違法であることの確認の請求）の両方を適法と判断し、①を請求棄却、②を請求認容としている。平成17年大法廷判決（判例21-1）は、地位確認を求める訴えを適法として請求認容とする一方、違法確認を求める訴えについては、前者がより適切な訴えであるとして不適法とする判断を示していた。本判決は、違法であることの確認を求める訴えについて、正面から適法と判断したことが注目される。とりわけ、本件において、違法確認の訴えは、国による適切な立法措置を促し、当該立法措置の結果として原告らの国民審査権行使

を可能ならしめる趣旨と考えられるのであり、これを適法とした本判決は、憲法上の権利の侵害に対する司法的救済のひとつのあり方を提示したものと考えられる。

上記の点について、宇賀克也裁判官の補足意見は、本件地位確認の訴え、本件違法確認の訴えの両者とも、法律上の争訟の要件を満たし、かつ、紛争解決に有効であり確認の利益も認められるとした上で、以下のように説示する。「地位確認の訴えに係る請求を認容することができず、他に適切な救済方法がない本件において、違法確認の訴えに係る確認の利益を認めるという解釈は、平成17年大法廷判決の趣旨にも適合していると考えられる。そして、在外国民が国民審査に参加する権利のように立法措置が全くとられていないという全面的な立法不作為と、平成17年大法廷判決当時の在外国民が国政選挙に参加する権利の一部を行使することができないという部分的な立法不作為を比較すれば、前者の方が、立法不作為による権利侵害の程度がより大きいにもかかわらず、後者については、積極的な地位確認の訴えにより救済が図られるのに対して、前者については、権力分立の観点からはより謙抑的な違法確認の訴えを認めないことは、均衡を欠くように思われる」。

上記に続けて、宇賀補足意見は、以下のようにも述べている。（平成16年の行政事件訴訟法改正により）「同法4条に確認の訴えを明示することにより、処分性のない事案における救済の受け皿として、実質的当事者訴訟としての確認の訴えの活用を促すこととされた。民事訴訟においても、紛争の抜本的解決に必要な場合には、過去の法律関係や過去の事実の確認も可能であると解されているところ、実質的当事者訴訟としての確認の訴えの場合にも、現在の権利義務関係を争うよりも、立法や行政活動の作為又は不作為の違法確認の訴えの方が現在の紛争の解決にとって有効適切である場合には、立法や行政活動の作為又は不作為の違法確認の訴えが排除されると考えるべきではなく、かかる訴訟を認めることは、実質的当事者訴訟としての確認の訴えを明記した上記改正の趣旨にも適合すると思われる」。

処分性の否定事案における確認訴訟の活用は、当事者（原告）の権利利益に引き直して請求を立てることが理にかなうケースを中心として、一定の成果を上げつつある。本判決は、権利の重要性・権利行使の保障の重要性において選挙権と同等と解される国民審査権が制約される場面での司法的救済の枠組みとして、確認訴訟が活用された例を付け加えるものであり、平成16年行訴法改正の成果のひとつと評される。

なお、国家賠償請求に係る判示については、284頁を参照。

21-2　機関訴訟と「法律上の争訟」―布施市公会堂建設事件
最判昭和28年6月12日（民集7巻6号663頁・百選II 205）

事実　大阪府布施市（Y₁）は公会堂を建設することを計画し、布施市長（Y₂）が、大阪府知

事（Y₃）に設計変更認可（当時の臨時建築制限規則に基づく）、建設大臣（Y₄）に建築許可（当時の市街地建築物法に基づく）をそれぞれ申請して認可および許可を受けた。これに対し、布施市の市議会議員であるXらが、市民の利益のため、Y₁・Y₂を相手に上記各申請前の市議会での議決の不存在確認等、Y₁～Y₄を相手に上記各申請・Y₃を相手に前記認可・Y₄を相手に前記許可の無効確認を求めて出訴。1審・2審とも訴えを却下する判断をしたため、Xらが上告。上告棄却。以下、市議会議員が市・市長を相手に議決の無効・不存在等を争う訴えを不適法とした部分の判旨を紹介する。

> **判旨**　「市長は市議会の議決に拘束されるけれども、このような執行機関と議決機関との関係は市の内部の機関相互間の関係であって若しその間に紛争があるならば市が内部的に解決すべく、訴訟をもって争うべき問題ではない。機関相互間の権限の争は法人格者間の権利義務に関する争とは異り、法律上の争として当然に訴訟の対象となるものではなく、法律が内部的解決に委せることを不適当として、例えば地方自治法176条5項のように特に訴の提起を許している場合にのみ、訴訟の対象となる……。そして市議会の議員が、市又は市長を被告として議決の無効又は不存在の確認を求める訴は、地方自治法その他の法律中に、これを許した規定がないのであるから、……本訴を不適法としたのは正当である。」

POINT　機関訴訟が「法律上の争訟」でないことに論及しつつ、市議会議員が市または市長を相手に議決の無効等の確認を求める訴えを不適法とした判例である。

➡ 最判昭和49年5月30日民集28巻4号594頁（百選Ⅰ1）は、国民健康保険事業の実施主体（保険者）たる大阪市が、大阪府国民健康保険審査会の審査裁決（訴外Aの被保険者資格を認める裁決）の取消しを求めて提起した訴え（Aの住所につき事実誤認がある等と主張）について、審査会と保険者が「上級行政庁とその指揮監督に服する下級行政庁」と同様の関係に立つことを根拠の1つとして、訴えを却下する判断をした。

21-3　住民訴訟(1)（旧4号請求）
―先行行為と財務会計上の行為・東京都一日校長事件
最判平成4年12月15日（民集46巻9号2753頁）

事実　東京都教育委員会は、都内の公立学校で教頭職にある者のうち勧奨退職に応じた29名について、昭和58年3月31日、同日付で1日だけ校長に任命するとともに、勧奨退職に応じた職員を2号給昇給させる名誉昇給制度を適用した上で、退職承認処分とした。東京都知事（Y）は、上記29名について、昇給後の号級を基礎として算定した退職手当の支出決定を行った。東京都の住民であるXは、東京都は上記29名の者が教頭職のまま退職した場合の退職支給金額との差額分の損害を被ったとして、地方自治法242条の2第1項4号（平成14年改正

前）に基づき、個人としてのYに対し、東京都に代位して損害賠償を請求して出訴。1審・2審ともXの請求を棄却したため、Xが上告。上告棄却。

> **判旨** 「地方自治法242条の2の規定に基づく住民訴訟は、普通地方公共団体の執行機関又は職員による同法242条1項所定の財務会計上の違法な行為又は怠る事実の予防又は是正を裁判所に請求する権能を住民に与え、もって地方財務行政の適正な運営を確保することを目的とする……。そして、同法242条の2第1項4号の規定に基づく代位請求に係る当該職員に対する損害賠償請求訴訟は、このような住民訴訟の一類型として、財務会計上の行為を行う権限を有する当該職員に対し、職務上の義務に違反する財務会計上の行為による当該職員の個人としての損害賠償義務の履行を求めるものにほかならない。したがって、当該職員の財務会計上の行為をとらえて右の規定に基づく損害賠償責任を問うことができるのは、たといこれに<u>先行する原因行為に違法事由が存する場合であっても、右原因行為を前提としてされた当該職員の行為自体が財務会計法規上の義務に違反する違法なものであるときに限られる</u>」。
>
> 「教育委員会と地方公共団体の長との権限の配分関係にかんがみると、教育委員会がした学校その他の教育機関の職員の任免その他の人事に関する処分……については、地方公共団体の長は、右処分が著しく合理性を欠きそのためにこれに予算執行の適正確保の見地から看過し得ない瑕疵の存する場合でない限り、右処分を尊重しその内容に応じた財務会計上の措置を採るべき義務があり、これを拒むことは許されない」。本件の「事実関係の下において、本件昇格処分及び本件退職承認処分が著しく合理性を欠きそのためにこれに予算執行の適正確保の見地から看過し得ない瑕疵が存するものとは解し得ないから、Yとしては、東京都教育委員会が行った本件昇格処分及び本件退職承認処分を前提として、これに伴う所要の財務会計上の措置を採るべき義務があるものというべきであり、したがって、Yのした本件支出決定が、その職務上負担する財務会計法規上の義務に違反してされた違法なものということはできない。」

POINT 民衆訴訟の代表例である地方自治法の定める住民訴訟のうち、平成14年改正前の同法242条の2第1項4号に基づく請求（旧4号請求。判例**1-2**を参照）に係る判例である。昇格処分・退職承認処分（先行する原因行為）⇒退職手当支給（後行する財務会計上の行為）の行為者が異なるケースで、財務会計上の行為をとらえて損害賠償責任を問うことができるのは、先行する原因行為に違法事由が存する場合であっても、原因行為を前提としてされた当該職員の行為自体が財務会計法規上の義務に違反する違法なものであるときに限られるという法理が示されている。

21-4　住民訴訟(2)
―議会による債権放棄議決・神戸市外郭団体職員派遣事件
最判平成 24 年 4 月 20 日（民集 66 巻 6 号 2583 頁）

事実　神戸市の住民である X らは、同市が、市職員を派遣等している外郭団体に対し、これら職員の給与相当額の補助金・委託料の支出をしていることが、「公益的法人等への一般職の地方公務員の派遣等に関する法律」を潜脱し違法であるとして、神戸市長（Y）を相手に、上記支出当時の市長に対する損害賠償請求、当該外郭団体に対する不当利得返還請求をすること等の義務付けを求める住民訴訟（地方自治法 242 条の 2 第 1 項 4 号）を提起した。1 審は X らの請求を一部認容し、Y が控訴（X らも附帯控訴）したところ、2 審における口頭弁論終結後、神戸市議会において、本件請求権を放棄する旨の条例が制定・公布されるに至った。Y は、再開された 2 審で議会の権利放棄による本件債権の消滅を主張したが、2 審は、この市議会の議決は違法・無効である等として権利放棄を認めず、損害賠償請求・不当利得返還請求の義務付け請求を認容した。Y が上告。破棄自判（X らの請求棄却）。以下、議会による権利放棄議決の違法性に係る判断基準が説示された部分を紹介する。

判旨　「地方自治法においては、普通地方公共団体がその債権の放棄をするに当たって、その議会の議決及び長の執行行為（条例による場合は、その公布）という手続的要件を満たしている限り、その適否の実体的判断については、住民による直接の選挙を通じて選出された議員により構成される普通地方公共団体の議決機関である議会の裁量権に基本的に委ねられている……。もっとも、同法において、普通地方公共団体の執行機関又は職員による公金の支出等の財務会計行為又は怠る事実に係る違法事由の有無及びその是正の要否等につき住民の関与する裁判手続による審査等を目的として住民訴訟制度が設けられているところ、住民訴訟の対象とされている損害賠償請求権又は不当利得返還請求権を放棄する旨の議決がされた場合についてみると、このような請求権が認められる場合は様々であり、個々の事案ごとに、当該請求権の発生原因である財務会計行為等の性質、内容、原因、経緯及び影響、当該議決の趣旨及び経緯、当該請求権の放棄又は行使の影響、住民訴訟の係属の有無及び経緯、事後の状況その他の諸般の事情を総合考慮して、これを放棄することが普通地方公共団体の民主的かつ実効的な行政運営の確保を旨とする同法の趣旨等に照らして不合理であって上記の裁量権の範囲の逸脱又はその濫用に当たると認められるときは、その議決は違法となり、当該放棄は無効となる……。そして、当該公金の支出等の財務会計行為等の性質、内容等については、その違法事由の性格や当該職員又は当該支出等を受けた者の帰責性等が考慮の対象とされる」。

POINT　本判決は、住民訴訟（4 号請求）の対象とされている普通地方公共団体の不当利得返還請求権について、議会が権利放棄をする旨の議決をした場合に、その適法

性・有効性に関する判断基準を提示した。本判決では、市長の過失が否定されたため、損害賠償請求権の放棄議決については判示されていない（損害賠償請求権の放棄議決については、最判平成24年4月20日判時2168号45頁、最判平成24年4月23日民集66巻6号2789頁を参照）。

　判旨に掲げた最高裁の解釈枠組みは、住民により公選された議員で構成される地方議会の裁量権を重視しつつ、議会議決につき裁量権逸脱・濫用の審査というかたちで司法審査を及ぼすというものである。これにより、住民訴訟の進行中に議会が権利放棄議決をすることは当然に無効であるという解釈は否定され、議会議決と住民訴訟制度との対抗関係については、議会議決の裁量権逸脱・濫用審査における考慮要素を多数掲げることによって処理するという方向性が示された。最高裁による解釈枠組みについては、直接公選制を背景とする地方議会の権限の側を過度に重視しているのではないか（住民訴訟制度の意義が十分に配慮されていないのではないか）、また、議会議決の裁量審査に係る考慮要素が過度に多元的である以上、現実に司法統制が及び得るのは、支出を担当する公務員の帰責性が極めて重大である等のケースを除いてほとんどないのではないか、との評価ができよう。

➡平成29年の地方自治法改正により、住民訴訟制度について、長・職員等がその職務を行うにつき善意かつ重大な過失がない場合に条例を定めて一定の免責をすることが可能となり（243条の2第1項）、住民監査請求があった後の請求権放棄議決をしようとする際に監査委員の意見を聴取することが義務付けられている（242条10項）。この法改正により、議会による債権放棄議決は、一定の歯止めをかけつつも、正面から正当化されることとなった。

22 仮の救済

22-1 執行停止の要件—「重大な損害」の解釈・弁護士懲戒処分
最決平成 19 年 12 月 18 日（判時 1994 号 21 頁・百選 II 192）

事実 弁護士 X は、所属弁護士会から業務停止 3 月の懲戒処分を受け、日本弁護士連合会（Y）に審査請求をしたが棄却裁決をされた。X は、本件裁決の取消訴訟を提起するとともに、本件懲戒処分の効力の停止を求める旨の執行停止の申立てをした。原審は本件懲戒処分の効力を停止する決定をしたため、Y が許可抗告。抗告棄却。

> **決定要旨** 「X は、その所属する弁護士会から業務停止 3 月の懲戒処分を受けたが、当該業務停止期間中に期日が指定されているものだけで 31 件の訴訟案件を受任していたなど本件事実関係の下においては、行政事件訴訟法 25 条 3 項所定の事由を考慮し勘案して、上記懲戒処分によって X に生ずる社会的信用の低下、業務上の信頼関係の毀損等の損害が同条 2 項に規定する『重大な損害』に当たるものと認めた原審の判断は、正当」である。

POINT 弁護士の懲戒処分により生じる「社会的信用の低下、業務上の信頼関係の毀損等の損害」が行訴法 25 条 2 項の定める「重大な損害」にあたるとして、執行停止を認めた決定である。同項の要件は、平成 16 年の法改正により、従前の「回復の困難な損害」から現在の「重大な損害」に改められた（同項の解釈基準として 3 項を新設）。「回復の困難な損害」要件は、金銭賠償による補填が不可能とはいえない損害、あるいは、処分の結果として通常ないし当然に生じる損害について、執行停止を否定する役割を果たすことがあった。最高裁は、改正法下での執行停止の要件について、申立人が受ける権利利益侵害のあり方を具体的に考量するという手法により、従前より緩やかに解釈することを示した。

22-2 執行停止と裁判を受ける権利—退去強制令書の執行
最決昭和 52 年 3 月 10 日（判時 852 号 53 頁・百選 II 191）

事実 インド国籍を有する外国人 X は、在留期間更新許可を受けて在留していたが、4 度目の在留期間更新の許可を受けられずに在留期間を経過し、退去強制令書の発付を受けた。X は、同令書発付の取消訴訟を提起するとともに、本案判決の確定まで執行の停止を求める申立てを

したところ、本件令書の送還部分に限り（収容部分が除かれている）、1審の本案判決の言渡しまで執行を停止する旨の決定がされた。Xは、原決定では1審敗訴の時点で直ちに令書が執行されてインドに送還され、上訴して裁判を受ける権利が否定されるとして抗告したが、抗告棄却。Xが特別抗告。抗告却下。

> **決定要旨**　「仮にXが本案について1審において敗訴した結果本件令書が執行され、その本国に強制送還されたとしても、Xは、それによって直ちにわが国において本案について上訴して裁判を受ける権利を失うわけではない。もっとも、Xが本国に強制送還され、わが国に在留しなくなれば、みずから訴訟を追行することは困難となるを免れないことになるが、訴訟代理人によって訴訟を追行することは可能であり、また、訴訟の進行上当事者尋問などのためXが直接法廷に出頭することが必要となった場合には、その時点において、所定の手続により、改めてわが国への上陸が認められないわけではない……。それゆえ、本件令書が執行され、Xがその本国に強制送還されたとしても、それによってXの裁判を受ける権利が否定されることにはならない」。

POINT　本決定は、退去強制令書の送還部分の執行を1審の本案判決の言渡しまで停止する旨の決定について、敗訴した後に直ちに本国へ強制送還されてしまうと上訴して争うことができなくなるとの主張を斥け、Xの裁判を受ける権利が否定されることにはならないとした。

22-3　仮の義務付け─保育園入園の承認処分
東京地決平成18年1月25日（判時1931号10頁）

事実　喉に障害のある児童Aの親（X）が、居住する東大和市（Y）が設置運営する普通保育園への入園申込みをしたところ、同市福祉事務所長から2度にわたり不承諾処分をされたため、不承諾処分の取消しを求めるとともに、適切な保育園へ入園承諾処分をすることの義務付け等を求める抗告訴訟を提起した上で、Aの普通保育園の入園を仮に承諾する仮の義務付けを申し立てた。認容（市内5つの保育園のうちいずれかの保育園に入園することを仮に承諾することを義務付け）。なお、本案について、東京地判平成18年10月25日判時1956号62頁が義務付け判決を言い渡している。

> **決定要旨**　償うことのできない損害を避けるため緊急の必要があるときの要件の存否について。
> 　「行政事件訴訟法37条の5第1項所定の『……償うことのできない損害を避けるため緊急の必要があるとき』とは、義務付けの訴えに係る処分又は裁決がされないことによって被る損害が、原状回復ないし金銭賠償による塡補が不能であるか、又は社会通念上相当

に困難であるとみられる程度に達していて、そのような損害の発生が切迫しており、社会通念上、これを避けなければならない緊急の必要性が存在することをいう」。

「本案訴訟の判決の確定を待っていては、Ａは、保育園に入園して保育を受ける機会を喪失する可能性が高い……。……子供にとって、幼児期においてどのような環境においてどのような生活を送るかはその子供の心身の成長、発達のために重要な事柄である。したがって、ＹがＡの保育園への入園を許可する旨の処分をしないことによって、Ａが保育園に入園して保育を受ける機会を喪失するという損害は、その性質上、原状回復ないし金銭賠償による塡補が不能な損害である」。

「また、Ａは、現に保育園に入園することができない状況に置かれているのであるから、損害の発生が切迫しており、社会通念上、これを避けなければならない緊急の必要性も肯定することができる。」

「Ａが……〔障害児の療育施設〕に通園していることをもって、Ａが保育園に入園して保育を受けているのと同様の状況にあると見ることはできず、また、保育園に入園することができないことによる損害が回避されていると認めることもできない。」

本案について理由があるとみえるときの要件の存否について。

「行政事件訴訟法 37 条の 5 にいう仮の義務付けを命ずるには、『本案について理由があるとみえるとき』という要件が必要である。そして、同条の文言、及び仮の義務付けの決定が、裁判所が本案判決前に仮に行政庁が具体的な処分をすべきことを命ずる裁判であることからすると、その発令の要件は、……〔執行停止決定に係る要件（同法 25 条 4 項）〕よりも、更に厳格なものであり、仮の義務付けの裁判の段階において、積極的に、本案について理由があると認め得ることが必要である」。

児童福祉法の解釈上「処分行政庁は、当該児童に対し、保育所における保育を行う際に、当該児童が心身ともに健やかに育成する上で真にふさわしい保育を行う責務がある……。このことは、当該児童が障害を有する場合であっても同様である。そして、真にふさわしい保育を行う上では、障害者であるからといって一律に障害のない者が通う普通保育園における保育を認めないことは許されず、障害の程度を考えて、当該児童が、普通保育園に通う児童と身体的、精神的状態及び発達の点で同視することができ、普通保育園での保育が可能な場合には、普通保育園での保育を実施すべきである。」

「よって、このような場合であるにもかかわらず、処分行政庁が、児童福祉法 24 条 1 項ただし書にいう『やむを得ない事由』があるとして、当該児童に対し、普通保育園における保育を認めなかった場合には、処分行政庁の保育所への不承諾処分は、裁量の範囲を超え又はその濫用となるものであって、違法となる」。

「以上の認定判断を前提とすると、現段階においては、本件各処分は、処分行政庁が裁量権を逸脱又は濫用したものであって違法であり、処分行政庁は、本件における普通保育園への入園の各申請につき、承諾の義務を負う」。

POINT　仮の義務付けを認容した決定例である。仮の義務付けの要件のうち、行訴

法37条の5第1項が規定する、「償うことのできない損害を避けるため緊急の必要があ」ること、「本案について理由があるとみえる」ことについて、解釈枠組みを明示した上であてはめを行い、要件充足の結論を導いている。

22-4　仮の差止め――保育所廃止条例
神戸地決平成19年2月27日（賃金と社会保障1442号57頁）

事実　神戸市（Y）は、自ら設置する市立保育所を平成19年3月31日をもって廃止する内容の条例を制定し、その施行により同保育所を廃止して社会福祉法人に運営を移管する予定であった。同保育所に入所している児童・その保護者ら（Xら）は、Yを相手に、条例制定行為の差止訴訟を提起するとともに、同条例の制定につき仮の差止めの申立てをした。認容（本案の第1審判決言渡しまで、本件条例の制定をもってする本件保育所を平成19年3月31日限り廃止する旨の処分をしてはならない、という仮の差止め決定）。

> **決定要旨**　償うことのできない損害を避けるため緊急の必要性の有無について。
> 　「行政事件訴訟法37条の5第2項は、仮の差止めの要件として、『償うことのできない損害を避けるため緊急の必要』があることを定めている。」「これは、本案事件における差止判決を待っていたのでは『償うことのできない損害』を生ずるおそれがあって、これを避けるために緊急の必要があることを要件とするものであるから、『償うことのできない損害』とは、差止訴訟の要件である『……重大な損害を生ずるおそれがある場合』（同法37条の4第1項）よりも損害の回復の困難の程度が著しい場合をいうものと解すべきであり、金銭賠償が不可能な損害が発生する場合のほか、社会通念に照らして金銭賠償のみによることが著しく不相当と認められるような場合を指すものと解される。」
> 　「そして、……償うことのできない損害の有無を判断するに当たっては、本件条例の改正に伴ってYが措置することを予定している民間移管の内容や円滑な移管のためにとられる予定の引継ぎや共同保育等のスケジュール等の諸般の事情を前提とした上で、市立保育所としての本件保育所の廃止が保育児童やその保護者に与える影響について勘案すべきである。」
> 　「本件保育所の民間移管に伴い……Xら児童の生命・身体等に重大な危険が生ずるばかりか、保護者及び児童の保育所選択に関する法的利益も侵害される。」「本件においては、Yから本件法人への円滑な引継ぎのために行われる共同保育の計画の期間、内容及び実行可能性等について計画自体において問題があることは明らかであり、……極めて不十分で実質的にみれば無きに等しい性急な共同保育を経ただけで市立保育所としての本件保育所を廃止しこれを民間移管することは、Xらの保育所選択に関する法的利益を侵害するものであり、社会通念に照らして金銭賠償のみによることが著しく不相当と認められる」。
>
> 　本案について理由があるとみえるか否かについて。

「Yにおいて、市立保育所の廃止により財政状況を立て直す必要性があること自体は一応認められるものの、……極めて不十分で実質的にみれば無きに等しい性急な共同保育を経ただけで市立保育所としての本件保育所を廃止しこれを民間移管することは、Xらの保育所選択権を、Yに与えられた裁量権を逸脱又は濫用して侵害するものといわざるを得ず、本案について理由があるとみえる場合に当たる」。

公共の福祉に重大な影響を及ぼすおそれの有無について。
「本件条例の制定を仮に差止めることによって、Yの財政計画や職員の配置計画に多少の変動が生じることは否めないが、これが公共の福祉に重大な影響を与えるとまではいえないことは明らかである。」

POINT　仮の差止めを認容した決定例である。行訴法37条の5第2項・3項が規定する仮の差止めの要件のうち、「償うことのできない損害を避けるため緊急の必要があ」ること、「本案について理由があるとみえるとき」、「公共の福祉に重大な影響を及ぼすおそれがあるとき」について、具体的なあてはめを行って要件充足の結論を導いている。

本決定については、条例制定行為に処分性を認めるのではなく、「当該条例の制定をもってする……廃止する旨の処分」を仮に差し止めるという法律構成が採られたことも注目される。

22-5　仮処分の排除—阪神高速道路建設禁止仮処分事件
神戸地尼崎支決昭和48年5月11日（判時702号18頁）

事実　阪神高速道路の建設工事について、沿道住民Xらが、阪神高速道路公団（Y）を相手に、道路建設禁止の仮処分を求めた。申請一部認容。

決定要旨　「公権力の行使に当る行為については、行政事件訴訟法44条の規定によって民事訴訟法による仮処分が禁止されたところ、本件道路建設工事は、建設大臣が計画決定をなした都市計画にもとづく事業である点および道路法等の規定から考え、いわゆる公権力の行使に当る行為に該当すると認められるから、同道路建設（公権力の行使）を不可能にするような仮処分、たとえば同工事を全面的かつ長期間に亘って停止する仮処分はこれを許されないものと解する。」「けれども本案訴訟が適法である以上、それに付随する仮処分を許すべきことは当然の法理であるともいえるから、右44条の規定は、正当な公権力の行使を妨げることのない仮処分、たとえばその行使方法の是正を求め、あるいはそれが正当に行使さるべきことの保障を求め、もしくはごく短期間に限ってその行使を停止する

等の仮処分をも禁止する趣旨ではない」。

POINT　本決定は、高速道路建設工事は公権力の行使に該当し、道路建設自体を不可能にするような仮処分は許されないが、「正当な公権力の行使を妨げることのない仮処分」に限って許容されるとした。行訴法44条の規定と、民事訴訟を本案とする訴えでの仮の救済の必要性との均衡を探索する解釈論が示されている。

➡ 熊本地判昭和55年4月16日判時965号28頁は、熊本県（Y₁）が、水俣湾等の水銀化合物に汚染された汚泥を除去する事業計画を策定し、公有水面埋立免許を得た上で、主たる工事の施行を国（Y₂）に委託し、埋立事業・汚泥処理事業を実施することとしたところ、この事業により環境汚染が拡大するとして反対するXらが、事業主体たるY₁、施行主体たるY₂および費用の一部負担者たる企業（Y₃）を相手に、同事業に係る工事の差止めを求めるとともに、仮処分の申請をした事案において、①本件事業の実施は「公権力の行使に当たる行為」ではない、②本件仮処分が認容された場合に行政処分（公有水面埋立免許）の効力は否定されない、として本件仮処分は行訴法44条に抵触しないとした（ただし、被保全権利が明確でないとして、仮処分申請は却下）。公共事業等の実施を周辺住民が争う場合において、行訴法44条の定める仮処分の禁止の安易な拡大適用を否定した裁判例である。

23 国家賠償法1条

23-1 憲法17条と国家賠償制度─郵便法違憲判決

最大判平成14年9月11日（民集56巻7号1439頁・百選Ⅱ240）

事実 Xは、裁判所にAに対する債権の差押命令の申立てをしたところ、同裁判所は、平成10年4月10日に債権差押命令を発付し、同月13日に同裁判所の書記官がこれを第三債務者に特別送達するため最寄りの郵便局職員に債権差押命令正本を交付した。14日にはAの勤務先に給料債権の差押命令が送達されたため、Aは、即日B銀行のA名義の口座から全額を引き出した。B銀行にAの預金債権に係る差押命令が送達されたのは、翌15日であった。Xは、B銀行への特別送達が1日遅れたのは郵便局員の重大な過失によるとして、国（Y）を相手に、差押えできなかった銀行口座の金額につき国家賠償を求めて出訴。1審・2審ともXの請求を棄却する判断をしたため、Xが上告。破棄差戻し。

判旨 「憲法17条は、……その保障する国又は公共団体に対し損害賠償を求める権利については、法律による具体化を予定している。これは、公務員の行為が権力的な作用に属するものから非権力的な作用に属するものにまで及び、公務員の行為の国民へのかかわり方には種々多様なものがあり得ることから、国又は公共団体が公務員の行為による不法行為責任を負うことを原則とした上、公務員のどのような行為によりいかなる要件で損害賠償責任を負うかを<u>立法府の政策判断にゆだねた</u>ものであって、立法府に無制限の裁量権を付与するといった法律に対する白紙委任を認めているものではない。」

「公務員の不法行為による国又は公共団体の損害賠償責任を免除し、又は制限する法律の規定が同条に適合するものとして是認されるものであるかどうかは、当該行為の態様、これによって侵害される法的利益の種類及び侵害の程度、免責又は責任制限の範囲及び程度等に応じ、<u>当該規定の目的の正当性並びにその目的達成の手段として免責又は責任制限を認めることの合理性及び必要性を総合的に考慮して判断すべきである。</u>」

POINT 郵便法による国の損害賠償責任の免責・責任制限規定の合憲性について、書留郵便物に関しては故意または重大な過失によって損害が生じた場合に責任を免除・制限している部分、特別送達郵便物に関しては故意・重過失のみでなく軽過失によって損害が生じた場合にまで責任を免除・制限している部分について、憲法17条違反により無効とした判例である。憲法17条は直接損害賠償請求権を発生させるものではないが、無制限の立法裁量を与えるものではないとした上で、立法目的の正当性、

目的達成の手段としての合理性・必要性の総合衡量により、同条に係る合憲性審査がなされている。

23-2　責任の性質──加害行為、加害公務員の特定・岡山税務署健康診断事件
最判昭和 57 年 4 月 1 日（民集 36 巻 4 号 519 頁・百選 II 224）

事実　税務署職員 X は、昭和 27 年、税務署長が国家公務員法等に基づいて実施する定期健康診断として、同署長の嘱託を受けた指定保健所でレントゲン写真による検診を受けたが、検診結果につき何の連絡も受けなかった。X は、翌年の定期健康診断で結核に罹患したことが判明し、十数年の療養生活を余儀なくされた。その後、X は、昭和 27 年のレントゲン写真に初期の肺結核に罹患したことを示す陰影があったことを知り、この段階で適切な指示等がされなかったために病状が悪化したとして、国（Y）を相手に損害賠償を求めて提訴。1 審・2 審とも X の請求を一部認容する判断がされたため、Y が上告。破棄差戻し。

> **判旨**　「国又は公共団体の公務員による一連の職務上の行為の過程において他人に被害を生ぜしめた場合において、それが具体的にどの公務員のどのような違法行為によるものであるかを特定することができなくても、右の一連の行為のうちのいずれかに行為者の故意又は過失による違法行為があったのでなければ右の被害が生ずることはなかったであろうと認められ、かつ、それがどの行為であるにせよこれによる被害につき行為者の属する国又は公共団体が法律上賠償の責任を負うべき関係が存在するときは、国又は公共団体は、加害行為不特定の故をもって国家賠償法又は民法上の損害賠償責任を免れることができない……。しかしながら、この法理が肯定されるのは、それらの一連の行為を組成する各行為のいずれもが国又は同一の公共団体の公務員の職務上の行為にあたる場合に限られ、一部にこれに該当しない行為が含まれている場合には、もとより右の法理は妥当しない」。

POINT　本件では、①レントゲン写真を読影した医師による陰影の見落とし、②同医師による陰影が存在した事実の報告の懈怠、③医師の報告を税務署に伝達する職員による伝達の懈怠、④医師の報告を受けた税務署職員による必要な措置の懈怠、等に関する事実認定が明確でなく、加害行為者および加害行為の特定が不十分でも国家賠償責任が成立するか、争点となった。本判決は、一連の行為を組成する各行為が全て同一の行政主体の公務員の職務上の行為である場合、その行政主体に対する国家賠償請求において、加害公務員の特定・加害行為の特定を緩和する法理を示した（もっとも、一連の行為の中に異なる行政主体の公務員の職務上の行為が存在している場合には、この法理は妥当しない）。

　なお、本判決は、保健所の医師による健康診断行為は「公権力の行使」にあたらず、税務署長の嘱託に基づく保健所の健康診断業務を国の事務処理と解することもできな

いとして、国家賠償法の適用を否定している（民法の適用によると考えられる）。

23 - 3　公権力の行使（1）―公権力の帰属主体・交通犯罪捜査事務
最判昭和54年7月10日（民集33巻5号481頁・百選Ⅱ 225）

事実　Aの運転する車がタクシーと正面衝突し、Aおよび同乗していたBが即死した。警視庁の警察官らは、Aの一方的過失により本件事故が生じたとする実況見分調書を作成し、これを報道関係者に発表したため、新聞・テレビでもそのように報道された。これに対し、Aの両親であるXらが、国（Y₁）および東京都（Y₂）を相手に、実況見分調書の虚偽記載および報道機関への事実に反する発表により精神的損害を被ったとして損害賠償を求めて提訴。1審・2審とも、Y₂に対する請求は一部認容したものの、Y₁に対する請求は棄却したため、Xらが上告。上告棄却。

> **判旨**　「都道府県警察の警察官がいわゆる交通犯罪の捜査を行うにつき……国家賠償法1条1項によりその損害の賠償の責めに任ずるのは、原則として当該都道府県であり、国は原則としてその責めを負うものではない」。「警察法及び地方自治法は、……警察の管理及び運営に関することを都道府県の処理すべき事務と定めている……ものと解されるから、都道府県警察の警察官が警察の責務の範囲に属する交通犯罪の捜査を行うこと……は、検察官が自ら行う犯罪の捜査の補助に係るものであるとき……のような例外的な場合を除いて、当該都道府県の公権力の行使にほかならない」。「都道府県警察の警察官の行う捜査が司法警察職員としての職務にあたるものであることは……その捜査が国の事務にあたるものとすべき根拠とするには足りず、また、検察官の一般的指示権又は一般的指揮権……〔が〕認められているからといって、都道府県警察の警察官の行う捜査を国の公権力の行使であるとすることはできない。……警察官が警視正以上の階級にある者ではない場合、その者の任免及びその者に対する指揮監督の権限が国家公安委員会によって任免され法制上国家公務員の身分を有する警視総監又は道府県警察本部長によって行使されるものである……からといって、……都道府県の処理すべき事務にかかる警察の事務を都道府県警察の警察官において執行すること……自体までが国の公権力の行使にあたることに」はならない。

POINT　都道府県警察の警察官が行った犯罪捜査に起因する国家賠償責任の帰属主体が国・都道府県のどちらか争点となり、例外的な場合を除き当該都道府県の公権力の行使にあたるとして、原則として都道府県が賠償責任を負うとした判例である。国家賠償責任を負う行政主体について、当該事案における公権力行使に係る事務の帰属主体が都道府県であるという解釈論（事務帰属主体論）がポイントになっている。

23 − 4　公権力の行使(2)
─私人による行政と国家賠償・児童養護施設内傷害事件
最判平成 19 年 1 月 25 日（民集 61 巻 1 号 1 頁・百選 II 226）

事実　9 歳の児童 X は、愛知県（Y₁）による入所措置（児童福祉法 27 条 1 項 3 号。いわゆる 3 号措置）により、社会福祉法人（Y₂）が設置運営する児童養護施設に入所したが、同施設内で別の入所児童 4 名から暴行を受けて傷害を負った。X は、Y₁ に対し、国家賠償法 1 条 1 項に基づく損害賠償請求をするとともに、Y₂ にも民法 715 条に基づく損害賠償請求をして提訴。1 審は Y₁ に対する請求のみ一部認容し、2 審は Y₁・Y₂ に対する請求をともに一部認容した。Y₁・Y₂ が上告。一部上告棄却・一部破棄自判。

判旨　児童福祉「法は、保護者による児童の養育監護について、国又は地方公共団体が後見的な責任を負うことを前提に、要保護児童に対して都道府県が有する権限及び責務を具体的に規定する一方で、児童養護施設の長が入所児童に対して監護、教育及び懲戒に関しその児童の福祉のため必要な措置を採ることを認めている。上記のような法の規定及び趣旨に照らせば、3 号措置に基づき児童養護施設に入所した児童に対する関係では、入所後の施設における養育監護は本来都道府県が行うべき事務であり、このような児童の養育監護に当たる児童養護施設の長は、3 号措置に伴い、本来都道府県が有する公的な権限を委譲されてこれを都道府県のために行使するものと解される。」「したがって、都道府県による 3 号措置に基づき社会福祉法人の設置運営する児童養護施設に入所した児童に対する当該施設の職員等による養育監護行為は、都道府県の公権力の行使に当たる公務員の職務行為と解する」。

「国家賠償法 1 条 1 項は、国又は公共団体の公権力の行使に当たる公務員が、その職務を行うについて、故意又は過失によって違法に他人に損害を与えた場合には、国又は公共団体がその被害者に対して賠償の責めに任ずることとし、公務員個人は民事上の損害賠償責任を負わないこととしたものと解される……。この趣旨からすれば、国又は公共団体以外の者の被用者が第三者に損害を加えた場合であっても、当該被用者の行為が国又は公共団体の公権力の行使に当たるとして国又は公共団体が被害者に対して同項に基づく損害賠償責任を負う場合には、被用者個人が民法 709 条に基づく損害賠償責任を負わないのみならず、使用者も同法 715 条に基づく損害賠償責任を負わない」。

POINT　社会福祉法人の施設内で児童が暴力行為を受けた事案について、県の国家賠償法上の責任が認められるかが争点となり、児童福祉法の仕組みの分析（法の規定・趣旨に照らした解釈）により、入所児童の養育監護は県の事務とした上で、社会福祉法人の職員等の行為を事務の委託元である県の公権力の行使にあたる公務員の職務行為と解釈して、県の国家賠償責任を肯定した判例である。公権力の行使に係る業務が、

民間の法主体に委託された場合の国家賠償責任の所在に関するリーディングケースである。

　さらに、本判決は、国家賠償法が適用される場合に、民法709条に基づく公務員個人の責任の否定に加え、民法715条に基づく使用者責任まで否定されることを明示している。

➡️国家賠償法1条1項が適用される場合に、民法709条に基づく公務員個人の責任を否定する判例として、最判昭和30年4月19日民集9巻5号534頁（百選Ⅱ 228）および判例 **23-9** を参照。

23-5　職務行為の意義—外形標準説・川崎駅警察官強盗殺人事件
最判昭和31年11月30日（民集10巻11号1502頁・百選Ⅱ 223）

事実　警視庁巡査Aは、職務行為を装って金品を奪おうと考え、非番の時間帯に制服制帽を着用して神奈川県下の川崎駅に出向き、職務質問を装って同駅前派出所に連行したBから現金等を詐取しようとしたところ、Bに「泥棒」と叫ばれたためこれを射殺した。Bの遺族であるXは、東京都（Y）を相手に損害賠償請求訴訟を提起。1審・2審ともXの請求を認容したため、Yが上告。上告棄却。

> **判旨**　国家賠償法1条は「公務員が主観的に権限行使の意思をもってする場合にかぎらず自己の利をはかる意図をもってする場合でも、客観的に職務執行の外形をそなえる行為をしてこれによって、他人に損害を加えた場合には、国又は公共団体に損害賠償の責を負わしめて、ひろく国民の権益を擁護することをもって、その立法の趣旨とする」。

POINT　本判決は、国家賠償法1条1項の「職務を行うについて」という要件について、当該公務員の職務行為といえないケースであっても、「職務執行の外形」に着目して職務行為性を広く解釈する考え方（外形標準説）を採った。この外形標準説は、公務員でない者あるいは一般公務員が警察官に扮したケースには射程が及ばないと考えられる。

　なお、外形標準説により職務行為を拡大して国家賠償法を適用した場合、民法に基づく加害公務員の個人責任まで否定することには問題があろう。

23-6　違法性の解釈—パトカー追跡による事故
最判昭和61年2月27日（民集40巻1号124頁・百選Ⅱ 210）

事実　富山県（Y）の警察官3名がパトカーで警ら中、Aの運転する自動車（A車）が速度違

反車であることを現認し、A車の追跡を開始した。A車は、いったん逃走したが停車したため、パトカーもA車の進路を塞ぐように停止し、A車の車両番号を確認した。しかし、警察官がパトカーから降りてA車に歩み寄ると、A車はUターンして再度逃走したため、直ちにパトカーの赤色灯をつけサイレンを吹鳴して追跡を再開し、同時に無線手配を行った。その後、A車はパトカーの追跡を受け、信号無視等をしながら逃走した。パトカーは、途中から道路が片道一車線になっている上、右にカーブしていてA車が見えなくなったため、赤色灯は点灯したまま、サイレンの吹鳴を中止し、減速して進行した。A車は、赤信号を無視して本件交差点に進入し、同交差点を青信号に従い進行中のB車に衝突し、さらにB車が青信号に従って進行してきたXらの乗る対向車両に激突してXらが重傷を負った。Xらは、Yに対し、警察官の追跡が違法であった等として、国家賠償法1条1項に基づく損害賠償を求めて提訴。1審・2審ともXらの請求を一部認容したため、Yが上告。破棄自判（請求棄却）。

> **判旨** 「およそ警察官は、異常な挙動その他周囲の事情から合理的に判断してなんらかの犯罪を犯したと疑うに足りる相当な理由のある者を停止させて質問し、また、現行犯人を現認した場合には速やかにその検挙又は逮捕に当たる職責を負うものであって（警察法2条、65条、警察官職務執行法2条1項）、右職責を遂行する目的のために被疑者を追跡することはもとよりなしうるところであるから、警察官がかかる目的のために交通法規等に違反して車両で逃走する者をパトカーで追跡する職務の執行中に、逃走車両の走行により第三者が損害を被った場合において、右追跡行為が違法であるというためには、右追跡が当該職務目的を遂行する上で不必要であるか、又は逃走車両の逃走の態様及び道路交通状況等から予測される被害発生の具体的危険性の有無及び内容に照らし、追跡の開始・継続若しくは追跡の方法が不相当であることを要する」。
>
> 「(1)……本件パトカーに乗務する警察官は、Aを現行犯人として検挙ないし逮捕するほか挙動不審者に対する職務質問をする必要もあった……ところ、……運転者の氏名等は確認できておらず、無線手配や検問があっても、逃走する車両に対しては究極的には追跡が必要になることを否定することができないから、当時本件パトカーが加害車両を追跡する必要があった……、(2)また、本件パトカーが加害車両を追跡していた道路は、……格別危険な道路交通状況はなく、……逃走車両の運転の……態様等に照らしても、本件パトカーの乗務員において当時追跡による第三者の被害発生の蓋然性のある具体的な危険性を予測しえたものということはできず、(3)更に、本件パトカーの前記追跡方法自体にも特に危険を伴うものはなかった……から、右追跡行為が違法であるとすることはできない」。

POINT パトカーの追跡行為が正当な職務行為として適法か、あるいは、第三者（本件ではXら）との関係で違法か等が争点となり、国家賠償法上の違法について、追跡行為の必要性および相当性の有無から判断するという枠組みを示した判例である。これを、目的（本件では職務目的）と手段（本件では追跡行為）のバランス（相当性）という、比例原則の応用型として理解する見解もある。また、追跡行為が逃走車両との

関係では適法であるが、第三者との関係では違法というかたちで、違法を相対的に判断する枠組み（発生した結果から違法を導く枠組み＝結果不法説）は採用されていない。国家賠償法1条1項の違法要件について、行為不法説が採られたものと考えられる。

➡️ 最判平成25年3月26日裁時1576号8頁（百選Ⅱ 215）は、一級建築士による耐震偽装を看過してなされた建築確認が国家賠償法1条1項の適用上違法であり、それによって改修工事費用等の財産的損害を受けたとして、当該建築物の建築主が、当該建築確認をした建築主事が属する地方公共団体に国家賠償請求をした事案について、職務行為基準説に基づき違法を否定した。

23 - 7　職務行為基準説(1)
―所得税更正処分と国家賠償・奈良税務署長過大更正事件
最判平成5年3月11日（民集47巻4号2863頁・百選Ⅱ 213）

事実　Xは、過去3年分の所得税について、所轄税務署から調査のため帳簿書類等の提示を求められたが、これに応じなかった。所轄税務署長は、Xの得意先や取引銀行を反面調査し、Xに対して各年度分の更正処分をしたところ、Xは、これらの更正処分につき不服申立てを経由して取消訴訟を提起し、更正処分・加算税付加処分の一部を取り消す判決が高裁段階で確定した。そこで、Xは、税務署長の行った更正処分により被った営業損害・慰謝料等について、国（Y）を相手に国家賠償請求訴訟を提起。1審はXの請求を棄却したが、2審はXの請求を一部認容したため、Yが上告。破棄自判（請求棄却）。

判旨　「税務署長のする所得税の更正は、所得金額を過大に認定していたとしても、そのことから直ちに国家賠償法1条1項にいう違法があったとの評価を受けるものではなく、税務署長が資料を収集し、これに基づき課税要件事実を認定、判断する上において、職務上通常尽くすべき注意義務を尽くすことなく漫然と更正をしたと認め得るような事情がある場合に限り、右の評価を受ける」。
　「Xは、本件……所得税の申告をするに当たり、必要経費につき真実より過少の金額を記載して申告書を提出し、さらに、本件各更正に先立ち、税務職員から申告書記載の金額を超える収入の存在が発覚していることを告知されて調査に協力するよう説得され、必要経費の金額について積極的に主張する機会が与えられたにもかかわらず、これをしなかったので、奈良税務署長は、申告書記載どおりの必要経費の金額によって、本件各更正に係る所得金額を算定したのである。してみれば、本件各更正における所得金額の過大認定は、専らXにおいて本件係争各年分の申告書に必要経費を過少に記載し、本件各更正に至るまでこれを訂正しようとしなかったことに起因するものということができ、奈良税務署長がその職務上通常尽くすべき注意義務を尽くすことなく漫然と更正をした事情は認められないから、……本件各更正に国家賠償法1条1項にいう違法があったということは到底で

きない。」

POINT 本判決は、取消訴訟で違法として取り消された行政処分に起因する国家賠償請求において、職務行為基準説に基づき、国家賠償法1条1項にいう違法を否定した。これにより、行政処分それ自体の違法（抗告訴訟で判断される違法）と、行政処分に起因する国家賠償請求事案での違法（職務上通常尽くすべき注意義務の違反）が、完全にずれることになる（違法相対論）。これに対し、有力学説は、国家賠償法における違法を公権力の発動要件が欠如することととらえ（公権力発動要件欠如説）、行政処分それ自体の違法と国家賠償法上の違法が概念を異にするという本判決の立場を厳しく批判する（違法同一論）。有力学説は、国家賠償請求訴訟による違法性統制機能（法律による行政の原理を担保する機能）を重視し、違法相対論ではこの機能が損なわれることを指摘する。

　このような学説の批判にもかかわらず、本判決により、国家賠償法上の違法につき職務行為基準説を採るという判例法理が確立したと評される。職務行為基準説により国家賠償法上の違法を評価した場合、違法と過失の評価は一元化する傾向がある。一方、公権力発動要件欠如説を採った場合には、取消訴訟と国家賠償の違法概念が重なる一方、違法と過失の判断は二元化する傾向がある。

➡ 本判決とは逆に、過失要件（注意義務違反）の部分で、違法と過失が一元的に判断される場合がある。その典型が、判例 23 - 17 [A]のような、公立学校での教諭の過失（注意義務違反）が問題となる学校事故事例である。

23 - 8　職務行為基準説（2）─違法な通達の発出・402 号通達事件
最判平成 19 年 11 月 1 日（民集 61 巻 8 号 2733 頁・百選 II 214）

事実　第二次大戦中に日本に強制連行され、広島市で原子爆弾に被爆し、現在は韓国に居住するXらが、国（Y）に対して国家賠償請求をした事件で、在外被爆者につき健康管理手当の受給権が失権するとした厚生省当局の通達（402 号通達。判例 2 - 4 を参照）の違法が争点となった事案である。1 審はXらの請求を棄却したが、2 審はこれを一部認容したため、Yが上告。上告棄却。

判旨　「402 号通達は、被爆者についていったん具体的な法律上の権利として発生した健康管理手当等の受給権について失権の取扱いをするという重大な結果を伴う定めを内容とするものである。このことからすれば、一般に、通達は、行政上の取扱いの統一性を確保するために上級行政機関が下級行政機関に対して発する法解釈の基準であって、国民に

対して直接の法的拘束力を有するものではないにしても、原爆三法の統一的な解釈、運用について直接の権限と責任を有する上級行政機関たる Y の担当者が上記のような重大な結果を伴う通達を発出し、これに従った取扱いを継続するに当たっては、その内容が原爆三法の規定の内容と整合する適法なものといえるか否かについて、相当程度に慎重な検討を行うべき職務上の注意義務が存した」。

「402 号通達発出の時点で、Y の担当者は、……在外被爆者について原爆二法の適用を一切認めず被爆者健康手帳の交付を行わないものとしていたそれまでの取扱いや、健康管理手当等の受給権者が都道府県の区域を越えて居住地を移した場合に受給権がいったん失権するものとしていた従前の取扱いが、法律上の根拠を欠く違法な取扱いであることを認識するに至った」。

「原爆二法には、被爆者が日本国内に居住地を有することがそれらの法律の適用の要件となる旨を定めた明文の規定が存在しないばかりか、法の定めるところによっていったん『被爆者』について発生した各種手当の受給権が、『被爆者』が日本国外に居住地を移すことによって失われる旨を定めた明文の規定も存在しないのである。にもかかわらず、402 号通達発出当時、Y の担当者は、そもそも在外被爆者に対してはこれらの法律が適用されないものとする従前の解釈を改め、一定の要件の下で在外被爆者が各種手当の受給権を取得することがあり得ることを認めるに至りながらも、なお、現実にこれらの手当の受給権が発生した後になって、『被爆者』が日本国外に居住地を移したという法律に明記されていない事由によって、その権利が失われることになるという法解釈の下に、402号通達を発出した」。

「このような法解釈は、……年金や手当等の支給に関する他の制度に関する法の定めとの整合性等の観点からして、その正当性が疑問とされざるを得ないものであったというべきであり、……402 号通達の発出の段階において、原爆二法の統一的な解釈、運用について直接の権限と責任を有する上級行政機関たる Y の担当者が、それまで Y が採ってきたこれらの法律の解釈及び運用が法の客観的な解釈として正当なものといえるか否かを改めて検討することとなった機会に、その職務上通常尽くすべき注意義務を尽くしていれば、当然に認識することが可能であった」。

「以上によれば、402 号通達を作成、発出し、また、これに従った失権取扱いを継続した Y の担当者の行為は、公務員の職務上の注意義務に違反するものとして、国家賠償法 1条 1 項の適用上違法なものであり、当該担当者に過失があることも明らかであって、Y には、上記行為によって X らが被った損害を賠償すべき責任がある」。

POINT　本判決は、国家賠償法 1 条 1 項の違法につき職務行為基準説を採ることを明示した上で、違法な 402 号通達を作成・発出し、これに従った失権取扱いを継続した Y の担当者の行為は、公務員の職務上通常尽くすべき注意義務に違反するものとして国家賠償法 1 条 1 項の適用上違法であり、当該担当者に過失があることも明らかであるとした。最高裁は、職務行為基準説に依拠しつつ、担当者による通達の発出を違

法と判断し、さらに過失も認定して、精神的損害に係る国家賠償責任を認容している。

23-9 特殊な公務員の行為—検察官の起訴、公訴追行・芦別国賠事件
最判昭和53年10月20日（民集32巻7号1367頁・百選II 222）

事実 Xは、昭和27年7月に発生した国鉄根室本線の爆破事件に係る罪によって起訴されたが、控訴審で無罪判決が確定した。これを受けて、Xらが、国（Y）および当時の検察官らを相手に、損害賠償等を求めて提訴。1審は国および一部の検察官に対するXらの損害賠償請求を一部認容したが、2審はXらの請求を全て棄却したため、Xらが上告。上告棄却。

> **判旨** 「刑事事件において無罪の判決が確定したというだけで直ちに起訴前の逮捕・勾留、公訴の提起・追行、起訴後の勾留が違法となるということはない。……逮捕・勾留はその時点において犯罪の嫌疑について相当な理由があり、かつ、必要性が認められるかぎりは適法であり、公訴の提起は、検察官が裁判所に対して犯罪の成否、刑罰権の存否につき審判を求める意思表示にほかならないのであるから、起訴時あるいは公訴追行時における検察官の心証は、その性質上、判決時における裁判官の心証と異なり、起訴時あるいは公訴追行時における各種の証拠資料を総合勘案して合理的な判断過程により有罪と認められる嫌疑があれば足りる」。

POINT 本件では、事後的に無罪の刑事判決が確定した場合に、警察官・検察官による逮捕・勾留・公訴の提起等が、国家賠償法上違法と判断されるかが争点となった。最高裁は、検察官による起訴・公訴追行について、結果不法説（結果として無罪となれば公訴提起を違法とする説）を斥け、職務行為基準説により違法を判断することを明らかにした。

　なお、本判決は、国家賠償法1条の適用がある場合に公務員個人の損害賠償責任を否定する立場を確認し、検察官個人への請求を棄却する判断を示している。

➡ 最判昭和57年3月12日民集36巻3号329頁（百選II 221）は、裁判所の確定した判決に誤りがあったとして国家賠償請求がされた事案について、裁判官による裁判行為に国家賠償法の適用があることを前提にしつつ、違法となる場合を厳格に制限した。すなわち、同判決は、裁判官の裁判行為につき国家賠償責任が生じるためには、「当該裁判官が違法又は不当な目的をもって裁判をしたなど、裁判官がその付与された権限の趣旨に明らかに背いてこれを行使したものと認めうるような特別の事情があることを必要とする」とした。

23 - 10　立法の作為・不作為（1）―在宅投票制度廃止事件

最判昭和 60 年 11 月 21 日（民集 39 巻 7 号 1512 頁）

事実　昭和 27 年の公職選挙法改正前、疾病等により歩行が著しく困難な選挙人につき在宅投票を認める制度が法定されていたところ、昭和 26 年の統一地方選挙でこれが悪用される例が多発したため、上記改正により在宅投票制度は廃止された。歩行が困難な状態にあった X は、昭和 43 年以降 8 回の選挙で投票できなかったため、在宅投票制度を廃止し、これを復活しない立法行為により選挙権の行使を妨げられ、精神的被害を受けたとして、国（Y）に対し、国家賠償法 1 条 1 項に基づく損害賠償を求めて提訴。1 審は X の請求を一部認容したが、2 審は X の請求を棄却したため、X が上告。上告棄却。

判旨　「国家賠償法 1 条 1 項は、国又は公共団体の公権力の行使に当たる公務員が個別の国民に対して負担する職務上の法的義務に違背して当該国民に損害を加えたときに、国又は公共団体がこれを賠償する責に任ずることを規定する……。したがって、国会議員の立法行為（立法不作為を含む。以下同じ。）が同項の適用上違法となるかどうかは、国会議員の立法過程における行動が個別の国民に対して負う職務上の法的義務に違背したかどうかの問題であって、当該立法の内容の違憲性の問題とは区別されるべきであり、仮に当該立法の内容が憲法の規定に違反する廉があるとしても、その故に国会議員の立法行為が直ちに違法の評価を受けるものではない。」

「国会議員は、立法に関しては、原則として、国民全体に対する関係で政治的責任を負うにとどまり、個別の国民の権利に対応した関係での法的義務を負うものではないというべきであって、国会議員の立法行為は、立法の内容が憲法の一義的な文言に違反しているにもかかわらず国会があえて当該立法を行うというごとき、容易に想定し難いような例外的な場合でない限り、国家賠償法 1 条 1 項の規定の適用上、違法の評価を受けない」。

POINT　本判決は、国会議員の立法行為が国家賠償法の適用対象となることを前提に、①立法内容の違憲と国家賠償法上の違法の峻別（国家賠償法の違法に係る違法相対論・職務行為基準説の採用）、②国会議員は立法に関して原則として国民全体との関係で政治的責任を負うにとどまり、個別の国民の権利に対応した関係での法的義務を負うものではない、③国会議員の立法行為が国家賠償法上違法となるのは、「容易に想定し難いような例外的な場合」に限られる、等を判示した。

その後、最高裁は、判例 23 - 11 において、立法行為による国家賠償請求を認容する判断をしており、本判決による違法要件の解釈が実質的に緩和されたと評されよう。

23-11　立法の作為・不作為(2)—在外国民選挙権事件

最大判平成 17 年 9 月 14 日（民集 59 巻 7 号 2087 頁・百選 II 220）

事実　判例 21-1 と同一事件。

判旨　「国家賠償法 1 条 1 項は、国又は公共団体の公権力の行使に当たる公務員が個別の国民に対して負担する職務上の法的義務に違背して当該国民に損害を加えたときに、国又は公共団体がこれを賠償する責任を負うことを規定するものである。したがって、国会議員の立法行為又は立法不作為が同項の適用上違法となるかどうかは、国会議員の立法過程における行動が個別の国民に対して負う職務上の法的義務に違背したかどうかの問題であって、当該立法の内容又は立法不作為の違憲性の問題とは区別されるべきであり、仮に当該立法の内容又は立法不作為が憲法の規定に違反するものであるとしても、そのゆえに国会議員の立法行為又は立法不作為が直ちに違法の評価を受けるものではない。しかしながら、立法の内容又は立法不作為が国民に憲法上保障されている権利を違法に侵害するものであることが明白な場合や、国民に憲法上保障されている権利行使の機会を確保するために所要の立法措置を執ることが必要不可欠であり、それが明白であるにもかかわらず、国会が正当な理由なく長期にわたってこれを怠る場合などには、例外的に、国会議員の立法行為又は立法不作為は、国家賠償法 1 条 1 項の規定の適用上、違法の評価を受ける」。

「在外国民であった上告人らも国政選挙において投票をする機会を与えられることを憲法上保障されていたのであり、この権利行使の機会を確保するためには、在外選挙制度を設けるなどの立法措置を執ることが必要不可欠であったにもかかわらず、……昭和 59 年に在外国民の投票を可能にするための法律案が閣議決定されて国会に提出されたものの、同法律案が廃案となった後本件選挙の実施に至るまで 10 年以上の長きにわたって何らの立法措置も執られなかったのであるから、このような著しい不作為は上記の例外的な場合に当たり、このような場合においては、過失の存在を否定することはできない。このような立法不作為の結果、上告人らは本件選挙において投票をすることができず、これによる精神的苦痛を被ったものというべきである。したがって、本件においては、上記の違法な立法不作為を理由とする国家賠償請求はこれを認容すべきである。」

POINT　本判決は、在外国民の投票を可能にするための立法措置がとられなかった点をとらえ、平成 8 年の衆議院議員総選挙で投票ができなかったという精神的損害につき原告 1 名あたり 5000 円の慰謝料（および遅延損害金）請求を認容した。

本判決は、判例 23-10 を踏襲しつつも、①立法の内容または立法不作為が憲法上保障された権利を違法に侵害するものであることが明白な場合、②憲法上保障された権利行使の機会を確保するために所要の立法措置をとることが必要不可欠であり、それが明白であるにもかかわらず、国会が正当な理由なく長期にわたってこれを怠る場

合について、国会議員の立法行為・立法不作為が国家賠償法 1 条 1 項の規定の適用上、違法の評価を受けるとした。国会議員による立法行為・立法不作為について、国家賠償法上「例外的」に違法と認めた判決であるが、判例 23－10 が「容易に想定し難いような例外的な場合」としたのと対比すると、本判決により、判例 23－10 による違法認定の基準が実質的に緩和されたとみることができる。

➡ 最大判令和 4 年 5 月 25 日民集 76 巻 4 号 711 頁（⇒判例 21－1 [C]）は、最高裁判所裁判官国民審査につき在外国民の審査権行使を認める制度が設けられていないという立法不作為を理由とする国家賠償法 1 条 1 項に基づく国家賠償請求について、遅くとも平成 29 年国民審査の時点で、在外審査制度を創設する立法措置をとることが必要不可欠であり、それが明白であるにもかかわらず、国会が正当な理由なく長期にわたってこれを怠ったものとして、当該立法不作為は国家賠償法 1 条 1 項の適用上違法の評価を受けるとして損害賠償を認める判断をした。

23－12　規制権限不行使の違法（1）
―警察官の権限不行使・ナイフ一時保管懈怠事件
最判昭和 57 年 1 月 19 日（民集 36 巻 1 号 19 頁）

事実　A はスナックでナイフを見せて客を脅かす等したため、スナック支配人 X らにより大阪府警淡路警察署に連れて行かれ、警察官に引き渡された。この時、X らは、A から取り上げたナイフを警察官に渡した。警察官は、A の身元確認・前科照会等をした後、ナイフを領置・保管する必要はないと考え、A にナイフを持たせたまま帰宅させた。しかし、A は、自宅に帰らず、同一人が経営する別のスナックで X をナイフで刺し、重傷を負わせた。X は、大阪府（Y）に対し、警察官の違法な権限不行使のため損害を被ったとして国家賠償を求めて提訴。1 審は X の請求を棄却したが、2 審は X の請求を一部認容。Y が上告。上告棄却。

判旨　「A の本件ナイフの携帯は銃砲刀剣類所持等取締法 22 条の規定により禁止されている行為であることが明らかであり、かつ、同人の前記の行為が脅迫罪にも該当するような危険なものであったのであるから、淡路警察署の警察官としては、飲酒酩酊した A の前記弁解をうのみにすることなく、同人を警察に連れてきた X らに対し質問するなどして……A の行動等について調べるべきであった……。そして、警察官が、右のような措置をとっていたとすれば、A が警察に連れてこられた経緯や同人の異常な挙動等を容易に知ることができたはずであり、これらの事情から合理的に判断すると、同人に本件ナイフを携帯したまま帰宅することを許せば、帰宅途中右ナイフで他人の生命又は身体に危害を及ぼすおそれが著しい状況にあったというべきであるから、同人に帰宅を許す以上少なくとも同法 24 条の 2 第 2 項の規定により本件ナイフを提出させて一時保管の措置をとるべき義務があったものと解するのが相当であって、前記警察官が、かかる措置をとらなかったことは、その職務上の義務に違背し違法である」。

POINT 公務員の不作為（権限の不行使）につき、違法の有無に係る判断基準や考慮要素を明示することなく、事案に係る具体的事情を踏まえた合理的判断により、本件不作為を当該公務員の職務上の義務違反により違法と判断した判例である。

23-13 規制権限不行使の違法(2)—宅建業法の監督処分権限

最判平成元年11月24日（民集43巻10号1169頁・百選 II 216）

事実 有限会社Aは、昭和47年、京都府知事から宅地建物取引業法（宅建業法）に基づく宅建業者の免許を付与され、昭和50年には免許更新を受けた。しかし、Aを実質上経営するBは、免許更新当時、宅建業法違反に係る刑事処分の執行猶予期間中であり（当時の宅建業法5条1項7号が定める欠格要件に該当）、さらに、多額の負債を抱え、手付売買方式による営業が滞る状態にあった。昭和51年9月、Bは、他人所有の土地建物を所有者に手付を払って売却権限を取得した上で、これをA社所有の建売住宅として売り出し、その旨を信じたXに売却してXから手付金・中間金の支払いを受けた。しかし、Bがこれらの金員を他に流用したため、Xにおいて本件土地建物の所有権を取得することができず、Xは上記手付金・中間金分の損害を被った。Xは、京都府（Y）に対し、国家賠償を求めて提訴。1審はXの請求を一部認容したが、2審はXの請求を棄却する判断をしたため、Xが上告。上告棄却（なお、XはAの代表取締役Cに対する損害賠償請求訴訟を別途提起し、請求を一部認容する判決が確定している）。

判旨 宅建業法が「免許制度を設けた趣旨は、直接的には、宅地建物取引の安全を害するおそれのある宅建業者の関与を未然に排除することにより取引の公正を確保し、宅地建物の円滑な流通を図るところにあり、監督処分権限も、この免許制度及び法が定める各種規制の実効を確保する趣旨に出たものにほかならない。もっとも、法は、その目的の1つとして購入者等の利益の保護を掲げ（1条）、……取引関係者の利益の保護を顧慮した規定を置いており、免許制度も、究極的には取引関係者の利益の保護に資するものではあるが、……免許を付与した宅建業者の人格・資質等を一般的に保証し、ひいては当該業者の不正な行為により個々の取引関係者が被る具体的な損害の防止、救済を制度の直接的な目的とするものとはにわかに解し難く、かかる損害の救済は一般の不法行為規範等に委ねられているというべきであるから、知事等による免許の付与ないし更新それ自体は、法所定の免許基準に適合しない場合であっても、当該業者との個々の取引関係者に対する関係において直ちに国家賠償法1条1項にいう違法な行為に当たるものではない」。

「業務の停止に関する知事等の権限がその裁量により行使されるべきことは法65条2項の規定上明らかであり、免許の取消については法66条各号の一に該当する場合に知事等がこれをしなければならないと規定しているが、業務の停止事由に該当し情状が特に重いときを免許の取消事由と定めている同条9号にあっては、その要件の認定に裁量の余地があるのであって、これらの処分の選択、その権限行使の時期等は、知事等の専門的判断に基づく合理的裁量に委ねられている……。したがって、当該業者の不正な行為により

個々の取引関係者が損害を被った場合であっても、具体的事情の下において、知事等に監督処分権限が付与された趣旨・目的に照らし、その不行使が著しく不合理と認められるときでない限り、右権限の不行使は、当該取引関係者に対する関係で国家賠償法1条1項の適用上違法の評価を受けるものではない」。

「京都府知事がAに対し本件免許を付与し更にその後これを更新するまでの間、Aの取引関係者からの……苦情申出は1件にすぎず、担当職員において双方から事情を聴取してこれを処理したというのであるから、本件免許の付与ないし更新それ自体は、法所定の免許基準に適合しないものであるとしても、その後にAと取引関係を持つに至ったXに対する関係で直ちに国家賠償法1条1項にいう違法な行為に当たるものではない……。また、本件免許の更新後は担当職員がAと被害者との交渉の経過を見守りながら被害者救済の可能性を模索しつつ行政指導を続けてきた……事実関係の下においては、……京都府知事においてAに対する業務の停止ないし本件免許の取消をしなかったことが、監督処分権限の趣旨・目的に照らして著しく不合理であるということはできないから、右権限の不行使も国家賠償法1条1項の適用上違法の評価を受けるものではない」。

POINT 本件では、①知事がAに対する免許の付与・更新をしたこと、②知事がAに対して業務停止・免許取消等の規制権限を行使しなかったこと、の国家賠償法上の違法が争点となった。本判決は、上記①について、本件における宅建免許の付与・更新は法令違反であるが、取引関係者との関係で国家賠償法上違法でないとし、上記②について、本件における知事の監督処分権限不行使は同権限の趣旨・目的に照らして「著しく不合理」でなく、国家賠償法上違法でないとした。最高裁は、①について、個々の取引関係者の経済的利益が保護範囲にないという解釈方法（反射的利益論）を、②について、規制権限不行使の違法につき消極的裁量権濫用論を、それぞれ採っている。

➡ 最判平成7年6月23日民集49巻6号1600頁（百選Ⅱ217。クロロキン事件）は、厚生大臣による薬事法上の権限不行使につきその時点の医学的・薬学的知見の下で「許容される限度を逸脱して著しく合理性を欠く」場合に違法となるとしつつ、当該権限不行使は「著しく合理性を欠く」とはいえないとした。

23−14　規制権限不行使の違法(3)
──鉱山保安法に基づく保安規制・筑豊じん肺訴訟
最判平成16年4月27日（民集58巻4号1032頁）

事実 かつて炭鉱で働き、じん肺に罹患したXらは、国（Y）および炭鉱経営企業に対し、Yが鉱山保安法に基づく保安規制権限の行使を怠る等したために損害を被ったとして、損害賠

償を求めて提訴した。1審は被告企業との関係でXらの請求を一部認容する一方、Yに対する請求は棄却したが、2審はYに対する請求も一部認容した。Xらの一部、Y、被告企業が上告。本判決は、Yからの上告に係るものである。上告棄却。

判旨 「国又は公共団体の公務員による規制権限の不行使は、その権限を定めた法令の趣旨、目的や、その権限の性質に照らし、具体的事情の下において、その不行使が許容される限度を逸脱して著しく合理性を欠くと認められるときは、その不行使により被害を受けた者との関係において、国家賠償法1条1項の適用上違法となる」。

「鉱山保安法は、鉱山労働者に対する危害の防止等をその目的とするものであり（1条）、……職場における労働者の安全と健康を確保すること等を目的とする労働安全衛生法の特別法としての性格を有する。そして、鉱山保安法は、鉱業権者は、粉じん等の処理に伴う危害又は鉱害の防止のため必要な措置を講じなければならないものとし（4条2号）、同法30条は、鉱業権者が同法4条の規定によって講ずべき具体的な保安措置を省令に委任しているところ、同法30条が省令に包括的に委任した趣旨は、規定すべき鉱業権者が講ずべき保安措置の内容が、多岐にわたる専門的、技術的事項であること、また、その内容を、できる限り速やかに、技術の進歩や最新の医学的知見等に適合したものに改正していくためには、これを主務大臣にゆだねるのが適当であるとされたことによる」。

「同法の目的、上記各規定の趣旨にかんがみると、同法の主務大臣であった通商産業大臣の同法に基づく保安規制権限、特に同法30条の規定に基づく省令制定権限は、鉱山労働者の労働環境を整備し、その生命、身体に対する危害を防止し、その健康を確保することをその主要な目的として、できる限り速やかに、技術の進歩や最新の医学的知見等に適合したものに改正すべく、適時にかつ適切に行使されるべきものである。」

「通商産業大臣は、遅くとも、昭和35年3月31日のじん肺法成立の時までに、……じん肺に関する医学的知見及びこれに基づくじん肺法制定の趣旨に沿った石炭鉱山保安規則の内容の見直しをして、石炭鉱山においても……有効な粉じん発生防止策を一般的に義務付ける等の新たな保安規制措置を執った上で、鉱山保安法に基づく監督権限を適切に行使して、上記粉じん発生防止策の速やかな普及、実施を図るべき状況にあった……。上記の保安規制の権限（省令改正権限等）が適切に行使されていれば、それ以降の炭坑労働者のじん肺の被害拡大を相当程度防ぐことができた」。

「以上の事情を総合すると、昭和35年4月以降、鉱山保安法に基づく上記の保安規制の権限を直ちに行使しなかったことは、その趣旨、目的に照らし、著しく合理性を欠くものであって、国家賠償法1条1項の適用上違法というべきである。」

POINT 通商産業大臣が鉱山保安法に基づく省令制定権限を適切に行使しなかったこと（行政立法権限の不行使）の違法が争点となり、主務大臣の省令制定権限につき「適時にかつ適切に行使されるべき」と述べた上で、省令制定の不作為のみを特に取り出すことなく、それを含む保安規制権限の不行使を「著しく合理性を欠く」として

違法と判断した判例である。規制権限不行使の違法について消極的裁量権濫用論によりつつ、国家賠償法1条1項の違法を肯定したリーディングケースである。

➡ 最判平成26年10月9日民集68巻8号799頁（百選Ⅱ218・泉南アスベスト訴訟）では、労働大臣（当時）が労働基準法に基づいて省令制定権限を行使し、罰則をもってアスベスト工場等に局所排気装置の設置を義務付けなかった不作為について、著しく合理性を欠くものであり国家賠償法1条1項の適用上違法である、と判断されている。

23－15　規制権限不行使の違法(4)—公害防止規制・水俣病関西訴訟
最判平成16年10月15日（民集58巻7号1802頁・百選Ⅱ219）

事実　水俣病に罹患したと主張するXらは、加害企業であるチッソに対して不法行為による損害賠償を求めるとともに、国（Y₁）・熊本県（Y₂）を相手に、水俣病発生および被害拡大の防止につき規制権限行使を怠った等として国家賠償請求をした。1審はチッソに対するXらの請求を一部認容する一方、Y₁・Y₂に対するXらの請求は棄却した。2審はチッソに加え、Y₁・Y₂に対するXらの請求も一部認容した。Y₁・Y₂が上告。Xらの一部が附帯上告。一部破棄自判・一部上告棄却。なお、Xらの一部はチッソに対する部分につき上告をしたが、上告棄却兼不受理の決定がされている。

判旨　水質二法（水質保全法および工場排水規制法）に基づく主務大臣の規制「権限は、当該水域の水質の悪化にかかわりのある周辺住民の生命、健康の保護をその主要な目的の1つとして、適時にかつ適切に行使されるべきものである。」

「昭和34年11月末の時点で、①……Y₁は、現に多数の水俣病患者が発生し、死亡者も相当数に上っていることを認識していたこと、②Y₁においては、水俣病の原因物質がある種の有機水銀化合物であり、その排出源がチッソ水俣工場のアセトアルデヒド製造施設であることを高度のがい然性をもって認識し得る状況にあったこと、③Y₁にとって、チッソ水俣工場の排水に微量の水銀が含まれていることについての定量分析をすることは可能であったこと……を認めることができる。」「そうすると、同年11月末の時点において、水俣湾及びその周辺海域を指定水域に指定すること、当該指定水域に排出される工場排水から水銀又はその化合物が検出されないという水質基準を定めること、アセトアルデヒド製造施設を特定施設に定めることという上記規制権限を行使するために必要な水質二法所定の手続を直ちに執ることが可能であり、また、そうすべき状況にあった……。そして、この手続に要する期間を考慮に入れても、同年12月末には、主務大臣として定められるべき通商産業大臣において、上記規制権限を行使して、チッソに対し……必要な措置を執ることを命ずることが可能であり、しかも、水俣病による健康被害の深刻さにかんがみると、直ちにこの権限を行使すべき状況にあった……。また、この時点で上記規制権限が行使されていれば、それ以降の水俣病の被害拡大を防ぐことができた……、ところが、実際には、その行使がされなかったために、被害が拡大する結果となった」。

「以上の諸事情を総合すると、昭和35年1月以降、水質二法に基づく上記規制権限を行使しなかったことは、上記規制権限を定めた水質二法の趣旨、目的や、その権限の性質等に照らし、著しく合理性を欠くものであって、国家賠償法1条1項の適用上違法というべきである。」

　「熊本県知事は、水俣病にかかわる前記諸事情についてY₁と同様の認識を有し、又は有し得る状況にあったのであり、同知事には、昭和34年12月末までに県漁業調整規則32条に基づく規制権限を行使すべき作為義務があり、昭和35年1月以降、この権限を行使しなかったことが著しく合理性を欠くものであるとして、Y₂が国家賠償法1条1項による損害賠償責任を負うとした原審の判断は、同規則が、水産動植物の繁殖保護等を直接の目的とするものではあるが、それを摂取する者の健康の保持等をもその究極の目的とするものであると解されることからすれば、是認することができる。」

POINT　本判決は、Y₁につき水質二法に基づく規制権限の不行使、Y₂につき県漁業調整規則に基づく規制権限の不行使を、それぞれ国家賠償法1条1項の適用上違法として、損害賠償責任を認める判断をした。規制権限に係る不作為につき、法の趣旨・目的、権限の性質等に照らして「著しく合理性を欠く」と判断しているが、県漁業調整規則につき「究極の目的」として「健康の保持」があると解釈した部分が特に注目される。

23-16　申請に対する不作為
―申請処理の遅延による精神的苦痛・水俣病認定遅延訴訟
最判平成3年4月26日（民集45巻4号653頁・百選II 212）

事実　Xらは、公害に係る健康被害の救済に関する特別措置法、または同法を引き継いだ公害健康被害補償法に基づいて水俣病患者の認定申請をしたところ、処分庁である熊本県知事による不作為状態が長期間続いた。そこで、Xらは、知事による認定の遅延によって受けた精神的苦痛による慰謝料等を請求するため、認定業務を委任した国（Y₁）およびその費用負担者である熊本県（Y₂）に対し、国家賠償請求訴訟を提起した。なお、本件提訴に先立ち、Xらの一部について、認定申請に対する知事の不作為の違法を確認する判決が言い渡されて確定していた。1審・2審ともXらの請求を一部認容したため、Y₁・Y₂が上告。破棄差戻し。

判旨　水俣病の「認定申請者としての、早期の処分により水俣病にかかっている疑いのままの不安定な地位から早期に解放されたいという期待、その期待の背後にある申請者の焦燥、不安の気持を抱かされないという利益は、内心の静穏な感情を害されない利益として、これが不法行為法上の保護の対象になり得る」。

　「申請者から認定申請を受けた知事は、それに対する処分を迅速、適正にすべき行政手

続上の作為義務がある……。しかしながら、知事の負っている右作為義務は、申請者の地位にある者の内心の静穏な感情を害されないという私的利益の保護に直接向けられたものではないから、右の行政手続上の作為義務が直ちに後者の利益に対応するものとはいえ」ない。「一般に、処分庁が認定申請を相当期間内に処分すべきは当然であり、これにつき不当に長期間にわたって処分がされない場合には、早期の処分を期待していた申請者が不安感、焦燥感を抱かされ内心の静穏な感情を害されるに至るであろうことは容易に予測できることであるから、処分庁には、こうした結果を回避すべき条理上の作為義務がある」。

「処分庁が右の意味における作為義務に違反したといえるためには、客観的に処分庁がその処分のために手続上必要と考えられる期間内に処分できなかったことだけでは足りず、その期間に比して更に長期間にわたり遅延が続き、かつ、その間、処分庁として通常期待される努力によって遅延を解消できたのに、これを回避するための努力を尽くさなかったことが必要である」。

POINT 本件においては、①不作為の違法確認判決の既判力が申請処理遅延に係る損害賠償請求訴訟に及ぶか、②申請処理遅延による精神的損害に係る国家賠償請求をどのような判断枠組みで解釈するか（とりわけ違法判断の枠組み）、が主要な争点となった。本判決は、申請処理の遅延（応答の不作為）に係る国家賠償法上の違法を「条理上の作為義務」違反と構成することにより、抗告訴訟の違法（不作為の違法）と条理上の作為義務違反（結果回避義務違反）としての違法を明確に区別した上で、国家賠償法上の違法要件をより重く解している。

23-17 過失と違法の二元的判断
―厚生省通知に従った法令解釈・不法滞在者国民健康保険事件
最判平成 16 年 1 月 15 日（民集 58 巻 1 号 226 頁）

事実 在留資格を有しないまま約 22 年間日本に居住していた外国人 X（外国人登録をした上で、在留特別許可を求めていた）が、居住する横浜市港北区長に国民健康保険被保険者証の交付を申請したところ、国民健康保険法 5 条が被保険者の要件として定める「市町村……の区域内に住所を有する者」に該当しないとして、これを拒否された。当時、厚生省当局は、同条の解釈につき、1 年以上の在留期間を認められた者等に限定する旨の通知を発出しており、本件拒否処分も、この通達に従ったものであった。X は、国（Y₁）が法解釈を誤った通知を発し、港北区長がこれに従ったことにより違法な本件拒否処分がされたと主張して、Y₁・横浜市（Y₂）を相手に、国家賠償法 1 条 1 項に基づく損害賠償請求をした。1 審・2 審とも X の請求を棄却する判断をしたため、X が上告。上告棄却。

判旨 「国民健康保険は、市町村が保険者となり、その区域内に住所を有する者を被保険者として継続的に保険料等の徴収及び保険給付を行う制度であることに照らすと、〔国民健康保険〕法5条にいう『住所を有する者』は、市町村の区域内に継続的に生活の本拠を有する者をいう……。」「法5条が、日本の国籍を有しない者のうち在留資格を有しないものを被保険者から一律に除外する趣旨を定めた規定であると解することはできない。」

「在留資格を有しない外国人が法5条所定の『住所を有する者』に該当するというためには、……少なくとも、当該外国人が、当該市町村を居住地とする外国人登録をして、入管法50条所定の在留特別許可を求めており、……当該市町村の区域内で安定した生活を継続的に営み、将来にわたってこれを維持し続ける蓋然性が高いと認められることが必要である」。

「Xは、Y₂の区域内で家族と共に安定した生活を継続的に営んでおり、将来にわたってこれを維持し続ける蓋然性が高いものと認められ、法5条にいう『住所を有する者』に該当する……。そうすると、本件処分は違法である」。

「しかしながら、ある事項に関する法律解釈につき異なる見解が対立し、実務上の取扱いも分かれていて、そのいずれについても相当の根拠が認められる場合に、公務員がその一方の見解を正当と解しこれに立脚して公務を遂行したときは、後にその執行が違法と判断されたからといって、直ちに上記公務員に過失があったものとすることは相当ではない」。

「本件処分は、本件各通知に従って行われたものであるところ、……本件各通知には相当の根拠が認められる……。そして、……在留資格を有しない外国人が国民健康保険の適用対象となるかどうかについては、定説がなく、下級審裁判例の判断も分かれている上、本件処分当時には、……法5条の解釈につき本件各通知と異なる見解に立つ裁判例はなかったというのであるから、本件処分をしたY₂の担当者及び本件各通知を発したY₁の担当者に過失があったということはできない。」

POINT 最高裁は、国民健康保険法5条について厚生省通知とは異なる解釈を採り、同通知に従った本件処分も違法としつつ、本件処分に係る市の担当者および通知を発した厚生省の担当者の過失をともに否定する判断をした。本判決では、国家賠償法1条1項の要件として、違法と過失が二元的に判断されている。国家賠償法上の違法につき公権力発動要件欠如説を採る学説からは、同説に立つ判例と評されている。さらに、国家賠償法における違法と過失が二元的に判断されたケースとして、判例 **4-4** がある。

23 - 17 [A]　過失と違法の一元的判断―学校事故・プール飛込事件
最判昭和 62 年 2 月 6 日（判時 1232 号 100 頁・百選 II 209）

事実　市立中学校での体育授業中、教諭の指導によりプールで飛び込みを試みた X が、水底に頭部を打ちつけ、重傷を負うとともに重い後遺障害が残るという事故が生じた。X とその両親・兄弟らが、市（Y）を相手に損害賠償を求めて出訴。1 審・2 審とも X らの請求が一部認容されたため、Y が上告。上告棄却。

> **判旨**　「国家賠償法 1 条 1 項にいう『公権力の行使』には、公立学校における教師の教育活動も含まれる」。
> 「学校の教師は、学校における教育活動により生ずるおそれのある危険から生徒を保護すべき義務を負っており、危険を伴う技術を指導する場合には、事故の発生を防止するために十分な措置を講じるべき注意義務がある」。

POINT　公立学校での教師の教育活動が国家賠償法 1 条 1 項の「公権力の行使」に含まれるとした上で、担当教諭の過失（注意義務違反）を認めた裁判例である。学校事故事案について、違法と過失の区別をすることなく、過失（注意義務違反）に一元化した判断がされている。

23 - 18　予防接種禍（1）―禁忌者の推定・小樽種痘禍訴訟
最判平成 3 年 4 月 19 日（民集 45 巻 4 号 367 頁・百選 II 211）

事実　保健所で種痘の予防接種を受けたところ、重い後遺障害の残った X およびその両親が、国（Y₁）・小樽市（Y₂）等を相手に損害賠償請求等をした。本件予防接種の実施者は、Y₁ から予防接種の機関委任を受けていた Y₂ および同市保健所長であった。1 審は Y₁・Y₂ に対する X らの請求を一部認容し、2 審は問診義務違反と後遺症発症の間の因果関係を否定して X らの損害賠償請求を棄却し、予備的請求に係る損失補償請求を不適法却下とした。X らが上告。破棄差戻し。

> **判旨**　「予防接種によって重篤な後遺障害が発生する原因としては、被接種者が禁忌者に該当していたこと又は被接種者が後遺障害を発生しやすい個人的素因を有していたことが考えられるところ、……ある個人が禁忌者に該当する可能性は右の個人的素因を有する可能性よりもはるかに大きいものというべきであるから、予防接種によって右後遺障害が発生した場合には、当該被接種者が禁忌者に該当していたことによって右後遺障害が発生した高度の蓋然性がある……。したがって、予防接種によって右後遺障害が発生した場合

には、……予診が尽くされたが禁忌者に該当すると認められる事由を発見することができなかったこと、被接種者が右個人的素因を有していたこと等の特段の事情が認められない限り、被接種者は禁忌者に該当していたと推定するのが相当である。」

POINT 予防接種禍訴訟において、後遺障害が発生した場合には、特段の事情が認められない限り、当該被接種者を禁忌者と推定すべき、という法理を示した判例である。これにより、接種実施医師に禁忌者を識別するに足りる質問をする高度の注意義務を課すという判例法理（最判昭和 51 年 9 月 30 日民集 30 巻 8 号 816 頁）と併せ、接種実施者たる医師の過失を認めることが容易になり、国家賠償法による被害者救済のルートがひらかれることとなった。

23 - 19 　予防接種禍(2)—厚生大臣の組織過失・東京予防接種禍訴訟
東京高判平成 4 年 12 月 18 日（判時 1445 号 3 頁）

事実 旧予防接種法に基づく予防接種、行政指導として実施された勧奨接種等により後遺症被害を受けた X らは、国（Y）を相手に、国家賠償法 1 条 1 項に基づく損害賠償・憲法 29 条 3 項等に基づく損失補償を求めて出訴した。1 審は、一部原告につき国家賠償請求を一部認容し、残りの原告につき憲法 29 条 3 項を類推適用して損失補償請求を一部認容した。Y が控訴・X らが附帯控訴。一部控訴棄却・一部取消し・一部附帯控訴認容・一部棄却。

判旨 「本件予防接種被害を適法行為による侵害であるとみることはできないものであり……、また、憲法 29 条 3 項を違法な侵害行為にまで拡張して解釈することは、……憲法解釈の枠を超える」。

「生命身体はいかに補償を伴ってもこれを公共のために用いることはできないものであるから、許すべからざる生命身体に対する侵害が生じたことによる補償は、本来、憲法 29 条 3 項とは全く無関係のものである……。したがって、このように全く無関係なものについて、生命身体は財産以上に貴重なものであるといった論理により類推解釈ないしもちろん解釈をすることは」できない。

「予防接種は時に重篤な副反応が生ずるおそれがあるもので、危険を伴うものであり、その危険をなくすためには事前に医師が予診を充分にして、禁忌者を的確に識別・除外する体制を作る必要がある。」

「伝染病の伝播及び発生の防止その他公衆衛生の向上及び増進を任務とする厚生省の長として同省の事務を統括する厚生大臣としては、右の趣旨に沿った具体的な施策を立案し、それに沿って……省令等を制定し、かつ、予防接種業務の実施主体である市町村長を指揮監督し（地方自治法 150 条。法に基づく接種の場合）、あるいは地方自治法 245 条等に基づき（勧奨接種の場合）地方自治体に助言・勧告する、さらには、接種を実際に担当する医師

や接種を受ける国民を対象に予防接種の副反応や禁忌について周知を図るなどの措置をとる義務があった……。なお、法に基づく予防接種は国の事務であって、主務大臣である厚生大臣は事務の実施につき市町村長を全面的に指揮・監督する立場にあったものであり、また、勧奨接種の場合は、法的には地方自治体が国の指導に従うか否かは任意であるといえるが、実際は自治体側には選択の余地がなく国の指導に従って接種を実施するという関係にあったのであるから、予防接種の実施に地方自治体の機関ないし地方自治体が介在しているからといって、厚生大臣に右で述べた義務がないということはできない。……個別接種についても、これは、国の強制予防接種制度の一環として組み込まれているものであって、法による予防接種としての効果を持つものであるから、予防接種を国の施策として全体として遂行する立場にある厚生大臣としては、予防接種の副反応、禁忌事項及び予診の重要性等について、……一般の医師及びこれを受ける国民にも周知徹底させ、予防接種事故の発生を未然に防ぐ義務があった」。

「厚生大臣は、法制定の当時から、予防接種による副反応事故を発生させないためには、禁忌を定めた上、医師が予診をして禁忌に該当した者を接種対象から除外する措置をとることが必要であることを充分認識していた」。

「ところが、厚生大臣は、長く、伝染病の予防のため、予防接種の接種率を上げることに施策の重点を置き、予防接種の副反応の問題にそれほど注意を払わなかったため、……前記の義務を果たすことを怠った」。

「厚生大臣は、……禁忌を識別するための充分な措置をとらなかったことの結果として、現場の接種担当者が禁忌識別を誤り禁忌該当者であるのにこれに接種して、本件各事故のような重大な副反応事故が発生することを予見することができた……。また、……本件被害児らはすべて禁忌該当者と推定されるものであるから、厚生大臣が禁忌を識別するための充分な措置をとり、その結果、接種担当者が禁忌識別を誤らず、禁忌該当者をすべて接種対象者から除外していたとすれば、本件副反応事故の発生を回避することができた……、したがって、本件副反応事故という結果の回避可能性もあった」。

POINT 予防接種禍の救済について、損失補償を否定した上で、厚生大臣の過失（いわゆる組織過失）を認めることにより、国家賠償責任を認容する判断がされた裁判例である。予防接種禍訴訟は、国家賠償と損失補償のどちらによっても正面から救済が困難な「谷間」の問題とされていたが、判例 **23 - 18** が示した被害者を禁忌者と推定する法理を前提に、予防接種による後遺障害発生を未然に防止するための措置を怠ったことを組織過失と構成する本判決のロジックと併せ、過失の客観化を背景とする国家賠償構成による救済が定着した。

24 国家賠償法2条・3条

24-1　道路の設置・管理の瑕疵(1)―高知落石事件
最判昭和45年8月20日（民集24巻9号1268頁・百選II 230）

事実　高知県の国道において、山側斜面から岩石が落下し、走行中の貨物自動車を直撃して助手席のAが即死した。Aの両親Xらが、本件国道の管理者たる国（Y_1）・費用負担者たる高知県（Y_2）に対し、国家賠償を請求して提訴。1審・2審ともXらの請求を一部認容。Y_1・Y_2が上告。上告棄却。

判旨　「国家賠償法2条1項の営造物の設置または管理の瑕疵とは、営造物が通常有すべき安全性を欠いていることをいい、これに基づく国および公共団体の賠償責任については、その過失の存在を必要としない」。

　本件道路は「陸上交通の上で極めて重要な道路であるところ、本件道路には従来山側から屢々落石があり、さらに崩土さえも何回かあったのであるから、……本件道路を通行する人および車はたえずその危険におびやかされていたにもかかわらず、……本件道路の右のような危険性に対して防護柵または防護覆を設置し、あるいは山側に金網を張るとか、常時山地斜面部分を調査して、落下しそうな岩石があるときは、これを除去し、崩土の起こるおそれのあるときは、事前に通行止めをする等の措置をとったことはない」。「かかる事実関係のもとにおいては、本件道路は、その通行の安全性の確保において欠け、その管理に瑕疵があったものというべきである旨、……本件における道路管理の瑕疵の有無は、本件事故発生地点だけに局限せず、……本件道路全般についての危険状況および管理状況等を考慮にいれて決するのが相当である旨、そして、本件道路における防護柵を設置するとした場合、その費用の額が相当の多額にのぼり、Y_2としてその予算措置に困却するであろうことは推察できるが、それにより直ちに道路の管理の瑕疵によって生じた損害に対する賠償責任を免れうるものと考えることはできないのであり、その他、本件事故が不可抗力ないし回避可能性のない場合であることを認めることができない旨の原審の判断は、いずれも正当」である。

POINT　本判決は、国家賠償法2条1項の瑕疵につき、営造物が通常有すべき安全性を欠いていることと定義した上で（客観説の採用）、①無過失責任であること、②道路全般の管理状況等が問題になること、③予算不足の抗弁の排斥、④本件事故は「不可抗力」ないし「回避可能性のない場合」にあたらないことを示した。道路の設置・管理瑕疵の解釈に関するリーディングケースである。

24 - 2　道路の設置・管理の瑕疵(2)—故障車両の放置

最判昭和 50 年 7 月 25 日（民集 29 巻 6 号 1136 頁・百選 II 231）

事実　和歌山県内の国道 170 号線上に事故で故障したトラックが 87 時間にわたり放置されていたところ、走行してきた原動機付自転車がこの故障車に激突し、運転していた A が即死した。A の両親 X らが、道路管理者たる和歌山県（Y）等を相手に損害賠償を求めて提訴。1審は Y に対する請求を棄却（トラックの運転手・その使用者に対する損害賠償請求は一部認容）したが、2 審は Y に対する請求を一部認容したので、Y が上告。上告棄却。

> **判旨**　「道路管理者は、道路を常時良好な状態に保つように維持し、修繕し、もって一般交通に支障を及ぼさないように努める義務を負うところ（道路法 42 条）、……本件事故現場付近は……道路中央線付近に故障した大型貨物自動車が 87 時間にわたって放置され、道路の安全性を著しく欠如する状態であったにもかかわらず、当時その管理事務を担当する橋本土木出張所は、道路を常時巡視して応急の事態に対処しうる監視体制をとっていなかったために、本件事故が発生するまで右故障車が道路上に長時間放置されていることすら知らず、まして……道路の安全性を保持するために必要とされる措置を全く講じていなかったことは明らかであるから、このような状況のもとにおいては、本件事故発生当時、同出張所の道路管理に瑕疵があった」。

POINT　本判決は、道路管理者による安全性確保に係る義務の存在を前提に、道路の安全性確保のために必要な措置が全くとられなかったことに着目して、道路管理の瑕疵を認めた。本判決によるなら、安全対策をとる可能性がない（結果回避可能性がない）と認定判断されれば、道路管理瑕疵は否定されることになろう。

➡ 最判昭和 50 年 6 月 26 日民集 29 巻 6 号 851 頁は、夜間、直前に先行他車が道路上の赤色灯標柱等を倒したため自動車事故が発生した事案で、道路管理者が時間的に遅滞なく原状に復し、道路を安全良好な状態に保つことは不可能であったとして、道路管理瑕疵を否定した。同判決では、道路の物理的・客観的欠陥のみでなく管理行為の検討を経て、結果回避可能性が否定されたものと考えられる。

24 - 3　道路の設置・管理の瑕疵(3)
—防災設備の運用・日本坂トンネル事件

東京高判平成 5 年 6 月 24 日（判時 1462 号 46 頁）

事実　東名高速道路の日本坂トンネル（長さ 2045m）内で車 6 台の追突により火災が発生し、事故車両の積載物が爆発的炎上を起こしたためトンネル内の後続車 167 台が次々と延焼する事

故が起こった。この事故により車両・積荷につき損害を被った運送業者Xらは、日本道路公団（Y）に対し、損害賠償を求めて東京地裁・静岡地裁に提訴。両地裁ともXらの請求を一部認容したため、Yが控訴、東京地裁原告が附帯控訴、静岡地裁原告が控訴。東京高裁がこれらを併合審理した。Yの控訴棄却・判決一部変更。

<blockquote>

判旨　「国賠法2条1項にいう営造物の設置又は管理の瑕疵とは、営造物が通常有すべき安全性を欠如していることをいうが、右の安全性の欠如とは、当該営造物を構成する物的施設自体に存する物理的、外形的欠陥ないし不備によって他人の生命、身体又は財産に対し危害を生じさせる危険性がある場合のみならず、その営造物の設置管理者の不適切な管理行為によって右の危害を生じさせる危険性がある場合も含む」。

　「当該営造物が有料高速道路上のトンネルであり、そのトンネル内において車両の衝突事故等に起因して生じた火災が後続の車両に延焼した場合に、後続車両の損害との関係において右トンネルが安全性を欠如していたかどうかの判断は、トンネルの構造（長さ、幅員、内部構造等）、右事故当時における当該トンネルの交通量、交通形態（一方交通か対面交通か）、通行する車両の種類、その積載物の種類ごとに易燃物等危険物の輸送の状況、過去の事故の態様・原因、長大トンネル一般における事故の発生の態様・原因等に照らし、右トンネル内において発生することが予見される危険に対処するための物的設備・人的配備及びこれらの運営体制、消防署及び警察署等の他の機関に対する通知及びこれらの機関との協力体制並びに高速道路の利用者に対する当該危険が発生したことの通知・警告のための設備ないし方法等……が、右危険を回避するために合理的かつ妥当なものであったかどうかに基づいてするのが相当である」。

　「本件トンネルの防災設備及びその運用は、①水噴霧装置及び消火栓の作動にかかわるITV運用の遅延並びに事故原因者又は通行者による初期消火手段の機能の不完全、②消防署に対する情報提供の遅延及び不足、③後続車両の運転者に対する情報提供の不十分及び遅延並びに警告力の不十分等をきたす状態にあったものであり、長大トンネルとして通常具有すべき安全性を欠如していた」。

</blockquote>

POINT　本判決は、高速道路の長大トンネルの瑕疵について、最新の安全設備（ITV）の稼動が不十分であったこと等、道路管理者による当該道路の安全管理体制を正面から問題とした上で、長大トンネルとして通常具有すべき安全性の欠如を認めた。

24-4　利用者の異常な行動(1)─道路防護柵からの転落事故
最判昭和53年7月4日（民集32巻5号809頁）

事実　6歳の児童Xは、自宅前の道路で遊んでいたところ、道路の防護柵を越えて道路とは反対側約4m下にある高等学校の校庭に転落して傷害を負った。Xは、道路管理者である神戸市（Y）を相手に、道路管理の瑕疵による損害賠償請求をした。1審はXの請求を一部認容し

たが、2審はXの請求を棄却したため、Xが上告。上告棄却。

> **判旨** 「国家賠償法2条1項にいう営造物の設置又は管理に瑕疵があったとみられるかどうかは、当該営造物の構造、用法、場所的環境及び利用状況等諸般の事情を総合考慮して具体的個別的に判断すべきものであるところ、……本件防護柵は、本件道路を通行する人や車が誤って転落するのを防止するためにYによって設置されたものであり、その材質、高さその他その構造に徴し、通行時における転落防止の目的からみればその安全性に欠けるところがないものというべく、Xの転落事故は、同人が当時危険性の判断能力に乏しい6歳の幼児であったとしても、本件道路及び防護柵の設置管理者であるYにおいて通常予測することのできない行動に起因するものであった……。したがって、右営造物につき本来それが具有すべき安全性に欠けるところがあったとはいえず、Xのしたような通常の用法に即しない行動の結果生じた事故につき、Yはその設置管理者としての責任を負うべき理由はない」。

POINT 本判決は、国家賠償法2条1項の営造物の設置・管理の瑕疵に係る判断手法（当該営造物の構造・用法・場所的環境および利用状況等諸般の事情を総合考慮して具体的個別的に判断する）を提示した上で、道路利用者の異常な行動（通常予測することのできない行動）が事故の原因となったとして、その瑕疵を否定した。本判決は、国家賠償法2条の解釈論の中に、係争の事故に関する責任分担の合理性という要素を持ち込んでいる（判例24‐5も参照）。もっとも、利用者の異常な行動が常態化している（たとえば、日常的に道路で子供が遊んでいて、転落事故が頻発している）場合には、設置・管理者の側に予測可能な事故を回避する義務があることを前提に、瑕疵が認められる可能性があろう。

24‐5 利用者の異常な行動(2)―テニス審判台の転倒事故
最判平成5年3月30日（民集47巻4号3226頁・百選II 235）

事実 一般市民に開放中の町立中学校校庭内のテニスコートでXらがテニスをしていたところ、5歳になるXの子Aが審判台に昇って遊び、審判台が倒れ、その下敷きになって死亡した。Xは、中学校の設置管理者である町（Y）に対し、損害賠償を求めて提訴。1審・2審ともXの請求を一部認容したため、Yが上告。破棄自判（請求棄却）。

> **判旨** 「一般に、テニスの審判台は、審判者がコート面より高い位置から競技を見守るための設備であり、座席への昇り降りには、そのために設けられた階段によるべきことはいうまでもなく、審判台の通常有すべき安全性の有無は、この本来の用法に従った使用を前提とした上で、何らかの危険発生の可能性があるか否かによって決せられる」。「本件審

判台が本来の用法に従ってこれを使用する限り転倒の危険を有する構造のものでなかったことは、原審の適法に確定するところであ」る。

　「公立学校の校庭が開放されて一般の利用に供されている場合、幼児を含む一般市民の校庭内における安全につき、校庭内の設備等の設置管理者に全面的に責任があるとするのは当を得ないことであり、幼児がいかなる行動に出ても不測の結果が生じないようにせよというのは、設置管理者に不能を強いるものといわなければならず、これを余りに強調するとすれば、かえって校庭は一般市民に対して全く閉ざされ、都会地においては幼児は危険な路上で遊ぶことを余儀なくされる結果ともなろう。」「本来の用法に従えば安全である営造物について、これを設置管理者の通常予測し得ない異常な方法で使用しないという注意義務は、利用者である一般市民の側が負うのが当然であり、幼児について、異常な行動に出ることがないようにさせる注意義務は、もとより、第一次的にその保護者にある」。

　「本件事故は、……本件審判台の安全性の欠如に起因するものではなく、……Ａの異常な行動に原因があったものといわなければならず、このような場合にまで、ＹがＸらに対して国家賠償法２条１項所定の責任を負ういわれはない」。

POINT　営造物の設置管理の瑕疵は、当該営造物の本来の用法に従った利用を前提として判断するのが原則であることを示した判例である。判例 24 - 4 と同様に、営造物の設置・管理の瑕疵を解釈する場合に、設置者・管理者側の「守備範囲」が重要な考慮要素となり、それを当該営造物の「通常の用法（本来の用法）」というメルクマールで画定するという法理が示されている。

24 - 6　機能的瑕疵（供用関連瑕疵）(1)―空港騒音・大阪空港訴訟
最大判昭和 56 年 12 月 16 日（民集 35 巻 10 号 1369 頁・百選 II 236）

事実　判例 15 - 4 と同一事件。

判旨　「国家賠償法２条１項の営造物の設置又は管理の瑕疵とは、営造物が有すべき安全性を欠いている状態をいうのであるが、そこにいう安全性の欠如、すなわち、他人に危害を及ぼす危険性のある状態とは、ひとり当該営造物を構成する物的施設自体に存する物理的、外形的な欠陥ないし不備によって……危害を生ぜしめる危険性がある場合のみならず、その営造物が供用目的に沿って利用されることとの関連において危害を生ぜしめる危険性がある場合をも含み、また、その危害は、営造物の利用者に対してのみならず、利用者以外の第三者に対するそれをも含む……。すなわち、当該営造物の利用の態様及び程度が一定の限度にとどまる限りにおいてはその施設に危害を生ぜしめる危険性がなくても、これを超える利用によって危害を生ぜしめる危険性がある状況にある場合には、そのような利用に供される限りにおいて右営造物の設置、管理には瑕疵があるというを妨げず、し

たがって、右営造物の設置・管理者において、かかる危険性があるにもかかわらず、これにつき特段の措置を講ずることなく、また、適切な制限を加えないままこれを利用に供し、その結果利用者又は第三者に対して現実に危害を生ぜしめたときは、それが右設置・管理者の予測しえない事由によるものでない限り、国家賠償法2条1項の規定による責任を免れ」ない。

「本件空港の供用のような国の行う公共事業が第三者に対する関係において違法な権利侵害ないし法益侵害となるかどうかを判断するにあたっては、……侵害行為の態様と侵害の程度、被侵害利益の性質と内容、侵害行為のもつ公共性ないし公益上の必要性の内容と程度等を比較検討するほか、侵害行為の開始とその後の継続の経過及び状況、その間にとられた被害の防止に関する措置の有無及びその内容、効果等の事情をも考慮し、これらを総合的に考察してこれを決すべきものである」。

「本件において主張されている公共性ないし公益上の必要性の内容は、航空機による迅速な公共輸送の必要性をいうものであるところ、……これによる便益は、国民の日常生活の維持存続に不可欠な役務の提供のように絶対的ともいうべき優先順位を主張しうるものとは必ずしもいえないものであるのに対し、……本件空港の供用によって被害を受ける地域住民はかなりの多数にのぼり、その被害内容も広範かつ重大なものであり、しかも、これら住民が空港の存在によって受ける利益とこれによって被る被害との間には……彼此相補の関係が成り立たないことも明らかで、結局、前記の公共的利益の実現は、……周辺住民という限られた一部少数者の特別の犠牲の上でのみ可能であって、そこに看過することのできない不公平が存することを否定できない」。

POINT 本判決は、国営空港の周辺住民らが、騒音・排気ガス・振動等の被害による損害賠償請求をした事案において、国家賠償法2条1項を適用し、過去の損害につき国の損害賠償責任を肯定した（将来の損害に係る賠償請求は斥けている）。最高裁は、いわゆる供用関連瑕疵（機能的瑕疵）について、国家賠償法2条1項により救済するという判例法理を確立させた。空港の公共性と国家賠償責任の関係について、周辺住民の受益と被害が「彼此相補」の関係にないこと、公共的利益の実現に伴う「特別の犠牲」であることに言及し、損失補償類似の考え方が取り込まれていることが指摘される。

24−7 機能的瑕疵（供用関連瑕疵）（2）—道路公害・国道43号訴訟
最判平成7年7月7日（民集49巻7号1870頁）

事実 大阪市と神戸市を結ぶ幹線道路である国道43号線およびその上部に高架構造で設置された阪神高速道路の沿道住民Xらは、本件道路を走行する自動車がもたらす騒音・振動・大気汚染等により被害を受けているとして、道路の設置管理者である国（Y1）・阪神高速道路公団（Y2）に対し、一定基準値を超える騒音と二酸化窒素の居住地域内への侵入差止めおよび過去・将来の損害賠償を求めて提訴した。1審は、Xらの差止めを求める訴えを却下し、過去の

損害賠償請求を一部認容、将来の損害賠償請求を却下し、2審は、差止請求を棄却、過去の損害賠償請求を一部認容、将来の損害賠償請求を却下する判断をした。Xら・Y₁・Y₂が上告。本判決は、Y₁・Y₂による上告事件である。上告棄却。以下に紹介するのは、過去の損害賠償請求について、国家賠償法2条1項に基づく機能的瑕疵（供用関連瑕疵）を認めた部分の判旨である（Xらによる上告事件について、民集49巻7号2599頁を参照。差止請求につき上告棄却とされたが、差止請求が適法な訴えであることを前提とする判断がされている）。

判旨　「国家賠償法2条1項にいう営造物の設置又は管理の瑕疵とは、営造物が通常有すべき安全性を欠いている状態、すなわち他人に危害を及ぼす危険性のある状態をいうのであるが、これには営造物が供用目的に沿って利用されることとの関連においてその利用者以外の第三者に対して危害を生ぜしめる危険性がある場合をも含むものであり、営造物の設置・管理者において、このような危険性のある営造物を利用に供し、その結果周辺住民に社会生活上受忍すべき限度を超える被害が生じた場合には、原則として同項の規定に基づく責任を免れることができない」。

「本件道路は、産業政策等の各種政策上の要請に基づき設置されたいわゆる幹線道路であって、地域住民の日常生活の維持存続に不可欠とまではいうことのできないものであり、Xらの一部を含む周辺住民が本件道路の存在によってある程度の利益を受けているとしても、その利益とこれによって被る前記の被害との間に、後者の増大に必然的に前者の増大が伴うというような彼此相補の関係はなく、さらに、本件道路の交通量等の推移はおおむね開設時の予測と一致するものであったから、Yらにおいて騒音等が周辺住民に及ぼす影響を考慮して当初からこれについての対策を実施すべきであったのに、右対策が講じられないまま住民の生活領域を貫通する本件道路が開設され、その後に実施された環境対策は、巨費を投じたものであったが、なお十分な効果を上げているとまではいえない……。そうすると、本件道路の公共性ないし公益上の必要性のゆえに、Xらが受けた被害が社会生活上受忍すべき範囲内のものであるということはできず、本件道路の供用が違法な法益侵害に当たり、YらはXらに対して損害賠償義務を負うべきである」。

POINT　本判決は、判例24-6の示した法理を踏まえつつ、道路公害事案につき国家賠償法2条1項に基づく救済を認めた。最高裁は、供用関連瑕疵の法理について、幹線道路の公共性の反面として受忍限度を超える被害を受けた者を救済するという損失補償的要素を取り込むかたちで展開させている。

24-8　水害訴訟(1)—未改修河川・大東水害訴訟
最判昭和59年1月26日（民集38巻2号53頁・百選Ⅱ232）

事実　昭和47年7月の集中豪雨により、大東市の低湿地帯において、床上浸水等の水害が発生した。被害者であるXらは、本件水害が、大東市を流れる一級河川谷田川（寝屋川水系）

および近接する 3 本の排水路（旧農業用水路）からの溢水によって生じたものであるとして、谷田川の管理者たる国（Y₁）・同河川の管理費用負担者である大阪府（Y₂）・本件排水路の管理者たる大東市（Y₃）に対し、国家賠償法 2 条または 3 条に基づく損害賠償を請求した。事件当時、谷田川は改修途上であり、X らは谷田川の未改修部分からの溢水により本件水害が発生したと主張した。1 審・2 審とも X らの請求を一部認容したため、Y₁・Y₂・Y₃ が上告。破棄差戻し。以下、谷田川の瑕疵を論じた部分の判旨を紹介する。

判旨　「河川は、本来自然発生的な公共用物であって、管理者による公用開始のための特別の行為を要することなく自然の状態において公共の用に供される物であるから、……もともと洪水等の自然的原因による災害をもたらす危険性を内包している……。したがって、……河川の通常備えるべき安全性の確保は、管理開始後において、……治水事業を行うことによって達成されていくことが当初から予定されている……。この治水事業は、もとより一朝一夕にして成るものではなく、しかも全国に多数存在する未改修河川及び改修の不十分な河川についてこれを実施するには莫大な費用を必要とするものであるから、結局、原則として、議会が……決定する予算のもとで、各河川につき……諸事情を総合勘案し、それぞれの河川についての改修等の必要性・緊急性を比較しつつ、その程度の高いものから逐次これを実施していくほかはない。また、その実施にあたっては、……技術的な制約もあり、更に、……社会的制約を伴う……。しかも、河川の管理においては、道路の管理における危険な区間の一時閉鎖等のような簡易、臨機的な危険回避の手段を採ることもできないのである。河川の管理には、以上のような諸制約が内在するため、すべての河川について通常予測し、かつ、回避しうるあらゆる水害を未然に防止するに足りる治水施設を完備するには、相応の期間を必要とし、未改修河川又は改修の不十分な河川の安全性としては、右諸制約のもとで一般に施行されてきた治水事業による河川の改修、整備の過程に対応するいわば過渡的な安全性をもって足りるものとせざるをえないのであって、当初から通常予測される災害に対応する安全性を備えたものとして設置され公用開始される道路その他の営造物の管理の場合とは、その管理の瑕疵の有無についての判断の基準もおのずから異なったものとならざるをえないのである。この意味で、道路の管理者において……予算措置に困却するからといってそのことにより直ちに道路の管理の瑕疵によって生じた損害の賠償責任を免れうるものと解すべきでないとする当裁判所の判例……も、河川管理の瑕疵については当然には妥当しない」。

　上記「諸制約によっていまだ通常予測される災害に対応する安全性を備えるに至っていない現段階においては、当該河川の管理についての瑕疵の有無は、過去に発生した水害の規模、発生の頻度、発生原因、被害の性質、降雨状況、流域の地形その他の自然的条件、土地の利用状況その他の社会的条件、改修を要する緊急性の有無及びその程度等諸般の事情を総合的に考慮し、前記諸制約のもとでの同種・同規模の河川の管理の一般水準及び社会通念に照らして是認しうる安全性を備えていると認められるかどうかを基準として判断すべきである……。そして、既に改修計画が定められ、これに基づいて現に改修中である河川については、右計画が全体として右の見地からみて格別不合理なものと認められない

ときは、その後の事情の変動により当該河川の未改修部分につき水害発生の危険性が特に顕著となり、当初の計画の時期を繰り上げ、又は工事の順序を変更するなどして早期の改修工事を施行しなければならないと認めるべき特段の事由が生じない限り、右部分につき改修がいまだ行われていないとの一事をもって河川管理に瑕疵があるとすることはできない……。そして、右の理は、人口密集地域を流域とするいわゆる都市河川の管理についても、……一般的にはひとしく妥当する」。

POINT 河川管理の特殊性・河川管理に内在する諸制約を強調し、道路とは異なる厳しい瑕疵認定の枠組みを示した判例である。すなわち、①未改修の河川の安全性は「過渡的な安全性」で足りる、②河川管理の瑕疵は、河川管理の特質に由来する財政的、技術的および社会的諸制約の下、「諸般の事情を総合的に考慮し」、「同種・同規模の河川の管理の一般水準及び社会通念に照らして是認しうる安全性を備えていると認められるか」を基準に判断する、③改修途上の河川については、特段の事情がない限り改修が行われていないというだけでは瑕疵があるといえない、等の判断枠組みが提示された。

24-9　水害訴訟（2）―改修済み河川・多摩川水害訴訟
最判平成2年12月13日（民集44巻9号1186頁・百選II 233）

事実 昭和49年8月の豪雨により一級河川の多摩川の水位は著しく上昇し、狛江市地先の河道内に設置された堰（川崎市の管理に係る取水堰。いわゆる許可工作物である）の越流水の作用により、同堰の取付部護岸が損壊し、そこからの迂回流が堤内地を浸食し、家屋19棟が流失した。被災箇所は、河川法16条により策定された多摩川水系工事実施基本計画に照らして改修・整備の必要がないとされていたが、本件水害は、この計画が予定する計画高水流量規模の洪水流量の下で発生した。本件水害の被災者Xらが、多摩川の管理者である国（Y）に対し、損害賠償を求めて提訴。1審はXらの請求を一部認容したが、2審はXらの請求を棄却したため、Xらが上告。破棄差戻し。

判旨 「河川が通常予測し、かつ、回避し得る水害を未然に防止するに足りる安全性を備えるに至っていないとしても、直ちに河川管理に瑕疵があるとすることはできず、河川の備えるべき安全性としては、一般に施行されてきた治水事業の過程における河川の改修、整備の段階に対応する安全性をもって足りるものとせざるを得ない。そして、河川の管理についての瑕疵の有無は、過去に発生した水害の規模、発生の頻度、発生原因、被害の性質、降雨状況、流域の地形その他の自然的条件、土地の利用状況その他の社会的条件、改修を要する緊急性の有無及びその程度等諸般の事情を総合的に考慮し、河川管理における財政的、技術的及び社会的諸制約のもとでの同種・同規模の河川の管理の一般的水準及び

社会通念に照らして是認し得る安全性を備えていると認められるかどうかを基準として判断すべきである」。

「工事実施基本計画が策定され、右計画に準拠して改修、整備がされ、あるいは右計画に準拠して新規の改修、整備の必要がないものとされた河川の改修、整備の段階に対応する安全性とは、同計画に定める規模の洪水における流水の通常の作用から予測される災害の発生を防止するに足りる安全性をいう」。

「許可工作物の存在する河川部分における河川管理の瑕疵の有無は、当該河川部分の全体について、前記判断基準の示す安全性を備えていると認められるかどうかによって判断すべきものであり、全体としての当該河川部分の管理から右工作物の管理を切り離して、右工作物についての改修の要否のみに基づいて、これを判断すべきものではない。……河道内に河川管理施設以外の許可工作物が存在する場合においては、……河川管理者としては、当該工作物そのものの管理権を有しないとしても、右工作物が存在することを所与の条件として、当該工作物に関する監督処分権の行使又は自己の管理する河川施設の改修、整備により、河川の安全性を確保する責務があるのであって、当該工作物に存在する欠陥により当該河川部分についてその備えるべき安全性が損なわれるに至り、他の要件が具備するときは、右工作物が存在する河川部分について河川管理の瑕疵がある」。「また、許可工作物が存在することによって生ずる危険を除去し、減殺するために当該工作物又はこれと接続する河川管理施設のみを改修し、整備する場合においても、前記判断基準の示す財政的、技術的及び社会的諸制約があることは、いうまでもない。しかし、その程度は、広範囲にわたる河川流域に及ぶ河川管理施設を改修し、整備する場合におけるそれと比較して、通常は、相当に小さい」。

「本件災害発生当時において想定された洪水の規模は、基本計画に定められた計画高水流量規模の洪水である」。「本件における河川管理の瑕疵の有無を検討するに当たっては、まず、本件災害時において、基本計画に定める計画高水流量規模の流水の通常の作用により本件堰及びその取付部護岸の欠陥から本件河川部分において破堤が生ずることの危険を予測することができたかどうかを検討し、これが肯定された場合には、右予測をすることが可能となった時点を確定した上で、右の時点から本件災害時までに前記判断基準に示された諸制約を考慮しても、なお、本件堰に関する監督処分権の行使又は本件堰に接続する河川管理施設の改修、整備等の各措置を適切に講じなかったことによって、本件河川部分が同種・同規模の河川の管理の一般的水準及び社会通念に照らして是認し得る安全性を欠いていたことになるかどうかを、本件事案に即して具体的に判断すべきものである。」

POINT 改修済み河川の安全性について、工事実施基本計画に定める規模の洪水における流水の通常の作用から予測される災害の発生を防止するに足りる安全性とした上で、河道内の許可工作物が一因となって生じた水害に関して、予測可能性・回避可能性を基にした瑕疵の有無の判断をすべきことを示した判例である。最高裁は、一般論として、道路と対比される河川管理の特質・諸制約を強調した判例 **24 - 8** を踏襲しながら、未改修河川に係る水害事例であった判例 **24 - 8** とは異なる、改修済み河川に

係る瑕疵判断の基準を示す。判例 **24 - 8** は、河川改修のあり方それ自体（未改修河川における改修の遅れ）が争点となる事例であり、抽象的な「諸制約」論により瑕疵を否定する方向性での解釈のみが強調されていたが、本判決では、瑕疵の有無の判断基準を相当程度具体化して提示している。

24 - 10　危険防止施設—点字ブロックの未設置・視力障害者転落事件
最判昭和 61 年 3 月 25 日（民集 40 巻 2 号 472 頁・百選 II 234）

事実　視力障害者 X は、国鉄大阪環状線福島駅の島式ホームから線路上に転落し、進入してきた電車に轢かれて重傷を負った。X は、国鉄（Y）に対し、損害賠償を求めて提訴。1 審は X の請求を一部認容（ただし、国家賠償法 2 条に基づく責任は否定）し、2 審は、本件ホーム上に点字ブロックが未設置であったことが営造物の設置管理の瑕疵にあたるとして国家賠償法 2 条 1 項に基づく Y の責任を認め、X の請求を一部認容した。Y が上告。破棄差戻し。

> **判旨**　「国家賠償法 2 条 1 項にいう営造物の設置又は管理の瑕疵とは、営造物が通常有すべき安全性を欠く状態をいい、かかる瑕疵の存否については、当該営造物の構造、用法、場所的環境及び利用状況等諸般の事情を総合考慮して具体的個別的に判断すべきものである……。そして、点字ブロック等のように、新たに開発された視力障害者用の安全設備を駅のホームに設置しなかったことをもって当該駅のホームが通常有すべき安全性を欠くか否かを判断するに当たっては、その安全設備が、視力障害者の事故防止に有効なものとして、その素材、形状及び敷設方法等において相当程度標準化されて全国的ないし当該地域における道路及び駅のホーム等に普及しているかどうか、当該駅のホームにおける構造又は視力障害者の利用度との関係から予測される視力障害者の事故の発生の危険性の程度、右事故を未然に防止するため右安全設備を設置する必要性の程度及び右安全設備の設置の困難性の有無等の諸般の事情を総合考慮することを要する」。

POINT　新たに開発された安全設備が未設置であった場合の設置管理瑕疵の有無の判断において、標準化・普及の程度等が総合的に考慮されるべきことを示した判例である。最高裁は、安全設備による危険防止が不十分であったという「守備ミス」型の営造物責任について、瑕疵の有無を判断するために考慮すべき要素を具体的に提示している。

24 - 11　国庫補助事業と費用負担者—国家賠償法 3 条 1 項の解釈
最判昭和 50 年 11 月 28 日（民集 29 巻 10 号 1754 頁・百選 II 237）

事実　X は、吉野熊野国立公園特別地域内にある鬼ケ城（三重県熊野市）を観光していたと

ころ、周回路のかけ橋から足を踏み外して約5m下の岩場に転落し、重傷を負った。Xは、本件周回路の設置・管理に瑕疵があるとして、国（Y₁）・三重県（Y₂）・熊野市（Y₃）を相手に、国家賠償法2条1項に基づく損害賠償を求めて提訴。1審・2審ともXの請求を一部認容する判断をしたが、2審において、Y₁は国家賠償法3条1項に基づく費用負担者として損害賠償責任を負う旨の判断がされたため、Y₁が上告。上告棄却。

> **判旨** 国家賠償法「3条1項が、同法2条1項と相まって、当該営造物の設置もしくは管理にあたる者とその設置もしくは管理の費用の負担者とが異なるときは、その双方が損害賠償の責に任ずべきであるとしているのは、もしそのいずれかのみが損害賠償の責任を負うとしたとすれば、被害者たる国民が、そのいずれに賠償責任を求めるべきであるかを必らずしも明確にしえないため、賠償の責に任ずべき者の選択に困難をきたすことがありうるので、対外的には右双方に損害賠償の責任を負わせることによって右のような困難を除去しようとすることにあるのみでなく、危険責任の法理に基づく同法2条の責任につき、同一の法理に立って、被害者の救済を全からしめようとするためでもあるから、<u>同法3条1項所定の設置費用の負担者には、当該営造物の設置費用につき法律上負担義務を負う者のほか、この者と同等もしくはこれに近い設置費用を負担し、実質的にはこの者と当該営造物による事業を共同して執行していると認められる者であって、当該営造物の瑕疵による危険を効果的に防止しうる者も含まれると解すべきであり</u>、……法律の規定上当該営造物の設置をなしうることが認められているY₁が、自らこれを設置するにかえて、特定の地方公共団体に対しその設置を認めたうえ、右営造物の設置費用につき当該地方公共団体の負担額と同等もしくはこれに近い経済的な補助を供与する反面、右地方公共団体に対し法律上当該営造物につき危険防止の措置を請求しうる立場にあるときには、Y₁は、同項所定の設置費用の負担者に含まれるものというべきであり、右の補助が地方財政法16条所定の補助金の交付に該当するものであることは、直ちに右の理を左右するものではない」。
>
> 「Y₁は、……Y₂に対し、国立公園に関する公園事業の一部の執行として……本件周回路の設置を承認し、その際設置費用の半額に相当する補助金を交付し、その後の改修にも度々相当の補助金の交付を続け、Y₁の本件周回路に関する設置費用の負担の割合は2分の1近くにも達しているというのであるから、Y₁は、国家賠償法3条1項の適用に関しては、本件周回路の設置費用の負担者というべきである。」

POINT 国家賠償法2条1項が適用される場合の同法3条1項に定める費用負担者について、名目上は補助金の支給者であっても、実質的に負担金支給者に含めて解釈することが可能なケースがあることを認めた判例である。本判決は、補助金支給者と負担金支給者を実質的に同視するための基準として、①設置費用の負担割合、②実質的な事業執行のあり方、③危険防止措置の可否、を掲げるが、このうちの②の基準（実質的に事業を共同執行しているか否か）が最も本質的であると指摘されている。

24-12　求償権と内部関係──国家賠償法 3 条 2 項の解釈

最判平成 21 年 10 月 23 日（民集 63 巻 8 号 1849 頁・百選 II 238）

事実　A は、福島県郡山市立中学校教諭 B から体罰を受けたとして、福島県（X）・郡山市（Y）を相手に損害賠償等を求めて出訴し、X・Y が連帯して損害賠償責任を負う旨の判決（前訴 1 審判決という）を言い渡された。A が控訴（X・Y は附帯控訴）したところ、A・Y の間で訴訟上の和解が成立し、A は Y に対する請求を放棄する一方、X に対する控訴を取り下げた。この結果、前訴 1 審が X との関係で確定し、X は A に前訴 1 審で認容された全額を支払った。その後、X は、国家賠償法 3 条 2 項に基づく求償権の行使として上記金額の支払いを Y に求めたが、支払いがなされないため、Y を相手に出訴。1 審は X の請求を一部認容、2 審は X の請求を全部認容したため、Y が上告。上告棄却。

判旨　「国又は公共団体がその事務を行うについて国家賠償法に基づき損害を賠償する責めに任ずる場合における損害を賠償するための費用も国又は公共団体の事務を行うために要する経費に含まれる……から、上記経費の負担について定める法令は、上記費用の負担についても定めていると解される。同法 3 条 2 項に基づく求償についても、上記経費の負担について定める法令の規定に従うべきであり、法令上、上記損害を賠償するための費用をその事務を行うための経費として負担すべきものとされている者が、同項にいう内部関係でその損害を賠償する責任ある者に当たる」。

学校教育法・地方財政法によれば、「市町村が設置する中学校の経費については、原則として、当該市町村がこれを負担すべきものとされている。他方、市町村立学校職員給与負担法 1 条は、市町村立の中学校の教諭その他同条所定の職員の給料その他の給与……は、都道府県の負担とする旨を規定するが、同法は、これ以外の費用の負担については定めるところがない。」「そうすると、上記損害を賠償するための費用については、法令上、当該中学校を設置する市町村がその全額を負担すべきものとされているのであって、当該市町村が国家賠償法 3 条 2 項にいう内部関係でその損害を賠償する責任ある者として、上記損害を賠償した者からの求償に応ずべき義務を負う」。

POINT　国家賠償法 3 条 2 項の「内部関係でその損害を賠償する責任ある者」の解釈について、法令上「損害を賠償するための費用をその事務を行うための経費として負担すべきものとされている者」が最終的な責任主体となるとした判例である。県は、法令に基づき教職員の人件費を負担するが、それ以外の市立学校の事務経費は市が負担するのであり、損害賠償の費用も市が負担すべき後者の経費であるという解釈が採られている。

25 損失補償

25-1　憲法に基づく補償請求―直接請求権発生説・名取川砂利採取事件
最大判昭和 43 年 11 月 27 日（刑集 22 巻 12 号 1402 頁・百選 II 247）

事実　砂利採取業を営む Y は、昭和 32 年から、名取川堤外民有地で砂利等を採取してきた。ところが、昭和 34 年 12 月に至り、宮城県告示により河川附近地の指定が行われ、当該地域にも河川附近地制限令による規制が及ぶこととなり、本件砂利採取行為について同令 4 条 2 号に基づく知事の許可が必要となった。その後、Y は無許可で砂利等の採取行為等を行い、罰則を定めた同令 10 条に該当するとして起訴された。Y は、同令 4 条が私人の所有権に制限を加えるものでありながら損失補償の規定がなく、憲法 29 条 3 項に違反し無効である等を主張した。1 審・2 審とも有罪とされ、Y が上告。上告棄却。

判旨　「河川附近地制限令 4 条 2 号の定める制限は、河川管理上支障のある事態の発生を事前に防止するため、単に所定の行為をしようとする場合には知事の許可を受けることが必要である旨を定めているにすぎず、この種の制限は、公共の福祉のためにする一般的な制限であり、原則的には、何人もこれを受忍すべきものである。このように、同令 4 条 2 号の定め自体としては、特定の人に対し、特別に財産上の犠牲を強いるものとはいえないから、右の程度の制限を課するには損失補償を要件とするものではなく、……補償に関する規定のない同令 4 条 2 号の規定が……憲法 29 条 3 項に違反し無効であるとはいえない。」

「もっとも、……Y は、名取川の堤外民有地の各所有者に対し賃借料を支払い、労務者を雇い入れ、従来から同所の砂利を採取してきたところ、……宮城県告示……により、右地域が河川附近地に指定されたため、河川附近地制限令により、知事の許可を受けることなくしては砂利を採取することができなくなり、……相当の損失を被る筋合であるというのである。そうだとすれば、その財産上の犠牲は、公共のために必要な制限によるものとはいえ、単に一般的に当然に受忍すべきものとされる制限の範囲をこえ、特別の犠牲を課したものとみる余地が全くないわけではなく、憲法 29 条 3 項の趣旨に照らし、さらに河川附近地制限令 1 条ないし 3 条および 5 条による規制について同令 7 条の定めるところにより損失補償をすべきものとしていることとの均衡からいって、Y の被った現実の損失については、その補償を請求することができるものと解する余地がある。」「しかし、同令 4 条 2 号による制限について同条に損失補償に関する規定がないからといって、同条があらゆる場合について一切の損失補償を全く否定する趣旨とまでは解されず、Y も、その損失を具体的に主張立証して、別途、直接憲法 29 条 3 項を根拠にして、補償請求をする余地が全くないわけではないから、単に一般的な場合について、当然に受忍すべきものとさ

れる制限を定めた同令 4 条 2 号およびこの制限違反について罰則を定めた同令 10 条の各規定を直ちに違憲無効の規定と解すべきではない。」

POINT　本判決は、河川に係る危険防止を目的とする河川附近地制限令 4 条の定め自体は「特定の人に対し、特別に財産上の犠牲を強いるものとはいえない」として損失補償は不要とする一方、個別事案において現実の損失が生ずれば別途憲法 29 条 3 項を直接の根拠として補償を求めることができ得るという解釈を示した。本判決は、法令が財産権の制約につき損失補償の規定を欠く場合について、直接請求権発生説に立ち、法令を直ちに違憲・無効とすることなく Y を有罪としている。最高裁は、刑事事件における傍論ながら、警察目的（消極目的）の財産権規制であっても、現実に具体的損失（積極的損失）が生じた場合、憲法 29 条 3 項により直接損失補償請求権が発生する余地を認めたことになる。

25 - 2　警察制限と損失補償(1)─堤とうの使用禁止・奈良県ため池条例事件
　最大判昭和 38 年 6 月 26 日 (刑集 17 巻 5 号 521 頁・百選 II 246)

事実　奈良県は、ため池の堤とうの破損・決壊等により災害が発生することを防止する目的で、ため池堤とうに農作物を植えること等を禁止する条例を定めた。Y らは、この条例施行後も堤とうに農作物を栽培し続けたため、条例違反による罰則規定により公訴提起された。1 審は有罪としたが、2 審は無罪と判断したため、検察官が上告。破棄差戻し。

判旨　「本条例は、災害を防止し公共の福祉を保持するためのものであり、……ため池の堤とうを使用する財産上の権利の行使を著しく制限するものではあるが、結局それは、災害を防止し公共の福祉を保持する上に社会生活上已むを得ないものであり、そのような制約は、ため池の堤とうを使用し得る財産権を有する者が当然受忍しなければならない責務というべきものであって、憲法 29 条 3 項の損失補償はこれを必要としない」。

POINT　財産権制約が災害防止という消極目的・警察目的によるもの（警察制限）であれば、内在的制約の範囲内にとどまり、損失補償は不要とした判例である。他方、本判決に対しては、私有地で長年にわたり耕作を続けてきたという要素が十分に考慮されていない（考慮すれば、財産権侵害の強度が高いものと評価されよう）という批判がある。

25 - 3　警察制限と損失補償(2)
—危険物の状態責任・ガソリン貯蔵タンク移転事件
最判昭和 58 年 2 月 18 日（民集 37 巻 1 号 59 頁・百選 II 242）

事実　Y は、国道の交差点付近でガソリンスタンドを経営していたが、国（X）が交差点に地下道を設置したため、スタンドの地下に埋設していたガソリン等の貯蔵タンクが地下道から水平距離 10m 以内に位置することとなり、消防法 10 条 4 項および危険物の規制に関する政令 13 条に違反することとなった（地下道建設前のタンクの位置は適法であった）。Y はタンクの移設工事を行ったが、当該工事は X の地下道設置に起因するとして、X に対し道路法 70 条に基づく損失補償を求めて香川県収用委員会に裁決の申請をし、同委員会は、損失補償金を 907 万円余とする裁決を行った。X は、同裁決のうち損失補償金額に係る部分の取消しおよび同裁決による補償金支払債務の不存在確認を求めて出訴。1 審・2 審とも X の請求をほぼ斥ける判断をしたため、X が上告。破棄自判。

> **判旨**　道路法 70 条 1 項の「補償の対象は、道路工事の施行による土地の形状の変更を直接の原因として生じた隣接地の用益又は管理上の障害を除去するためにやむを得ない必要があってした前記工作物の新築、増築、修繕若しくは移転又は切土若しくは盛土の工事に起因する損失に限られる……。したがって、警察法規が一定の危険物の保管場所等につき保安物件との間に一定の離隔距離を保持すべきことなどを内容とする技術上の基準を定めている場合において、道路工事の施行の結果、警察違反の状態を生じ、危険物保有者が右技術上の基準に適合するように工作物の移転等を余儀なくされ、これによって損失を被ったとしても、それは道路工事の施行によって警察規制に基づく損失がたまたま現実化するに至ったものにすぎず、このような損失は、道路法 70 条 1 項の定める補償の対象には属しない」。

POINT　本判決は、本件ガソリン貯蔵タンクの移設は、道路工事により危険物に係る警察違反の状態（消防法上の規制）がたまたま現実化したにすぎず、道路法上の補償（いわゆる「みぞかき補償」）は不要とする判断を示した。物自体が社会に対する危険性を有する場合、危険防止の観点からの消極規制（警察違反の状態を解消する責任）は物の所有者が受忍するべきという状態責任論に基づく判断と考えられる。

25 – 4　土地利用制限と損失補償
── 長期にわたる都市計画制限・盛岡都市計画道路事件

最判平成 17 年 11 月 1 日（判時 1928 号 25 頁・百選 II 248）

事実　Xらの所有する土地・建物は、昭和 13 年に内務大臣がした都市計画決定に基づく都市計画道路の区域内にあり、長年にわたり都市計画法上の制限を受け続けてきた。Xらは、盛岡市（Y）を相手に、本件事業を 60 年以上放置してきたのは違法であるとして都市計画決定の取消し・国家賠償を求めるとともに、予備的に憲法 29 条 3 項に基づく補償を求めて出訴。1審・2審とも、取消しの訴えを却下し、国家賠償請求・損失補償請求をともに棄却する判断をしたため、Xらが上告。上告棄却。

> **判旨**　「Xらが受けた上記〔建築制限〕の損失は、一般的に当然に受忍すべきものとされる制限の範囲を超えて特別の犠牲を課せられたものということがいまだ困難であるから、Xらは、直接憲法 29 条 3 項を根拠として上記の損失につき補償請求をすることはできない」。

POINT　都市計画制限（土地利用制限）が 60 年以上にわたる事案について、特別の犠牲にあたらず、憲法 29 条 3 項に基づく損失補償は不要とした判例である。なお、本判決に付された藤田宙靖裁判官の補足意見には、補償の要否を判断するにあたり、都市計画制限の内容に加え、それが長期間であることを考慮要素とすべきとの指摘がある。

25 – 5　不許可補償── 南伊豆別荘不許可事件

東京地判平成 2 年 9 月 18 日（行集 41 巻 9 号 1471 頁）

事実　株式会社Xの代表者Aは、富士箱根伊豆国立公園の特別地域内に所在するX所有の土地に別荘を新築するため、静岡県知事に対して当時の自然公園法 17 条 3 項に基づき工作物の新築許可申請を行ったが不許可とされ、その取消しを求める訴えも棄却されて確定した。そこで、Xは、環境庁長官に対し同法 35 条 1 項・2 項に基づく損失補償請求をしたが認められず、国（Y）を相手に地価低落分の金額の支払いを求めて出訴。請求棄却。

> **判旨**　「本件不許可処分による制限が特別の犠牲に当たるか否かは、本件土地を含む周辺一帯の地域の風致・景観がどの程度保護すべきものであるか、また、本件建物が建築された場合に風致・景観にどのような影響を与えるか、さらに、本件不許可処分により本件土地を従前の用途に従って利用し、あるいは従前の状況から客観的に予想され得る用途に従って利用することが不可能ないし著しく困難となるか否か等の事情を総合勘案して判断

すべきである。」

　本件土地の「地域は、……すぐれた風景地であり、その風致・景観を維持し保存する必要性は極めて高いというべきところ、もし本件申請が許可されれば、……現在の風致・景観は著しく毀損される……。また、同地域は、……特段の利用がされることなく原生林のまま放置され、現在に至るまで別荘等の居宅は全く存在しない地域であり、しかも、本件土地は、……これまで別荘用地として利用されていなかったことは勿論、客観的にみて別荘用地として利用されることが全く予想されていなかった」。

　「これらの事情を総合勘案すると、本件不許可処分による本件建物の建築の制限は、国立公園内におけるすぐれた風致・景観を保護するために必要かつ合理的な範囲内の制限として、社会生活上一般に受忍すべき財産権の内在的制約の範囲内にあり、これによって生ずる損失は、これを補償することを要しない」。

POINT　本判決は、土地利用制限に係る不許可補償における「通常生ずべき損失」の解釈について、諸事情を総合勘案して「特別の犠牲」を判定し、財産権の内在的制約の範囲内であるとして補償は不要とした。しかし、このような解釈論では、いかなる場合に不許可補償が必要かが明らかにならず、不許可補償は現実にはほとんど機能しないとの指摘ができよう。

25-6　正当な補償（1）―相当補償説・農地改革と補償
最大判昭和 28 年 12 月 23 日（民集 7 巻 13 号 1523 頁・百選 II 243）

事実　戦後の農地改革に際し、自作農創設特別措置法では農地買収対価の最高価格について一定の基準によることを規定していた。X は、所有する農地につき同法に基づく買収令書を交付されたが、買収対価が憲法 29 条 3 項の定める「正当な補償」より低い等として、国（Y）を相手に、買収対価の増額変更を求めて出訴した。1 審・2 審とも X の請求を棄却したため、X が上告。上告棄却。

判旨　「憲法 29 条 3 項にいうところの財産権を公共の用に供する場合の正当な補償とは、その当時の経済状態において成立することを考えられる価格に基き、合理的に算出された相当な額をいうのであって、必しも常にかかる価格と完全に一致することを要するものでない」。

POINT　憲法 29 条 3 項にいう「正当な補償」につき相当補償説（公正な算定基礎に基づいて算出した合理的金額が補償されるとする）を採り、自作農創設特別措置法による買収対価がこの「正当な補償」にあたるとした判例である。相当補償説を採る本判決

の射程について、農地改革という特殊な事案に係る限定的なものとされることが一般的であったが、判例 25 - 7 は、判例において相当補償説が基本的に妥当することを改めて示した。

25 - 6 [A] 正当な補償（2）—建築制限付土地の収用・倉吉都市計画街路事件
最判昭和 48 年 10 月 18 日（民集 27 巻 9 号 1210 頁・百選 II 245）

事実 Ｘらの所有する本件土地は、昭和 23 年の建設院告示により計画街路と決定され、昭和 39 年、鳥取県知事（Ｙ）による土地細目の公告がされ、土地収用手続が開始された。起業者としてのＹは、本件土地の所有権取得につきＸらと協議したが不調に終わり、収用のために必要な手続を経た上で、県収用委員会に本件土地の補償について裁決申請をし、同委員会は、本件土地に係る損失補償額について裁決をした。Ｘらは、本件裁決につき補償額が近傍類地の売買価格に比べて低すぎるとして、Ｙを相手に不足分の支払いを求める訴えを提起。1 審はＸらの請求を一部認容したが、2 審は請求棄却とする判断をしたため、Ｘらが上告。破棄差戻し。本件では、損失補償額の算定にあたり、本件土地が都市計画の計画街路として建築制限を受けているものとして評価すれば足りるのか、収用が予定されていることを考慮しないで評価すべきかが、争点とされた。

判旨 「土地収用法における損失の補償は、特定の公益上必要な事業のために土地が収用される場合、その収用によって当該土地の所有者等が被る特別な犠牲の回復をはかることを目的とするものであるから、完全な補償、すなわち、収用の前後を通じて被収用者の財産価値を等しくならしめるような補償をなすべきであり、金銭をもって補償する場合には、被収用者が近傍において被収用地と同等の代替地等を取得することをうるに足りる金額の補償を要するものというべく、土地収用法 72 条〔当時〕……は右のような趣旨を明らかにした規定と解すべきである。」「被収用地については、……建築制限が課せられているが、前記のような土地収用における損失補償の趣旨からすれば、被収用者に対し土地収用法 72 条によって補償すべき相当な価格とは、被収用地が、右のような建築制限を受けていないとすれば、裁決時において有するであろうと認められる価格をいう」。

POINT 本件事案当時の土地収用法（昭和 42 年改正前）は、71 条で損失補償額につき「裁決の時の価格によって算定」するとし（収用委員会の裁決時点の価格により補償する「裁決時主義」が採られていた）、72 条は収用する土地につき「近傍類地の取引価格等を考慮して、相当な価格をもって補償しなければならない」と定めていた。本判決は、土地収用法に基づく損失補償につき「完全な補償」が必要なことを明言しつつ、裁決時主義の下で 72 条（当時）が規定していた補償すべき「相当な価格」について、「建築制限を受けていないとすれば、裁決時において有するであろうと認められる価格」

と解釈した。

➡️ 最判平成 9 年 1 月 28 日民集 51 巻 1 号 147 頁（百選 II 203）は、土地収用法に基づく損失補償額の認定について、上記判例 25-6 [A]を引用した上で、同法による補償金の額は「相当な価格」等の不確定概念をもって定められているが、通常人の経験則・社会通念に従って客観的に認定できるものであり、かつ、認定すべきものであって、収用委員会の裁量権は認められない、としている。

25-7　正当な補償(3)―土地収用法 71 条の合憲性・関西電力変電所予定地事件
最判平成 14 年 6 月 11 日（民集 56 巻 5 号 958 頁）

事実　X らの所有する土地が電力会社（Y）の変電所建設予定地となり、起業者として事業認定を得た Y は、本件土地の取得につき X らと協議したが不調に終わり、和歌山県収用委員会による収用裁決がされた。X らは、この収用裁決を不服とし、Y を相手に、適正な補償等を求めて提訴。1 審・2 審とも X らの請求を棄却したため、X らが上告。上告棄却。

判旨　「憲法 29 条 3 項にいう『正当な補償』とは、その当時の経済状態において成立すると考えられる価格に基づき合理的に算出された相当な額をいうのであって、必ずしも常に上記の価格と完全に一致することを要するものではない」。
　土地収用「法 71 条は、事業の認定の告示の時における相当な価格を近傍類地の取引価格等を考慮して算定した上で、権利取得裁決の時までの物価の変動に応ずる修正率を乗じて、権利取得裁決の時における補償金の額を決定することとしている。」
　「事業認定の告示の時から権利取得裁決の時までには、近傍類地の取引価格に変動が生ずることがあり、その変動率は必ずしも上記の修正率と一致するとはいえない。しかしながら、上記の近傍類地の取引価格の変動は、一般的に当該事業による影響を受けたものであると考えられるところ、事業により近傍類地に付加されることとなった価値と同等の価値を収用地の所有者等が当然に享受し得る理由はないし、事業の影響により生ずる収用地そのものの価値の変動は、起業者に帰属し、又は起業者が負担すべきものである。また、土地が収用されることが最終的に決定されるのは権利取得裁決によるのであるが、事業認定が告示されることにより、当該土地については、任意買収に応じない限り、起業者の申立てにより権利取得裁決がされて収用されることが確定するのであり、その後は、これが一般の取引の対象となることはないから、その取引価格が一般の土地と同様に変動するものとはいえない。そして、任意買収においては、近傍類地の取引価格等を考慮して算定した事業認定の告示の時における相当な価格を基準として契約が締結されることが予定されている」。「なお、土地収用法は、事業認定の告示があった後は、権利取得裁決がされる前であっても、土地所有者等が起業者に対し補償金の支払を請求することができ、請求を受けた起業者は原則として 2 月以内に補償金の見積額を支払わなければならないものとしている……から、この制度を利用することにより、所有者が近傍において被収用地と見合う

代替地を取得することは可能である。」

「これらのことにかんがみれば、土地収用法 71 条が補償金の額について前記のように規定したことには、十分な合理性があり、これにより、被収用者は、収用の前後を通じて被収用者の有する財産価値を等しくさせるような補償を受けられる」。

POINT　事業認定時点で価額を算定し、権利取得裁決までの物価変動率を乗じて補償額とする算定方法（事業認定時主義、価格固定主義等と呼ばれる）を定めた土地収用法 71 条について、憲法 29 条 3 項に違反しないとした判例である。また、相当補償説を採る判例 25 − 6 の射程が及ぶことを述べているが、本判決と判例 25 − 6 を比べると、相当とされる補償の内容は異なる。結局のところ、本判決は、土地収用法 71 条の定める補償金の算定方法の合理性を論じる限りで、学説上の完全補償説とほぼ一致すると考えられる。

判 例 索 引

（行末の太字は、判例として解説されている頁数を示す）

著者紹介

橋本博之（はしもと　ひろゆき）

　東京大学卒業

　現職　明治大学教授、慶應義塾大学名誉教授

　主著　『現代行政法』（岩波書店・2017）
　　　　『行政法解釈の基礎』（日本評論社・2013、新版・2023）
　　　　『行政判例と仕組み解釈』（弘文堂・2009）
　　　　『要説行政訴訟』（弘文堂・2006）
　　　　『解説改正行政事件訴訟法』（弘文堂・2004）
　　　　『行政訴訟改革』（弘文堂・2001）
　　　　『行政法学と行政判例』（有斐閣・1998、渋沢・クローデル賞）
　　　　『行政法解釈の技法』（弘文堂・2023、共著）
　　　　『新しい行政不服審査制度』（弘文堂・2014、共著）
　　　　『行政法』（弘文堂・2007、第6版・2019、共著）
　　　　『行政救済法』（弘文堂・2007、第2版・2015、共著）
　　　　『現代行政法』（有斐閣・2004、第2版・2006、共著）
　　　　『放送制度の現代的展開』（有斐閣・2001、共著）

行政判例ノート〔第5版〕

2011（平成23）年1月30日　初　版1刷発行
2012（平成24）年2月29日　第2版1刷発行
2013（平成25）年8月30日　第3版1刷発行
2020（令和2）年11月15日　第4版1刷発行
2023（令和5）年3月30日　第5版1刷発行
2024（令和6）年8月15日　同　　2刷発行

著　者　橋　本　博　之

発行者　鯉　渕　友　南

発行所　株式
　　　　会社　弘文堂　　101-0062　東京都千代田区神田駿河台1の7
　　　　　　　　　　　　TEL 03(3294)4801　　振替 00120-6-53909
　　　　　　　　　　　　https://www.koubundou.co.jp

装　丁　松　村　大　輔

印　刷　三　美　印　刷

製　本　井上製本所

ISBN978-4-335-35940-8

行政法［第6版］ 櫻井敬子・橋本博之＝著

法令の制定・改正動向など、21世紀の行政法をめぐる動向を反映するとともに新世代のニーズにも応えたスタンダードテキスト。処分性や原告適格の判例を表にするなど、工夫をこらした改訂版。　3300円

行政法解釈の技法

伊藤 建・大島義則・橋本博之＝著

4段階検討プロセス×4つの主要行政紛争モデルと主要論点における解釈技法を用いて、予備試験問題を素材に論文起案の技法を解説。新しい考え方・解き方・書き方を提示する究極のコラボ。2600円

ケースブック行政法［第7版］

野呂 充・下井康史・中原茂樹・磯部 哲・湊 二郎＝編

法科大学院で学ぶべき20の主要テーマごとに、判例の流れを概説した【判例の概観】、押さえておくべき判例が厳選された【重要判例】、難易度付きの【設問】で構成。法科大学院における「標準」テキスト。　3600円

行政救済法［第2版］

高木 光・常岡孝好・橋本博之・櫻井敬子＝著

行政不服審査法・行政事件訴訟法・国家賠償法という「救済3法」と行政手続法の条文構造の解説により、行政法の基本がわかる、入門的テキスト。試験対策にも役立つミニ・コンメンタール。3500円

行政判例と仕組み解釈

橋本博之＝著

行政法における解釈方法・解釈技術という観点から行政判例を分析し、裁判実務と行政法学の架橋を目指した論文集。行政判例の理解を深め、「仕組み解釈」を習得するツールとしても最適。　3800円

定価（税抜）は、2024年7月現在のものです。